中国技术经济学会智库文丛

编委会

“十四五”国家重点出版物出版规划项目

中国国家创新体系与创新战略研究

中国创新

50 ESSAYS ON
CHINA’S INNOVATION

50人笔谈

（第4辑）

刘志迎◎主编

中国科学技术大学出版社

内 容 简 介

本书系中国技术经济学会为了进一步发挥其在国家重大战略需求和战略决策中的智库作用，于近期面向全国创新研究领域的专家征集的，针对当前和今后一个时期党和国家工作中迫切需要重视和解决的重大技术经济与创新管理问题所提出的咨政建议汇编。本书所述内容突出思想性、战略性，强化问题意识，均为围绕"是什么""为什么""怎么做"展开的对策性研究。各篇文章较准确地反映了研究主题的现状，客观地分析了原因，提出了针对性的对策建议，可供政府、企业或相关决策者和智库工作者参考。

图书在版编目(CIP)数据

中国创新 50 人笔谈. 第 4 辑/刘志迎主编. —合肥：中国科学技术大学出版社，2024.1
(中国国家创新体系与创新战略研究)
"十四五"国家重点出版物出版规划项目
ISBN 978-7-312-05828-8

Ⅰ. 中…　Ⅱ. 刘…　Ⅲ. 国家创新系统—中国—文集　Ⅳ. ①F204-53 ②G322.0-53

中国国家版本馆 CIP 数据核字(2023)第 243223 号

中国创新 50 人笔谈(第 4 辑)
ZHONGGUO CHUANGXIN 50 REN BITAN(DI 4 JI)

出版　中国科学技术大学出版社
安徽省合肥市金寨路 96 号，230026
http://press.ustc.edu.cn
https://zgkxjsdxcbs.tmall.com
印刷　安徽省瑞隆印务有限公司
发行　中国科学技术大学出版社
开本　787 mm×1092 mm　1/16
印张　17.5
插页　2
字数　420 千
版次　2024 年 1 月第 1 版
印次　2024 年 1 月第 1 次印刷
定价　80.00 元

序

我国已经步入中国式现代化征程。党的二十大报告指出，“必须坚持科技是第一生产力、人才是第一资源、创新是第一动力，深入实施科教兴国战略、人才强国战略、创新驱动发展战略，开辟发展新领域新赛道，不断塑造发展新动能新优势”。如何创新？如何坚持创新？这些问题至关重要，值得智库专家们深入研究。中国技术经济学会连续四年组织出版《中国创新50人笔谈》系列智库报告，发表了涵盖创新驱动、产业创新、区域创新、制度创新、创新管理和技术经济等领域的智库建议200余篇，其内容丰富，涉及面广，针对性强，对各级政府“十四五”规划实施有重要的参考作用，其中不少内容已经被吸收到国家和地方政府与创新相关的规划中，深受好评，充分体现了中国技术经济学会在国家智库建设中所做出的贡献。

强化国家战略科技力量是构建国内大循环为主体、国际国内双循环相互促进新发展格局的重要支撑，是参与国际竞争的必然选择，是现代化建设的核心动力，是大国崛起的客观需要。中国科技创新的“四个面向”定位了科技自立自强的战略方向。面向世界科技前沿，重在解决基础科学研究的超前性和战略基础性，站到世界科学的最前沿；面向经济主战场，重在解决国民经济发展中的现实科技问题，围绕着国家经济发展的需要开展科技攻关；面向国家重大需求，重在解决制约国家发展和安全的重大难题，发挥好新型举国体制优势，集中力量办大事，攻关国家重大战略需求的科技难题，确保国家战略目标实现和国家安全；面向人民生命健康，既体现“人类命运共同体”思想，也体现“人民中心地位”思想，2020年新冠疫情让我们认识到，必须高度重视人民健康相关的科学技术创新。国家正在制定科技强国行动纲要，急需各位专家积极运筹谋划。

创新驱动战略已经实施，中国全球创新能力的提升，营造全面创新的制度环境十分必要。高等院校是高端人才培养的基地，要在实现科技自立自强中发挥更大作用；创新链产业链资金链人才链深度融合才能够实现高质量发展；

要积极开展突破性创新，加快实现数字化转型，切实在实现高水平科技自立自强中做好扎实的基础工作，从而确保在中国式现代化道路上有强劲的创新驱动力。

产业创新重点在于打好关键核心技术攻坚战，提高创新链整体效能，既涉及基础科学发展问题，也涉及产业技术创新问题。党中央和国务院已经明确提出“提高产业链供应链现代化水平”，推进产业技术创新是科技面向经济主战场的需要，也是高质量发展的基础。解决经济主战场中“受制于人”的科技难题，解决经济发展中的技术障碍，实现高质量发展。产业链供应链长板锻造，短板弥补，解决关键核心技术被“卡脖子”，强化企业的国际竞争能力，孵化更多的科创型企业，发展高新技术企业，均需要科技资源的开发，需要走自主创新的道路。这个攻坚战是一项长期复杂的系统工程，需要智库专家持续跟踪研究，拿出具有重要现实指导价值的攻坚策略。

区域创新主题成为近年来各级地方政府的重点话题和任务，各省市各地区均以科技创新为主题研究本地经济发展的战略支撑力量，从创新型平台、创新型园区打造，到创新型城市建设，多个层面谋划创新，极力推动创新驱动地方经济发展。京津冀协同发展、长江经济带发展、粤港澳大湾区建设、长三角一体化发展，打造创新平台，构建新增长极，创新都在其中居于核心地位。在高质量发展的主题下，各级地方政府均以推动科技创新作为实现高质量发展的手段。我会专家要发挥长期研究的优势和扎实的理论基础，多为区域创新发展出谋划策。

创新管理是实施创新驱动战略，推动产业创新、区域创新的保障。技术孵化器管理是围绕着创新链布局产业链的关键管理节点；中国创新理论发展和创意管理的发展均取得了喜人的进步，开源创新成为当下的重要创新形式，自主创新需要得到及时的评价，企业技术的适用性、企业服务化实践、企业的创新成长都是需要高水平的创新管理。因此，推动创新管理水平的提升是实现创新驱动的客观要求。加快推进创新管理理论和方法的优化及改善，才能够提高创新水平和效率，这方面需要深入思考和研究，并给出具有实用价值的对策建议。

技术经济学是具有中国特色的学科，老一代技术经济学家为学科的发展奠定了深厚的基础，技术中的经济问题和经济中的技术问题，需要从学理上深入挖掘。随着技术的快速发展和经济对技术的依赖程度越来越强，技术与经济的交叉融合所涉及的内容越来越多，越来越需要深入探究。系统地总结技术经济理论的发展历程和未来研究的主攻方向，对于丰富技术经济学科内容、深化学科的发展具有重要的意义。不能因为技术经济与管理学科并入应用经济学或工商管理，就停止技术经济学的研究。因此，特别需要专家们献计献策并切实着手开展这项工作。

学会高度重视智库建设，《中国创新50人笔谈》前三辑的智库建议，已经进入国家科协智库，受到了科协领导的高度重视和充分肯定。各位会员专家要发挥各自专长，将学术功底和学术成果转化为具有实用价值的智库建议，为党和政府治国理政献计献策。我们会持续组织《中国创新50人笔谈》的编辑出版工作，将中国技术经济学的这个智库建设打造成为金字招牌，希望大家积极投稿。感谢并希望学会各位专家持续深入研究党和国家的大政方针，深入研究各层面的创新策略和政策，积极为我国成为创新型国家多做贡献。

李　平
中国技术经济学会理事长
2023年6月

目　录

创 新 管 理

技 术 经 济

述评：策为天下先

刘志迎

当今世界动荡不定，新的科技革命和产业变革深入发展，国与国之间的较量已经演化成为核心科技力量的大比拼，科技创新能力成为决胜未来国际竞争格局的核心能力。党的二十大报告已经明确“以中国式现代化全面推进中华民族伟大复兴”①，并要求“必须坚持科技是第一生产力、人才是第一资源、创新是第一动力，深入实施科教兴国战略、人才强国战略、创新驱动发展战略，开辟发展新领域新赛道，不断塑造发展新动能新优势”②。学界正深入学习领会党的二十大报告精神，树立“策为天下先”理念，在百年未有之大变局背景下，立足祖国大地，以全球视野深入开展决策咨询研究，致力于为中国式现代化建设献智献策。

中国式现代化需要强大科技创新能力作为驱动力和核心竞争力，科技自立自强是中国式现代化实现的强大保障。中国正在加快推进科技自立自强，全社会研发经费支出已经居世界第二位，研发人员总量居世界首位。习近平总书记强调“切实加强基础研究，夯实科技自立自强根基”③，基础研究和原始创新不断加强；科技强国建设，根基在于基础研究；打造原始创新策源地，源泉在于基础研究。在中国崛起进程中，物质基础设施建设已经走在世界前列，数十万亿甚至百万亿投资到铁(路)公(路)机(场)港(口)水(利)电(力)通(信)，形成了对中国经济社会发展的强大基础设施支撑和保障力量，我国已成为全世界名副其实的基础设施强国。然而，中国已经进入新时代新阶段，中国式现代化建设急需要科技自立自强，基础研究的投入还很不够，自立自强的根基还相当不牢。打牢基础研究根基，方能够科技自立自强。英国历史学家卡德韦尔(Donald Cardwell)在 20 世纪 70 年代研究人类数千年来的科技创新成果(从中世纪的马镫到当代的核能等)发现，“从历史上看，一个国家的创造力只能维持短暂的时期。幸运的是，由于各国领导人都支持创新，迄今为止，总会有一个或几个国家接过创新的火炬(后称卡德韦尔定律)”④。中国要接过这一火炬，关键抓手在于强化基础研究，没有强大的基础研究，就不可能有持续的技术创新。

基础研究是由高水平的实验室体系、先进一流的实验设备、集聚世界一流的科学家

---

①② 习近平. 高举中国特色社会主义伟大旗帜　为全面建设社会主义现代化国家而团结奋斗：在中国共产党第二十次全国代表大会上的报告[N]. 人民日报，2022-10-26(1).

③ 习近平总书记在中共中央政治局第三次集体学习的讲话[DB/OL]. [2023-02-23]. www. xinhuanet. com.

④ 马克·扎克里·泰勒. 为什么有的国家创新力强[M]. 任俊红，译. 北京：新华出版社，2018.

团队、明确的前瞻性牵引性重大研究项目或国家战略需求的重大项目等所组成的复杂系统工程，具有基础性和公共性，最需要国家进行投入（目前各大国家综合性科学中心的国家实验室建设，仍然是以地方政府财政资金配套为主），地方财政无法支撑，迫切需要举国体制保障。战略导向的体系化基础研究，要谋划国家战略需要并制定战略导向重大研发计划，体系化组织联合攻关；前沿导向的探索性基础研究，要鼓励研究团队攻克世界级难题而不是跟踪研究，鼓励自由探索但要强调科学价值和应用前景价值；市场导向的应用性基础研究，要瞄准产业关键核心技术难题，建立科技领军企业成为“出题人”“答题人”“阅卷人”的运作机制，制度性（不单纯是短期政策）激发科技领军企业组织和投入基础研究。

关于基础科学与技术创新和研发成果商业化关系的问题，已经有几十年的学术研究和争论。从 1945 年 Bush Vannevar 的《科学：永无止境的前沿》线性关系到 1986 年 S. Kline和 N. Roserberg 提出的“链环-回路模型”，再到 2016 年 Venkatesh Narayanamurt 提出的“发明-发现循环模型”，都在试图回答科学-技术-创新之间的关系，无论是如何的关系，都表明一个重要的命题：技术创新越来越依赖科学发现，而不再是仅仅依赖人类自身的经验。虽然科学技术创新的连接性越来越强，但是科学、技术和创新又有着明显的不同，不能混为一谈，如图 1 所示。

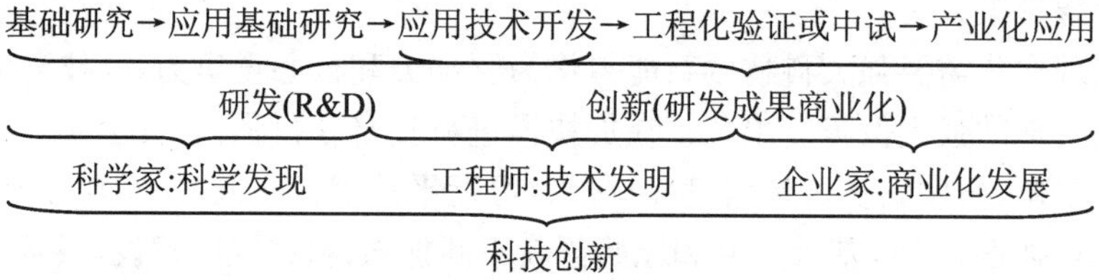

图 1　科学-技术-创新关系图

大学应加强基础科学人才培养，高度重视“数理化天地生”等学科建设和人才培养，强化“STEM（科学技术工程数学）”学科和人才综合能力培养，实行分类考核，基础性学科应该继续以高水平学术贡献为主导，应用型学科要以解决现实科技难题为主导，不宜用“一刀切”式学科评估或各种考核。大学要建立“本硕博连读”基础学科拔尖学生培养计划和运行机制，加大硕博士生阶段的国家资助力度，保障年轻人专心做基础研究。要全面提升科研人员物质待遇和工作收入，克服优秀学生、优秀人才流向“传统高收入行业”。坐住坐稳“冷板凳”，需要科学精神，也需要经济收入支撑。中国还处在向先进国家学习的阶段，要进一步扩大对外开放，坚持“走出去”与“引进来”并举。人才是基础科学研究的关键，集聚一流人才，收入待遇还是最好的杠杆。

中国基础研究还处在艰难爬坡阶段，党中央和国家高度重视基础研究，需要更多的优秀人才和科研团队铸就“勇攀科学高峰”的科学家精神，传承老一辈科学家以身许国、心系人民的光荣传统，树立科学报国、造福人类的宏大远景，我们相信广大科技工作者一定能够共同塑造中国特色的科技创新生态，形成科技创新发展的不竭动力，中国一定能够攀登到全球科技强国之列。创新是第一动力，科技是创新的源泉，基础科学研究是科技发展根基。面向基础科学研究、科技自立自强和创新驱动发展，有大量的问题需要专家提出建设性策略。智库专家应以问题为导向，瞄准科技创新的难点、堵点和薄弱点，开展决策咨询研究，拿出具有科学性、针对性、可操作性的智库成果，为解决中国式现代化中的科技自立自强难题献智献力。

中国技术经济学会汇聚来自全国各领域专家，已经完成《中国创新 50 人笔谈》前三辑成果汇集出版，所有成果即将收录到中国科学技术协会组织的“科技群团智库成果库”，第 4 辑继续就创新驱动、产业创新、区域创新、创新管理和技术经济等领域有关重大现实需求和政策制定，为党和国家、地方政府、行业部门和企业提出智库性对策建议，以资参考，如图 2 所示。

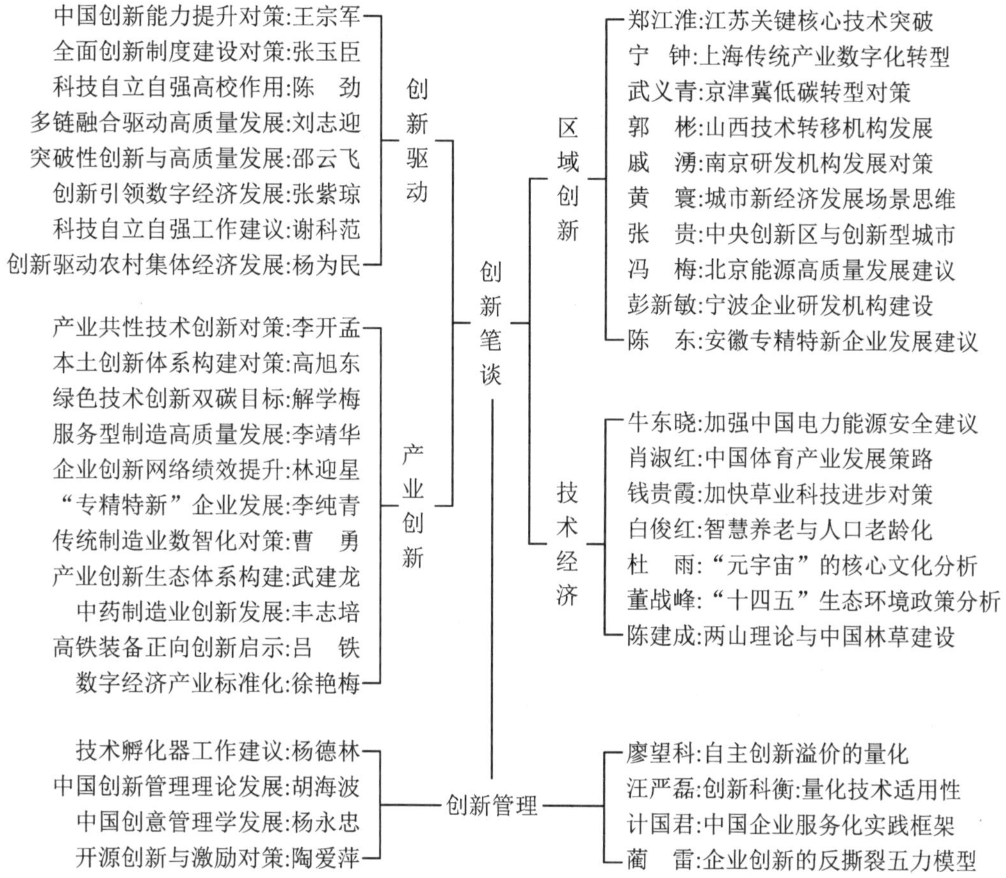

图 2 《中国创新 50 人笔谈(第 4 辑)》内容图谱

一、创新驱动

从全球来看，世界正经历百年未有之大变局并加速演进，科技革命和产业变革深入发展；国际力量对比深刻调整，俄乌战争导致全球经济社会动荡不安；新冠疫情严重阻障全球经济流动性并挫伤国际经济大循环生态。从国内来看，我国经济正处于数字化转型、产业升级、碳排放约束、外力挤压、人口红利减弱的关键调整期。综合国力的国际竞争日益呈现出以科技竞争为核心的全面竞争态势，依靠科技创新驱动高质量发展具有重要意义。然而，如何有效利用创新驱动经济高质量发展，仍是一个值得深入探究的重要问题。在这个专题中，多位专家学者围绕创新驱动发展进行了深入研究，从不同层面和视角就如何实现创新驱动、提高创新能力提出了高质量智库建议。

王宗军教授基于对中国全球创新能力现状的分析指出，我国创新能力存在制度环境不够完善、创新基础设施建设有待加强、教育和研发投入以及原始创新不足等问题，并提出加强利于创新的制度环境建设，完善创新基础设施体系，重视进出口贸易，注重原始创新，同时加强人才队伍建设等对策建议，对指导现实发展和政策制定具有重要参考价值。**张玉臣教授**对于全面创新和基础制度的内涵、主要特征和目标进行了清晰界定，以国家创新体系的理想状态作为基础制度发挥作用的中介和基本目标，构建了支持全面创新的基础制度体系构架。**陈劲教授**认为高等学校是我国基础研究的主力军和原始创新的策源地，为加快迈向高水平科技自立自强，其提出高等院校必须加强基础研究，积极开展有组织的科研；关注未来科技；构筑重大科研平台和加强培育创新型人才五大对策建议，为持续推动科技创新和高质量发展提供重要引领支撑。**刘志迎教授**系统梳理了创新链产业链资金链人才链多链深度融合存在的突出问题和主要原因，据此提出推动“多链”融合的三个建议，即厘清并组织强力攻关现有产业关键“卡脖子”技术、加大力度推动科研成果转化、以政策链驱动创新链产业链人才链资本链深度融合，对于高质量发展具有建设性参考价值。**邵云飞教授**基于目前我国创新驱动高质量发展过程中存在的创新文化不够完善、基础研究薄弱以及科技体制制度繁缛等问题，提出了培育原始创新人才、加强基础研究，呼吁企业家精神、发挥企业主体作用，松绑减负、冲破科技体制的制度藩篱、激发创新活力、鼓励突破性创新的建议，为推动高质量发展提供政策启示。**张紫琼教授**阐述了创新在推动数字经济高质量发展中的核心战略位置，并结合我国数字经济发展的现状与问题，探讨了创新引领数字经济高质量发展的实现路径，为推动数字经济健康发展建言献策。**谢科范教授**在分析了实现高水平科技自立自强主要内涵的基础上，针对我国科技创新体系建设提出五点建议：强化国家战略科技力量，强化“三基”和“三前”；构建高效且有助于科研人员潜力发挥的科技创新体制机制；培养、建设高水平的科技创新人才队伍；实现以我为主的、深度的、可持续的高水平对外开放合作；强化科技创新的韧性，加强科技风险治理，增强科技风险防控能力。**杨为民教授**认为农村集体经济是中国特色社会主义市场经济的重要组成部分，是提高农民组织化程度的重要载体，并基于实地调研结果，以农村集体经济结构、经营模式为切入点剖析了农村集体经济发展中存在的问题，从制度创新、机制创新等角度提出相应的对策建议。

创新驱动战略是国家发展的核心战略，是一个涉及国民经济和社会发展多个领域的系统性课题。以上学者从不同视角展开研究，提出的相关决策建议具有重要的现实参考价值。坚持面向世界科技前沿、面向经济主战场、面向国家重大需求、面向人民生命健康，如何加快实现高水平科技自立自强；以国家战略需求为导向，如何集聚力量进行原创性引领性科技攻关，打赢关键核心技术攻坚战；如何加强基础研究，突出原创，鼓励自由探索；如何深化财政科技经费分配使用机制改革，激发创新活力；如何强化企业科技创新主体地位，发挥科技型骨干企业引领支撑作用，营造有利于科技型中小微企业成长的良好环境，推动创新链产业链资金链人才链深度融合；等等。这些问题，需要智库加大研究力度，及时提出高质量的智库建议。

二、产业创新

我国正处于经济转型和产业升级的关键时期，要实现中国产业链供应链稳定和长久发展，提升中国企业的国际竞争力，必须解决短板问题。中国产业链供应链仍然有众多堵点、卡点和弱项，在一些关键核心技术领域仍面临“卡脖子”难题，这是挑战也是机遇。在诸多产业领域实现关键核心技术突破和推动技术创新至关重要，也任重道远。在本专题中，多位专家学者从不同层面和视角围绕产业创新进行了深入研究，并提出了高水平智库建议。

李开孟主任概括了共性技术的基本内涵，分析了共性技术的基本特征，结合国内外的应用实例比较了不同供给模式的优势和劣势，研究了产业内共性技术供给，为从不同视角了解共性技术的供给模式提供了很好的理论参考，有利于更好地解决产业共性技术的供给问题，推动实现产业和企业技术创新。**高旭东教授**以中石油下属西南油气田公司和国家电网下属智芯公司的成功实践为参考，提出了有关建立以本土企业为主导的创新体系的企业战略建议和政府政策建议，介绍了大型央企在建立以本土企业为主导的创新体系中的作用，对在新国际形势下建立以本土企业为主导的创新体系并在其中更好地发挥作用具有重要参考价值。**解学梅教授**分析了制造业实现“双碳”目标的关键约束，进一步讨论了推动我国制造业实现“双碳”战略目标的对策建议，提出全面、系统地构建绿色制造体系、绿色产业体系、绿色能源消费体系、绿色协同创新体系、绿色产业配套体系在内的“五位一体”的新型绿色技术创新体系，为实现“碳达峰、碳中和”目标贡献了理论参考。**李靖华教授**解释了新发展格局下服务型制造推动中国制造业高质量发展的机理，认为新发展格局下服务型制造是对供给侧结构性改革和高水平对外开放发展理念的体现，有利于新发展格局下更好地实现服务型制造、更好地推动中国制造业高质量发展，对推动基础关键共性技术联合攻关、构建完善的产业生态系统等具有重要启示价值。**林迎星教授**构建了协同视角下企业创新网络绩效提升的分析框架，指出了企业创新网络的各个主体在资源协同、技术协同以及知识协同上存在的问题，结合分析框架和问题针对性地提出了协同视角下我国企业创新网络绩效提升的对策，对提高企业创新效率和获取竞争优势起到了重大推动作用。**李纯青教授**阐述了专精特新中小企业领导品牌建设的深刻意义，剖析了现阶段我国专精特新中小企业领导品牌建设道路中存在的主要问题，为专精特新中小企业领导品牌建设提供了解决方案及政策建议，是实现“中国产品向中国品牌转变”的关键支撑。**曹勇教授**强调了在传统制造业推行数智化转型的必要性和紧迫性，全面系统地论述了制造企业数智化转型的现状及现阶段取得的主要成果，进一步分析了传统制造企业在数智化转型中存在的问题和面临的挑战，据此针对性提出后疫情时代加快我国传统制造企业数智化转型政策建议，对我国传统制造企业快速实现数智化转型、推动高质量发展提供了理论参考。**武建龙教授**肯定了实现集成电路产业“卡脖子”技术突破对我国科技发展的重要作用，发现了我国集成电路现阶段存在的原始创新动力不足、关键核心技术供给缺失、创新研发存在不足等问题，提出了构建“闭环式”创新链条、构筑集成电路产业创新生态圈等关键对策，对打好关键核心技术攻坚战具有理论意义和实践参考价值。**丰志培教授**从研究设计和结果分析两个角度阐述了对中药制造业领域关键技术的识别，据此提出关键技术创新发展路径，总结了中药制造业实现关键技术创新的政策建议，对中药制造业转型升级和创新发展具有重要的实践启示意义。**吕铁教授**认为发展正向设计能力是提高我国装备制造业产业竞争力的关键，点明了促进我国高铁装备产业正向设计能力发展的四类关键因素，在此基础上总结了高铁装备制造产业形成正向设计能力对我国装备制造业自主创新的启示，对我国装备制造业全面实现自主化具有重要的参考价值。**徐艳梅教授**强调了标准化在以数据为重要生产要素的数字经济产业中的重要作用，结合我国现阶段数字经济产业标准化工作面临的问题，对我国数字经济产业标准化政策的演变进行了梳理，并针对数字经济产业标准化建设对创新生态的影响，提出了相应的对策建议，为加快推进我国数字经济产业标准化建设贡献了理论支持。

技术是产业发展的核心力量，技术占优的产业才能在全球竞争中占得优势，产业创新本质上是技术创新。技术创新是一个涉及很多方面的系统性问题，以上学者专家从不同产业对实现技术转型和突破进行了大量的研究，取得了丰富成果，并针对性地提出了建设性意见。面向中国式现代化建设，制造强国、质量强国、航天强国、交通强国、网络强国、数字中国中所涉及的产业创新问题；实施产业基础再造工程和重大技术装备攻关工程，支持专精特新企业发展，推动制造业高端化、智能化、绿色化发展，存在大量的创新问题；如何通过技术创新推动战略性新兴产业融合集群发展，构建新一代信息技术、人工智能、生物技术、新能源、新材料、高端装备、绿色环保等一批新的增长引擎；如何通过数字技术创新，加快发展数字经济，促进数字经济和实体经济深度融合，打造具有国际竞争力的数字产业集群；等等。这些都需要智库专家深入研究，给出高水平智库建议。

三、区域创新

中国区域经济发展四大板块（东部率先发展，中部崛起、西部大开发和东北振兴）继续推进，新时代以来“一带一路”倡议、“长江经济带发展”和“京津冀协同发展”、“长三角一体化”和“粤港澳大湾区建设”形成新格局，均需要区域创新发展。区域创新是一个复杂的过程，是区域内多种资源、多种要素参与的多投入综合活动过程。因此，我国各个区域创新现状以及不足是值得深入探究的重要问题。在该项专题中，多位学者从不同角度出发，讨论了各自具有代表性区域的创新策略，具有重要参考价值。

郑江淮教授从关键核心技术突破的视角出发，首先分析了江苏作为制造大省，需要加强关键核心技术突破，维护产业链、供应链安全，牢牢掌握制造业发展主动权的发展现状，接着讨论了集成电路、新材料、物联网等江苏优势产业存在的问题以及面临的风险。针对这些问题以及风险，文章提出了聚焦关键核心技术领域、加强制高点把控力、促进产业间融合创新以及引导产业跨界互动等政策建议。**宁钟教授**深入剖析了上海市传统产业数字化转型的关键问题及政策建议。在数字化转型方面，上海市明确提出“构建高端引领的数字经济创新体系宏伟目标”，但目前仍存在传统产业数字化转型的认知问题、经济均衡问题、供给碎片化和需求协同化全局统筹和培育问题亟待解决。基于此，文章从创新理念、产才融合等方面提出了促进上海传统产业数字化转型的政策建议。**武义青教授**对于如何加快推进京津冀区域的低碳转型进行了研究分析。结果表明，近年来，北京市碳生产率呈快速上升趋势，天津市碳生产率呈平稳上升趋势，河北省碳生产率呈先降后升趋势。然而，虽然京津翼区域经济增长方式近年来发生明显变化，但与长三角和珠三角地区相比仍存在一定差距，因此文章针对如何加快京津翼低碳增长提出了七点建议。**郭彬教授**在技术转移的背景下，探究了如何破解山西省技术转移机构的存续难题。梳理了技术转移机构的相关概念和内涵，分析了山西省技术转移机构存在的主要问题和原因。之后通过借鉴了国内外技术转移机构如英国技术集团、青岛技术交易市场等的发展经验，分别从政策层面和机构层面提出了相对应的政策。**戚湧教授**分析了南京市新型研发机构的现状，提出了关于促进南京新型研发机构高质量发展的思考。经过多年建设，南京新型研发机构现已形成良好的发展局面，并在开展技术研发、孵化科技企业、转化科技成果、集聚高端人才等领域取得显著成效。但是随着新型研发机构建设阶段从规模提升向质效提升转变，南京应当以问题为导向，发挥科教资源和区位优势，积极探索促进新型研发机构高质量发展的新模式。**黄寰教授**以成都郫都区为例，探究了以场景思维谋划城市新经济发展的对策建议。成都作为全国率先提出应用场景理论的城市，郫都区拥有国家双创示范基地建设的先发优势，其新经济应用场景目前已经涵盖了智慧城市发展、多元消费场景、工业提质增效等方面。在此基础上，文章提出了从培育新经济企业主体、聚合高端专业人才、完善新经济金融体系、搭建高品质服务平台、打造产业生态圈等方面强化郫都区新经济场景要素支撑的建议。**张贵教授**以中央创新区为重点，分析了其从"中央商务区（CBD）"向"中央创新区（CID）"的转变，并从头部研发、生态平台、创新城区三个方面出发，提出要进一步优化都市型科技创新区的空间布局，推进创建精准定位、优势互补的都市型分布式中央创新区。**冯梅教授**立足于新发展理念，首先从供给侧和需求侧分析了能源高质量发展的理论逻辑，接着对北京能源高质量发展的现状以及存在的问题提出了发展的五大总体思路和路径选择，以期为制定适配北京高质量发展特征的能源发展政策提供理论参考。**彭新敏教授**以企业研发机构的相关理论为基础，结合国内外先进经验，针对宁波企业研发机构总体规模偏小、技术水平较低、领域覆盖面较窄、产业辐射能力偏弱等突出问题，从四个方面提出了提升宁波企业研发机构创新能力的对策建议。**陈东教授**分析了安徽省专精特新企业目前存在的数量规模、行业结构、区域分布、创新能力、市场活力、成长趋势、法制环境等八个方面的问题，从明确成长定位方向、构建有效技术服务体系、促进创新能力整体提升、加快智改数转步伐、推动生产要素聚集、加强优质制度供给等六个角度对促进安徽省专精特新企业的增量提质提出了对策建议。

区域创新各具特色，各省市都在探寻本区域创新模式和途径，以上学者基于不同视角对几个区域的创新发展进行了分析研究，概括性地总结了区域创新发展存在的问题并提出了对应的政策建议。进入新阶段特别是党中央提出走中国式现代化道路以来，各区域如何深入实施区域协调发展战略、区域重大战略、主体功能区战略、新型城镇化战略，如何优化重大生产力布局，构建优势互补、高质量发展的区域经济布局和国土空间体系；东中西部各自创新难点、重点在哪里？京津冀协同发展、长江经济带发展、长三角一体化发展，推动黄河流域生态保护和高质量发展，需要在哪些方面突破创新；雄安新区、成渝地区双城经济圈如何创新建设；等等。这些都需要有区域创新新思维、新策略和新路径。

四、创新管理

习近平总书记提出要有理论自信，要将论文写在祖国的大地上，尤其是在各学科领域形成中国自己的理论体系，并掌控学术话语权。创新管理理论和方法多数来自发达国家，中国经过四十多年的改革开放，在伟大创新实践中形成了一系列优异的创新管理实践做法，如何深入研究这些实践案例、形成管理创新理论和方法，成为当下理论界亟须深入探究的主题。本主题有不少学者作出了突出贡献，形成了诸多好的经验总结和理论提炼，对学界和企业界在理论和实践两个层面深化管理创新具有重要的借鉴意义。

杨德林教授针对技术创业孵化领域知识共享过程提出了索引匹配、外化与内化、应用共赢三阶段模型，并在三阶段模型的基础上提炼了知识共享管理机制，为技术孵化器如何做好被孵企业知识共享治理提供了具有指导性的对策建议，对提升创业企业的孵化成功率具有可参考价值。**胡海波教授**系统梳理了中国创新管理理论的演变过程并总结了目前中国创新管理理论的主要内容。在此基础上，结合当前中国经济发展特点，提出了对中国创新管理理论发展的未来展望，为加快建设创新型国家提供了理论指导。**杨永忠教授**简要阐述了中国创意管理学的发展，总结概括为学术推进——教学探索——社会服务这样逐渐推进的发展阶段。作为正在成长的新兴学科，创意管理学亟待学者们的研究和探索，从而加快学科建设，为我国经济的高质量发展培养更加多层次、更加有力的创意人才支撑。**陶爱萍教授**总结了开源创新的内涵和特征，并从设计差异化激励机制、联合个人创新与集体创新、优化开源创新组织模式、推进全流程开源创新等方面提出了相应的激励开源创新的对策，对推进全流程开源进而保障开源创新的成果质量具有建设性意义。**廖望科教授**提出了自主创新溢价这一描述自主创新经济价值的概念，并构建了自主创新溢价的主要领域、测度维度、测度方式和可用指标。这一研究为将有限资源投入到“最值得”自主创新的技术和产业领域提供了一个选择筛查的标准，对于企业决策来说具有重要的现实意义。**汪严磊教授**通过讲述德勤中国创新部门开发技术适用性评价方法的案例，全面识别了创新技术成熟度（TRL）、资源配置齐备度（ZRL）、风险应对齐备度（FRL）这三个技术适用性评估维度大类，最终完成了符合客户需求的技术适用性评价模型的构建。这一构建过程中的思路和逻辑为科研和技术管理工作者们对于创新驱动下的技术应用评价任务提供了新的思路，对于形成技术管理的标准方法具有一定的参考和启示意义。**计国君教授**提出了CTT（顾客共创、战略意图和技术映射）服务化框架，使企业能够在顾客体验价值共创的背景下更好地理解服务流程和客户、技术和战略之间的相互作用，为指导中国制造商进入高附加值服务价值链提供了对策建议。**蔺雷教授**从企业创新成长力公式出发，剖析了企业创新成长过程中面临的利益撕裂、价值观撕裂、能力撕裂、沟通撕裂这四类撕裂，提出了格局力、前置力、和解力、止损力、修复力“反撕裂五力模型”，为企业的创新成长管理提供了新视角。

创新管理对于企业和社会经济发展来说是一个重要课题，以上学者从不同角度出发展开的研究和提出的相应对策建议，对企业开展创新管理具有重要的参考价值。从目前来看，在企业中实际运用的创新管理理论还多是从国外传播到中国来的理论和方法，中国学者和智库专家应该深入中国企业或社会实践中，深入研究优秀领军企业的创新管理实践，从中提炼出创新管理理论和具有推广价值的方法，为中国式创新提供理论和方法支撑，这也是我们这一代人新的责任和重要的使命。

五、技术经济

在当今科技迅猛发展的时代，在中国面临关键核心技术“卡脖子”的难题背景下，技术经济问题变得更加突出。技术创新是一个从产生新产品或新工艺的设想再到市场应用的完整过程，它包括新设想的产生、研究、开发、商业化生产到扩散这一系列活动，本质上是一个技术、经济一体化过程，如何做到在技术上的可行性和经济上的有效益面临诸多难题需要解决。本专题共有 8 位学者从不同领域出发，对经济社会的不同层面提供技术经济分析，提出了有价值的对策建议。

牛东晓教授认为，经济快速发展的背景下，我国电力供应缺口较大，生产生活用电难以充分保障，电力能源供应面临着严峻的挑战。煤炭、天然气等用于发电的可调峰能源供不应求，能源价格持续高位。为了解决这一问题，国家应大力推进煤电联营体制改革，降低燃煤发电成本；理顺电力能源价格机制，加强煤电联动价格变化研究与调整；完善电力能源市场监管体系，严格掌控能源价格；增加能源调节裕度，完善能源多元供应体系。**肖淑红教授**通过对北京 2022 年冬奥会为中国体育产业带来的发展机遇和中国体育产业发展进程中的制约因素分析，提出应建立长效价值实现机制，稳步提升体育市场化治理水平。同时也要顺应数字化趋势，借助科技赋能推进产业转型升级，聚焦发展需求。**钱贵霞教授**认为，草产业科技进步与创新是草业经济增长的原动力和保持稳定发展的必要条件。但我国草产业仍存在草业科技投入不足、科技贡献率低、草业科技人才需求缺口大、关键技术对外依存度大等问题，使现代草业发展受到严重制约。钱贵霞教授基于多年关于草产业研究的经验，提出要从草业科技投入、科技创新、推广体系以及科研队伍建设等方面加快草业科技进步，提高对现代草业综合生产能力支撑水平。**白俊红教授**认为，江苏正处于老龄社会和数字社会同步发展的交汇时期，养老的数字化、智慧化需求凸显，亟须通过技术变革以应对人口结构的老龄化。调研发现，目前江苏智慧养老发展成效显著，但也存在信息互联互通难、服务集成度低、需求评估不足、“数字鸿沟”阻碍智慧养老发展等问题。下一步应从科学规划引领，加强政策扶持，深化产业融合，最终构建大智慧养老体系，助力跨越“数字鸿沟”等方面持续改进。**杜雨教授**从“元宇宙”的构成要素出发，拆解了“元宇宙”的核心要素，并从当下的网络游戏产业出发，针对“元宇宙”概念相关的公司进行了案例研究，从而推演其发展方向。**董战峰研究员**提出了“十四五”生态环境政策改革与创新的思路与重点方向，建议要着眼于强化结构调整政策激励、完善生态环境责任政策机制、加强生态环境市场经济政策运用、创新社会动员生态环境政策、推进重点领域生态环境政策创新，并做好政策改革的配套支撑能力建设。**陈建成教授**认为，习近平总书记提出的“两山理论”是中国林草事业最好的理论基石。中国林草建设不仅为中国高质量发展做出贡献，也为世界林草建设提供了经验。在新发展阶段，必须以“两山理论”为指导，才能保持加强生态文明建设的战略定力，要牢固树立生态优先、绿色发展导向，构建林草事业新格局，扎实推进林草事业的高质量发展。

技术经济是要解决技术与经济矛盾关系的科学，当今世界已经进入“硬科技”竞争的时代，一方面技术在经济发展中的作用越来越明显，另一方面经济发展水平也影响技术创新能力的形成。技术问题与经济问题成为不可分割的问题。新的科技革命和产业变革正在深入发展，受到康德拉季耶夫周期的影响，大量的技术呈现出群组性变革，对经济的冲击越来越明显。如何处理好技术与经济之间的矛盾关系，需要开展深入研究，更要将技术经济学研究聚焦于国家的重大经济活动需要，面向国民经济实际需要并及时地转化为智库对策建议，为国家和地方重大经济活动提供有力的决策支撑。

创新驱动

中国全球创新能力提升的思考[①]

王宗军

摘要:在越来越依赖知识的全球经济中,创新是经济增长的引擎,是一个国家能够持续发展的根本。中国"十四五"规划和2035年远景目标纲要明确了创新在中国现代化建设全局中的核心地位。在2020年发布的《全球创新指数》报告中,中国名列创新排行榜第14位,是第一个跻身前25位的发展中国家,成为中等收入经济体的领头羊。但中国创新能力与世界科技强国相比仍有较大差距,存在制度环境不够完善、创新基础设施建设有待加强、教育和研发投入等方面仍需努力以及原始创新不足等问题。针对中国全球创新能力现状,提升国家创新能力,应加强有利于创新的制度环境建设;促进高水平创新主体建设;完善基础设施体系;加强人才队伍建设;重视进出口贸易;加强基础研究;注重原始创新。

关键词:全球创新指数;国家创新能力;提升路径

一、中国全球创新能力的现状

在当今知识型时代,科技创新在国家经济增长中发挥着重要作用,是发展中国家保持和追赶经济增长率的关键因素[1-2]。2012年,党的十八大正式提出要实施创新驱动发展战略。《国家创新驱动发展战略纲要》中明确提出"三步走"的战略目标,即到2020年步入创新型国家行列,到2030年要进入创新型国家的前列,而到中华人民共和国成立100年时,中国要成为世界科技强国。至此,吹响了中国建设世界科技强国的号角。中国"十四五"规划和2035年远景目标纲要也明确强调要坚持创新驱动发展,全面塑造发展新优势,要坚持创新在中国现代化建设全局中的核心地位,并把科技自立自强作为国家发展的战略支撑,强调要完善国家创新体系,加快建设科技强国。改革开放40多年来,中国经过坚持不懈地奋斗,在创新领域已取得重大突破。

第一,国家创新能力显著提升。全球创新指数(Global Innovation Index,GII)由英士国际商学院、美国康奈尔大学和世界知识产权组织共同研制[3-4],2020年全球创新指数是该指数发布的第十三版,2020年,中国名列创新排行榜第十四位,与2019年持平,相较于2013年上升21位,是第一个跻身前15位的发展中国家。基于全球创新指数报告,与世

① 基金项目:华中科技大学文科"双一流"建设项目。

界科技强国相比，中国在知识与技术产出和商业成熟度上已达到国际领先水平。知识和技术产出指标评价排名近八年一直位于前 10 位，商业成熟度指标近三年一直位于前 15 位。市场成熟度、人力资本和研究、基础设施、创意产出类指标总体呈现上升趋势，政策环境制度指标虽然落后于其他指标，但近几年爬升幅度显著。此外，2020 年，中国全球创新指数在 80 项指标中的国内市场规模、创意产品出口、本国申请专利等 8 项指标居全球首位。

第二，涌现一批创新型企业。中国目前市场上涌现一批以华为、海尔、小米等为首的创新型企业，其获得市场竞争优势的关键在于对创新的不懈追求。华为具备良好的创新生态体系以及敢于拼搏和挑战的狼性文化，其研发投入常年维持在销售额的 15％左右，2020 年研发投入近 1300 亿元，10 年累计投入超过 6000 亿元。此外，据统计，中国自主家电品牌出口量仅占海外市场份额的 2.46％，而这当中海尔占 82％。利用海外市场提高品牌价值是海尔的一贯做法，其具备较强的制造能力，坚持平台建设和人才培养，拥有良好的创新生态体系和勇于尝试与革新的精神。

第三，取得尖端科技成果。经过近几年的跨越式发展，蕴含更多自主创新技术的中国高铁已成为中国装备制造业最具全球影响力的代表符号之一，同时也是“中国智造”和“中国创造”的最佳诠释。尤其是高铁最核心的部件——牵引电传动系统和网络控制系统已成功实现百分百的“中国创造”，更是将中国高铁自主创新技术推向世界的巅峰。2020 年底，中国高铁运营里程接近 4 万千米，占全球高铁运营里程的三分之二以上，超过其他国家总和。近些年来，中国的航空航天工程也取得了突破性进展。例如天问一号探测器完成深空机动；嫦娥系列探月工程顺利推进；天舟二号货运飞船发射成功；神舟十二号载人飞船发射成功等。此外中国还完善了“蛟龙”号中的两项攻关技术（声学系统、控制系统）。“蛟龙”号的研制与改进是中国跻身载人深潜先进国家的标志，自主研发的万米级载人深潜器“奋斗者号”，在马里亚纳海沟打破纪录，成功深潜 10909 米，且在海底巡航 6 小时。

第四，中国全球创新能力与科技强国相比仍有一定差距。虽然中国在创新领域已取得重要突破，但与科技强国相比仍有一定差距。中国全球创新指数排名虽然已经迈入前 15 名，成为中等收入国家的领头羊，但是在制度环境、人力资本和研究、基础设施、市场成熟度以及创意产出 5 个一级指标上与美国、英国、日本和韩国等科技强国相比仍有较大差距，这一差距在制度环境这一指标上表现得尤为突出。不仅需要追赶美国、英国等北美和欧洲经济体，中国的创新能力与同在亚洲的日本、韩国相比，也存在较大的进步空间。

二、中国创新发展存在的问题

第一，国家层面——部分创新指标仍明显落后。2020 年，中国全球创新指数一级指标排名中，商业成熟度、知识和技术产出和创造性产出 3 项指标排名靠前，均处于全球前 15 位。但制度环境、人力资本和研究、基础设施和市场成熟度指标排名靠后，尤其是制度环境指标，排名 62 位，与世界领先水平有较大差距。而监管质量、法治、易于解决破产等三级指标在历年报告中更是长期处于落后状态，在近 7 年的报告中排名均在 50 位之后。这表明加强利于创新的制度环境建设是目前提升中国创新能力工作最亟待解决的问题。

此外,中国长期处于落后的创新相关指标还包括:遣散费用;带薪周数;高等教育入境留学生占比;信息与通信技术普及率;小额信贷总量在 GDP 中的占比;易于保护中小投资者;海外投资研发支出总额(GERD)占比;信息与通信技术服务进口在贸易总额中的占比;国产电影数量;印刷和出版生产占比;维基百科每年编辑次数等。

第二,企业层面——品牌价值较低,自主创新能力较弱。创新虽然可以带来较高的经济效益,但总体来看,中国创新成果的品牌价值较低,2020 年世界品牌 100 强中国占 17 席,与美国的 51 席仍有很大差距。创新应该更加注重品牌价值的维持与提升,避免因投机、产品泛滥等降低中国创造的品牌价值。例如 HTC 作为大屏手机的领跑者,曾经风靡一时。但由于其过分注重效率,导致产品泛滥,定位不清晰,致使品牌价值缺失,自 2017 年起,HTC 已跌出台湾十大国际品牌榜。此外总体来看,除了部分高新技术企业外,大部分制造业的研发投入强度依然较低,这使得企业的自主创新能力较弱。

第三,技术层面——核心技术缺失,原始创新不足。中国创新的原创性程度较低,大部分创新仍为改进型创新,缺少对核心技术的掌握,然而,掌握核心技术是国际市场竞争中的必要前提。例如,在中美贸易战中,华为、中兴等中国科技巨头均受到重创。据路透社估计,中兴有 25%~30%的零部件来自美国供应商,其中最为核心的零部件都依赖美国供应商。中兴的手机芯片、基带芯片、射频芯片、存储芯片、手机玻璃、操作系统、光学元件等核心零部件都来自美国的高通、博通、英特尔、美光、甲骨文、谷歌、康宁等科技巨头,短期无法找到能保持相同竞争力的替代产品,甚至根本没有替代产品。此外,原始创新不足也是中国技术创新的一大问题。由于过去长期开展模仿创新,导致技术创新过于依赖外部技术引进,原创性的成果较少。此外,无论是政府还是企业都更加注重应用型研究,对基础研究的投入相对较少,这也是原始创新产出低的主要原因。据统计,中国基础研究占 R&D 经费的比重仅为 5%,而美国为 15%。

三、中国全球创新能力提升路径的对策建议

针对中国全球创新能力现状,笔者认为,提升中国创新能力应着力开展以下几个方面的工作。

(一) 加强利于创新的制度环境建设,进一步提高创新服务水平

一是加强市场监管。保证市场的公平准入,减少行政性垄断,为各种所有制、各种技术路线、各种规模的企业提供公平获得创新资源和参与市场竞争的机会。同时构建鼓励创新、包容审慎的市场监管体制,拓宽新技术、新产品、新模式、新业态进入市场的通道,在提升监管有效性的同时,切实降低企业创新的成本和风险。二是税制完善。落实扶持小微企业发展的各项税收优惠政策。落实科技企业孵化器、大学科技园、研发费用加计扣除、固定资产加速折旧等税收优惠政策。对符合条件的众创空间等新型孵化机构适用科技企业孵化器税收优惠政策。三是创业扶持。建立和完善创业投资引导机制,加强创业投资立法,完善促进天使投资的政策法规。加快发展创业孵化服务,引导和推动创业孵化与高校、科研院所等技术成果转移相结合,完善技术支撑服务。还可以依托"互联网+"创业网络体系,建设一批小微企业创业创新基地,促进创业与创新、创业与就业、线上与线下相结合,降低全社会创业门槛和成本。四是知识产权保护。政府可通过专利申请

费维护费等补贴，鼓励对知识产权的保护。还需要加大知识产权的执法力度，缩短确权审查、侵权处理周期。

（二）促进高水平创新主体建设，完善基础设施体系

一是推动综合性国家科学中心建设。加快重组国家重点实验室体系，重点推进支撑大设施落地的平台、与大设施密切协同的平台、吸引国家重大科技计划及任务落地的平台等布局建设，为实现自由探索与独立研究，促进突破型、引领型平台的稳定运行创造良好环境。二是完善资金投入机制。出台针对综合性国家科学中心等创新主体的专项经费支持与管理的相关规章，提高科研人员的经费管理能力。此外要赋予科学家充分主导权、经费使用权和资源配置权，让其自主确定研究课题和自主选聘科研团队，在注重创新结果的基础上做到效益最大化。三是提升科技创新主体的协同合作力。加强各种创新主体有效互动合作，促进科技创新与经济社会发展的良性互动，重点加强政府部门、科技企业、高等院校、金融机构及小微企业、“双创”机构和个人等形成“资源整合、优势互补、权益分享”的共建合作模式，协同创新重点解决交叉学科研究以及产学研融合发展问题。

（三）加强人才队伍建设，进一步提升创新研发水平

科技人才和研发水平是国家创新能力提升的关键要素，针对中国现状，具体要重视以下几方面的工作。一是营造促进人才发展的良好环境氛围和机制。按照市场规律推动人才有序流动、共享人才资源，实现人尽其才、才尽其用、用有所成，营造促进人才发展的良好环境和机制。突出“高精尖缺”导向，着力发现、培养、集聚一批科学家、创新型人才和大师级的领军人物。面向重点领域学术大师、全球顶尖人才、青年拔尖人才建设一批科学家工作室，进一步加强对创新型人才的培养和支持。二是推动实施更加开放的创新人才引进政策。建立国际通行的访问学者制度，加快构建引进海外高层次人才新机制。加强对从事基础研究的创新人才及优秀创新团队的稳定支持。实行更积极、更开放、更有效的人才引进政策，对急需紧缺的特殊人才，开辟专门渠道，实行特殊政策，实现精准引进。三是研发投入。政府需要高度重视对基础研究和试验发展研究的投入，同时提高研发人员和科研工作者的待遇，吸引更多的人才进入研发创新领域。

（四）重视进出口贸易发展，进一步利用全球创新资源

在经济全球化和开放式创新背景下，提升国家创新能力需要不断放开国内市场，建立有利于促进投资和防范风险的国际合作保障体系。重点是要吸收引进外商直接投资，大幅度放宽市场准入。目前实行的外商投资负面清单，经过 2015 年和 2017 年先后两次的修订，对外资准入的限制领域缩减了 65%。未来可以进一步修订外商投资负面清单，把自贸区试行的外商投资负面清单逐步扩大到全国，大幅提高服务业开放水平。同时坚持高水平的“走出去”与“引进来”相结合。一方面鼓励企业在海外建立研发中心，提高海外知识产权运营能力；另一方面，通过“引进来”实现引资、引智、引技相结合。继续支持跨国公司在中国设立研发中心，提高国家科技计划对外开放水平，促进跨国公司融入中国创新体系。

（五）加强基础研究，注重原始创新

一是优化学科布局，促进学科交叉融合。要着力优化学科布局和研发布局，加强数学、物理等重点基础学科建设，加大对基础学科建设以及基础研究的支持力度，推动基础学科与应用学科均衡协调发展。鼓励开展跨学科研究，资助政策要把交叉学科研究放在优先考虑的位置，对具有学科交叉特征的重大问题进行定期讨论与评议，整合研究力量，解决最具前沿性和迫切性的科学问题。二是保障基础研究经费投入，调整资助方式。在现有资助体系中，增加侧重基础研究的基金种类，在现有的资助模式外，继续积极探索"重点"项目群的资助模式。要从全国的整体资源分配角度，加大长期连续性资助方式的使用比重，降低短期竞争性资助方式的使用比重。长期持续支持研究基础较好、具有研究潜力的研究项目和队伍，重点支持高水平研究队伍，推动基础研究取得突破。三是转换资源配置方式，发挥多级专家作用。在转换资源配置方式的同时，必须考虑到基础研究投入产出的不确定性特征。为了减少资源配置转换过程中产出的不确定性，必须进一步削弱行政力量在资源配置中的地位，增加科学家群体在项目决策过程中的作用。切实发挥专家在项目评审与评价中的价值，大力推广多级专家评审、异议复议制度等同行评议制度，尽可能将资源配置到可能产生重要成果的领域。

参考文献

[1] Porter M E, Stern S. National Innovative Capacity[C]. The Global Competitiveness Report, 2001, 2002:102-118.

[2] Wang L, Szirmai A. The Unexpected Convergence of Regional Productivity in Chinese Industry, 1978—2005[J]. Oxford Development Studies, 2013, 41(1):29-53.

[3] 胡海鹏，袁永，廖晓东. 基于指标特征的国内外典型创新指数比较研究[J]. 科技管理研究，2017 (20): 72-76.

[4] https://www.globalinnovationindex.org/Home.

作者简介

王宗军，华中科技大学管理学院原院长、二级教授、博士生导师，华中科技大学华中卓越学者；美国富布赖特(Fulbright)高级研究学者，全国工商管理专业学位研究生教育指导委员会委员，教育部科学技术委员会管理学部委员，中国技术经济学会副理事长，中国管理现代化研究会技术与创新管理专业委员会副主任委员，中国高等教育学会高等商科教育分会副会长，湖北省人民政府政府特聘专家，湖北省技术创新软科学基地主任，武汉市人民政府决策咨询委员。作为项目第一负责人主持完成科技部重大专项1项、国家社会科学基金重大项目1项、自然科学基金面上项目2项、自然科学基金国际合作项目1项、"863"计划1项、省部级课题10余项，在国内外重要学术期刊上发表论文200余篇，出版专著、教材4部。

支持全面创新的基础制度及体系构架

张玉臣

摘要:基于习近平总书记提出的尽快“形成支持全面创新的基础制度”的战略要求,对全面创新和基础制度进行了界定,并依据全面创新、基础制度发挥支持作用均只能在国家创新体系中实现的事实,以国家创新体系的理想状态为基础制度发挥作用的中介和基本目标,提出了支持全面创新的基础制度体系构架。

关键词:全面创新;基础制度;体系构架

实施创新驱动发展,“最紧迫的是要破除体制机制障碍,最大限度解放和激发科技作为第一生产力所蕴藏的巨大潜能”。在 2016 年的两院院士大会上,习近平总书记重申了这句他在 2014 年两院院士大会讲话中的原话,并进一步提出要全面深化科技体制改革,提升创新体系效能,着力激发创新活力。2021 年 5 月 28 日,在“科技三会”上发表的重要讲话中,习近平总书记再次强调推进科技体制改革的紧迫性,并系统论述了“形成支持全面创新的基础制度”的重要性。

一、全面创新及基础制度的概念界定

(一)全面创新

2014 年 8 月,习近平总书记指出,党的十八大提出实施创新驱动发展战略,就是要推动以科技创新为核心的全面创新。我们认为,全面创新主要体现在以下三个方面:

1. 全方位创新

认真学习和领会习近平总书记的有关论述,可将全方位创新界定为社会方方面面、各种类型并向世界全面开放的创新。早在 2012 年 12 月,习近平总书记在广东考察工作时指出:“全方位推进科技创新、企业创新、产品创新、市场创新、品牌创新,加快科技成果向现实生产力转化……”2012 年 12 月,习近平总书记在中央经济工作会议上的讲话中再次强调:“加快科技创新,加强产品创新、品牌创新、产业组织创新、商业模式创新,提升有效供给水平,创造有效需求。”2014 年 10 月,习近平总书记在致 2014 浦江创新论坛的贺信中指出:“我们将全方位加强国际科技创新合作,积极参与全球创新网络……”显然,全方位创新即包括创新的多个方面,诸如科技创新、企业创新、产品创新、市场创新、品牌创新、产业组织创新、商业模式创新,也强调面向全球,同全世界各国开展广泛的开放式合作创新,亦可称为全球创新。

2. 全过程创新

全过程创新就是将创新视为一个系统工程，包括从知识发现、技术发明到成果应用及商业价值实现的各个环节，也可以理解为创新过程的完整链条。2013 年 2 月、2014 年 6 月，习近平总书记两次讲话都强调：实施创新驱动发展战略是一个系统工程……完成从科学研究、实验开发、推广应用的三级跳，才能真正实现创新价值、实现创新驱动发展。当然，在全过程创新中，科技创新是核心环节。

3. 全社会创新

全社会创新就是社会的多元主体均被调动和激发起来，广泛参与创新活动。2013 年 9 月，习近平总书记提出：实施创新驱动发展战略，要抓好顶层设计和任务落实。动员科技界、产业界和社会各方面广泛参与。2016 年 1 月，习近平总书记强调"坚持创新发展，就是要把创新摆在国家发展全局的核心位置，让创新贯穿国家一切工作，让创新在全社会蔚然成风"。2019 年 3 月，习近平总书记再次提出要"释放全社会创新创业创造动能"；"要在全社会积极营造鼓励大胆创新、勇于创新、包容创新的良好氛围"。

（二）基础制度

基础制度一词应用于很多实践领域，在创新领域，由习近平总书记在 2014 年 6 月 9 日召开的"两院院士大会"上率先提出，在 2021 年 5 月 28 日召开的"科技三会"上做出系统论述。我们认为，可以对基础制度的内涵、主要特征及其目标做出如下界定。

1. 基础制度的内涵

基础制度是指在整个制度体系中居于根基或底座地位、发挥主导或关键支撑作用的制度。就科技创新或全面创新而言，涉及的制度很多，并非所有制度都是基础制度。可以从以下两个方面定义支持全面创新的基础制度。

（1）居于根基或底座地位的制度。在支持全面创新制度体系中，什么样的制度基于根基或底座地位呢？认为可参照中国特色社会主义制度体系中的根本制度、基本制度、重要制度三个层次进行区分。全面创新是一项重要的社会事业或一个重要社会领域，首先必须坚持中国特色社会主义制度，或者说全面创新中也要体现中国特色社会主义的根本制度要求；其次，全面创新应该有体现自己基本原则、对社会创新绩效有重大影响的基本制度，比如说关键核心技术必须掌握在自己手中、科技创新必须走以我为主、自主创新的发展之路等。当然，全面创新也应该有由根本制度和基本制度派生的重要制度，如创新组织形式、中介服务等。我们认为，基础制度不应该是派生性制度，既要体现根本制度的要求，又要涵盖基本制度的范畴，故基础制度是兼有根本制度、基本制度的综合体系，如图 1 所示。

根本制度：党对全面创新的领导等	基础制度：坚持党的领导、科技自立自强、科技战略布局、新型举国体制、科技激励与绩效评价等
基本制度：以我为主、自主创新等	
重要制度：全面创新的具体形式等	派生制度：全面创新的具体形式等

图 1　支持全面创新的基础制度性质

按照上述理解,推动科技创新战略力量布局、核心要素配置、人才队伍体系化协同化,发挥新型举国体制优势,坚决破除影响和制约科技核心竞争力提升的体制机制障碍,加快攻克重要领域"卡脖子"技术,有效突破产业瓶颈等,都应该属于基础制度范畴。

(2) 发挥主导或关键作用的制度。基础制度对全面创新的支持作用不是直接发生,而是通过国家创新体系这个中介传导机制发挥作用,如图 2 所示。

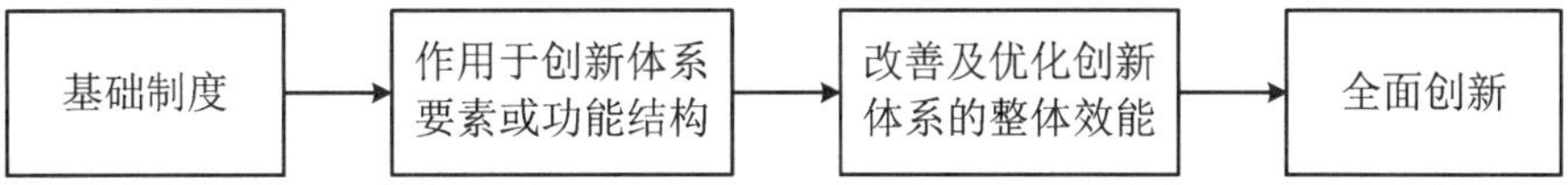

图 2　基础制度支持全面创新的过程机理

为什么基础制度要通过创新生态系统发挥作用呢? 首先,制度不可能独立发挥作用,其必须作用于特定载体,如创新主体、创新投入、创新网络等。实际上,制度作用的载体就是创新体系的构成要素或基本功能。其次,基础制度对全面创新的支持作用不是独立发生的,而是多种制度协同发挥作用的,而这种协同作用恰恰是通过创新生态系统产生的。因为创新体系的功能是通过要素的合理组织实现的,故可以说,支持创新的基础制度主要是通过创新生态系统的要素及结构发挥作用的。

按照上述逻辑,我们可以将创新体系的构成要素分为三类:一是主导性要素(不可或缺性要素),主要指技术知识及创新成果的生产主体;二是基础性要素(难以短期改变的具有较强地域根植性的要素),主要指国家或区域的文化及资源禀赋等环境要素;三是衍生性要素,主要指伴随创新活动开展而逐步衍生出来的各类主体或活动等。我们将支持或作用于国家创新体系的主导性要素、基础性要素的制度,归结为基础制度;而将支持或作用于衍生性要素的制度,划分为非基础性制度(或其他制度)。

2. 基础制度的特征

基于上述分析,我们可归纳支持全面创新的基础制度具有以下三个特征:第一,具有不可或缺性,即缺失这些制度,全面创新局面就难以真正形成;第二,具有质的决定性,即基础制度对全面创新具有质的决定性,如为什么创新? 怎样创新? 等等;第三,具有前期构建性,即有如盖房子需要打好地基一样,基础制度需要前期构建。

3. 基础制度的目标

基础制度当然是为了支持全面创新,形成全面创新的局面就成为基础制度的显性目的或直接目标。然而,正如前面已经分析的,全面创新不可能单纯通过制度的作用而实现,一定是基础制度与创新生态系统的诸多其他要素协同发生作用,才能形成全面创新的良好局面。正如习近平总书记强调指出的:要探索建立高效协同的创新体系,加快科技体制改革步伐,解决好"由谁来创新""动力哪里来""成果如何用"的三个基本问题。同时,以改革释放创新活力,加快建立健全国家创新体系,让一切创新源泉充分涌流。

因而,我们将形成全面支持创新基础制度的目标界定为:形成良好的创新生态系统。正如习近平总书记指出的:崇尚创新,国家才有光明前景,社会才能充满活力;要在全社会积极营造鼓励大胆创新、勇于创新、包容创新的良好氛围,既要重视成功,又要宽容失败,真正"让创新在全社会蔚然成风"。如果把全面创新比作我国发展的新引擎,那么体制改革、基础制度建设就是点燃这个新引擎必不可少的导火线。

二、支持全面创新的基础制度体系构架

按照多种制度或一个制度体系协同，且需通过特定载体，在国家创新体系中发挥作用的逻辑，我们可以依据创新生态的形成过程及理想状态下的功能结构，分析基础制度体系的基本构架。

（一）确定基础制度体系构架的基本依据

从理论上提炼或描述国家创新体系的理想状态，应该以什么为依据呢？我们认为应该是功能结构，即基于高效率支持创新的使命（通过其功能结构实现），国家创新体系具备最优的功能结构，且不同功能处于最优协同状态，如图 3 所示。

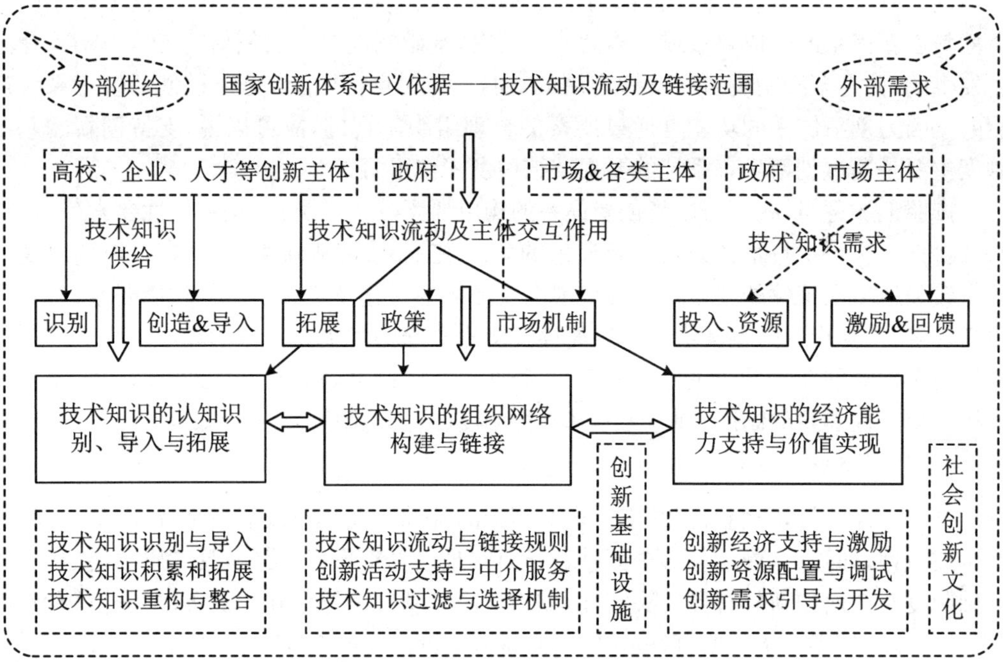

图 3　创新体系的功能结构

（二）支持全面创新的基础制度体系构架

以功能结构为依据，支持全面创新的制度可分为三类，其中基础制度包含以下内容：一是支持技术知识的认知识别、导入与拓展功能的制度，重点包括激发技术知识更多产生、有效识别和导入（含从体系外）的制度，推动技术知识沉淀、积累和深化拓展的制度，促进多元技术知识重构与整合、进而形成更多更好的技术方案等的制度；二是技术知识的组织网络构建与链接的制度，主要包括鼓励技术知识流动、转化与多元主体链接（含创业）的制度，对全面创新活动进行支持，对技术知识、技术方案等进行过滤和选择的制度；三是技术知识的经济能力支持与价值实现的制度，主要包括对全面创新活动给予投资支持、经济激励和回报的制度（涉及绩效评价），对创新资源进行优化配置与调试（依据什么机制？）等制度，激发和引导创新需求的制度等，如表 1 所示。

表 1　基于理想创新生态系统导出的基础制度

创新生态系统功能	功能具体维度及要求	功能制度的需求	基础制度
技术知识的认知、识别、创造、导入及对其进行拓展	技术知识识别、创造与导入——对新兴技术知识进行识别、通过创造活动并将知识导入到创新生态系统	鼓励多元创新、尊重创新者主权 培育多元主体创新主体、鼓励参与创造活动、开放式思维及对外开放良好的社会公共知识空间	科技创新决策制度 科学研究制度 科技创新体制 科研人才制度
	技术知识的积累凝练和拓展——对技术知识进行有效的凝练，并对其进行有效拓展	鼓励发明创新、为新兴技术发明或技术方案创设实验性应用条件、应用场景，保护知识产权	知识产权制度 技术标准战略 新兴技术平台制度
	技术知识的融合重构与整合——对技术知识进行融合重构，通过整合形成可用方案	鼓励技术知识融合、学科交叉 创设新兴技术的应用条件和场景 良好的社会公共知识空间	合作研发制度 新兴技术发展制度 科技信息制度
技术知识的组织网络构建与主体链接	技术知识的流动与链接规则——促进技术知识的转移和流动，实现多元主体的连接	鼓励技术知识流动及成果转化 支持多元主体链接合作及科技创业 良好的社会公共知识空间	公共知识管理制度 技术转移创业制度 技术联盟合作制度
	技术知识的过滤与选择机制——设立过滤制度和规则，依规则对技术知识做出选择	提供发展规划、社会规范（减碳）及科技伦理准则等，作为新兴技术的过滤和选择的依据和标准	科技战略制度 科技伦理制度
技术知识的经济能力支持、绩效度量及综合价值实现	创新的经济支持与激励——对创新提供投资等经济支持、对创新成果进行科学评价并进行有效激励	保障科技创新的经济支持，建立鼓励市场化、社会化的科技投入政策，对科技成果进行有效激励	科技评价制度 科技投入制度 支持创业投资制度
	创新资源配置与调试——通过特定机制配置资源，并对资源配置状态及机制进行调试	建立公平的市场秩序，鼓励公平竞争、通过收购及兼并等实现创新资源向效率高的主体转移	科技资源配置机制 市场准入制度 市场交易制度
	创新需求的引导与开发——鼓励各类主体应用创新成果、积极开发创新成果的市场空间，使创新价值实现	支持社会主体广泛应用新兴技术，为新兴技术成果拓展市场空间，鼓励和保护创新经济价值实现	政府采购制度 新兴技术应用制度 科技成果激励制度 科技企业发展制度

参考文献

［1］ 柳卸林，王倩. 创新管理研究的新范式：创新生态系统管理[J]. 科学学与科学技术管理，2021，42(10)：20.

［2］ 曾国屏，苟尤钊，刘磊. 从“创新系统”到“创新生态系统”[J]. 科学学研究，2013，31(1)：4-12.

［3］ 雷小苗，李正风. 国家创新体系结构比较：理论与实践双维视角[J]. 科技进步与对策，2021,38(21)：8-14.

作者简介

张玉臣，同济大学经济与管理学院教授、博士生导师，同济大学中国科技管理研究院研究员，科技政策与管理研究所执行所长；中国技术经济学会理事，企业技术创新分会筹备负责人。长期从事科技创新及创业研究。2004—2005年参加过《2006—2020年国家中长期科学技术发展规划》中的《长三角区域科技发展规划》战略研究和编制工作；2007年参加《国务院关于进一步推动长三角地区经济社会协调发展的指导性意见》研究和编写工作；2019年参加《2006—2020年国家中长期科学技术发展规划-区域科技创新规划》专题研究工作。曾获中国技术经济研究会首届全国技术经济论文大赛优秀论文奖，世界管理大会优秀学术论文奖(赤羽达之奖)，上海市科技进步奖，上海市人民政府决策咨询建议研究奖。

更好地发挥高等院校在实现科技自立自强方面的重大作用

陈　劲

摘要：实现科技自立自强是建设科技强国的重要内容和核心指标，发挥高等院校在实现科技自立自强方面的重大作用，必须加强基础研究、有组织的科研、关注未来科技、构筑重大科研平台和培育创新型人才。

关键词：科技自立自强；高等院校；有组织科研

随着《国家创新驱动发展战略纲要》深入实施，"十四五"和中长期科技创新发展规划陆续出台，为我国站在建党100周年的历史新起点上进一步推动实现高水平科技自立自强和科技强国建设提供根本遵循和行动指南，确保我国在全面建设社会主义现代化国家、加快实现中华民族伟大复兴的历史进程上行稳致远。高等学校是我国基础研究的主力军和原始创新策源地，为加快迈向高水平科技自立自强，高等院校可以从以下方面重点发力。

一、系统建立高校从事基础研究的新优势布局，踊跃从事引领性基础研究和需求导向的应用基础研究

世界教育史和科技史清晰地表明，一流高校是基础研究的主体，也是科学中心的源泉。历史上意大利、英国、法国、德国、美国的五大科学中心的诞生与发展，都是大学发挥了根本的作用。在我国，虽然高校的科技力量日益强大，但和中国科学院等其他国家科学院所相比，高校从事基础研究的人员和经费比例过低，急需改善。在全球范围内系统性建立我国在基础研究上的显著优势是加快推动实现高水平科技自立自强的必然要求和关键任务。科学革命是技术革命乃至产业革命的重要基石，加强我国高校，特别是一流大学从事高水平基础研究活动，并培育出更多从事基础研究的人才，是实现我国科技自立自强的坚实保障。我国高校的基础研究要从"自由探索型"和"任务导向型"两个方向分类考虑。"自由探索型"基础研究要尊重从未知到已知、从不确定性到确定性的科学规律，突出原创性、引领性、交叉性、融合性导向，鼓励对宇宙演化、意识本质、物质结构、生命起源等方面的探索和发现，拓展认识自然的边界，开辟新的认知疆域，稳定支持、久久为功；"任务导向型"基础研究或者需求导向的应用基础研究，要"面向世界科技前沿、面向经济主战场、面向国家重大需求、面向人民生命健康"，强调应用牵引、突破瓶颈，从经济社会发展和国家安全面临的实际问题中凝练科学问题，集中支持，聚焦突破，弄通

“卡脖子”技术的基础理论和技术原理，强化技术科学和工程科学领域的探索。通过“自由探索型”和“任务导向型”的基础研究，产生更多的具有转型意义的高水平基础研究成果，持续加快我国的科学能力跃居世界前列的步伐，为我国科技发展做出必要的贡献。

二、积极开展“有组织的科研”，努力助力我国的产业核心技术“卡脖子”攻关

“卡脖子”技术是存在于国家间、产业间与企业间的技术差距，即关键核心技术存在于难以模仿，需要长时间的高强度投入方能突破的技术领域，因此“卡脖子”技术是关键核心技术长期与其他国家存在较大技术差距，且技术差距难以被短期缩短，在国际贸易中一旦进行贸易封锁，该类核心技术便成为一国产业发展与创新生态系统中的“卡脖子”技术。要发挥高校在突破产业共性技术、关键核心技术、“卡脖子”技术，保障产业链安全，提升供应链水平的作用，就要用好我国一流大学、国防七子、行业特色大学的工程科技研发优势，特别是推动我国高校拥有的全国重点实验室、国家工程研究中心、国家工程技术研究中心等重组、再造与提升，发挥其在破解“卡脖子”技术方面的优势。要进一步鼓励高校和企业组建创新联合体，联合进行产业核心技术的攻关，切实加大高校军民融合的力度，并为从事核心技术的教师提供良好的工作环境。

三、从关注培育发展壮大未来科学、未来技术出发，积极形成高校的引领创新势能

要加快占领新一代电子信息、移动通信、新材料、新能源、新装备、生物医药等前沿技术领域制高点，以原始创新引领新一轮科技和产业革命的发展方向，以战略性科学计划为策源地，就要积极发挥高校在未来科学、未来技术和未来人才等方面的优势。要全面释放高校学科齐全的优势，大力鼓励跨学科研究，大力鼓励信息、生物、材料等领域的交叉融合，形成我国新兴学科建设的新优势。要进一步办好未来技术学院、组建未来实验室，努力孵化培育决定未来发展方向的先导性科技，影响未来发展格局的颠覆性技术，提升未来竞争能力的原创科技，为发展壮大支撑我国经济增长的未来产业做出积极的贡献。

四、从加快培育国家战略科技力量出发，加快我国高校的重大科技平台布局

国家战略科技力量需要具备跨学科、大协同的引领性攻关力量以及承担国家使命的能力，是国家创新体系的重要支柱。国家战略科技力量以“国家意志”为导向，以“引领发展”为目标，面向世界科技前沿领域，从国家战略全局的高度解决事关国家安全、国家发展、国计民生等根本性问题，从整体上提升我国的创新能力、竞争实力与发展潜力。从世界格局演变来看，国家战略科技力量是赢得国际竞争优势的关键。我国要实现高水平科技自立自强，归根结底要靠国家战略科技力量。为此，高校要主动参与国家实验室建设及管理，和国家实验室形成协同发展机制。要进一步加强全国重点实验室的重组与改造，从国家战略需求导向进行高校科技资源的统筹与整合。要积极关注大科学装置、重

要工程试验平台的建设。要积极搭建具有世界一流水平的公共实验研究平台，提升实验室公共实验研究平台能力建设和管理水平，为开展科学前沿、关键核心技术研究提供强大实验手段。

五、加强科教融合和产教协同，努力培育卓越科技人才

习近平总书记深刻指出："我国要实现高水平科技自立自强，归根结底要靠高水平创新人才"，"办好我国高校，办出世界一流大学，必须牢牢抓住全面提高人才培养能力这个核心点"，"高校立身之本在于立德树人。只有培养出一流人才的高校，才能够成为世界一流大学"，"牢固确立人才引领发展的战略地位，全面聚集人才，着力夯实创新发展人才基础"，明确了科技自立自强背景下培养造就大批优秀的创新科技人才这一基本战略任务，也要求高校创新体系建设应始终以培养科技创新人才、工程科技人才、科技管理人才等拔尖创新人才为首要使命。要坚持人才是第一资源，高度重视培养培育具有家国情怀、战略思维、科学精神、创新能力的战略科学家，充分发挥战略科学家在国家重大科学计划和重大工程科技项目上的关键作用，成梯队地造就一批具有世界影响力的顶尖科技人才队伍。要大力提升本科生培养质量，要坚持立德树人，以国家重大战略、关键领域和社会重大需求为重点，激发学生面向国家战略需求的学术志趣，培养一批国家战略科技人才后备军。要高度重视青年科技人才成长，使他们成为科技创新主力军。

参考文献

[1] 陈劲．新时代的中国创新[M]．北京：中国大百科全书出版社，2021.
[2] 陈劲．整合式创新[M]．北京：科学出版社，2021.

作者简介

陈劲，清华大学经济管理学院教授、博士生导师，国家杰出青年科学基金获得者和教育部长江学者特聘教授，教育部人文社会科学重点研究基地清华大学技术创新研究中心主任，清华大学政策研究室特约研究员。兼任中国科学学与科技政策研究会副理事长、中国管理科学学会副会长、中国技术经济学会技术管理专业委员会理事长，《International Journal of Innovation Studies》主编，《International Journal of Innovation and Technology Management》主编，《Technovation》副主编，《管理》《清华管理评论》执行主编等。整合式创新、有意义的创新理论的提出者。先后在《人民日报》《光明日报》《科技日报》《瞭望》等发表多篇科技创新战略和政策的文章。2021 年入选全球最有影响力的管理思想家。

推进“多链”融合驱动中国经济高质量发展[①]

刘志迎

摘要：中国式现代化路径实质是要走出一条依靠创新驱动发展的道路，构建新发展格局是要依靠科技创新支撑经济大循环的高质量发展道路。党的二十大报告指出“推动创新链产业链资金链人才链深度融合”就是要以问题为导向，解决各种堵点、卡点和脆弱点问题，为促进中国经济实现高质量发展形成良好的创新发展生态。

关键词：创新链；产业链；资金链；人才链；政策链

从全球来看，世界正经历百年未有之大变局并加速演进。康德拉季耶夫周期正进入转换期，新一轮科技革命和产业变革深入发展；国际力量对比深刻调整，俄乌战争导致全球经济社会动荡不安；新冠疫情严重阻障全球经济流动性并挫伤国际经济大循环生态。从国内来看，我国经济正处于数字化转型、产业升级、碳排放约束、外力挤压、人口红利减弱的关键调整期。综合国力的国际竞争日益呈现出以科技竞争为核心的全面竞争态势，“硬科技”成为竞争焦点，中国作为发展中国家本质没有改变，依靠科技创新驱动高质量发展对跨越“中等收入陷阱”具有重要的决定性意义。习近平总书记在多场合多次提出要“围绕产业链部署创新链”、“围绕创新链布局产业链”。党的二十大报告也明确指出“推动创新链产业链资金链人才链深度融合”。因此，需要加快推进“多链”融合，促进“双循环”经济高质量发展。

一、多链融合存在的突出问题

产业链是指产业中具有纵向商业关联活动的多企业链式编排关系。从价值增值角度看产业链就可以称为价值链，从需求方角度看产业链就可以称为供应链，产业经济学将其称为产业纵向关系。创新链是由基础科学研究、应用基础研究、应用技术开发、工程化验证或中试、商业化生产等多活动主体链式编排关系。从基础研究到应用基础研究再到技术开发阶段是技术形成阶段（即研发），从技术开发到工程化验证或中试再到商业化生产是技术商业化阶段（即创新）。按照《奥斯陆手册》广义的概念界定，就是创新链。至于资金链、人才链和政策链都是指围绕着产业链和创新链展开的相关链条。

其一，围绕产业链部署创新链以科技“赋能”现有产业尚显不够。从总体上看，中国现有产业发展态势良好，制造大国向制造强国迈进有进展，但是传统产业还占很大比重，产业链“关键核心技术”的国际依赖性仍然很强，“基础材料、基础元器件、基础工艺、基础

① 基金项目：国家哲学社会科学基金重大项目“创新链与产业链耦合的关键核心技术实现机理与突破路径研究”（22&ZD094）。

装备、基础软件”等“五基”产业基础技术缺失从而受制于人。急需要围绕现有产业链部署创新链，以解决现有产业关键核心技术“卡脖子”难题。

其二，围绕创新链布局产业链，以科技“衍生”新兴产业成效不高。从中国发展的历史经验和现有成就来看，围绕创新链布局产业链，前瞻布局战略性新兴产业，培育发展未来产业，成效不够明显。习近平总书记指出“科研和经济始终是‘两张皮’，科技创新效率就很难有一个大的提高”。基础科学研究薄弱，科研活动浮躁，有效科研成果偏少，且不能够很好地实现产业化，创新链“堵点、卡点、脆弱点”痼疾未消。

其三，创新链产业链人才链资金链融合的良性循环生态有待优化。产业链是基础，创新链是动力，人才链和资金链是保障，政策链是激励。创新链与产业链融合不够，形成“孤岛现象”即“两张皮”问题；人才链“才岗错配”“精致利己”现象比较严重；由于“对资本本质认识有偏误”导致资金链连贯性差，政策多且变动快酿成浮躁。政策制定、人才培养和资本服务创新链与产业链融合的良性循环生态有待优化。

二、造成多链融合难的主要原因

中国经济发展在改革开放以来的 40 多年时间里，完成了一些发达国家百余年才能完成的任务，成绩斐然。在快速发展的过程中难免存在这样或那样的问题，只要我们能够正视这些问题，并能够清晰地识别出问题的原因，以问题为导向，注意破解就能够进一步推进中国经济向前发展。以上问题出现的主要原因在于：

其一，国际分工形成了路径依赖，高端和关键零部件依赖进口。中国加入 WTO 以后，国际分工使中国获得成本优势。几十年来，人口红利、土地红利等催生了一大批从事加工制造或者组装等的企业，实现了经济快速发展。但是，具有关键核心技术的“五基”主要依赖进口，甚至形成路径依赖。只要在加工制造或者组装等 OEM 模式还能够赚钱的情况下，且一些发达国家不对中国进行封锁，那么企业对科技创新的需求就不会强劲，也就导致产业链与创新链融合不够。

其二，中国的制造大国地位明显，企业依靠规模经济效应获利。据工信部数据，中国制造业增加值从 2012 年 16.98 万亿元增加到 2021 年 31.4 万亿元，占全球比重从22.5%提高到近 30%，持续保持世界第一制造大国地位。区域间招商引资竞争，横向规模扩张旺盛，纵向技术创新不够，固定资产投资多，研发投入严重不足。从上市公司(截至 2021 年底的数据)来看，用于理财的资金占资产的比重达到 23%左右，用于研发投入的资金占资产的比重不到 3%。企业还没有投入研发的强劲动力。

其三，高校科研院所评价指向学术，面向产业实际需求相当不够。虽然近年来有关部门提出“破四唯”，但上下左右“一刀切”政策难以切合实际，不同类型高校科研院所性质不同、学科专业不同，应有不同评价方法；另外，提出了“破”要求，但未提出“立”的具体实施方案。有解释认为“破四唯”是“破唯不破四”，科研人员所有都要“为”，从而更加难以在自己擅长的领域做出突出贡献。最后，还是以可量化和有区分度地发表论文来评价人才，从而使得高校科研院所创新链与产业链对接不够。

其四，刺激消费和投资政策力度大，刺激供给侧研发投入政策弱。2008 年世界金融危机以后，我国出台了大量刺激内需和投资的政策，通过需求侧拉动经济增长形成路径依赖；2015 年提出供给侧结构性改革，将重点放在产品市场供给侧上，尚未在要素市场供给侧改革上下功夫，刺激研发投入政策仍然偏弱。改革开放以来，中国为了促进国民经济发展投入基础设施建设方面的资金巨大(俗称“基建狂魔”),在“铁公机港水电通”等领域不仅超前,而且全球领先,但是,基础科学研究和技术研发投入还相当不够。

其五,金融风险防范攻坚战显成效,但也减弱资本市场活跃度。围绕产业链、创新链部署资金链,包括天使投资、风险投资(VC)、私募股权投资(PE)、IPO、再融资融债等近年活跃度不够,尤其是二级市场长期低迷;面向中小企业的普惠制金融与银行本质属性不吻合,效果不理想。上市公司大量资金用于理财,中国资本市场负财务费用企业数量(比例)从2008年的229个(13.35%)波动增长至2021年的1380个(27.99%),且连续三年维持负财务费用企业数量(比例)由2008年的78个(4.55%)增长至2021年的679个(13.77%),投资积极性不高,研发投入不够。

其六,大学与社会无“旋转门”机制,应用型人才培养缺少师资。大学和职业院校师资队伍主要来自大学硕士、博士生,从出校门到进校门,缺少应用实践训练;实业界优秀从业者难以进校门担任教师,教师也缺乏产业界一线技术研发或产品开发经验,应用型人才培养仍然停留在理论教学层次的“纸上谈兵”,难以培养出高水平实用型人才,人才链中应用型人才培养还相当薄弱。基础研究人才培养基础不牢,应用型人才培养应用性不强。用人单位普遍倾向于“985”“211”高校毕业生,忽视人才使用的多元性和多层次性。

三、推进“多链”融合的几点建议

中国经济正在从DUI(Doing/Using/Interacting)模式转向STI(Science /Technology/Innovation)模式,需要走科技创新驱动的“双循环”经济高质量发展道路。多链融合的实质还是要形成产业发展的良好创新生态,使得我国走出一条中国式产业现代化之路,实现社会主义现代化强国之梦。针对上述存在的问题和原因提以下几条建议。

(一)厘清现有产业关键“卡脖子”技术,组织强力攻关

建立科学技术普查制度和机制,动态调查研究和系统搜集整理现有产业的关键核心技术难题,列出具体研发攻关项目,按照产业链做好技术攻坚规划。政府研发资金要强化引导战略性新兴产业领军企业加大研发投入力度,集中攻克现有产业被“卡脖子”技术,利用科技“赋能”现有产业链,实现高质量发展;总结推广“华为”直接辅导产业链上下游企业经验,发挥科技型骨干企业引领带动作用,带动产业链“五基”企业联动创新;要推动传统产业实力企业加大研发投入,在本行业领域加大技术投入力度实现产业升级,开发本行业新领域技术,尽力推动战略转型,实现高质量发展;进一步强化企业创新主体地位,加大科技政策刺激力度,鼓励行业龙头企业开展基础研究,激发企业加大技术研发投入力度,走内涵式发展道路。市场导向的应用型基础研究,要瞄准产业关键核心技术难题,建立科技领军企业发挥“出题人”“答题人”“阅卷人”的运作机制,制度性(不单纯是短期政策)激发科技领军企业组织和投入基础研究。

(二)进一步加大力度推动科研成果转化,“衍生”新兴产业

各省市要全面梳理境内所有具有一定技术含量的科研项目成果和科创型中小企业,摸清家底。针对科研项目成果,由政府创投引导资金支持,逐步开始创业孵化;对科创型中小企业,由政府产业基金或创投资金或种子基金,按照市场逻辑,遴选优秀企业或优质

技术型企业，以投转贷模式加大投入力度促其发展；政府产业基金要引导各类民间私募基金投入科技企业；针对有望上市的科技型企业，要激励三大中介（券商、会所和律所）进入辅导，规范治理结构，争取早日上市融资；要高度重视学术创业（如中国科大三大量子团队持续推进理论成果转化），让更多从实验室走出来的硕博士研究生从事科技创业活动，加快科研成果产业化，形成新兴产业链。

（三）以政策链驱动创新链、产业链、人才链、资本链深度融合

政府能有效作为的手段就是遵循“政策目标—政策类型—政策工具”思路制定有效的政策。围绕着产业链部署创新链，制定政策引导创新资源向产业和企业集聚，政策重点放在“基础材料、基础元器件、基础工艺、基础装备、基础软件”等“五基”关键核心技术开发应用上，打好关键核心共性技术攻坚战；围绕创新链布局产业链，制定全过程促进科技成果转化和创新创业的政策措施。按照“模糊地带、魔鬼河、死亡谷、达尔文海和衰退鸿沟”等技术形成和技术成果商业化的关键环节，制定有效政策链，加快推动学术创业和科技型企业发展。依托产业链和创新链上的各类主体集聚人才、集聚资本。政策激励发展形成天使投资、风险投资（VC）、私募股权基金（PE）、政府基金、IPO、配股、增发、可转债等多种形式投融资的资金链条。借助市场主体平台和各类开发区、研究机构平台，集聚高水平创业团队和研发团队；试行试点“旋转门”机制，推进产业界丰富经验人士进入高校充实师资队伍；要全面提升科研人员物质待遇和工作收入，克服优秀学生、优秀人才流向“非科研高收入行业”。坐住坐稳“冷板凳”，既需要科学精神，又需要经济收入支撑；大力培养多层次人才，构筑产业发展和科技研发的人才链条，尤其是培养科技产业发展的领军型企业家和复合型人才。

总之，依靠科技创新“赋能”现有产业发展，依靠科研成果转化以促进学术创业“衍生”新兴产业，两手抓两手都要硬；要依靠科技创新驱动“双循环”格局形成，实现高质量发展。消费刺激和投资刺激都是短期行为，刺激科技创新是长期战略，只有科技资源的开发是永无止境的。科技创新“等不得、急不得”，需要一个过程；应以政策链驱动“多链融合”，促进“双循环”新格局经济实现高质量发展。

作者简介

刘志迎，管理学博士，中国科学技术大学管理学院二级教授，博士生导师，中国科大EMBA中心主任，省级人文社会科学重点研究基地中国科学技术大学工商管理创新研究中心主任，国家哲学社会科学基金重大项目首席专家。全国社会科学普及专家，中国技术经济学会常务理事，中国区域经济学会常务理事，安徽省发展战略研究会会长，长三角一体化咨询委员会委员。研究领域为创新管理、产业技术创新、区域创新。研究成果在相关领域主流期刊《Technovation》《Journal of Business Research》《European Journal of Operational Research》《Management Decision》《Technology Analysis & Strategic Management》《科研管理》《科学学研究》《中国软科学》《研究与发展管理》《科学学与科学技术管理》《新华文摘》《经济学动态》《金融研究》等发表论文300余篇，获得中国发展研究一等奖和省部级科技成果三等奖以上等多种奖项，出版专著和教材十余部。

大力开展突破性创新、切实推动高质量发展①

邵云飞

摘要：创新是推动高质量发展的关键。突破性创新通过创造新技术发展轨迹并颠覆市场竞争格局，成为企业、区域以及国家获取持续竞争优势的利器。但是，目前我国创新驱动高质量发展过程中仍然存在创新文化不够完善、基础研究薄弱以及科技体制制度繁缛等问题。针对创新驱动高质量发展的困境，需要培育原始创新人才，不断加强基础研究；倡导企业家精神、发挥企业主体作用；同时要松绑减负，冲破科技体制的制度藩篱，激发创新活力，鼓励实现更多突破性创新，坚定不移推动高质量发展。

关键词：突破性创新；高质量发展；基础研究

一、高质量发展迫切需要突破性创新

我国“十四五”已进入关键时期，已从“数量追赶”转向“质量追赶”、从“规模扩张”转向“结构升级”、从“要素驱动”转向“创新驱动”的高质量发展阶段。当前，世界经济中心出现“东升西降”的局面，权力转移对象发生根本性变化，百年来西方国家主导国际政治的局面正发生根本性改变。加之国际格局动荡，世界秩序正面临重新洗牌，百年未有之大变局使得新兴大国与守成大国之间出现结构性矛盾。新工业革命、文明冲突以及制度竞争使得大国之间的博弈竞争与世界发展格局发生重要变化，大变局和疫情叠加下世界格局正面临新一轮调整与重塑。与此同时，全球新一轮科技革命、产业变革和军事变革加速演进，科学探索从微观到宏观各个尺度上向纵深拓展，以智能、绿色、泛在为特征的群体性技术革命将引发国际产业分工重大调整，颠覆性技术不断涌现，正在重塑世界竞争格局、改变国家力量对比。综合来看，我国既面临赶超跨越的难得历史机遇，也面临差距拉大的严峻挑战。为此，推动高质量发展不仅是国际竞争形势所迫，也是推动我国经济可持续发展的必然之举。

经过改革开放40多年的快速发展，我国经济逐渐转向高质量发展阶段，科技创新能力也实现大幅度提升，在一些领域中实现了“并跑”和“领跑”，创新型国家建设成效显著[1]。科技实力正在从量的积累迈向质的飞跃，从点的突破迈向系统能力提升。其中，突破性创新(Breakthrough Innovation)作为以关键技术突破和市场颠覆为重要载体，是

① 基金项目：国家自然科学基金面上项目(72172024、71872027)、国家社会科学基金重大项目(17ZDA051)的阶段性成果。

实现企业赶超与国家经济发展的重要方式[2-3]。近年来，在新型举国体制的支撑下，我国在载人航天、探月工程、深海工程、超级计算、量子信息、“复兴号”高速列车、大飞机制造等领域取得一批重大突破[4]。

“知不足，然后能自反也；知困，然后能自强也。”正视不足方能创新自强。面对世界百年未有之大变局，世界贸易和科技格局呈现明显的“量子化”特征，国际创新局势“乱云飞渡”，科技竞争已成为大国博弈的焦点，并且我国与美国等发达国家在科技实力上还有差距。为此，我们必须清醒地认识到，由于世情、国情发生深刻变化，科技创新对中国来说不仅是发展问题，更是生存问题，问题的关键在于实现由要素投入驱动向技术创新驱动的跨越。具体来讲，当前我国经济社会发展、民生改善、国防建设面临许多需要解决的现实问题，比过去任何时候都更加需要科学技术解决方案，都更加需要增强创新这个第一动力。比如，农产品种植和加工技术相对落后，部分关键元器件、零部件、原材料依赖进口，油气勘探开发、新能源技术发展不足，生物医药、医疗设备等领域科技发展滞后问题日益凸显。

为此，本文认为，中国迫切需要突破性创新来切实推动高质量发展，以更好地融入世界经济发展潮流以及国际竞争格局，以获得持续竞争优势。

二、创新驱动高质量发展的现状

《中共中央关于制定国民经济和社会发展第十四个五年规划和二〇三五年远景目标的建议》明确提出要打好关键核心技术攻坚战，始终将科技自立自强作为国家发展的战略支撑。但是，当前，我国在创新驱动高质量发展面临仍然面临诸多困难，依靠突破性创新来驱动高质量发展的局面还没有完全打开。因此，我国需要加强优质的创新文化建设、突破基础研究薄弱以及关键核心技术“卡脖子”等困境。

（一）优质的创新文化建设

文化是驱动创新和经济发展的核心动力，创新文化是培育创新的沃土。一方面，创新文化形成的关键在于教育，人是创新的最主要驱动力。但我国长期以来推行的应试教育通常存在有以“标准答案”“分数至上”“唯分数论”等为代表的现象，使得教育陷入“短视化、功利化”的困境，这样就会束缚学生的求知欲、探索精神以及创新性思维，这样就会缺乏知识的创造者。另一方面，目前我国缺乏敢于接受和承担创新失败的氛围。创新是风险与机遇并存，但高风险往往是创新尤其是突破性创新的最典型特征。研究显示，企业创新失败率高达47%，突破性创新的失败率更甚。为此，缺乏宽容失败的创新文化是遏制研发人员创新潜力的又一个障碍，并且会加重研发人员或企业主体的创新难度与失败压力。

（二）基础研究较为薄弱

加强基础研究是科技自立自强的必然要求。目前，我国科技发展水平特别是关键核心技术创新能力同国际先进水平相比还有差距，主要表现在基础科学研究短板突出，重大原创性成果匮乏，底层基础技术、基础工艺能力不足，工业母机、高端芯片、基础软硬件、开发平台、基本算法、基础元器件、基础材料等瓶颈依然突出，关键技术“卡脖子”难题或技术壁垒仍然存在。这主要是因为，一方面，我国现行的教育体制存在“均值高和方差小”的特点，在人才培养上忽视对原创性科学技术的发明与创造，这导致一大批创新人才在技术创新过程中仅适合“技术跟跑”,但在“技术并跑”甚至是“技术领跑”过程中明显后劲不足。另一方面,西方发达国家在物理、天文、生物科学等传统自然科学领域已沉淀百年,但我国在这些传统自然科学领域的发展历史不够长,这导致我国基础研究还不够,原创性还不高。事实上,许多“卡脖子”的问题,最终都“卡”在基础研究上。因此,我们需要强化基础研究。

(三)科技体制制度繁缛

相比于美国等发达国家,我国科技创新事业起步晚、起点低,以关键核心技术为代表的(科技)创新能力仍是制约我国实现创新发展、建设世界科技强国的“阿喀琉斯之踵”,而繁缛的科技体制与制度藩篱是制约突破性创新发展的关键要素。首先,科技体制及相关政策执行不给力,不仅削弱了科研人员的创新活力与潜力,而且提高了突破性创新及其商业化的门槛,从源头上遏制了突破性创新的产生。其次,科技体制机制中的繁文缛节与制度藩篱,使得科学界重资历轻能力、重显绩轻潜力,这增大了科研人员的职业晋升压力,使得大批研究人员被迫戴上“创新的镣铐”,阻碍突破性创新的产生。与此同时,即便在创新产生之后,科技成果转化中的体制机制障碍,阻断了科技成果转换的“最后一公里”,使得突破性创新最终成为“孤岛”。

三、对策建议

针对当前突破性创新驱动高质量发展的现状,笔者认为,中国迫切需要大力开展突破性创新,坚定不移推动高质量发展,并需要从以下几个方面进行努力。

(一)培育原始创新人才,加强基础研究

“创新之道,唯在得人”。高质量发展以基础研究为根基,基础研究是刺激创新的源头活水,而创新的根本在于人才。

为此,首要的是应在培育创新型人才上下功夫。一方面要改变现行教育体制中“唯分数论”的现状,大力推进“双减”政策,为中小学教育阶段的学生松绑,同时鼓励培养学生的创造性思维,以及艰苦奋斗、勇攀科研高峰的奉献精神;另一方面,重视数学、物理等基础学科,切实为我国基础研究培养后备军。其次要建立引进和培养高水平人才团队,进一步推进高层次人才培养和引进计划的实施,加强中青年和后备人才培养,稳定高水平实验技术人才,建设高水平创新团队,加强基础研究,不断强化原始创新。最后,要营造宽容失败的创新氛围。创新并非易事,不应以成败论英雄,因此,要切实建立起鼓励创新、宽容失败的创新文化与氛围,并辅之以创新失败的预警机制与补偿机制。

(二)倡导企业家精神,发挥企业主体作用

高质量发展是创新驱动的发展,企业作为创新主体,其在基础研究、攻克重要领域“卡脖子”技术以及掌握更多“撒手锏”式技术方面发挥引领支撑作用。

而企业家是经济活动的重要主体,企业家以及企业家精神是激发市场活力的关键。当前我国发展面临的挑战前所未有,尤其需要弘扬企业家精神。具体来讲,要积极倡导企业家在创新过程中审时度势,积极发挥企业家精神和创新精神,主动担当有作为,积极

履行好责任，在实现经济效益的同时兼顾社会效益。

与此同时，要切实发挥好企业的主体作用。企业创新首先必须坚持面向世界科技前沿、面向经济主战场、面向国家重大需求、面向人民生命健康，要不断根植于基础研究以及重要领域“卡脖子”技术，并在此过程中实现技术突破与市场颠覆。

（三）松绑解缚，冲破科技体制藩篱

关键技术突破对创造新的细分行业、盘活整个产业甚至带动整个经济高质量发展具有重要作用，但同时要看到突破性创新一般具有高度不确定性、高度复杂性、非连续性、互联性强、创新周期长以及失败率高等特征。为有效推动突破性创新进展以及创新效率，更好地为高质量发展注入新鲜动力，必须冲破科技体制藩篱。

首先，要优化科研人员的人才评价体系与激励机制，激发科研人员的创新活力。要切实为科研人员松绑解缚，从繁杂的事务性工作与行政工作中解放出来，以更好地潜心科学研究。同时要破除论资排辈的现象，科技创新要以成果为导向，英雄不论出处。其次，要建立创新失败的退出机制与保障机制。一方面要建立系列创新失败的预警机制、识别机制与退出机制，降低企业创新尤其是突破性创新的失败率和创新损失；另一方面要建立突破性创新的保障机制与配套政策，从补偿机制、法律制度以及政府政策等方面切实为突破性创新活动进行兜底，鼓励实现更多“从 0 到 1”的技术突破。

参考文献

[1] 王一鸣. 百年大变局，高质量发展与构建新发展格局[J]. 管理世界，2020，36(12)：1-13.

[2] 欧阳桃花，曾德麟. 拨云见日：揭示中国盾构机技术赶超的艰辛与辉煌[J]. 管理世界，2021，37(8)：194-207.

[3] 付玉秀，张洪石. 突破性创新：概念界定与比较[J]. 数量经济技术经济研究，2004 (3)：73-83.

[4] Capponi G，Martinelli A，Nuvolari A. Breakthrough Innovations and Where to Find Them[J]. Research Policy，2022，51(1)：104376.

[5] 路风，何鹏宇. 举国体制与重大突破：以特殊机构执行和完成重大任务的历史经验及启示[J]. 管理世界，2021，37(7)：1-18.

作者简介

邵云飞，电子科技大学经济与管理学院教授、博士生导师；美国内布拉斯加州立大学工商管理学院访问学者；教育部新世纪优秀人才；四川省学术和技术带头人；首批入选“四川省技术创新方法专家咨询委员会专家”；四川省技术经济与管理现代化研究会副理事长；四川省创新方法研究会副理事长，等等。在国内外重要学术期刊以及国际会议发表论文 200 余篇，出版中英文专著 6 本，合作编写教材 4 本。主持和主研了 30 余项科研课题的研究工作：包括国家自然科学基金项目、国家社会科学基金项目、国家社科重大专项、国家社科重点项目；教育部博士点基金项目，科技部 863 及 863 配套项目；四川省和成都市政府应急科研项目，研究成果获得省部级奖项十余项，科研课题结项曾获特优及优秀等级。四川省精品课“商务统计学”课程负责人及课程主讲人，多次获管理学百篇优秀案例奖。

创新引领数字经济高质量发展[①]

张紫琼

摘要：我国数字经济顶层战略规划体系渐趋完备，数字经济将转向“深化应用、规范发展、普惠共享”的新阶段。要实现数字经济高质量发展，必须将创新摆在核心战略位置。本文简要分析创新在经济社会发展中的重要性及我国数字经济发展的现状与问题，提出创新引领数字经济高质量发展的实现路径及政策建议，以期为推动数字经济健康发展建言献策。

关键词：创新驱动；数字经济；高质量；实现路径

数字经济正成为全球要素资源重组、经济结构重塑的关键力量。党的十八大以来，我国抓住全球数字化的重大历史机遇，全面贯彻新发展理念，用新动能促进新发展，以创新引领数字经济迈向新阶段。数字中国建设时期，亟待分析我国数字经济发展的现状与问题，提出驱动数字经济创新实践的路径。

一、创新赋能经济社会发展

在经济社会变迁的漫长历史中，创新始终是保持全球经济增长与社会变革的关键要素。从全球技术革命角度看，人类社会已经历了三次技术革命，每一次技术变革都是对以往模式的调整或颠覆。第一次蒸汽机和机械革命以蒸汽动力为主导性技术初步形成了完整的工业技术体系，第二次电气和运输革命使得电力成为一种便捷可用的能源并在根本上改变了许多国家的工业结构，第三次电子和信息科技革命则以电子计算机、互联网等为代表性技术推动世界步入电子时代，创新在以往历次实践中均扮演着不可或缺的角色。当今世界正经历新一轮的科技革命，以人工智能、大数据、云计算等新兴技术融合推进智能化，创新仍然是革新以往产业形态、分工及组织方式的推动器。尤其是进入数字经济时期，各领域数字化转型持续加速，世界主要经济体纷纷将数字经济创新发展作为重要战略选择。数字经济中的创新也将带动生产方式、生活方式转变，掀起新一轮的经济发展浪潮。

面对激烈复杂的全球竞争，我国一贯将创新摆在发展的核心位置，加大投入力度，致力于提高自主创新能力。党的十八大提出创新驱动发展战略，党的十九大阐明创新是引领发展的第一动力，十九届五中全会进一步明确创新在现代化建设全局中的核心地位。

---

① 基金项目：国家自然科学重点项目(72131005)。

近年来，我国在创新领域持续发力，成绩显著。2021年，我国研发与试验发展经费投入初步测算为27864亿元，比上年增长14.2%，与国内生产总值之比达到2.44%[1]，研发人员总量已连续多年稳居世界首位[2]。在国家创新能力、国家竞争能力等相关评价中，世界知识产权组织等发布的《全球创新指数》显示，我国2021年全球创新指数排名已升至第12位，是唯一进入前30名的中等收入国家，创新发展水平跨入世界科技创新型国家行列。此外，我国也涌现出一批具有较强国际竞争力的创新型企业，它们紧跟国家战略，充分发挥自身优势，助力国家经济与科技进步，不仅涉足人工智能、区块链等新领域，而且关注对基础科学与底层技术研发的投入，利用创新发展打造产业优势，为产业生态体系效益优化赋能。

数字化时代的经济发展和产业变革需要创新的有效供给。数字经济作为国民经济的"稳定器"和"加速器"、创新活动的集聚地之一，尤其强调创新的推动作用，而创新也是提高数字经济价值创造力的重要途径和推动经济转型升级的重要力量。一方面，数字经济本身即为创新驱动型经济，自带创新基因，具有知识、技术高度密集的特点。另一方面，创新是引领发展的第一动力，《"十四五"数字经济发展规划》也将"创新引领"作为整个规划的基本原则之一，没有科技创新便谈不上数字经济，更遑论掌握竞争中的主动权。以创新引领数字经济高质量发展势在必行，需要在创新驱动下将知识、技术等要素引入数字经济发展过程，以提高生产要素的使用效率，实现生产方式优化及经济的可持续发展。

数字经济创新发展通过有效衔接创新主体、创新要素、创新环节来拓展要素来源，加速要素流动与重组，促进数字经济与实体经济融合，进而催生新业态、新模式、新产品，提高了社会经济中生产、交换、分配、消费四个阶段的效率，优化资源配置方式，推动经济体系变革升级。

二、我国数字经济发展现状及问题

在全球经济增长乏力的背景下，数字经济已经成为撬动经济增长的新杠杆与改变经济增长方式的核心要素。中国信通院发布的《中国数字经济发展报告(2022年)》显示，2021年中国数字经济整体规模达到45.5万亿元，占GDP比重为39.8%，同比名义增长16.2%，增速高于同期GDP名义增速3.4个百分点。从全球数字经济规模来看，我国数字经济规模全球排名第二位，仅次于美国。数字经济持续高速增长，在国民经济中的支撑地位也更加突出，已成为我国经济发展的新引擎。

近年来，我国数字产业整体实力显著增强，内部结构持续优化。2021年我国数字产业化规模达8.4万亿元，占数字经济的比重为18.3%，占GDP的比重为7.3%。从结构上看，软件业和互联网行业保持平稳发展；云计算、大数据、人工智能等新兴科技领域基本达到普惠应用水平，并呈现相互融合趋势。在信息基础设施方面，全球规模最大的光纤网络和4G网络相继建成，5G商用全面提速，全国IPV6的规模部署成效显著。

我国产业数字化规模扩大，在数字经济内部结构中的主导地位进一步巩固。2021年我国产业数字化规模达37.2万亿元，占数字经济比重由2005年的49.1%提升至2021年的81.7%。数字科技与传统产业深度融合，加速传统产业数字化转型，助力产业数字化深层次发展。2020年农业、工业、服务业数字经济渗透率分别为8.9%、21.0%和

40.7%[3]，2021年产业数字化转型质量效益均有所提升。

我国数字化治理能力全面提升，政府治理由低效、被动、粗放、程序化反馈转向高效、主动、精准、快速灵活。特别是在抗击新冠疫情的特殊时期，多地政府深化市场合作，将以大数据为代表的数字技术应用于实际抗疫中，提升了社会治理和资源调配效率。“一网通办”“最多跑一次”“一网统管”“一网协同”等服务管理新模式被广泛普及。联合国发布的《2020联合国电子政务调查报告》显示，2020年我国电子政务发展指数全球排名上升至第45位。国家互联网信息办公室发布的《数字中国发展报告（2021）》显示，我国电子政务在线服务指数全球排名提升到第9位。

面对百年未有之大变局，各地区、各部门积极落实国家战略部署、扎实推进数字经济发展，在增强数字产业实力、深层次发展产业数字化和全面提升数字化治理体系等方面成效显著。然而，我国数字经济的发展也存在一些短板与痛点，发展不充分、不平衡、不规范等问题较为突出，需要在未来的发展中着力解决。具体可以概括为以下几点：

其一，关键领域存在技术瓶颈。数字经济关键技术是重塑产业优势、催生新业态新模式、推动数字经济高质量发展的重要基础，但是我国数字经济发展在一些重要领域缺乏技术支撑。例如，核心芯片、智能传感器等关键硬件等都与世界领先水平有一定差距。关键技术的瓶颈问题致使数字产业链上游的资源要素短缺问题日益突出。腾讯研究院发布的《中国数字经济发展观察报告（2021）》显示，欧美发达国家在电子制造、通信、软件等领域处于我国产业链上游，政治和疫情等一些因素可能会使相关产业面临一定的断链风险。

其二，数字经济大而不强、快而不优。我国数字经济规模总量稳居全球第二，但在占国内生产总值比重方面相对较低。2021年德国、英国和美国的数字经济占国内生产总值比重分别位列前三位，均超过65%，而我国数字经济仅占GDP的39.8%[4]。总体来说，虽然我国数字经济规模庞大、发展快速，但主要依赖互联网人口红利和市场红利，消费端发育较为成熟，而技术端发育则相对薄弱。以人工智能产业为例，我国人工智能产业呈现蓬勃发展的态势，市场前景广阔。据工信部公布的数据测算，我国人工智能核心产业规模超过4000亿元，企业数量超过3000家，未来有望成为全球最大的人工智能市场[5]。然而，我国在人工智能算法和软件等方面，仍然严重依赖于国外的开源深度学习框架，自主可持续发展能力的欠缺，制约了我国人工智能软件的发展。

其三，不同区域、不同群体间数字分化差距显著。国家工业信息安全发展研究中心编制的《全国数字经济发展指数（2021）》报告显示，以数字产业化、产业数字化、数字化治理等指标测算，东部地区省市的数字经济发展指数显著优于中西部地区省市，数字经济发展不均衡问题仍然突出。同时，各省数字产业化的规模与结构差别也很大。广东省是电子产品生产和软件服务的主要城市，而新疆、西藏这些数字工业比较薄弱的地方，其数字产业的构成主要是软件服务业。此外，老年人难于运用智能技术、融入数字生活也是目前数字经济发展所面临的一个难题。

其四，数字经济治理体系需进一步完善。随着我国数字经济爆发式发展，数字经济逐渐渗透到经济社会生活的方方面面，也涌现出各种问题。一是数字生产力进步显著领先于现有政策。以人工智能、数据孪生等为代表的先进生产力不断发展，而传统治理思维和政策制度难以适应先进生产力发展要求的矛盾也更为凸显。二是数据泄露、数据窃取、数据误用等问题日益严峻，对企业权益和个人隐私造成损害。例如，大数据作为企业的核心商业资源和基础生产要素，数据安全治理能力直接影响企业的市场竞争力；对个体而言，海量的数据采集以及开放分享逐渐降低了用户的数据自主权。

三、创新驱动的我国数字经济发展路径分析

我国经济发展正处于转变经济发展方式、优化经济结构、新旧动能转换的攻关期，传统的要素驱动形式亟待转化为创新驱动。如何应对新的形势和挑战，把握新的历史机遇，开拓新的经济发展空间，并进一步实现数字经济发展新格局成为当前的热点问题。本文基于我国数字经济存在的问题，从加强理论研究、完善基础设施、优化人才培养、协调平衡发展和强化数字化治理五个方面，构建创新驱动的我国数字经济发展路径。其中，加强理论研究奠定了坚实的基础，完善基础设施起到了强有力的支撑作用，优化人才培养模式充当了持续的动力源泉，协调平衡发展和强化数字化治理分别发挥了一定的调节作用和稳固的保障作用。具体如图 1 所示。

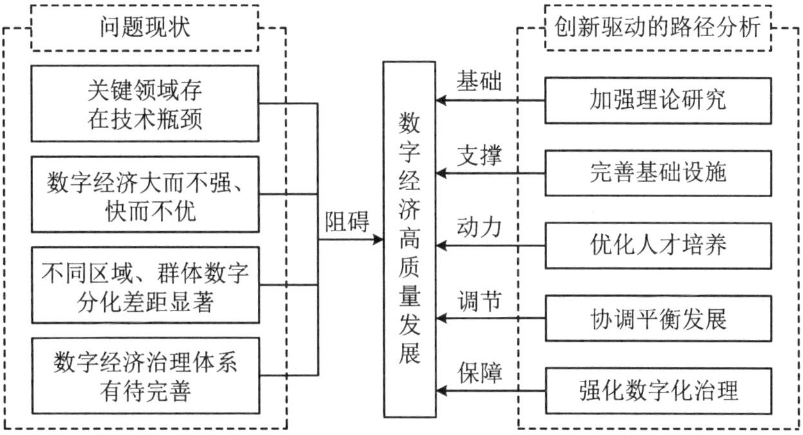

图 1　创新驱动的数字经济高质量发展的问题-路径分析图

（一）加强数字科技基础理论创新，提高关键数字软硬件供给能力

第一，推动数字科技的技术理论突破。面向人工智能、区块链、数字孪生等关键技术领域，积极开展数字技术基础研究，助力关键数字化技术创新发展，为数字经济的发展奠定坚实的理论基础。第二，积极探索数据要素开发利用新机制。2025 年全球数据规模将达到 163ZB，其中 80%～90%是非结构化数据，数据服务逐渐进入深度定制化的阶段[6]。根据数据特点和应用需求，鼓励重点行业构建多元化的数据开发利用机制，创新数据应用场景，实现数据、技术、场景融合，释放数据价值。第三，多措并举补齐数字软硬件短板。通过政府购买、税务优惠、激励企业自主创新和研究开发等方式提高核心数字软硬件的研发、设计和制造能力，保障产业链核心环节自主可控和产业链整体的安全性、稳定性。

（二）完善信息基础设施建设，探索数字经济新应用场景

第一，加快新基础设施建设的战略计划。从顶层设计上，统筹产业与地区的发展，持续完善数字经济的战略措施和推动机制，鼓励协同创新，实现多种发展政策相互协调、相互支持。第二，强化数字经济发展支撑。稳步推动5G网络、宽带网络、物联网等新一代网络基础设施搭建，稳妥推进数据中心、人工智能、区块链等信息技术基础设施建设，形成万物互联、人机交互的网络支撑能力。第三，丰富数字经济应用场景。鼓励数字经济与实体企业融合创新发展，聚焦教育、医疗、交通、社区服务等行业领域，丰富数据融合的产业形态，加快数字化转型。支持制造企业开展智能化改造，组织开展中小企业数字化赋能，推动新业态新模式、拓展新市场、扩大新消费规模。

（三）扩大高水平数字创新人才供给，优化数字领域人才培养

第一，以创新为导向强化数字经济素养教育。以高校、科研院所、研发中心等组织为主力，以培养人才原创性能力、基础性技术研发能力为目标，着力打造一批基础理论功底深厚、研发技术过硬的数字经济骨干人才。第二，政校企合作推动政产学研一体化。立足行业岗位需要，加强地方政府、高校、企业等围绕数字经济的合作，实现人才培养、使用一体化，打造政产学研一体化数字创新人才培养基地。第三，持续深化数字经济人才管理体制改革。各地区积极建立数字化人才评估指标体系，利于政府部门和企事业单位对数字化人才分类、分级引进；全面推广人才激励和配套保障服务的新政策，着力改善工作环境和生活环境，以激发其持续创新的激情和动力。

（四）协调数字经济发展，缩小区域、群体间数字分化差距

第一，推动国家重大地区战略深度整合。要充分利用数字经济跨地域的优势，从要素统筹、结构优化等角度，把不同类型、不同功能的区域纳入到全国范围内，优化区域要素的空间分布与流通，形成区域城乡联动、协调发展的数字经济创新发展格局。第二，健全促进区域数字经济协调发展的保障机制。在确保政策落实的前提下，政府可以突破固有思维方式，因地制宜培育壮大特色产业，将当地优势转化为产业优势，实现城市数字经济高质量发展。第三，多项工作齐头并进提升特殊群体数字化能力与素质。以老年人等特殊群体的需求为导向，鼓励企业推进手机等智能终端装备适老化、无障碍模式的改造，并引导社区、养老服务机构、企业等各方社会主体积极参与，共创适老化、无障碍的数字生活环境。

（五）着力加强数字化治理，完善数字经济治理体系

第一，针对我国国情完善相关政策。利用我国超大规模供给和需求市场、海量数据资源、丰富的应用场景，发挥我国社会主义制度优势推进数字化治理创新，积极顺应新形势、新要求，注重发展与规范并重，统筹协调发展与安全。第二，强化多元化、多层次的监管体制建设。聚焦事前、事中、事后监管全过程，健全协调监管机制，实现创新驱动发展，监管稳定航向。在保障国家安全、商业秘密、个人隐私的基础上，实现政务信息公开与共享，实现技术规范的统一，有效规避数字经济领域的违法犯罪行为。第三，推进完善风险

应急响应处置流程和机制。针对潜在安全问题提出并制定响应方案，积极推进安全技术手段和反应机制的建设，进而形成协调统一的网络安全规划、建设、运营的安全应急响应机制。

参 考 文 献

[1] 2021 年我国 R&D 经费为 2.79 万亿与 GDP 之比达 2.44%[EB/OL]. [2022-01-26]. http://www.stats.gov.cn/xxgk/sjfb/zxfb2020/202201/t20220126_1827037.html.

[2] 国家统计局新闻发言人就 2021 年上半年国民经济运行情况答记者问[EB/OL]. [2022-07-15]. http://www.stats.gov.cn/xxgk/jd/sjjd2020/202107/t20210715_1819506.html.

[3] 中国信息通信研究院. 中国数字经济发展白皮书[R]. 2021.

[4] 国家网信办. 数字中国发展报告(2021 年)[R]. 2022.

[5] 核心产业规模超 4000 亿元人工智能与实体经济加速融合[EB/OL]. [2022-08-17]. http://www.cinic.org.cn/xw/schj/1341493.html.

[6] 中国信息通信研究院. 人工智能白皮书(2022 年)[R]. 2022.

作者简介

张紫琼，管理学博士，哈尔滨工业大学教授、博士生导师。国家优秀青年基金获得者，教育部新世纪优秀人才、杰出人才，近 3 年在《International Journal of Hospitality Management》等 SCI 和 SSCI 检索国际学术期刊上发表论文 10 余篇，主要研究方向为 Web 用户创造内容挖掘、商务智能与电子商务、消费者行为、社会网络分析、社会计算、知识管理、酒店与旅游管理、文本分析等。

实现高水平科技自立自强需要着力做好五项工作①

谢科范

摘要:在科技创新竞争日益激烈和不确定性与日俱增的国际环境下,实现高水平的科技自立自强成为我国双循环新发展格局下实现高质量发展的必然选择。未来,我国需要强化国家战略科技力量,强化"三基"和"三前",即基础研究、基础科技条件、基础科技工具、前沿科技、产业链前端和模糊前端;需要构建高效率的、有助于科研人员潜力发挥的科技创新体制机制,特别是以效率为导向的科技计划机制和基于供给侧的科技成果转化机制;需要培养、建设高水平的科技创新人才队伍,为其提供良好的环境条件;需要实现以我为主的、深度的、可持续的高水平对外开放合作;需要强化科技创新的韧性,加强科技风险治理,增强科技风险防控能力。

关键词:科技自立自强;国家战略科技力量;高水平科技创新开放合作

实现高水平科技自立自强,已成为我国未来科技发展和科技创新的宏伟战略愿景,其与双循环新发展格局的要求是高度一致的。科技自立,其主要内涵是"两自":自力更生,自主创新;科技自强[1],主要包括两个方面:强大的科技发展能力和强韧的科技创新风险防控能力。实现高水平科技自立自强,要求在坚持改革开放这一前提下,以我方需求为主导,以自身努力为依靠,以国内创新循环为主体,实现我国科技方向引领能力、自主创新能力、内生研发能力、创新生态自组织能力、创新链抗打压能力得到决定性、可持续提升。为保障高水平的科技自立自强得以实现,我国的科技创新体系建设亟待着力做好以下五项工作。

一、强化高水平基础研究和前沿科技创新

强化国家战略科技力量,是实现高水平科技自立自强的重要方面,其重点之一是要强化包括基础研究、基础科技条件、基础科技工具在内的"三基"。其一,在基础研究方面,要加大基础研究的投入力度。2021 年的政府工作报告提出,要大幅增加基础研究投入。可以预期,我国未来的基础研究投入的比重会明显提升。要构建基础研究的多元投入机制,首先要增加地方政府的基础研究投入。以往,地方政府虽然设立了自然科学基

① 基金项目:教育部高校国别和区域研究课题(2021-N61)以及湖北省科技创新人才及服务专项软科学研究项目(2021EDA026)阶段性成果。

金，但总量很小，且有一部分变相投向了应用研究领域，因此，要鼓励地方政府加大基础研究投入力度，特别是那些获得综合性国家科学中心的省市，更有责任大幅增加对科技前沿和大科学装置的基础投入。要鼓励民间通过设立基金的方式支持科学研究，鼓励企业以捐赠、配套或设立专项的形式支持基础研究和原创性研发活动。要加大基础研究人才群体培育的力度，鼓励中国科学院与高校联合开展基础学科的本硕博人才培养。其二，在科技基础条件资源方面，要以国家科学中心的区域布局与学科分布为统筹，强化大科学装置、科学仪器和研究实验基地的建设，做好不同大科学基地之间的协作协调，提高使用效率。重点支持以科创走廊为基础创建国家科学中心和产业创新中心，鼓励国家实验室、大科学基地的跨省共建共享共用。要大力推进科技资源数据汇交工程的实施，运用大数据技术提供技术挖掘、技术预见和科技导航服务。要为防范应对科技文献资源的"卡脖子"或断供(例如，要防止类似 PubMed 等的科学文献平台对我国特定机构的禁用)做准备，要提升国内科技出版物的质量和国际影响力，支持国内的英文学术期刊拓宽渠道和提升品牌影响力，支持中文科技期刊实行长英文摘要或出版外文版。其三，在基础科技工具方面，主要是要做好"卡脖子"软件的替代性开发及其应用生态培育，包括各种基础制图软件、模拟仿真软件、工业开发软件、数学计算与统计分析软件(例如，MATLAB 就曾经对我国部分高校进行过定向禁用)等。

同时，要强化包括前沿科技、产业链前端和模糊前端在内的"三前"。一是在前沿科技方面，要实现人工智能、量子信息、空天科技等新兴、前沿领域的领跑，要形成强大的专利阵网，形成完善的创新链、产业集群和产业生态。二是在产业链前端方面，要在产业链、创新链头部开展集中攻关，在高端材料、高端元器件、高端仪器装备、设计软件等方面补短板或另辟赛道。三是在新产品开发模糊前端[2]方面，要支持企业在应用性创新和探索性创新的双元创新格局中逐步实现向探索性创新的转移，支持其积极开展新产业、新产品的原创概念开发、创意开发、实验性研发，在国际技术竞争和产品竞争中抢占先机。

二、构建高效率科技创新体制机制

举国体制是我国独有的科技创新优势，这一优势应当进一步充分发挥，建立和完善新型举国体制，特别是要发挥举国优势在强化国家战略科技力量中的作用。科技计划是我国科技创新管理的成功经验，我国已基本形成了从国家层面到地方层面多层次的十年科技规划纲要、五年科技创新规划、年度科技项目指南的长中短嵌套衔接的科技计划体系，对科技创新方向引导和创新资源配置产生了积极作用。未来，需要建立以效率为导向的科技计划体制，进一步厘清科技创新中的政府支持与市场调节之间的关系，提高政府科技投入的配置水平和使用效率，发挥政府科技投入对社会科技投入的促发效应和乘数效应。要形成不同层次之间、不同部门之间(例如发改委、科技部、工信部等)的政府资助科技项目之间的信息互通与协调，减少重复投入和低效投入。政府在制定科技创新规划、计划的同时，还需做好技术预见、技术路线图、专利导航、风险预警等方面的服务。

从供给侧解决科技成果转化不畅的问题，实现科技成果的高质量供给[3]。建立专家、企业、社会出题，科研人员揭榜，需求单位参与的科技成果选题立项机制，积极推行科研项目"揭榜挂帅"制[4]-[5]、后期资助制、乙方垫资预研制，也可以在科研项目中引入科技保险机制，推出科技项目保险、科技投融资保险等。

彻底破除四唯，建立科学、合理、可行的科技评价体系，弱化对科技人员的年度评价，推行长周期绩效考核制度；避免全能式考核，重点考核标志性成果或代表作。建立基于特殊贡献的科技人员免考核制度、直通车制度和终身聘用制度。

清理各类名目繁多的科技奖励，弱化、减少、合并项目奖励和成果奖励，强化荣誉性奖励和人物奖励。在科技奖励对象确定上尽量避免采用本人申请制或本单位推荐制，尝试采用类似诺贝尔奖的学术共同体推举制或第三方提名制。

三、建设高层次科技创新人才队伍

坚持党管人才，把握正确的人才培养与发展方向。推行招才局、人才集团、民营人才服务机构的三维式人才管理服务体系，发展人才产业，为高端人才提供全程导航、培育、助长、推介服务。

从教育源头进行改革，培育创新性人才。探索钱学森之问的破解方案，培养战略性人才群体。大力推进“双一流”建设，高质量实施强基计划，在战略性新兴学科加大本硕博连读培养的力度。

适当扩大企业博士后工作站的规模，鼓励同行业企业联合设置博士后基地、博士后港或博士后园区，鼓励高校博士后流动站与企业博士后工作站形成战略性合作关系并支持合作导师带领团队到企业现场开展创新研究。扩大战略性新兴产业领域工程博士试点，鼓励高校在科技园区开展专业硕士培养项目，支持高校教师以访问学者身份或科技特派员身份到企业开展实践活动或参与合作研发。

要改善科技人员的工作环境与条件，特别是要改革科研管理制度，让科研人员从繁杂的事务工作中解脱出来，集中精力开展创新活动。简化科技项目的申报流程，减少其填表工作量，删减科技项目申报书的栏目，合并预算科目或实行粗预算制度，免去申报书中的法人个人印章和财务印章（只保留单位公章），提倡无纸化申请，免去项目申请中不必要的现场答辩环节。减少、简化科技项目的中期检查，简化结题评审，将课题评审中每个项目开具提交单位社会信用证明改变为由所在单位一次性统一提交。实行灵活决算制度。简化经费使用与报销中的审批、审核流程，逐步扩大科研项目经费包干制的范围，对于未整体实施包干制的项目，可以尝试在劳务费、差旅费等单项预算方面采用包干销账制度。

四、坚持高水平科技创新对外开放合作

要积极探索在当前纷繁复杂、风险丛生的国际环境下开展高水平科技创新对外开放合作的模式、方式与策略。积极参与全球科技创新治理并发挥重要作用，包括发起和领衔大科学计划，发布全球科技议题，主导科技舆情，主持全球科技峰会，制定科技规范与标准，发起或主导参与国际科技组织等。

高水平科技创新对外开放合作包括：以我为主的科技创新对外开放合作、深度的科技创新对外开放合作以及可持续的科技创新对外开放合作。

以我为主的科技创新对外开放合作需要在国际科技创新合作中服务双循环发展新格局，实现科技创新外循环与内循环相结合。在构建全球科技创新共同体、促进人类福

祉的大愿景下，坚持以我方需求为导向、以充分发挥我方作用为主旨，要追求科技创新对外开放合作的效益，追求合作多赢。

深度的科技创新对外开放合作，一是要做到全方位的合作，即在科技创新项目、人才、基地、园区、机构五个维度展开并进行结合，特别是在中外共建科技园区、共建科学研究机构方面要加大力度。二是要在实现创新要素高质量引进集聚的同时，加大“走出去”的力度，目前需要重点促进和扶植的方面有：高等学校在海外建立分校、新校园或培训中心；科研机构在海外建立实验基地或分支机构；企业在海外设立研发中心或创新飞地；开发区在海外建立园中园或园外园。三是倡导在科技创新对外开放合作中的以企业为主体、产学研合作的原则，以抱团方式形成整体合作优势。四是探索科技创新对外开放合作中运用知识产权优势探索“以技术换市场”的可行模式，通过合作拓展我方的新技术的国际化应用生态。

可持续的科技创新对外开放合作，一是强调战略合作、长期稳定的合作；二是践行碳达峰、碳中和使命，强调绿色创新，在合作研发中推行绿色设计、绿色制造和绿色营销；三是在与发展中国家的合作中，重视民生科技需求，重点开展数字基建、卫生健康、脱贫减贫等方面的科技合作；四是要形成外交促科技合作，科技合作反哺外交的良性循环，探索科技外交的新路子。

五、形成具有高韧性的科技创新风险治理机制

科技创新本身就具有高风险性，特别是在开放式创新中，随着国际环境的变化和不确定性的加剧，科技创新的风险防控会愈来愈重要。

一是要主动参与全球科技创新治理，取得更多的科技创新规则、标准、仲裁制定和运作等方面的主动权。二是要主导构建科技创新共同体，通过共同愿景引导、联合风险分摊等方式来防控科技创新的风险。虽然目前构建全球大一统的科技创新共同体的可能性很小，但我国可以领衔构建局域性的科技创新共同体，例如可以先行启动“一带一路”科技创新共同体建设。三是要增强科技创新系统的韧性，特别是要强化创新链、产业链的抗打压能力和抗断供能力。四是建立科技创新风险监测预警体系，为企业、高校、科研院所的科技创新提供风险提示和导航服务。五是加强科技创新风险补偿机制的建设，包括大力发展科技保险，完善科技投资风险担保制度等。

要重视国际科技合作中的风险防控。首先，要建立具有韧性的科技创新对外开放合作机制；其次，要对国际科技创新合作进行国别风险、领域风险和项目风险三个层次的监测与预警；最后，要做好国际科技创新合作中的主体间的风险沟通，要做好风险应急预案准备。

参考文献

[1] 朱巍. 锻造战略科技力量　支撑科技自立自强：提升基础研究能力的新路径与对策研究[J]. 科技智囊，2021(3)：6.

[2] 曹勇，罗紫薇，周红枝. 众包战略，模糊前端与产品创新绩效：基于开放式创新视角的实证分析[J]. 科学学与科学技术管理，2018，39(10)：30-40.

［3］ 钟书华. 促进政府资助的科技成果有序进入市场[J]. 国家治理，2021(5):50-53.
［4］ 陈劲，朱子钦. 揭榜挂帅：从理论阐释到实践方案的探索[J]. 创新科技，2020，20(4)：1-7.
［5］ 曾婧婧，黄桂花. 科技项目揭榜挂帅制度：运行机制与关键症结[J]. 科学学研究，2021，39(12)：2191.

作者简介

谢科范，博士，日本京都大学博士后，加拿大多伦多大学访问学者；武汉理工大学管理学院二级教授、博士生导师；中国技术经济学会复杂科学管理分会理事，中国科学学与科技政策研究会常务理事，中国软科学研究会常务理事，湖北省科学学与科技管理研究会副理事长，武汉市人民政府参事。发表学术论文180余篇，其中SCI、SSCI收录国际期刊论文28篇；共主持和参加完成50余项科研项目，主持完成5项国家自然科学基金项目，主持1项国家社会科学基金重点项目，1项马克思主义工程重大项目子课题，1项国家软科学研究计划重大项目。获省部级科技奖励12项。主要著作有《技术创新风险管理》《非常规突发事件的集群决策》等9部；主编《管理经济学》《企业风险管理》等教材。

创新驱动是壮大农村集体经济的关键

杨为民

摘要:农村集体经济是中国特色社会主义市场经济的重要组成部分,是提高农民组织化程度的重要载体,是实现乡村振兴的重要内容。随着农业和农村经济体制改革的深入,农村集体经济的发展问题已经引起高度重视。本文结合实地调研,从农村集体经济结构、经营模式等方面剖析农村集体经济发展中存在的问题,从制度创新、机制创新等角度提出相应的对策建议。

关键词:创新驱动;农村集体经济;改革

农村集体经济是社会主义公有制的重要组成部分,是提高农民组织化程度的重要载体,是乡村振兴的重要内容。发展集体经济是实现共同富裕的重要保证,是振兴贫困地区农业发展的必由之路。党的十九届四中全会决定提出:把深化农村产权制度改革、发展农村集体经济、完善农村基本经营制度作为坚持和完善社会主义基本经济制度,推动经济高质量发展重要任务。各地认真贯彻习近平总书记重要指示和国家政策,在实施乡村振兴战略中将农村集体经济发展作为重要的工作切入点。

随着社会发展,以智能化为代表的数字技术催生了第四次工业革命,这不局限于技术领域,而是涉及政治、经济、社会生活等方方面面。农村发展也是以这个大数据时代为背景,不可避免地顺应着时代的发展。农村集体经济在数字经济中如何定位?如何超越传统农业经济领域实现跨越式发展?这将是一场深刻的变革,这场变革的主角就是:创新。

一、对某县农村集体经济的调研分析

农村集体经济发展存在着较大的区域差距,体现出发展的不平衡和不充分。为了进一步了解实际,我们就某城市的郊区县进行走访调研,调查显示一些地区农村集体经济发展呈现如下特点。

(一)农村集体经济收入略有起伏

据统计,某县2016年农村集体经济总收入约为38亿元,其中,镇级企业收入2.9亿元,村级组织收入19.4亿元,村级企业收入15.7亿元。2020年该区域农村集体经济总收入约为25亿元,其中镇级企业收入2.1亿元、农村级集体经济组织收入约21亿元、村级企业收入1.9亿元。总体呈下降趋势。

（二）农村集体资产规模逐步扩大

资料显示：农村集体资产稳步增加，该县农村集体资产总额从 2016 年的 274 亿元增至 2020 年的 297 亿元。其中，2020 年村级集体资产总额 264 亿元，占比 89%，乡镇级集体资产总额 33 亿元（占 11%）。

（三）区域分布表现差异

农村级集体经济组织收入排名比较靠前的几乎都是城乡接合部地区的村庄，大部分平原村收入中等，山区村收入相对靠后。

（四）农村集体收入结构呈现多元化

调查发现：一些农村集体从事生产经营活动较少，主营业务收入较少；部分村集体经营收入的主要来源是租金收入，甚至占经营性收入的一半以上；此外，农村集体还获得投资收益，占经营性收入的 20%左右。在营业外收入中，补贴收入（转移性收入）比较稳定。

（五）农村集体经济发展带动农民增收

2020 年底，被调查的郊区县累计完成村级产权制度改革的比例达到 97.8%，几十万农民当上新型农村集体经济组织的股东。年终有近 300 个农村集体经济组织实现了股份分红，占新型农村集体经济组织的 95%，占农村居民人均可支配收入的比重保持在 13%左右，成为农民共同富裕的重要载体。

（六）农村集体经济支撑农村基层治理

2020 年，全县农村集体经济组织的社会性支出占村级集体经济组织收入的 6.6%。其中，公共服务支出占 57%，可见，农村集体经济组织仍承担着大量的社会职能。

二、基于调研的农村集体经济存在问题

（一）农村集体经济总收入下滑

2016 年以来，该县农村集体经济总收入总体呈下降趋势，从 2016 年的 38 亿元逐步减少到 2020 年的 25 亿元，下降了 34.2%。这主要是由于镇村集体企业收入减少所致。

（二）农村集体经济主营业务偏少

大部分农村集体从事生产经营活动较少，2020 年主营业务收入仅占经营性收入的 0.28%。绝大部分收入来源于租金收入、投资收益和市县两级补贴资金收入。

（三）村庄负债和收不抵支的情况增加

2019 年，全县收不抵支村数占总村数的 60%。农村集体经济的资产负债率超过 70%。2019 年村级集体经济组织负债主要为财务性负债，包括未分配的土地安置补偿费、上级拨付尚未使用的工程款、代收应支付给农民的土地流转费等。

（四）农村集体经济在地区之间发展不平衡

全县农村集体资产大部分集中在城镇化地区。从村庄分析，全县农村集体资产超2亿的村占村庄总数的9.3%，拥有的集体资产占全县的47%；村集体资产低于1000万元的村所拥有的集体资产只占全县的1.9%。村庄集体经济发展差距存在着层级固化风险，发展差距有扩大趋势。

三、基于调查问题的原因分析

（一）农村集体经济发展基础条件不同

城乡接合部地区得益于城市项目建设和征地补偿。相对而言，山区主要依靠农村自身产业发展逐步积累，且在等额投入的条件下，建设成本更高，山区的村庄空心化、人口老龄化程度更为严重，农村集体经济发展的动力和活力严重不足。

（二）农村集体经济发展缺乏主动性

近年来，环保、规划、保水等红线要求趋严，农村可发展的产业趋窄，致使基层较普遍地存在宁可“等”而不冒风险的心理，发展集体经济的主观能动性弱化。

（三）农村集体经济的有效实现路径“缺失”

据调查，一些地方先行编制了村庄规划，而镇域规划等其他各种上位规划、专业规划尚未完成，发展产业的资源配置难以落位到基层。部分村庄“腾笼”后“换鸟”不及时，出现了农村产业发展的“空窗期”。

（四）壮大农村集体资产的相关政策措施不足

主要表现在：集体建设产业用地调整机制、闲置资源盘活利用机制、产业扶持机制、税收机制等方面，一些涉农政策措施之间相互协调不够，单项政策措施难以落实见效。

（五）农村集体经济组织人力资源匮乏

农村人口过度流出，优质劳动力明显缺失，农村社会的空心化、老龄化问题十分严重。缺乏善经营、懂管理的致富带头人。

（六）农村集体经济管理亟待加强

部分村庄呆账坏账风险不断加大，应收款过多造成大量集体资金沉淀，严重影响村级组织运行。

四、创新驱动农村集体经济的作用机理

以物联网、大数据、人工智能、云计算以及5G为代表的数字技术成为驱动经济模式、社会结构和政府治理等发生系列变革的新动能[2]。《中国互联网发展报告2021》数据显

示，2020 年中国数字经济规模达到 39.2 万亿元，占 GDP 比重达 38.6%，保持 9.7%的高位增长速度，成为稳定经济增长的关键动力[3]。乡村振兴中农村集体经济发展要以市场为导向、以社会责任为担当、以农民增收为己任，体现经济效益、生态效益和社会效益兼顾的重要的市场主体责任。然而，现实中，从调查情况来看，农村集体经济发展存在着一定的“茫然性”，除了关键的人才问题之外，对世界科技发展和技术认知与应用也存在着一定的局限性，因此要从法理上明白创新驱动的作用机理。

（一）创新是当今社会变革的永恒话题

国家创新驱动发展战略是应和世界科技革命，甚至是制造科技革命的重要参与者。变是绝对的，也是永恒的，唯有变，方能图强。这就意味着创新具有主动型和被动型两种类型，制造变化即创造先机，不走寻常路。比如在商业模式中，传统的“柜台”模式已经被以抖音等新媒体为载体的平台经济“瓜分”了市场份额，而一些虚拟商品同样建立起自己的商业帝国。面对日益纷繁的市场发展变化，如果还用传统的思维循规蹈矩地发展势必落后于时代步伐。因此，创新在于“无中生有”，制造变化，是一种掌握在“我”的主动性求索。即便是被动型创新，也是一种从主动“防御”到主动“进攻”的创造社会和市场机会的过程，从思维模式角度考虑，其实质是一种“信心重塑”过程，这是生存得以延续和发展的基本原动力。

（二）创新的维度

农村集体经济发展虽然显示的是市场主体（企业）行为，但实际上是一个社会多元聚合体。从土地、资本、劳动力、企业家才能和信息等“五大生产要素”来看，村集体经济发展除了宏观环境和微观环境之外，更增加了一条“时间轴”，这个“时间轴”不是一个简单的时间序列，而是一个深印时代烙印的“时代轴”。大数据时代所带来的大变革首先是一个思维变革，村集体经济发展能否跨越原有的企业经营模式，关键在于对商品的认识能否从“实物”到“数据”，数据的价值以及数据获取的路径都会带来商业模式的巨大变化。其次，这是一种环境创新，重要的在于制度创新，因为它是维系一个适于市场主体发育、发展的重要基础，不管是指导性的、还是指令性的，制度创新的初衷恰恰是让社会和市场重拾信心，这涉及政治、经济、法律、社会发展等诸多方面，就村集体经济而言就是要为它营造一个适于发展的空间。再次，这是一种管理创新，新的商业模式和新的市场机会对管理也提出新的挑战，不管是多大的商业帝国，管理始终是一个魔咒，“顺之则昌，逆之则亡”，我们可以换位理解，即“之顺则昌，之逆则亡”。“顺”和“逆”是针对“之”而言，“之”是指规律，新的问题有时候已经突破了我们的认知，需要我们寻求新的理论支持和引导，因此，管理创新重点是理论创新，理论是对规律认识的重要载体。

创新维度是“时代轴线”“串”起来的“思维维度”“环境维度”“管理维度”等“多维一体”的创新聚合体。

（三）农村集体经济是创新的“试金石”

农村集体经济振兴是目前党和政府高度重视的乡村振兴的重要环节，它不仅涉及产业兴旺，还涉及“生态宜居、乡风文明、治理有效、生活富裕”等方针的落地，是体现“两山理论"的核心载体。当前,农村集体经济比较弱具有一定的普遍性,振兴农村集体经济是农业经济体制和农村政治体制改革的交叉点,是集体利益与个人利益、组织发展与个人发展、经济环境与政治环境完善的聚合点。因此,不管是制度创新还是机制创新,农村集体经济都是一块"硬骨头"。

五、壮大农村集体经济的对策建议

(一) 提高政治站位,强化党建引领

实施乡村振兴战略是一项政治任务,壮大农村集体经济是关键环节。因此,要进一步提高政治站位,把相关政策理解和落实到位,要切实加强党建,以党建为引领,以党建促改革,要按照实施乡村振兴战略的新形势和新要求,探索出发展壮大农村集体经济、完善农村基本经营制度的新路子。

(二) 解放思想,更新理念

规模经营是现代农业发展的重要基础,分散的、粗放的农业经营方式难以建成现代农业。村干部和广大村民要不断解放思想,打破固有观念束缚和小农意识,深刻领会发展壮大农村集体经济的重要性和益处,更新理念,主动参与加快土地流转进程,促进实现农村土地规模化经营,大力发展高效农业,提高农业综合竞争力。

(三) 深化土地制度改革,培育新型农业经营主体

中共中央强调:我们要在坚持农村土地集体所有的前提下,促进承包权和经营权分离,形成所有权、承包权、经营权三权分置、经营权流转的格局。要发展多种形式,开展适度规模经营。培育新型农业经营主体是建设现代农业的前进方向和必由之路,要注意发挥新型农业经营主体带动作用,培育各类专业化、市场化服务组织,把小农生产引入现代农业发展轨道。

(四) 重视资源禀赋,创新发展模式

在尊重农村集体经济管理的特殊性基础之上,通过多种有效措施发挥农村集体经济的优势和作用。比如:股份制模式——主要是针对农村集体经济进行股份制改造,将农村集体经济经营性资产进行量化,然后分配到村民的手中,通过构建法人治理结构,进一步优化农村集体经济的组织结构。"一村一策"模式——一是要根据不同村落的农村经济发展状况,实施不同的经济推进步骤,制定不同的发展方案和发展目标,并给予不同的政策支持;二是结合每个村庄的具体情况,对农村集体经济内部资源优势进行深入挖掘,对资源禀赋丰富的村庄,可以将资源禀赋转化为经济动力。

(五) 强化供给侧改革,促进融合发展

引导农村集体经济参与供给侧结构性改革,围绕农业现代化建设,调整农业产业结构,科学规划、完善机制,以多元的消费需求为着眼点,参与新业态新经济的形成,促进一、二、三产业融合,走出具有自身特色的发展模式。

（六）强化人才培育，推进“人才强村”

培育发展壮大农村集体经济的“领路人”。强力优化村领导班子，持续发挥农村基层党组织基层堡垒作用，建设基层农业管理服务队伍。大力选育引领农村集体经济发展的带头人队伍，如职业经理人、农民专业合作组织和农机合作社负责人，鼓励吸引大学生回乡创业。强化农民专业技能和市场驾驭能力的培训，推进“人才强村”工程。

（七）引力借智，共谋发展

新形势下发展农村集体经济要坚持开放共享的理念，顺应市场经济规律，走创新驱动发展道路。引入外来资本，盘活资源，通过对农村集体资源实施市场化、实体化运作，实现资源向资本转变。通过新型的经营方式、市场化的管理，提高效益，促使联动发展、多方共赢，集体资产增值、集体经济增收、村民致富。

（八）调查研究，政策支持

市场经济要求政府搭台唱戏，要进一步深入群众、深入农村，了解症结，在合法依规的前提下，通过包括财政政策、税收政策、产业政策、人才政策等一系列系统化政策创新，实现资本、劳动力、土地、信息及企业家才能等生产要素的合理化整合与激活，为农村集体经济振兴营造良好的可持续发展环境氛围。

参考文献

[1] 迈尔-舍恩伯格，库克耶. 大数据时代[M]. 盛杨燕，周涛，译. 杭州：浙江人民出版社，2013.

[2] 魏后凯. 中国农村经济形势分析与预测：2019—2020[M]. 北京：社会科学文献出版社，2020：218.

[3] 2020年我国数字经济规模达到39.2万亿元，占GDP比重为38.6%[N]. 经济参考报，2021-4-28.

[4] 克劳斯·施瓦尔. 第四次工业革命转型的力量[M]. 北京：中信出版集团，2016.

作者简介

杨为民，管理学博士，教授，九三学社社员，北京农学院图书馆馆长，中国农业技术经济学会常务理事，中国技术经济学会理事。主要从事农村区域发展、市场营销等方面的教学与科研工作。先后主持国家社科重大项目子课题、教育部人文社科规划项目、北京市自然科学基金项目、北京市社科规划基金项目、北京市教委社科项目等多项省部级课题。出版专著5部，发表学术论文30余篇，荣获全国商业科技进步二等奖一项、北京市高等教育教育教学成果二等奖两项以及九三学社中央委员会授予的“全国参政议政先进个人”荣誉称号。

产业创新

产业共性技术及其供给模式

李开孟

摘要：产业共性技术处于竞争前阶段，具有前瞻性、非独占性、共享性、风险性、集成性和公共性等特征，存在市场失灵现象。其涉及产业间、产业内和企业内等多个层次、产品及工艺共性技术等创新内容，有关键、基础及一般共性技术等不同的重要程度。其供给模式从研发组织的持久性由弱到强的角度，可以对应选择项目组织、技术联盟、科研基地和政府共性技术研究机构等类型。可由行业内有实力和代表性的企业组成企业联盟，通过组建联盟实验室、实体性公司和虚拟研发组织等方式解决产业共性技术的供给问题，推动实现产业和企业技术创新。

关键词：产业创新；共性技术；创新平台；供给模式

我国正处于经济转型和产业升级的关键时期，迫切需要产业技术支撑企业创新。产业共性技术因其应用前景广阔、服务用户众多的基本属性和技术特性而备受重视。虽然我国通过各类科技计划持续增加对共性技术的研发投入，技术创新服务平台等新载体不断涌现，但我国仍然存在产业共性技术创新主体缺失、供给能力不足等问题。因此，我们应重视产业共性技术供给模式和体系建设。

一、共性技术的主要类型和基本特征

（一）共性技术的基本内涵

共性技术和产业共性技术这两个概念在研究时一般不作特别区分，国际上一般较多采用共性技术的说法，国内则广泛使用产业共性技术的表述。一般而言，技术的应用范围越广，使用者越多，其共性就越强。Anders Granberg 于 1981 年提出了共性技术(Generic Technology)概念，共性技术是指能够完成某些功能的自然过程、因果联系的集成。美国 ATP(先进技术计划)首次明确定义了产业共性技术，产业共性技术是产品或工艺中的关于概念、部件等科学现象的深入调查，且其成果可被广泛应用。美国布什政府指出：产业共性技术是具体表现为科学概念、技术组成、产品工艺以及科学调查的科学事实，且其拥有潜在的市场机会，能广泛应用于多个产业的产品或工艺中。日本产业技术研究院指出：应从技术的产业化前景、技术的创新风险、技术的潜在市场应用机会及技术的预期经济影响四个方面，来判断一项技术是否是产业共性技术，并认为产业共性技术是基础性研究，涉及标准化、测量和标准化技术等方面。英国政府认为产业共性技术是能够影响一系列其他技术发展的一类密切相关的技术，产业共性技术的研究开发能够使国民经济发展中的多个经济部门和社会部门同时受益。

我国一般将共性技术称为产业共性技术，其定义主要从共性技术的共享层次和影响范围出发，强调共性技术对众多领域的深刻影响。在国家科技支撑计划中，将产业共性技术定义为对经济和社会发展都能够产生普遍推动作用的一类技术。这类技术在不同行业、不同产业领域和不同区域都能够获得广泛的应用。

共性技术的关键即在于其处于竞争前阶段，具有很强的关联性、广泛的适用性和开放性，同时由于其具有强烈的外部性，共性技术作为“竞争前阶段”的技术，具有准公共物品的性质，能应用于一个或多个行业，是产业技术进步和产业发展的基础，具有很强的经济带动作用和巨大的社会效益。因此，共性技术具有基础性、开放性、外部性、关联性、风险性和准公共产品性等特点，其供给必然导致一定的市场失灵与组织失灵。

（二）共性技术的主要类型

基于不同的标准，可以将产业共性技术进行如下分类：

一是以涉及层次为标准，分为产业间、产业内和企业内三种。产业间共性技术是指能为多个产业的发展提供支持的技术平台，如信息与通信技术等，其属于国家层次的共性技术；产业内共性技术是指为特定产业内部的多个企业提供技术支持的技术平台；企业内共性技术是为企业内产品提供技术支持的技术平台。

二是以创新内容为标准，分为产品共性技术与工艺共性技术。前者指可以为一个或多个产品的发展提供技术支撑，涉及对现有产品的重大创新、局部改进或技术的综合集成。工艺共性技术是指可以为多个产业或多个流程提供服务的工艺技术，其同样涉及对现有工艺技术的重大创新、局部改进或综合集成。

三是以重要程度为标准，可分为关键、基础性及一般三类共性技术。关键共性技术是经济效益和社会效益最为明显，影响范围最广的一类技术，对整个国民经济的发展能够起到较强的推动作用；基础性共性技术是支持产业技术进步的一类技术；除上述两者之外的都是一般共性技术。

（三）共性技术的基本特征

共性技术具有以下基本特征：

(1) 前瞻性。共性技术是“竞争前技术”，是基础研究成果迈向市场应用的首次尝试，也是企业专有技术研究和技术商品化与市场化的基础，相比于企业专有技术研究具有一定的超前性。

(2)非独占性。产业共性技术研究成果多以技术知识与专利的形式存在，是无形的，难以实施知识产权方面的有效保护，很难杜绝外部市场主体的跟踪模仿。

(3)共享性。产业共性技术的前瞻性决定了其成果可为一个或多个产业内的企业所应用，单个产业或企业无法对其进行独占。

(4)风险性。创新活动本身就是高风险的活动，产业共性技术创新的不确定更多，其面临的风险较一般性技术创新更高。

(5)集成性。产业共性技术研究是在基础研究成果的基础上展开的，其专有性较弱，普适性较强，需要多学科知识的交叉融合，实现多种技术的联合突破。

（6）公共性。准公共产品属性是产业共性技术的重要特性。企业既能以产业共性技术研究成果为基础，开发出适用于本企业的专有技术，以提升自身的市场竞争力，又能将产业共性技术研究成果为一个或多个产业所共享，提升国家、地区和产业的技术竞争力。

二、共性技术的供给模式

按照共性技术研发组织的持久性从弱到强，共性技术供给模式可以分为项目组织、技术联盟、科研基地和政府共性技术研究机构等四类。

（一）项目组织

项目组织是指有关各方为完成某一具有特定时限和特定目标的科研项目而临时组织起来的组织。这种方式具有针对性强、时效性强等优点，适合于具有明确目标和期限的关键共性技术的研发。然而，项目组织方式一般具有“短、平、快”等阶段性特征，与产业共性技术研发的长期性和前瞻性存在一定矛盾。另外，项目来源具有多元化与分散化的特征，有可能因项目课题数量过多，导致项目低水平重复，降低资金投入的效率，因此要加强有关科技计划之间的沟通和协调，避免重复和低水平研究。

为充分体现共性技术的市场导向性和广泛应用性，共性技术项目的遴选应更加注重自下而上，充分反映企业需求。共性技术研发要以满足企业需求为目标，以服务产业为原则；在项目承担单位选择方面，以多个企业形成的技术联合体、产学研联合体为主，建立产学研相结合的实施机制；在经费投入方面，应以政府投入为引导，带动相关企业联合投入，积极引入和采用贷款贴息、风险投资、偿还性资助等多种投融资方式，建立多层次、多渠道的经费投入机制；在项目管理方面，要推行第三方独立评估制度和项目监管制度，加强专业监督和第三方监督，形成专业监督与日常监督相结合的机制。

（二）技术联盟

技术联盟是由不同的企业、大学或科研机构联合建立的以契约关系为基础的合作研究组织。如半导体制造技术研究联合体（SEMAT-ECH）是美国联邦资助的第一个以竞争为目标的产业研究联合体，主要任务是促进国内半导体设备制造商的发展，在共性加工技术方面取得重要进展。技术联盟内的不同主体之间形成利益共同体，从事共性技术和关键技术研发。第一，技术联盟实现了合作组织内部的技术成果共享，多个在市场上激烈竞争的企业以利益为纽带结成技术联盟，从而把共性技术的外溢降到尽可能小的地步；第二，技术联盟在企业、大学和科研机构之间形成创新网络，加速了知识交流和分享，降低了技术开发的风险；第三，技术联盟整合了多个企业、大学和科研机构的资金、技术和人才优势，降低了共性技术研发的成本，提高了共性技术研发的效率。但是，技术联盟在具体运作方面面临着许多风险。例如，技术联盟这种合作组织需要成员之间存在良好的信任关系，因为技术联盟包含了成员单位之间的交换和互动活动，每个成员单位都有可能获取其他成员的技术信息和知识储备信息。技术联盟可能会面临很高的组织成本，特别是产业集中度较低的行业，涉及众多的中小企业。又比如，当技术联盟以研发公司等实体形式出现时，成员单位的后续稳定支持与否将直接影响到研发公司是否能够坚持既定的共性技术开发目标。因此，技术联盟虽然比较适宜重大关键共性技术的研发，但在纯市场行为下可能面临一定的风险和不确定性，需要政府给予一定的扶持。

从运行机制来看，产业技术联盟是一种契约关系，通过契约明晰成员单位的责任和权利关系，建立投入、决策、风险承担、利益分配、知识产权归属等机制，有利于保障联盟正常运作。在知识产权方面，对于以政府经费为主的研发共性平台技术，需无偿向联盟内成员单位甚至联盟外辐射和推广，充分体现国家利益。而联盟共同开发的技术向联盟外辐射和推广时，可采取有偿转移的方式，所形成的利润归联盟所有，促进联盟持续创新开发的良性循环。

（三）科研基地

共性技术科研基地是由政府或企业出资，依托企业、大学或科研机构建立的以共性技术研发为主要任务的研发组织。例如，由政府补助的韩国科技研究所(KIST)，为适应更多样的技术需求以及更快速的研发脚步，衍生出许多专项研究所，每一个研究所均为专门做某一策略领域的研究而设。科研基地是开展共性技术研发的长期组织方式，这类组织方式并不针对特殊的技术领域或产业，而具有普遍适用性，影响面更广，其政策效果在于为促进产业界的共性技术研究提供制度保障，可被视为政府支持共性技术研发的“基础政策”。共性技术科研基地良好运行的前提是人、财、物的稳定支持，尤其以资金的稳定、滚动支持为主。

科研基地的建设和管理具有一定的独立性，一般由大学或科研机构负责。科研基地的运行具有一定的开放性，相关企业可以加入。政府和企业对基地的发展、资源的利用、研发计划的安排具有监督作用。科研基地的经费，除一次性的初始投入，还有连续性的、稳定后续投入。与项目合作方式相比，科研基地具有长期性和稳定性特征，能够建立连续滚动的机制，并形成稳定开展共性技术研究的人才队伍。

（四）政府共性技术研究机构

政府共性技术研究机构是由政府承担大部分甚至全部经费，主要从事共性技术和关键技术研究的机构。例如美国国家标准与技术研究院(NIST)、日本产业技术综合研究所(AIST)。这类组织方式比较适用于基础性共性技术的研发，主要是指测试、测量以及标准等为产业技术进步提供必需的基础性支撑的共性技术。此外，政府共性技术研究机构还负有与产业界进行技术合作以及向产业界进行技术转移的职责。

政府共性技术研究机构的本质在于其非营利性质，并需要从制度上加以保证。在内部管理方面，理事会是政府共性技术研究机构的最高决策机构，由政府代表、学术界人士、企业家和机构内部人员等组成。机构的收入、利润与财产不能分配给其工作人员和负责人。机构的财务以均衡为原则，经营活动所得收入及盈利只能用于完成机构的工作任务以及扩大机构规模。同时，需要建立以下保障机制：一是稳定共性技术研究机构的经费投入，满足基础共性技术研究发展的建设经费、运行服务经费以及更新维护经费的需要，并采取多种激励措施引导社会资金投入，形成多元化的经费投入渠道，使研究能够持续稳定地开展；二是对机构的人员在工资和福利待遇上给予保障，解除其后顾之忧，吸引优秀人员加入，形成一支稳定的人才队伍；三是建立一套合理的评估评价机制，实现共性技术成果的共享和扩散，加强共性技术成果的汇总、登记、传递、公布等工作，通过网络平台建立信息公布渠道。

以上四种共性技术供给模式的比较如表1所示。

表1　共性技术供给模式比较

供给模式	应用实例		优势	劣势
	国内	国外		
项目组织	高技术研究发展(863)计划、重点基础研究发展(973)计划、国家科技支撑计划	欧洲尤里卡计划、美国先进技术计划、韩国共性技术开发计划	针对性强、实效性强	“短平快”的阶段性特征与共性技术的长期性和前瞻性存在矛盾；政府与执行者对项目决策的影响力过强；共性技术研发项目的扩散性和导向性并不突出
技术联盟	产业技术创新战略联盟	日本超大规模集成电路研发联盟、美国半导体制造技术联合体	借助成员之间的交换和适应以产生互动行为，技术成果能够按照标准市场的方式“外溢”到联合体外部	成员合谋形成虚拟的技术垄断体；组织协调成本高
科研基地	国家工程实验室、国家工程技术研究中心等	美国工程研究中心	具有长期性和稳定性，能够建立滚动发展机制	企业化运作的要求使得其在生存和盈利的压力下容易偏离共性技术的公益性目标；竞争前技术识别存在困难
政府共性技术研究机构	台湾工业技术研究院、大陆各省市组建的工业技术研究院	美国标准与技术研究院、德国弗劳恩霍夫协会、日本产业技术综合研究所	既保障了共性技术研发的前瞻性和公益性，又能激发共性技术机构面向市场的能力	对市场和技术快速变化的适应能力不强；跨产业共性技术供给和扩散机制存在问题

三、共性技术供给的企业联盟模式

除上述共性技术供给的四种主要模式之外，还可由行业内有实力和代表性的企业组成企业联盟，对产业内共性技术进行研究和供给，主要有三种模式。

（一）联盟实验室

行业内多家企业以推动产业进步，提供测量测试和标准等基础性产业共性技术为目的，共同出资组建行业联盟实验室。这种实验室不以营利为目的，只为联盟企业提供标准技术。这种组织形式的关键是必须明确界定各家参与企业的权利义务，对相互之间的技术配合要做出相应的安排，对联盟实验的开发计划应严格贯彻执行，推出的行业标准应为联盟企业积极倡导和遵循，形成行业共同标准。这种组织形式在我国已经有所实践，如中视联作为中国数字电视产业联盟内的联合实验室，其目的是进行数字电视共性技术研发，确立数字电视行业标准，作为技术提供商发展中国自己的数字电视，由 TCL、海信、康佳、厦华等企业组成。

（二）组建实体性公司

以推广技术标准、研发共性技术而组成实体性公司，比如数字生活联盟、蓝牙特别兴趣集团、欧洲数字电视广播联盟等。成立于 1996 年的 MPEGLA 公司就是一个由富士通、通用仪器公司、三菱、飞利浦、科学亚特兰大、索尼等公司联合组建的，专门管理基于 MPEG-2 标准的数字视频技术设备制造商使用的专利许可证包，开发和推广 MPEG-2 标准的数字视频技术。

（三）建立虚拟研发组织

虚拟研发组织比传统的科研机构拥有更丰富的资源，能在更大范围内进行优化组合，以低成本达到组织柔性的目的，满足瞬息万变的市场需求。由于大多数基础性产业共性技术在研发过程中并不像关键、一般产业共性技术一样对实验场所、设备、集中人员攻关等研发条件有比较严格的要求，这就为虚拟研发提供了可行性。如蓝光 DVD 标准由索尼、松下、飞利浦等公司组成的联盟建立，HDVD 标准是由东芝、NEC 等企业组成的联盟建立，并没有专门建立一个实体性的组织，而是依靠网络技术等方式达到资源共享，即以虚拟开发组织为虚拟载体完成技术标准的研发和推动。

作者简介

李开孟，中国技术经济学会副理事长兼投融资分会理事长，中国国际工程咨询有限公司总经济师，享受国务院政府特殊津贴专家，研究员；全国发展改革系统优秀研究成果评审专家；中国工程咨询协会技术经济专业委员会秘书长；国务院国资委中央企业智库联盟研究员；世界银行、亚行开发银行等国际金融组织咨询专家；美国斯坦福大学访问学者。拥有注册会计师、咨询工程师（投资）、监理工程师、资产评估师、美国项目管理学会专业项目管理师(PMP)、亚洲风险与危机管理协会注册高级企业风险管理师、澳大利亚项目管理协会高级注册项目管理师等专业资质。获国家发展改革委等部委优秀研究成果一等奖 3 项，二等奖 5 项，三等奖 6 项，获中国工程咨询协会、中国国际工程咨询公司等优秀研究成果奖 20 余项。出版专著 30 余部，发表论文 170 余篇。

大型央企在建立以本土企业为主导的创新体系中的作用

高旭东

摘要：在新的国际形势下，建立以本土企业为主导的创新体系是中国经济持续发展的必要条件。在这一过程中，大型央企可以发挥极为重要的、不可替代的作用。本文介绍了中石油下属西南油气田公司和国家电网下属智芯公司的成功实践，并以此为基础提出了建立以本土企业为主导的创新体系的有关企业战略建议和政府政策建议。

关键词：本土企业；创新体系；企业战略；政府政策

从2006年提出自主创新政策以来，17年过去了，虽然我们取得了很大的成绩，但是也存在很多问题。从某种意义上说，很多人、单位，并没有真正把自主创新当回事，敷衍了事的例子比比皆是。现在国际形势巨变，是时候真正清醒地思考我们的技术政策和技术战略。新的国际国内形势表明，我国经济发展已经进入一个全新的发展阶段，客观上要求加速建立以本土企业为主导的创新体系，把自主技术创新提高到一个崭新的水平。大型央企在建立以本土企业为主导的创新体系方面具有极为重要的地位和作用。为了更好地发挥大型央企的作用，本报告提出了企业战略和国家政策方面的建议。

一、问题的提出

为什么要研究大型央企在建立以本土企业为主导的创新体系中的作用？从理论上讲，这是一个非常重要的问题。要不要建立以本土企业为主导的创新体系，如何建立以本土企业为主导的创新体系，一直存在较大的理论争论（Porter，1990；高旭东，2018）。正因为如此，我们在2013—2016年进行了国家自然科学基金委资助的、题目为“建立以本土企业为主体的协同创新机制的理论与对策研究”的课题研究，初步总结了我国企业的实践经验。

从实践上看，2002年中石油东方物探公司遭遇技术“卡脖子”问题是促使我们深入思考建立以本土企业为主导的创新体系的早期案例之一。在那之后，我们又观察和研究了不少企业解决核心技术和卡脖子技术的案例（中兴通讯、深圳地铁、国家电网、中车等），进一步积累了相关材料。

2018年“中兴事件”以来，我们进一步加强了对建立以本土企业为主导的创新体系问题的研究。2019年，我们申请了清华大学国企研究院支持的课题，着重探讨在新的国际国内形势下大型央企在建立以本土企业为主导的创新体系中的作用。具体而言，我们选定石油天然气行业的中国石油西南油气田和国家电网为研究对象，两家企业在建立自己主导的创新体系中都取得了比较大的成就。

二、主要经验

西南油气田为什么能够在建立自己主导的创新体系中取得比较大的成就？我们的研究表明，下面几个因素非常重要：

（1）存在实实在在的需求。一方面，国家能源安全与企业自身的发展都要求在增储和增产上取得大的突破；另一方面，企业现有的技术能力满足不了需求，同国外的合作也解决不了根本问题。

比如，西南油气田在页岩气开发的早期，不止与一家外国企业进行了合作，也取得了不错的效果。但是，与国外公司的合作存在局限性。具体而言，中国页岩气地质和工程条件与北美存在很大差异，海相页岩气仅产干气（经济价值略低）、储层厚度薄，埋藏较深、南方大部分地区经历多期构造运动以致保存条件复杂、超压区面积较小，压裂难度大，地表山高坡陡、人口稠密、地面井场选址难度大。非海相页岩地质工程条件差异更大，尚无成功模式。北美页岩气开发的成功经验无法直接复制应用于国内页岩气的开发。实际上，合作的几家外国公司最后都退出了。

（2）合作伙伴有动力和压力。为了实现高质量发展、单井产量为王的发展理念和发展战略，西南油气田提供了比较强的激励，因而合作伙伴有动力与西南油气田进行合作创新。一个具体措施是，如果乙方在打井用时上短于甲乙双方约定时间，将得到力度非常大的奖励。为此，乙方对于应用先进技术变得非常积极，并且取得了很大的成就。一家乙方企业在技术选择上不仅仅考虑成本，更重要的是选择最合适、最有效、最先进的技术。比如钻头的选择，有的钻头十几万元一支，但是在很多时候保证不了钻井速度和钻井质量，在这种情况下就选最好的，即使价格高达 80 多万元一支。

更重要的是，在新的激励机制下，乙方对自主技术创新更加积极。比如，旋转导向一直是一项核心技术，长期攻关但是效果有限。现在情况不同，在新的激励机制和国外技术卡脖子的情况下，乙方采取了非常积极的行动，特别是与军工企业合作，已经取得了重大进展。

（3）西南油气田大大增强了自身的科技实力。大型央企有效建立自己主导的创新体系的重要条件是自身拥有足够强大的科技实力。对此，西南油气田的认识非常清楚，并且采取了有力措施。比如 2017 年，为强化页岩气勘探开发技术支撑体系建设，充分发挥多专业一体化优势，分公司决定成立中国石油天然气股份有限公司西南油气田分公司页岩气研究院，并努力成为"国内领先、国际先进"的一流页岩气研究院。

（4）西南油气田与合作伙伴长期的技术积累。以川庆钻探为例，这家企业是西南油气最重要的合作伙伴之一，技术力量很强，在精细控压压力平衡法固井技术、井控应急救援技术等领域享有盛誉。

国家电网为什么能够在建立自己主导的创新体系中取得比较大的成就？我们的研究表明，下面两个因素非常重要：

（1）成立新公司并给予特殊政策和大力支持。国家电网在 2010 年成立的智芯公司首先致力于解决电力系统的芯片安全问题，然后在更大范围内为国家的芯片安全做贡献。经过10年的努力，智芯公司已经成为我国工业控制芯片领域的领军企业。

从某种意义上讲，国家电网不是必须成立智芯公司，自研芯片。单从价格角度看，以国家电网的影响力，国家电网可以在芯片订货中获得很大的价格优惠。但如前文所说，国家电网对电力系统安全高度重视，力图实现高水平的自主可控。正因此，才下决心成立智芯公司。

智芯公司是在国家电网的特殊政策下成立和运营的。比如，为了吸引从事芯片工作的人才进入国家电网这样的传统企业，国家电网在工资待遇方面给了智芯特殊的政策。在投资决策方面，智芯也享有非常大的自主权，就像一个大型央企内部的“特区”。

国家电网的支持是持续不断的。比如，2018年9月26日，北京智芯微电子科技有限公司、国家电网信通产业集团、南瑞集团、中国电科院在北京签署智芯公司增资协议，加强内部资源整合，推动公司芯片产业快速做强、做优、做大。

(2) 智芯公司的创新和发展富有成效。比如，虽然智芯公司背靠国家电网这棵“大树”，但智芯公司的战略是积极同其他芯片设计公司同台竞争，凭借自己的实力赢得国家电网的内部市场。

为了提高公司的技术实力，智芯公司非常重视技术创新，包括处理好短期、中期、长期的关系，大力加强企业的中长期能力培养。比如，在研发中心的定位方面，特别注意面向未来，并且投入相当多的费用。

智芯公司在不断拓展合作伙伴方面也进行了很多探索。比如，2017年3月8日，智芯公司到中国科学院上海微系统与信息技术研究所交流访问，双方约定共同推动传感器、宽带通信设备等在智能电网行业的成果转移转化，探索出以企业技术创新需求为导向，同时适应市场和研究所成果转移转化的有效机制与模式。又比如，2019年8月6日，国家电网信通产业集团董事长、党委书记、智芯公司董事长王政涛带队访问昌平区，与区委书记于长辉等达成战略合作共识，在昌平区打造总部园区，积极推动上下游产业链相关企业入驻，形成产业聚集。再比如，智芯公司在2020年11月11日完成股东及注册资本变更，新增国家集成电路产业投资基金二期、北京集成电路产业发展股权投资基金等股东，注册资本由50亿元变更为64.1亿元。

三、企业战略和政府政策建议

前文分析了西南油气田和国家电网(智芯公司)的经验，在本部分我们就企业战略和政府政策提出一些建议。

(一) 对企业的建议

1. 大力弘扬企业家精神

这一条是最核心的。本研究及以前研究的发现都表明，外部的因素有影响，而且影响很大，但是一个企业搞不搞自主技术创新，愿不愿意在建立以本土企业为主导的创新体系中积极发挥作用，企业主要领导人的责任担当和选择是最核心的。

在本研究中，为什么西南油气田能够在建立以本土企业为主导的创新体系中取得比较大的成就？核心是马新华先生在担任公司主要负责人的几年里，为公司制定了非常长远的发展目标，为了实现这些目标，必须加速公司体制建设，必须建立以本土企业为主导的创新体系。

国家电网和智芯公司的情况是一样的。实际上，国家电网的自主创新和建立以本土企业为主导的创新体系的努力是在排除各种阻挠中艰难推进的。早在 2007 年，国家电网原主要领导就指出："我国能源资源同能源需求分布不均衡，重要的煤电和水电基地与中东部负荷中心的距离一般在 800 到 3000 千米，这在客观上决定了我国能源和电力发展必须走远距离、大规模输电和全国范围优化电力资源配置的路子。为促进能源和电力工业可持续发展，不断满足我国经济社会发展的用电需求，国家电网公司结合我国国情和电力工业的实际，提出了'一特三大'战略，即发展特高压电网，促进西部地区大型水电基地建设和北部地区大型煤电基地集约化开发，变输煤为输电，将清洁的电能从西部和北部大规模输送到中东部地区，并为东南沿海大型核电基地建设提供坚强的电网支撑，实现电力资源在全国范围优化配置。"（刘振亚，2007）

但是，国家电网一直面临巨大的压力。根据中国科学报记者原诗萌的报道，"在今年全国两会上，特高压成为能源领域热议的话题。来自山东、内蒙古、宁夏等省、自治区的政协委员，纷纷呼吁加快特高压建设。而关于特高压的另一种声音，虽然近半年来鲜见诸报端，却始终没有沉默——继 2011 年 23 名专家联名反对交流特高压'三华电网'规划后，2012 年 2 月 22 日，原国家计委燃料动力局局长蒋兆祖、原水电部副总工程师沈根才等 25 名专家又联名向党中央和国务院呈送报告，再次旗帜鲜明地反对这一规划"（原诗萌，2012）。

2. 甘愿"吃亏"

从一定意义上讲，国家电网可以不设立智芯公司做芯片，从市场上买就可以了，出了问题，也是在大的"改革开放"的背景下出现的问题，企业的责任有限。但是，国家电网没有这么做，而是未雨绸缪，为了保障电力系统的安全，坚定地设立和支持智芯公司。从短期来看，在经济上是划不来的。这就是"甘愿吃亏"。

从更深层次来看，只有甘愿"吃亏"，才能真正建立起以本土企业为主导的创新体系。这是因为，在高度开放的条件下，零部件使用者的（短期）理想选择就是优先使用跨国公司的零部件，而不是花工夫去建立与本土零部件生产者之间的互助合作关系。因为那样做的成本巨大：时间上不一定来得及，质量上起码短期内没有保障，高度开放条件下广泛存在的"崇洋媚外"心理导致的不愿买国货的现实也是巨大成本等。

（二）对政府政策的建议

1. 高度重视大型央企的地位和作用

大型央企在建立以本土企业为主导的创新体系中的地位和作用是什么样的？无论是本研究还是以前的研究都告诉我们，大型央企的地位和作用是不可替代的，因为它们具备几个重要的特点。

一是行业的龙头。无论是中石油（西南油气田）还是国家电网（智芯），都对整个行业具有重大的影响力；只要他们下决心，就可以改变整个产业链的走向，甚至不需要太多国家的支持。这是中石油、国家电网在中美关系变化以前、在国家提出科技自立自强以前已经在很多领域解决了技术卡脖子问题、甚至走在了世界技术前沿的根本原因。

这就涉及一个大企业与小企业的关系问题。除极少数情况外，比如少数新兴技术领域，在发展中国家，主要任务是技术追赶，小企业无论如何创新，都需要在大企业主导的产业体系内进行。换句话说，没有大企业的支持，很多小企业的创新无法真正实现产业化落地。

一个非常典型的例子是：企业 A 是一家芯片设计产业的创业企业，技术来源于我国某世界领先的军工项目，非常先进，主要创业者来自这一军工项目团队。企业 A 设计的芯片在民用领域是世界领先的，正在打破国际封锁。这样好的技术，虽然有少数企业也开始少量订货，但更多的是观望，这些观望的企业中包括作为行业龙头的央企。

二是央企的性质。央企肩负三种责任：经济责任，社会责任，政治责任。单纯从经济学角度来看，这可能是一个低效的组织安排；但是，从其他角度看，比如技术追赶和技术跨越，可能是一种更好的、更为有效的安排。

我们在研究中发现，中石油（西南油气田）之所以高度重视技术创新、高度重视建立以本土企业为主导的创新体系，一个重要原因是肩负着保障国家油气资源安全的政治责任。正如西南油气田原总经理马新华先生指出：一个有使命感和责任感的人，是有担当的，意志是非常坚定的，作为领导干部就要有使命感和责任感；为更好地落实习近平总书记关于加大油气勘探开发力度的重要指示批示精神，西南油气田做出了“全面决胜 300 亿、加快推进 500 亿、奋力推进 700 亿”的“三步走”发展战略。要实现宏伟蓝图，必须加快推进“油公司”科技体系建设。与高校合作，能够做到双方优势互补，需求结合，一定能出成果，出大成果，出一大批国家级的重要成果。

2. 采取实实在在的措施支持大型央企

大型央企虽然大多实力雄厚，但是也面临一些巨大挑战。比如：在建立以本土企业为主导的创新体系的过程中，大型央企往往需要承担额外的经济负担。这包括：在国家电网（智芯），是投资战略上重要但是经济上至少短期收益有限的项目（芯片设计），需要承担新产品不断成熟可能造成的损失，需要支持（劝说）供应商使用不够成熟的产品，这其实不容易，供应商并不情愿进行配合；在西南油气田，需要拿出额外的资金奖励、吸引合作伙伴进行技术创新。对这样一些实实在在的经济损失，国家可以出台相应的政策进行适当的补偿。

3. 营造经济发展的良好氛围

西南油气与国家电网（智芯）有一个共同特点：业务在发展而不是衰退，因而有力量推动创新，推动建立以本土企业为主导的创新体系。实践证明，在经济形势不好、企业经营困难的时候推动创新是极为困难的。经济形势不好时，企业可能首先砍掉的就是 R&D、就是创新。有鉴于此，中央政府需要积极营造经济发展的良好氛围，短期尽快把经济发展速度提起来，长期则是把十九届五中全会提出的 2035 年达到中等发达国家水平的要求落到实处。

参考文献

[1] 刘振亚.推进电网科学发展,保障国家能源安全[N].人民日报,2007-12-28.

[2] 原诗萌."特高压"争论未了局[N].中国科学报,2012-03-15.

作者简介

高旭东,博士,清华大学经管学院教授,清华大学技术创新研究中心研究员、副主任,工业和信息化部信息通信经济专家委员会委员。对中国企业的竞争战略和自主创新能力培养的理论和对策进行了比较系统的研究,对于中国企业为什么要进行自主创新、能不能进行自主创新以及如何进行自主创新等问题进行了分析,特别是在系统研究以中石油、中石化、国家电网、中广核、金风科技、隆基、清华阳光、大唐电信、中兴、华为、国双、徐工、远大、华大基因、曙光、海信、长虹、TCL等为代表的中国本土企业的基础上,提出了企业自主创新能力培养的"社会学习理论""后来者劣势理论"以及本土企业创新发展的"共同成长理论"。

构建新型绿色技术创新体系，实现我国制造业“双碳”目标

解学梅

摘要：我国是制造业大国，制造业碳排放量一直占我国碳排放量的24%以上。因此，推进制造业绿色低碳转型是实现“碳达峰、碳中和”的关键。由此，识别制约我国制造业实现“双碳”目标的问题所在，加快构筑制造业新型绿色技术创新体系，对我国实现“碳达峰、碳中和”目标具有重要的战略意义。本研究系统识别了我国制造业实现“双碳”目标的关键约束：即碳排放量基数大、能源消费结构不均衡、绿色制造技术和标准亟须提升、多主体绿色合作有待增强、碳定价体系不够完备；同时针对上述关键制约提出了推动我国制造业实现“双碳”战略目标的对策建议：即全面、系统构建绿色制造体系、绿色产业体系、绿色能源消费体系、绿色协同创新体系、绿色产业配套体系在内的“五位一体”的新型绿色技术创新体系。

关键词：绿色技术创新；“双碳”目标；绿色协同创新；“五位一体”

一、我国制造业实现“双碳”目标的现状与约束

2019年9月，习近平总书记在联合国大会上提出：“中国将提高国家自主贡献力度，实现2030年前碳达峰、2060年前碳中和。”这意味着我国承诺将以西方国家一半的时间达成“碳中和”目标[1]。然而，我国是制造业大国，制造业的碳排放量一直占我国碳排放量的24%以上。因此，推进制造业绿色低碳转型是实现“碳达峰、碳中和”目标的关键。但是，目前我国制造业存在“碳排放量基数大、能源消费结构不均衡、绿色制造技术和标准亟须提升、多主体绿色合作有待增强、碳定价体系不够完备”等突出问题，具体如下：

（一）碳排放量基数大且占比高

一是我国制造业碳排放量历史基数巨大。根据Climate Watch（2019）统计数据，中国制造业碳排放量（2667 Mt CO_2）居全球主要经济体的首位（远高于排名前列的其他经济体——印度（571 Mt CO_2）、美国（459 Mt CO_2）、欧盟27国（379 Mt CO_2）、俄罗斯（251 Mt CO_2）和日本（192 Mt CO_2）），占全球制造业碳排放量的43%，高于发达国家制造业碳排放总和，面临着严峻的减排形势[2]。二是我国制造业碳排放量占整体的比例偏高。据世界资源研究所Climate Data Explorer数据库近十年数据，我国制造业碳排放量占全国碳排放总量比重为20%～30%，超过其他碳排放体量大的国家，如美国（8%）、欧盟

(12%)和日本(17%)等[3]。因此,推动制造业绿色低碳发展是实现"双碳"目标的关键。三是我国制造业碳排放量行业分布不均衡。从细分行业来看,黑色金属冶炼和压延加工业(25%),石油、煤炭及其他燃料加工业(16%),化学原料和化学制品制造业(14%),有色金属冶炼和压延加工业(13%)和非金属矿物制品业(11%)等碳排放量占比较高[4]。除化学原料和化学制品制造业外,其余均为化石能源生产和加工行业,产生了超过60%的碳排放量,而低碳程度较高的智能制造和数字产业占比偏低。

(二)能源消费高且结构不均衡

一是我国制造业能源消费高且结构不均衡。一方面,近年来我国制造业能源消费总量呈上升趋势,是最大的能源消费部门;另一方面,我国制造业能源消费结构仍以煤炭等传统能源为主。2018年我国制造业煤炭消费量为204395万吨,仅比2014年下降约10%。与清洁能源消费量相比,煤炭在短期内仍是我国制造业的主要能源来源,而清洁能源占比偏低,例如电力中只有不到30%的电力供应由清洁能源产生。二是清洁能源存在频繁"短供"甚至"断供"问题。一方面,清洁能源的有限供给造成的频繁"短供"甚至"断供"制约了我国制造业能源结构由传统能源向清洁能源的转型;另一方面,地方政府执行层面存在"一刀切"发展清洁能源现象,例如在部分行业强制"煤改气"后天然气需求量增加,导致天然气断供,造成停产、产品报废乃至设备损坏等一系列影响,而且天然气价格不同也加剧了产区和企业间的不公平竞争。此外,清洁能源与传统能源的融合面临脱节问题。例如,虽然已有《中华人民共和国可再生能源法》《清洁能源发展专项资金管理暂行办法》等提供支持,但在清洁能源跨省区交易消纳机制、东部可再生能源电力收入所占比重、多能互补的市场机制等方面仍存在较多问题。

(三)绿色制造技术和标准亟须提升

一是从技术层面来看,我国绿色制造体系已初步形成,但绿色低碳技术发展水平依然落后。目前,我国已建成国家级绿色工厂2121家、绿色工业园区171家、绿色供应链企业189家。但对标国际,我国制造业绿色技术水平仍低于世界先进水平,在国际产业价值链中处于中低端,一些落后的制造技术与工艺还没有被全部淘汰。二是从标准层面来看,我国制造业企业的绿色制造技术尚未对标国际气候保护规则和标准,由中国企业主导形成的绿色国际标准较少。例如,我国已形成《钢铁企业碳平衡编制方法》(2018-0453T-YB)和《钢铁企业碳减排成本核算方法》(2019-0392T-YB)等行业标准,但尚未参与到国际温室气体核算体系(GHG Protocol)、ISO14064系列和PAS2050等多个标准的制定,也较少涉及碳排放管理、减碳技术、产品碳足迹标准等内容。

(四)多主体绿色合作有待增强

一是从供应链层面来看,传统制造业企业的低碳发展之路离不开上下游企业的协同绿色技术创新。目前,我国制造业绿色产业链建设仍处于初级阶段,企业间绿色合作少,尚未形成较强的绿色战略联盟,导致供应链整体绿色协同程度偏低。二是从多主体合作层面来看,"双碳"目标已纳入我国"十四五"规划,但只依靠企业间的绿色协同创新不足以支撑全产业链实现低碳转型。目前多主体协同的绿色合作面临数量少、程度低、成效弱等问题，突出表现为绿色科技成果转化率偏低、政府牵头的“双碳”信息共享平台和绿色产业云协作平台比较缺乏等。

（五）碳定价体系不够完备

一是我国碳排放权交易体系仍处于构建初期。虽然2021年7月16日全国碳市场上线交易启动，但首批仅纳入2162家发电行业重点排放单位，覆盖行业仅限于发电行业等高排放行业，有待行业扩容。二是我国碳排放权交易体系与碳税结合的立法支持仍有不足。发达国家碳排放权交易体系建设起步较早且拥有立法，如美国（2009年《美国清洁能源与安全法案》）、韩国（2012年《温室气体排放分配与交易法》）、德国（2021年《德国联邦气候保护法》）以及欧盟出台的一系列排放交易体系指令，而我国还未正式出台。此外，日本自愿排放交易体系的失败经验显示，由于碳税水平过低（截至目前已低于3美元/吨二氧化碳），日本东京只能利用碳交易排放体系进行补充。由此，我国碳排放权交易体系与碳税结合的立法支持亟须探索。

二、我国制造业实现“双碳”目标的“五位一体”路径

针对制约我国制造业实现“双碳”目标的突出问题，笔者认为推动我国制造业实现“双碳”战略目标需要全面、系统地构建绿色制造体系、绿色产业体系、绿色能源消费体系、绿色协同创新体系、绿色产业配套体系在内的“五位一体”的新型绿色技术创新体系。具体如下：

（一）以绿色技术创新为抓手，全面构建绿色制造体系

一是鼓励企业全方位推进绿色工艺创新，引进先进环境技术、生态补偿技术，融合清洁生产和末端治理技术，对产生高碳排放设备应用碳捕获、利用与封存技术（CCUS），不断降低碳排放量。此外，为充分调动企业绿色技术创新的积极性，减轻企业资金压力，建议将原有针对低碳技术改造、末端治理、清洁生产相关的政府补助由“事后补贴”改为“事前资金扶持”，并探索形式多样的补助形式。二是加快构建以绿色工厂、绿色设计产品、绿色供应链为主体的绿色制造体系：打造国家、省、市多级绿色工厂布局；加大绿色设计产品研发投入力度；打造绿色供应链，助推绿色产业体系升级。三是基于绿色园区实践经验统筹协调更大地理范围内企业间的绿色合作，试点可再生能源“碳中和”园区，打造区域的绿色低碳产业集群，充分发挥低碳园区示范效应。四是试点“碳中和”产品认证体系和技术标准，借鉴国际ISO 14064标准、英国标准协会公共可用规范碳中和承诺新标准（PAS 2060）和哥斯达黎加INTE B5标准，参考国际绿色电力证书（I-REC）、我国核证自愿减排量（CCER）等认证体系，打造涵盖企业全生命周期的全新标准，尤其鼓励行业龙头企业申请“碳中和”产品认证，形成行业示范效应。

（二）促进产业结构转型升级，加快构建绿色产业体系

一是围绕“双碳”目标制定各级部门重点产业实施路线图，优先推动钢铁、煤炭、电力、化纤等传统高排放行业绿色转型，实现原有传统型制造业向绿色型先进制造业转型升级；同时发展一批创新水平领先、低碳技术先进、环保效益明显的先进绿色制造业龙头

企业。二是加强“腾笼换鸟”式落后产能淘汰。加大负面清单产业退出的引导力度，将生态影响作为产业发展的关键准入门槛，控制重污染行业新增产能规模。三是因地制宜引进战略性新兴低碳产业、绿色低碳服务业和绿色金融产业，实现绿色发展与产业发展的有机融合，推动一二三产业绿色融合发展新结构。

（三）加速能源消费结构转型，形成绿色能源消费体系

一是加大源头管控力度，提高能源综合利用效率。从企业生产全过程各环节入手，强化能源消费总量和强度“双控”，综合降低能源总消耗。二是保障好清洁能源跨区域消纳工作，落实好清洁能源项目优化调度与并网接入，减少制造业企业所需能源“短供”和“断供”现象发生，确保能源得到高效利用。三是逐步提高清洁能源占比，加快推进以电代煤和以电代油，有序推进以电代气，提高终端电气化水平。鼓励有实力的企业通过安装光伏发电设备，跨区域购买绿证，引入氢能、生物质能等多种方式提高清洁能源使用比例，助推从传统能源和可再生能源互为补充向以清洁能源为主的能源消费结构转型。

（四）搭建多层级信息共享平台，打造绿色协同创新体系

一是推动绿色技术创新协同，搭建“政府牵头、企业参与、科研院所提供诊断服务”三位一体的全国性以及分级区域性的绿色信息共享平台，为实现制造业“碳达峰、碳中和”目标源源不断提供绿色技术和绿色信息。二是创新“产学研金介”多方合作模式，加强跨区域资源信息协同调度工作，促进“双碳”战略下各主体信息协同、关键技术联合攻关与科研成果转化。三是构建以绿色企业联盟为主导，采用协议或联合等方式形成原料供应商、生产商、经销商、消费者密切合作的模式，通过绿色供应链推动绿色低碳发展。四是推动5G、工业互联网、云服务等数字化技术嵌入传统制造业企业生产服务流程，加快智能制造与传统制造深度融合，以绿色低碳数据中心为基石，搭建设备级、站点级、网络级低碳技术协同创新体系，实现数字化转型驱动下的协同低碳发展。

（五）探索碳定价体系发展模式，深化绿色产业配套体系

一是完善碳定价领域的立法工作。进一步完善碳定价领域的立法，尤其为下一阶段推动社会资本参与，开展和发行碳资产质押融资、碳普惠、碳信贷和碳基金等金融产品和衍生工具提供法律保障。同时，借鉴国外已有碳定价体系的建设经验（包括碳交易和碳税等），根据我国现实情况不断完善本土碳交易市场，探索碳税与碳市场互为支撑的发展模式。二是警惕外部“碳关税”制裁。对于拥有相关出口业务的制造业企业来说，应尽快查明自身在生产活动各环节的碳排放量，披露更加详细的碳信息，尤其要考虑中欧双方在碳价格、免费配额、计算方式等方面的差异，提前规避随时可能到来的碳制裁风险。鼓励制造业企业主动建立更加透明的碳排放管理制度，完善环境、社会责任和公司治理信息披露，主动发布环保报告，尤其是发挥上市企业的示范效应，带动全行业应对潜在的“碳税制裁”危机。

参考文献

［1］ 解学梅，韩宇航. 本土制造业企业如何在绿色创新中实现“华丽转型”?：基于注意力基础观的多案例研究[J]. 管理世界，2022，38(3)：76-106.

［2］ Climate Watch. Washington，D. C.：World Resources Institute，2019[EB/OL]. https：// www.climatewatchdata.org.

［3］ Climate Data Explorer (CAIT)[EB/OL]. https：//www.climatewatchdata.org/da.

［4］ 国家统计局[EB/OL]. http：//www.stats.gov.cn/ztjc/zthd/sjtjr/d5jkfr/tpbd/.

作者简介

解学梅，同济大学特聘教授(长聘)，博士生导师，国家社科基金重大项目首席专家，长期从事创新管理研究。入选国家优秀青年科学基金、上海市特聘教授(东方学者)、上海市“曙光学者”、上海市“浦江人才”等人才计划。作为项目负责人主持国家社科基金重大课题、国家优秀青年科学基金、国家自然科学基金面上项目、国家自然科学基金青年项目、上海市科委软科学研究重点项目、上海市教委科研创新重点项目等国家级和省部级课题等20余项，其中主持国家自然科学基金4项(已结题两项后评估分别为“特优”和“优”)。在国内外重要核心学术期刊上发表学术论文80余篇，其中，在权威SSCI国际期刊上发表学术论文50余篇；在《管理世界》《管理科学学报》等国内NSFC A级重要期刊上发表学术论文30余篇。

新发展格局下服务型制造如何推动中国制造业高质量发展①

李靖华

摘要：在逆全球化国际背景下，我国制造业发展和经济运行进入新的状态，转入以国内大循环为主体、国内国际双循环相互促进的新发展格局。本文分析了这一背景下服务型制造推动中国制造业高质量发展的机理。在新发展格局下服务型制造体现了供给侧结构性改革和高水平对外开放的发展理念，一方面打通了内循环中制造业生产与消费的堵点，另一方面促进制造业高质量"引进来"和高水平"走出去"，推动了我国制造业高质量发展。最后给出推动基础关键共性技术联合攻关、构建完善的产业生态系统等政策建议以及"立足制造、面向市场、立足国内、面向世界"的企业管理启示。

关键词：新发展格局；服务型制造；高水平对外开放；高质量发展

在全球贸易保护主义、单边主义和疫情冲击的大背景下，以美国为首的西方国家不断打压我国经济发展和科技创新。这种对市场经济运行的政治化行为，短期内对我国经济发展尤其是制造业发展造成一定干扰，但长期来看，市场经济还是会依靠其自身规律运行，国际贸易也无法缺少中国这个具有超大规模市场优势和内需潜力的国家。我国经济长期向好的基本面不会变，制造业高质量发展的趋势不会变。为应对逆全球化行为的短期干扰，2020 年 4 月中央财经委员会第七次会议提出"以国内大循环为主体、国内国际双循环相互促进的新发展格局"。新发展格局是面对百年未有之大变局而提出，是我国以变局开新局，以高水平开放反制逆全球化的重要手段。同年 5 月，中共中央政治局常委会会议提出要深化供给侧结构性改革推动新发展格局。2021 年 12 月，中央经济工作会议又提出新发展格局下我国经济发展要稳字当头、稳中求进。制造业是立国之本、兴国之器和强国之基，是国家经济命脉之所在，只有制造业的高质量发展才能推动国家经济的稳定繁荣。《国民经济和社会发展第十四个五年规划和 2035 年远景目标纲要》明确指出："深入实施智能制造和绿色制造工程，发展服务型制造新模式，推动制造业高端化智能化绿色化"。作为先进制造业与现代服务业融合发展的主要方向，服务型制造在新发展格局下践行了供给侧结构性改革和高水平对外开放的发展理念，对推进制造业和经济社会高质量发展有着重要的战略意义。

---

① 基金项目：浙江省哲学社会科学规划"研究阐释党的十九届五中全会精神"专项课题"数字经济时代产业深度融合推动产业升级研究"(21WZQH17YB)。

一、服务型制造打通中国制造业内循环堵点

(一) 服务型制造打通生产堵点

改革开放以来,我国利用劳动力、土地等低成本要素优势,积极参与国际分工和国际大循环,形成出口导向型的国际贸易格局,市场和资源"两头在外,大进大出"。2008 年之后趋势有所改变,进出口总额占 GDP 比重不断下降,但 2020 年仍占 30%以上。由于较长时期的高对外依赖度,我国以有形要素投入的组装加工制造为主,知识和技术密集的高端服务要素掌握在发达国家手中,国内制造业与服务业的产业关联长期割裂,导致我国制造业"大而不强""全而不优",核心技术和零部件、关键基础材料甚至高端成套设备供给能力不足。并且,随着全球化遭遇逆流,高端技术方面由于高度对外依赖被"卡脖子",产业链、供应链安全问题日益突出。因此,必须深化供给侧结构性改革,以提高生产供给体系质量为主攻方向,以供给质量的提升与供给结构的优化来打通生产堵点,提高产业链、供应链的自主性和竞争力。

服务型制造将先进制造业与现代服务业深度融合,是供给侧结构性改革的重要着力点。发展服务型制造主要有两个维度。一是投入服务化,也即生产性服务要素投入增加。生产性服务要素以知识技术密集型要素为主,主要包括研发设计、信息服务、金融服务、节能环保服务、生产性租赁服务等内容,具有聚集资金流、信息流、物资流、科技流的能力,从而有效帮助制造企业优化资源配置、增强技术实力、降低生产成本和提高生产效率,实现制造业转型升级。其中,金融服务、信息服务和研发设计服务的投入对现阶段我国制造业的发展尤其重要。通过提供资金保证及利用互联网、大数据、人工智能等数字赋能,解决了服务化转型高成本的后顾之忧,加快了制造业技术创新频率,帮助制造业打破技术封锁,掌握核心技术,补齐技术短板,维持产业链、供应链安全。

二是产出服务化,也即增加服务产出,从单纯的提供产品转向提供"产品+服务"、"制造+服务"。服务型制造企业向终端用户提供全生命周期服务,是站在市场角度真正解决用户的问题。这种"以需带供"的方式可以有效地去产能、去库存、降成本,增加优质供给,减少无效供给,扩大有效供给,提高供给结构适应性和灵活性。同时,通过多元化的服务有效地延伸产业链、提升价值链,降低由单一产品带来市场需求的周期性波动影响,提高用户黏性,帮助企业有效抵御市场风险,增加新的利润增长点、增强企业盈利能力。这又能反哺企业制造技术的突破,形成制造业良性循环模式,推动供给侧结构性改革稳步发展。

(二) 服务型制造打通消费堵点

我国制造业因长期秉持出口导向战略,对国内市场的开发与培育不够重视,外向与内需一直处于相分割的状态。当国家战略导向转变为以内循环发展为主体时,我国制造业国内循环和国际循环产生了明显的割裂效应,制造业发展出现供需脱节现象。具体表现为,国内生产性服务业缺少市场需求,其供给与制造业实际发展需求不匹配,出口产品转销国内市场时,因国内外存在生产标准、知识产权、市场环境以及生产模式等方面的差异,而出现销售困难。这一消费堵点,一方面是由于制造业生产的多是低价低端产品,无

法满足国内日益增长的多层次、多样化的消费需求；另一方面也是由于国内消费需求不断升级，无论是B端制造企业还是C端消费者，都在不断追求优质、绿色、健康、舒适、安全、差异化消费模式。

为打通消费堵点，中央经济工作会议提出扩大需求是构建双循环新发展格局的出发点和落脚点。而服务型制造作为一种新业态是实施扩大需求战略的关键一步，这种模式能够有效形成需求牵引供给、供给创造需求的高水平动态平衡。生产性服务业与制造业融合发展有助于改善甚至重塑供给与需求之间的关系，使产业与市场的时空联系更加紧凑、密切。制造企业服务化转型的初衷就是更好地满足市场需求，因此出现定制化生产、柔性制造等生产模式，这些生产模式本质上就是立足制造，面向市场，强化生产与消费之间的互动，增强与消费者之间的黏性，使企业能够及时感知和快速响应市场需求、决策反应更敏捷、资源配置更精准。通过牢固的客户关系和高效的市场反馈机制，横亘于供求之间的信息壁垒趋于消融，供给侧的视野更为开阔，进而创新消费新模式和新业态，积极培育网络消费、智能消费、定制消费、体验消费等消费新模式，推动服务消费提质扩容。

二、服务型制造促进中国制造业高水平开放

（一）服务型制造促进制造业高质量“引进来”

以国内大循环为主体并非搞自我封闭的“全能型”经济体系，需要把握好国内国际双循环相互促进这一概念。其中重要的一点是通过顺畅的国内循环形成对全球优质资源要素的引力场，以国内大循环吸引全球优质资源要素，充分利用国内国际两个市场两种资源。我国对外贸易依存度2006年达到峰值(64.2%)，2020年降为31.6%，这一方面说明我国目前许多产品的核心零部件和装备制造的关键环节仍旧在一定程度上依赖进口。通过加大研发投入力度和自主创新实现突破尚需一段时间，所以需要引进重要技术和核心人才。另一方面也说明在保证产业链、供应链安全稳定的情况下，我们需要引进优质而非无效的要素资源促进两业融合，实现制造业高质量发展。曾经相当长一段时间，国内生产无序扩张，将国外低端制造技术、重污染企业等劣质资源盲目引进，一方面导致了国内同行业间无序竞争，阻碍本土产业发展，另一方面给我国环境带来沉重负担。

先进制造业与现代服务业相互融合，主要表现为在制造业服务化转型中投入大量的生产性服务要素。在数字经济时代，生产性服务业本身就属于全球价值链的中高端产业，内含高端要素和知识资本。当国内生产性服务要素不能完全满足发展需要时，就需要依靠全球市场的资源配置，也自然促进了我国制造业高质量“引进来”。国外生产性服务供应商的引入能够通过竞争效应，迫使生产率低下的服务企业退出市场，倒逼国内服务业提升生产效率；能够通过技术溢出效应，引领我国制造业学习先进理念、先进模式，加速模仿创新；也能够通过人员培训效应，为我国制造业服务化转型提供既懂技术又懂管理、既懂制造又懂服务的复合型人才。同时，发展服务型制造需要引进更多海外高端制造业和关键零部件企业，特别是国外高端产业链落户国内，这又带动了高水平自贸区、自贸港、保税区的建设，促进了国内高端知识技术标准与国际规范对接，推动了我国制度型开放，提升了国内产业基础高级化和产业链现代化水平，保证了产业链、供应链、要素链的稳定以及价值链的提升。

（二）服务型制造促进制造业高水平“走出去”

2021年12月，中央经济工作会议指出我国经济发展要稳中求进。其中“稳”不是保守的稳，而是积极求进的稳，对于制造业来说就是保持一定的增长速度，创造条件促进制造业高质量发展。这不仅需要高质量引进来，也需要高水平走出去，坚持国际产能合作，开拓合作共赢新局面。但以往我国制造业走出去仅限于产品销售和设立工厂，也即产品和加工制造等低附加值环节走出去，加之一些企业未注重嵌入东道国社区社会，未带动所在国配套产业和技术发展，或者没有认真遵守所在国劳工、税收、环保等方面的法规，导致我国制造企业走出去被贴上“过剩产能转移”“就业流失”“资源掠夺”“环境破坏”“腐败关联”“新殖民主义”等负面标签，制造业国际化之路并不顺畅。

事实上，继产品和制造“走出去”之后，我国服务型制造的“走出去”是制造业“走出去”的3.0版本，可以有效推动我国制造业对外贸易高质量发展。研发设计、个性化定制以及整体解决方案等服务业务已经成为高附加值制造的代名词。制造企业通过向下游客户提供服务业务能够获得较强定价权，强化国际市场对我国产业链的依赖。同时由于其劳动密集性和技术引领性特点，服务型制造无疑会加深企业与东道国客户的联系，促进当地劳动力就业，带动当地技术与服务配套，提升当地信息技术应用水平。这也会进一步提高企业的文化和社区嵌入度，切实促进所在国经济社会发展，也提升了我国制造企业国际化经营能力。此外，高知识密度的生产性服务走出去，有利于我国制造业更加深入地嵌入发达国家产业生态，学习先进的服务化经验和管理知识，借助其金融机构、高等院校和咨询公司的“钱才智”，为自身服务化发展提供坚实支撑。最后，以服务走出去为契机能够增加区域间贸易合作机会，形成国家间新的合作模式，推动更多区域间贸易协定的签署，从而有力应对逆全球化，畅通国内国际双循环。

三、新发展格局下发展服务型制造的政策建议

（一）政府层面

在新发展格局下，服务型制造对生产和消费堵点的打通具有重要作用，同时对制造业高水平对外开放也有显著成效，所以在政府层面要大力支持，为服务型制造模式的发展创造良好环境，企业层面也要顺应大势，有所作为。

一是推动基础关键共性技术联合攻关。政府要通过顶层设计持续增强技术创新集聚能力，一方面充分发挥我国自身工业优势，加快人工智能、大数据、云技术、区块链等新一代信息技术与先进制造技术的融合创新，提高关键技术的自主能力。另一方面，通过服务业双向开放，“引进来”与“走出去”并重。即大力引进国际先进服务业企业，优化营商环境，做好自贸区、自贸港建设，释放外资企业的技术溢出效应；同时鼓励服务企业走出国门，在发达国家设立研发中心，收购服务型制造领域的世界领先企业，增强我国服务型制造国际竞争力。

二是构建完善的产业生态系统。对制造企业开展的服务化业务给予税收支持；引导服务型制造共性技术平台的建立，突破服务化转型的技术瓶颈；引导银行等金融机构进行产品创新，增设供应链金融、项目融资担保等服务；引导大学和职业院校开设服务型制造专业或课程，推动在更多地区设立服务型制造研究机构；鼓励咨询机构总结国内外服

务型制造案例，设计服务型制造解决方案，传播服务型制造发展经验。

（二）企业层面

企业要立足制造、面向市场。发展服务型制造的出发点在市场需求，立足点在制造基础。制造企业开展服务化转型必须突破“习惯于从自身制造能力出发”的传统工业思维，承认和尊重“由客户主张来主导交换关系”的商业逻辑，紧紧围绕市场需求配置生产资源和制造能力。但制造与服务的深度融合并不意味着弱化制造，更不能“去制造”，或者以服务取代制造，而是应该融合服务、优化服务来推动制造业技术水平和竞争力的提升。同时企业还要大胆采用网络化技术、数字化技术和智能化技术为制造赋能，提升柔性制造、敏捷制造、精益制造、瞬时制造能力。

企业还要立足国内、面向世界。在新发展格局下，生产上积极使用国内生产性服务企业提供的替代产品或服务，引入国外技术时要注意技术的质量、能耗和科技含量，以此应对不断升级的国内市场需求。也要相信我国超大潜力内需市场的优势，深耕国内市场。开拓国际业务时，要由加工制造环节向研发、设计、服务等环节延伸，积极参与产品、服务国际标准的制定，积极承揽国际项目，带动中国装备、技术、标准、认证和服务都实现“走出去”。

参考文献

[1] 朱宏任，黎烈军，陈立辉. 中国服务型制造发展报告：2021[M]. 北京：社会科学文献出版社，2021.

[2] 陈甬军，晏宗新.“双循环”新发展格局的经济学理论基础与实践创新[J]. 厦门大学学报(哲学社会科学版)，2021(6)：37-47.

[3] 韩民春，袁瀚坤. 以服务业开放提升我国企业国际竞争力：理论逻辑与政策方向[J]. 国际贸易，2021(10)：47-56.

[4] 郭克莎，田潇潇. 加快构建新发展格局与制造业转型升级路径[J]. 中国工业经济，2021(11)：44-58.

[5] 黄繁华，洪银兴. 生产性服务业对我国参与国际循环的影响：基于制造业全球价值链分工地位的研究[J]. 经济学动态，2020(12)：15-27.

[6] 荣晨，盛朝迅，易宇，等. 国内大循环的突出堵点和应对举措研究[J]. 宏观经济研究，2021(1)：5-18+78.

[7] 张厚明，关兵. 基于问题导向的中国制造业国内国际双循环新发展格局构建[J]. 湖湘论坛，2020，33(6)：64-69.

作者简介

李靖华，博士，浙江工商大学教授、博士生导师，中国技术经济学会技术孵化与创新生态分会副理事长、技术创新创业分会服务创新专委会主任委员、浙江省创造学研究会副理事长。主要研究领域服务创新和制造服务化(服务型制造)。近年来，主持国家自然科学基金“不确定环境下我国制造企业服务化的资源编排机理研究”“新服务开发的前后台知识转移机制及其管理策略研究”等，参与国家社科规划重点项目“国家复杂产品生产能力比较研究”。出版的著作有：《制造服务化的兴起》(专著)、《服务创新管理》(专著)、《新服务开发的知识转移》(专著)、《制造服务化手册》(译著)、《为服务而制造》(译著)等。获 2014—2015 年全国商务发展研究成果奖二等奖。

协同视角下当前企业创新网络绩效提升的对策建议

林迎星

摘要：从创新协同视角来分析，与比较理想的企业创新网络要求相比，当前我国企业创新网络还有一定差距。依据企业创新网络理论，结合国内外新形势和我国国情，从我国企业创新网络各主体来分析其在资源协同、技术协同以及知识协同上存在的问题，相应地提出了创新协同视角下当前我国企业创新网络绩效提升的对策。

关键词：创新协同；企业创新网络；创新绩效；对策

企业如何通过有效整合创新网络内外创新资源、协调各创新主体以提升创新效率，是其获取竞争优势的关键环节之一。近年来，我国企业在技术创新方面取得了明显的进步，但在创新协同上仍然存在不少问题，有待各方进一步关注和行动。

一、协同视角下企业创新网络绩效提升的分析框架

全球经济一体化和国际竞争环境的日趋复杂性及动态变化性使得越来越多的企业为获取外部资源、推进创新活动目标的实现而同其他组织进行合作创新，从而形成了关系网络。而随着创新活动主体间在创新合作方面的不断深入，创新模式逐渐变化为多主体协作互动的网络模式，形成一种新型组织关系网络即创新网络。借鉴与综合有关学者的看法，本文认为企业创新网络可定义为在技术创新过程中，企业与高校、科研机构、政府部门及中介机构、竞争对手等其他相关利益主体进行交流与合作，从而形成在创新活动中相互协作与资源共享的关系集合体[1-8]。

目前，学者们对网络绩效的认识较多考虑了创新效益与创新效率或产出，而创新网络作为一个涉及多方利益相关者的生态系统，对网络绩效的考察不仅要考虑经济效益与创新产出，更要注重从社会效益层面来考察。因此，结合现有研究，本文认为企业创新网络绩效指的是能够反映企业创新网络中各创新主体为实现共同创新目标而形成的在个体层面和整体层面上的有效输出情况。其涉及企业创新网络中具有异质性的创新参与主体对信息、资源、技术等要素的协同而提升绩效的整体效益，包括主体因创新投入而获得的创新产出，还包括这些产出最终所转化形成的经济效益以及其所体现出的社会效益。[9-12]

结合现有的相关研究，本文所指的创新协同是指创新网络中创新主体之间展开协同合作，在创新资源、技术、知识三个核心层面进行创新要素的高效整合，形成创新集聚效应，使得创新更好地有序发生，从而实现各方之间的优势互补，推进网络整体创新绩效的提升。值得注意的是，创新协同与协同创新的概念既有相同之处，也有不同点，不可随意等价使用。这二者的相同之处在于其核心要义均强调了协同，强调通过利用创新主体之间的协同或是创新资源、要素间的协同以寻求合作效率最高化以及资源效用最大化，从

而促进创新活动目标的实现，提升创新绩效水平与实现对企业竞争优势的强化。这二者的不同之处在于创新协同更为侧重资源或要素之间的协同；而协同创新更为侧重的是一种创新行为，或是一种创新组织模式[13-16]。

在企业内外驱动力的驱动下，企业创新网络的集聚性能够更好地推动创新进程。而在集聚各方力量的过程中，创新资源、知识与技术是实现协同的必要条件，这些要素的协同是充分发挥网络集聚性力量的关键与核心所在。因此，本文认为创新协同的核心要素包含资源协同、技术协同及知识协同。

首先，从资源基础观分析，企业想要在充满激烈竞争的环境中生存下去，不仅应考虑对企业内部资源的配置，还需考虑内部资源与外部环境的匹配性，在实现资源配置以及内外部环境的匹配性的过程中，所体现的便是资源协同。

其次，在创新网络中技术协作是促成网络技术创新链的关键因素，技术层面的交流与沟通对技术创新过程的发展及成效具有决定性的影响。在创新过程中，上游企业的技术信息通常是下游企业技术创新的输入端，技术交流与沟通是双向的，即上游端对下游端形成输入端的同时能够将上下游企业链接起来，形成有效的沟通与反馈运行环。在创新过程不同阶段节点，其他创新主体的加入与参与促进了技术交流，形成良好的沟通环境。

再次，除技术环境氛围对创新目标的实现有重要影响之外，知识协同环境氛围在企业内外驱动力的驱动下，企业创新网络的集聚性能够更好地推动创新进程。

上述的三个要素共同形成创新协同的核心层面，但其作用是有别的。在企业创新过程中投入必要且适当的人力、物力及财力是实现创新活动目标的重要物质保障，因而资源协同是创新协同的基础层（最外层）。科学技术是第一生产力，技术在创新过程中所扮演的角色犹如生态系统中不可或缺的执行者，执行思想，利用资源，将想法转化为产品或服务；而技术协作是推进创新进程的加速器，网络间形成的协作关系网能够更好地利用、吸收与整合创新资源，并将资源转换为所需要的产品或者服务，因而技术协同是创新协同的支撑层（第二层）。企业内部以及其他创新主体之间通过知识交流与互换、扩散与共享而产生知识溢出效应，使得知识在企业内部与创新网络间更好地被吸收，甚至能促进思想的碰撞，为后续的服务与技术实现提供有效的理论支撑，并且有效促进自主创新与共同创新的过程，形成网络创新的动力源与信息源，从本质上提升网络创新能力，因而知识协同是创新协同的战略核心层（最内层）。进一步，创新网络中的创新协同的三个核心要素之间是相互关联、相互作用的，其所形成的集聚性是其独有的优势，各创新主体以合适的方式实现资源间的共享与合理配置，提高企业对外部环境的适应性。

此外，在企业创新网络活动的推进过程中，各创新主体之间仅仅具备协同的条件对于全力驱动企业创新网络系统仍是不够的，只有创新主体间将协同力量与外部环境相匹配，形成对外界环境的有效反应机制——网络动态能力，合理吸收、整合与配置创新资源，才能将各自力量充分且有效作用于企业创新网络活动，并对外部需求以及变化做出较为快速、准确的回应与匹配，从而实现创新目标，获得高效的创新产出，促进经济效益的同时提升社会效益，实现网络整体绩效的提升。因而，可以说网络动态能力是创新协同对网络绩效作用过程中推进创新作用的“加速器”。

二、协同视角下当前我国企业创新网络绩效提升存在的问题

根据以上企业创新网络绩效提升的分析维度和框架，从创新协同的视角来看，提升

企业创新网络绩效，要营造健康且良好的企业创新网络，各创新主体均应在实际情况的基础上，将自身优势或特性同外部环境的要求相结合，重视各方之间在创新资源层面、技术层面以及知识层面的协同效应，以弥补自身短板，并寻求发挥最大效用的关键点。同时，应注重自身网络动态能力的培养与提升，灵活应对外部环境的变化。但从我国当前企业创新网络的现状来看，与上述比较理想的要求相比还有比较大的差距。具体可从我国企业创新网络各主体来分析其当前在资源协同、技术协同、知识协同方面存在的问题。

（一）企业层面

一是企业与企业间、企业与其他组织机构之间的信任关系不足，合作形式比较单一。由于当前我国企业与企业间、企业与其他组织机构之间的信任关系不足，导致它们合作的氛围不够浓烈，没有办法做到有效的交流、讨论与共享，合作形式也比较单一。

二是企业知识基础建设覆盖面不大、力度不够，高质量人才匮乏。当前我国大多数企业对知识基础建设重视不够，高质量人才明显匮乏，特别是中小企业，这导致在创新网络中知识协同效率不高。

三是企业网络动态能力不强，资源整合能力与资源再配置能力不高。当前我国大多数企业没有有意识地培养并提升企业网络动态能力，资源整合能力与再配置能力不高，导致其对创新技术的引进或是创新知识的吸收与转化效率不高。

（二）政府层面

一是政府对企业与其他创新主体的网络关系的培养重视不够，支持力度有限。当前我国各级政府对企业创新网络的重要性认识不足，缺乏营造创新网络浓厚的协同氛围的意识，对创新主体间加强联系的力度有限，这导致创新协同效率不高。

二是政府对创新服务平台建设的支持不足，创新网络环境不佳。当前我国各级政府对创新服务平台的作用认识不足，对创新企业的知识产权保护力度不够，对创新企业的知识转移、运用的责权利等没有明确规定，这使得创新主体间对知识等创新成果共享的安全疑虑无法降低。

（三）中介及其他主体层面

一是中介机构的服务体系不够健全，中介服务活动不够规范。当前我国企业创新的各类中介服务机构还不够健全，能够提供规范服务的中介服务机构的数量不多。由于合作方或联系方的信息不对称问题没有得到合理解决，导致创新网络服务效率不高。

二是高校、科研机构对与企业之间的联系重视不足，彼此之间的有效交流与协调不够。当前我国高校及科研机构对与企业之间的联系仍然重视不足，特别是高校有自己的运行规则，对加强与企业之间的联系热情不高。

三、协同视角下当前我国企业创新网络绩效提升的对策

（一）企业层面

一是建立网络创新主体间的信任关系，重视创新协同发展。企业创新网络中的企业

与企业间、企业与其他组织机构之间应当重视彼此之间信任关系的建立，开展合作形式多样化的创新研发活动，诸如扩大创新产业园的创新主体范围，定期进行创新网络中创新主体之间的有效交流、讨论与共享等，建立相互信任的关系氛围。此外，创新网络中的创新主导方应重视企业与企业之间的创新协同，尤其是在信息获取、共享与吸收等方面提升流通与转化的质量，同时处理好企业、政府、高校科研之间的协同关系，既要自立，又要协作，推进企业创新网络整体创新效率的提升。

二是注重知识基础建设，培养高质量的人才队伍。企业应加大对知识基础建设的覆盖面与力度，如增强对研发机构的支持、加大技术引进经费支出力度等，以提升创新知识基础资产的质量。同时，企业同样应当注重对人才的培养，应在其内部设计一套遵循企业文化、适合企业特性的人才培养激励方案，将企业人员在新产品、新技术形成过程中投入的精力与商业化后的成果所取得的经济效益相挂钩，激励企业员工积极参与创新活动，建立稳固健康的企业创新体系。

三是培养并提升企业网络动态能力。作为企业创新网络中的核心创新主体，企业应当重视对网络动态能力的培养与提升，不论是对于创新技术的引进还是创新知识的吸收与转化等，均应积极进行内外兼合吸收与发展，强化企业自身的资源整合能力与资源再配置能力，为企业自身以及创新网络的健康、持续发展注入较强的创新推动力。

（二）政府层面

一是促进创新主体间加强联系，营造创新网络浓厚的协同氛围。政府应重视并着力加强对企业与其他创新主体的网络关系的培养与支持，促进企业创新网络平台建设，保障协同创新活动的顺利开展，尤其应对重点企业在产业网络平台的网络位置加以关注。同时，政府在资金支持上可通过设立专项创新基金，鼓励企业之间合作，加强企业与企业、研发机构及其他创新主体之间的协同程度。

二是完善创新服务平台建设，形成健康的创新网络环境。政府可以在创新服务平台的建设上提供投资支持，尤其是为企业创新网络中一些创新能力较为低下的企业提供创新支持服务。政府应加强对创新企业的知识产权保护的重视，明确规定知识转移、运用的责权利，以保护知识资源的共享与利用，降低创新主体间对知识等创新成果共享的安全疑虑，增强创新主体之间的协作意愿，促进知识资源的合理有效转移。

（三）中介及其他主体层面

一是中介机构应当积极加强完善自身的服务体系，规范中介服务。中介服务机构作为网络中各创新主体间的关系桥梁，涉及各类产业内的行业协会、金融机构、咨询机构等，其是否能够提供完善的服务影响着创新主体之间是否能够齐心一致、协同发展。中介机构要降低合作方或联系方的信息不对称，提升创新网络服务效率。

二是高校、科研机构应当重视与企业之间的密切联系，注重彼此之间的有效交流与协调高校以及科研机构作为关键的知识输出主体，其与企业甚至其他创新主体之间的协作对创新活动的实现起到重要甚至关键性作用。因此，高校、科研机构应当重视与企业之间的密切联系，积极强调知识资源的共享、转移与运用，增加创新网络的智力资本，推进创新资源配置，提升创新效率。

参考文献

[1] Freeman C. Networks of innovators: A Synthesis of Research issues[J]. Research Policy, 1991, 20(5):499-514.

[2] Harris L, Coles A, Dickson K. Building Innovation Networks: Issues of Strategy and Expertise [J]. Technology Analysis & Strategic Management, 2000, 12(2):229-241.

[3] 范太胜.基于产业集群创新网络的协同创新机制研究[J].中国科技论坛，2008(7):26-30.

[4] 余维新，顾新，万君.企业创新网络知识分工机理及实现方式[J].中国科技论坛，2017(2):98-104.

[5] 黄玉杰，李忱，田杨茁.基于集成创新的企业竞争优势分析[J].北京工业大学学报(社会科学版)，2004(1):13-17.

[6] 连远强.国外创新网络研究述评与区域共生创新战略[J].人文地理，2016(1):26-32.

[7] 鲁若愚，周阳，丁奕文，等.企业创新网络:溯源、演化与研究展望[J].管理世界，2021,37(1):217-233.

[8] 徐言琨，侯克兴.科技型企业创新网络结构与创新绩效影响关系研究[J].工业技术经济，2020,39(4):36-41.

[9] Saunila M. Performance Measurement Approach for Innovation Capability in SMEs[J]. International Journal of Productivity & Performance Management, 2016, 65(2):162-176.

[10] Gkypali A, Rafailidis A, Tsekouras K. Innovation and Export Performance: Do Young and Mature Innovative Firms Differ? [J]. Eurasian Business Review, 2015, 5(2):397-415.

[11] 刘凤朝，马荣康，姜楠.区域创新网络结构、绩效及演化研究综述[J].管理学报，2013, 10(1):140-145.

[12] 党兴华，王方.核心企业领导风格、创新氛围与网络创新绩效关系研究[J].预测，2014, 33(2):7-12.

[13] 解学梅，吴永慧，赵杨.协同创新影响因素与协同模式对创新绩效的影响:基于长三角316家中小企业的实证研究[J].管理评论，2015,27(8):77-89.

[14] 彭本红，周叶.企业协同创新中机会主义行为的动态博弈与防范对策[J].管理评论，2008,20(9):3-8.

[15] Persaud A, Kumar U, Kumar V. Coordination Structures and Innovative Performance in Global R & D Labs[J]. Canadian Journal of Administrative Sciences, 2010, 19(1):57-75.

[16] 陈劲，阳银娟.协同创新的理论基础与内涵[J].科学学研究，2012,30(2):161-164.

作者简介

林迎星，管理学博士，福州大学经济与管理学院教授、博士生导师，经济与管理学院教授委员会常委、学位评定委员会委员，并兼任中国技术经济学会理事、福建省人民政府发展研究中心特约研究员等。2007年入选福建省高等学校新世纪优秀人才支持计划，是2007年中共福建省委组织部认定的首批福建省干部教育培训师资库师资之一。在各种期刊上发表学术论文70多篇，出版学术专著5部；科研成果获福建省社会科学优秀成果二等奖3项(其中独立1项，合作2项)、三等奖1项；教学成果获福建省优秀教学成果一等奖1项(合作)。

“专精特新”中小企业领导品牌建设与政策建议①

李纯青

摘要：实现“中国产品向中国品牌转变”是全面刷新“中国制造”品牌形象的国家意志体现，而中小企业领导品牌建设是完成这一重要指示的生力军。本文在简要说明领导品牌建设相关概念及意义的基础上，剖析中国专精特新中小企业领导品牌建设道路中存在的主要问题，并提出针对专精特新中小企业领导品牌建设的一整套方案及对策建议，以期为实际工作提供现实指导。

关键词：领导品牌建设；技术创新；专精特新；中小企业

国家竞争力的综合体现来自品牌，品牌建设的核心是企业的成长与发展，而作为专精特新“小巨人”的中小企业不仅是我国国民经济的重要组成部分，更是实现“从中国产品向中国品牌转变”的“生力军”。专精特新中小企业领导品牌建设植根于企业技术能力创新，可以说没有技术能力的创新就无法建设一个强大而知名的品牌。但同时，领导品牌建设又是一个复杂且历久弥新的过程，正所谓“千里之行始于足下”，把握好品牌建设各个阶段的主要任务是专精特新中小企业领导品牌建设的精髓。

一、正确认识“专精特新”中小企业领导品牌建设的深刻意义

长期以来，中小企业始终是我国国民经济的“毛细血管”，贡献了50%以上的财政税收、60%以上的GDP、70%以上的技术创新、80%以上的城镇劳动就业和90%以上的企业数量。这些中小企业中的佼佼者包括全国各地的专精特新企业、专精特新“小巨人”和单项冠军。

值得一提的是，“十四五”时期，我国将带动一万家左右中小企业成长为国家级专精特新“小巨人”企业以实现中国产品向中国品牌的跨越式转变。在2022年工业和信息化部最新印发的《优质中小企业梯度培育管理暂行办法》中，专精特新“小巨人”企业的认定标准除需要满足专业化、精细化、特色化、创新能力外，还新增了产业链配套和主导产品所属领域两个方面的指标，特别是新增了“创新直通条件”。由此可见，“专精特新”中小企业在实现“中国品牌”的过程中具有得天独厚的现实基础。然而，打造“专精特新”企业品牌具有一定的特殊性，即这些企业大多规模不大，以技术见长，且主要为相对固定的产

① 基金项目：教育部哲学社会科学研究后期资助重大项目(编号：20JHQ015)“品牌聚焦的力量研究”；国家自然科学基金面上项目(编号：71772144)“基于多元企业认同的企业身份构建及其张力调和机理研究”。

业链客户提供产品和服务，而非终端消费市场。由此，企业往往会存在品牌意识不强、对品牌战略和实施重视度不高的问题。而品牌作为企业的灵魂，是一个企业存在和延续的价值支柱，优质的品牌不仅代表着一种物质价值，能够给企业带来远超同行业平均水平的经济利益，更代表着一种精神价值，能够为消费者带来极大的心理满足。且品牌作为社会文化的一部分，其意义不仅是产品信息的载体，还是社会文化的载体，对大众的思想意识和生活观念具有重要影响。

因此，只有重视品牌建设，构筑自身发展的灵魂，才能使品牌成为某个品类的代表。这恰好与专精特新企业发展的远景目标——行业冠军不谋而合。聚焦于专精特新中小企业品牌建设，创新是立企立牌的基础条件，而品牌建设对于企业的发展意义深远，还需从战略的高度来重视品牌建设。只有将品牌战略发展的思想寓于品牌建设的过程之中，渗透到企业建设发展的每一个环节，才有可能收获较高的知名度和信誉度、较大的市场份额以及巨大的经济效益。

二、“专精特新”中小企业品牌建设存在的主要问题

如果说，中国企业进一步努力的方向在哪里？品牌，正是帮助中国企业从全球规模升级为全球影响力和盈利能力的利器[11]。自 1987 年 Interbrand“全球品牌价值排行榜”推出以来，能够入围的国家和企业除美国外寥寥可数，直到 2014 年华为才首次入选。这也印证了微笑曲线的一端是技术，而另一端则是品牌。品牌是企业最有价值的资产，而品牌建设又是长期主义的体现，特别是对于专精特新企业，更需要注重在技术创新中提升品牌引领的作用。然而，很多企业依旧品牌意识淡漠，品牌定位模糊，不重视品牌建设和推广，或认为品牌就是花钱做广告，导致在品牌建设过程中屡屡受挫，甚至导致组织的消亡。究其存在的问题，主要表现为“立不住”“叫不响”“做不久”三点。

其一，在竞品林立的市场中，企业品牌往往“立不住”。品牌定位是实施品牌战略最基本最重要的基础。适当的定位能够突出产品个性，满足消费者个性化的需求，每个企业都应有其独有的品牌。然而，目前我国专精特新中小企业产品品牌却大多缺乏深层、明确、具体的内涵，造成企业品牌形象苍白、无个性或仅仅把企业品牌理解为一种名称或牌号，而无法使这一区分建立在自身品牌差异化、个性化、合理化的基础上。在这种情况下，任何与品牌建设相关的配套战略都显得盲目、缺少依据、缺乏针对性，当然也就使得企业品牌建设的有效性大打折扣。导致许多中小企业往往因为忽略品牌定位的重要性，而呈现出定位同质、定位模糊、定位游移的问题，使得品牌难以走出同质化的漩涡，无法在激烈的市场竞争中博得一席之地。

其二，在信息爆炸的环境中，企业品牌难以“叫得响”。一方面，随着产品同质化程度加深，市场竞争已转到了心理层面的竞争，文化则构成了竞争的重要内容。中小企业应通过培育特色的品牌文化，挖掘消费者更深层次的心理需求，以品牌文化为纽带与消费者沟通，使目标顾客形成文化认同和情感共鸣。但令人遗憾的是，于国内中小企业而言，大多对品牌核心价值缺乏认知，且即使构建了品牌文化，有了响亮的口号和极具内涵的理念，却无法真正地围绕文化去践行，突出表现在很多广告跟随社会热点、时节等外在因素的“信天游”式的变化，毫无统一内涵可言。这样打造出来的品牌虽然有了一定的知名度，但仍会让大家感觉到品牌精神的空洞。另一方面，在社交媒体盛行的今天，品牌传播

途径单一也是限制品牌“叫得响”的关键问题。企业要想将品牌广而告之，就必须对品牌进行宣传，但不少中小企业在品牌传播的过程中潜意识地将广告传播作为唯一途径。可事实却是，过于依靠广告不仅会大量增加品牌建设成本，而且收效也不尽如人意。特别是在社交媒体盛行的今天，企业只有根据品牌建设要求，选择多元化的传播途径才更有可能塑造一个“叫得响”的品牌。

其三，在时刻变化的市场中，企业品牌难以“做得久”。近年来，我国中小企业的发展越来越受到品牌的约束，品牌力不足已成为中小企业发展壮大最严重的瓶颈。据美国《财富》杂志报道，美国中小企业平均寿命不到 7 年，而中国中小企业的平均寿命不到三年。美国每年倒闭的企业约 10 万家，而中国约有 100 万家，是美国的约 10 倍。不仅企业的生命周期短，能做大、做强的企业更是凤毛麟角。实际上，品牌是企业可持续发展最有力的保障，只要企业存在就需要做品牌。就目前来看，我国专精特新中小企业仍然普遍缺乏品牌建设意识，即使某些企业具备品牌建设意识，也往往缺乏正确的品牌战略规划。更何况品牌建设绝非一日之功，世上也没有一劳永逸的品牌，领导品牌的成就是持之以恒打造的结果。这需要有战略性的品牌布局，需要在打造自身的同时汇集多方力量，还需要在激烈动荡的市场环境中“居安思危”。“百年品牌”是每个企业梦寐以求的，但这百年的背后注定不会平坦，所以还需要坚持不懈的努力。

三、“专精特新”中小企业品牌建设的解决方案

随着现代品牌营销实践的不断发展，品牌在现代经济中发挥着越来越重要的作用[12]。“专精特新”中小企业的品牌建设不仅要有明确独特的品牌定位，还需要通过品牌联盟来保证品牌形成期，品牌“立得住”；不仅需要不断进行文化创新引发品牌共鸣，还需要借助社交媒体进行品牌传播以确保品牌在形成期能够“叫得响”。然而，品牌“立得住”“叫得响”并不代表可以“做得久”，要想品牌长久流传，还需得到企业外部利益相关者的持续支持，才能够得以延续、长青。总之，对于专精特新中小企业而言，领导品牌建设是一个不断成长的，包含多层次、多方法、多对象的形成过程，如图 1 所示。

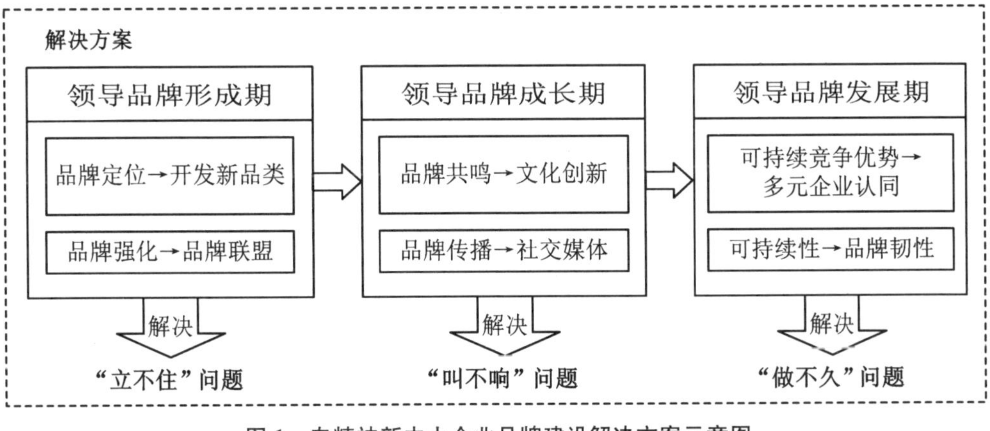

图 1　专精神新中小企业品牌建设解决方案示意图

其一，解决品牌“立不住”问题的主要途径可以依靠开发新品类和寻求品牌联盟。解决“立不住”问题的根本途径是通过开发新品类，树立企业独有的且竞争者难以模仿的品

牌感知。该途径的核心是品牌定位，关键是掌握数字化赋能技巧。如：专精特新企业踏歌智行与包钢集团合作，共同打造的白云鄂博矿区5G无人驾驶运输项目，已经实现了5G网络下白云鄂博东矿区全矿无人驾驶，是国家级无人驾驶露天铁矿示范样板工程，也是全国乃至全球基于5G网络条件下无人驾驶矿车较早的商业化应用。

由此可见，“专精特新”企业成功的核心，是以成为细分领域掌握独门绝技的“单打冠军”“配套专家”为目标，专注并深耕产业链某一环节或某一产品，也即品牌定位。但是，仍需要注意成功的品牌定位仅是“立得住”的充分条件，还需注重企业各业务部门之间的配合，即与企业各层面的活动衔接起来才能够使员工践行并内化品牌精神，并持续不断地向消费者传递品牌形象并使其感知到品牌的独特价值，这是品牌“立得住”的必要条件。在品牌内化过程中还要特别重视数字化赋能的作用机制，针对企业生命周期的不同阶段，进行适合的数字化建设，通过内、外部品牌化之间的引领及推动作用实现企业品牌化发展的螺旋式上升。

此外，除企业自身的内、外品牌化外，还需要注重品牌联盟的重要性。企业可通过与高端品牌进行联盟，与业内新进入者联合以实现“借力使力”。一方面，企业需寻找既能满足联盟主体需求又能有利于企业发展的“双赢”或“多赢”策略，以达到借力目的；另一方面，企业在内部运营过程中激发员工对身边人的“有用性”，以员工为圆心，不断向外辐射，以达到使力的目的。将提升品牌影响力的发展时机、借助的外部相关资源以及进一步完善的内部运营三者有机组合，从而形成有效的借力使力机制，提升品牌势能，增强品牌生命力。

其二，解决品牌“叫不响”问题的主要途径是借助文化融合和文化创新引发品牌共鸣，善用社交媒体进行品牌传播。就引发品牌共鸣来看，企业可以将组织内、外部文化资源以不同的形式组合形成文化库、文化寄存器（cultural registers）或文化工具箱（cultural toolkit）来解决不同的管理问题，以形成一定的文化积累，帮助组织顺利完成品牌战略转型。此外，企业可以通过文化融合与文化创新来进行文化表述（独特理念、有教育意义的故事与文化密码）和构建。如：通过识别主流文化、挖掘新理念、采集并改编原始素材、提出与主流文化不同的观念四个步骤来完成创新的文化表述，以引发大众品牌共鸣。

从品牌传播来看，关键在于利用社交媒体，因地制宜地使用多种品牌传播策略。为了达到品牌传播的目的，企业可利用病毒式品牌传播，如直播、短视频等社交媒体的线上品牌传播对客户行为产生影响。如：通过社交网络发布新奇、有趣又实用的优质在线内容以引发消费者的主动分享；利用线上直播会带给消费者与线下相同的临场感，使消费者产生与线下类似甚至超越线下的品牌体验，进而达到品牌强化的目的；尝试短视频制作，通过视频内容将客户从被动的营销引导接受者，转变为主动的消费目标追求者等，从而实现品牌传播的真正目的。社交媒体下品牌传播策略的应用能够很好地帮助企业解决“叫不响”问题，增强品牌魅力和品牌影响力。

其三，检验品牌生命力的一个重要指标就是能否“做得久”，其关键在于获得多方利益相关者对企业的共同认同和打造品牌韧性。创建一个“好品牌”固然很重要，但若想始终保持可持续竞争优势，却还需得到众多外部利益相关者（消费者、中间商、影响者、供应商等）的支持。特别是，在产品激增、沟通方式复杂、买家日益理性的市场背景下，企业客户关系管理面临着巨大挑战。企业如何赢得外部利益相关者内心的认同进而与其保持长期、和谐、多赢的关系显得尤为重要。若企业能够得到众多外部利益相关者的认同，将十分有利于帮助企业与外部利益相关者建立长期、稳定和有意义的关系，从而吸引利益相关者参与企业的价值创造活动，增加利益相关者网络的价值共创能力。毋庸置疑，一个不仅自身“实力过硬”而且能够得到诸多外部利益相关者“鼎力相助”的品牌自然做得长久。此外，在品牌建设过程中还要着力于品牌韧性的塑造，做好企业应对品牌危机的预案，并考虑竞争者的反应，根据环境制定相应的策略。一个“做得久”的品牌也必定是一个有韧性的品牌。

四、“专精特新”中小企业品牌建设的政策建议

2021 年 7 月 30 日，中央政治局会议提出“要强化科技创新和产业链供应链韧性，加强基础研究，推动应用研究，开展补链强链专项行动，加快解决‘卡脖子’难题，发展专精特新中小企业。”这也是中央高层首次聚焦并提出发展“专精特新”中小企业，并将之与“补链强链”、克服“卡脖子”、培养更多创新主体联系到一起。因此，打好专精特新企业由中国产品向中国品牌转变的攻坚战，政策仍然发挥重要作用。

首先，营造领导品牌建设氛围。通过健全法律体系，创造良好的品牌建设环境，进一步细化《专利法》《商标法》《知识产权保护法》等相关法律的法条，减少法律空隙，创建来自外部法律的保护。政府进行宣传引导，营造争做领导品牌的品牌建设氛围。弘扬品牌建设思想，开展领导品牌专题讲座，推动专精特新中小企业开展品牌战略规划，促进各企业品牌建设思想变革；树立领导品牌建设榜样，分享领导品牌建设经验，提供领导品牌建设落地实施的现实“模板”，在领域内形成“学以致用”的积极氛围，避免出现“纸上谈兵”；加强领导品牌建设激励体系设计，提供必要的精神及物质奖励，形成专精特新领域领导品牌建设的激励机制，增强企业领导品牌建设积极性。

其次，构建领导品牌成长平台。明确专精特新中小企业领导品牌的建设目标并制定详细的规划，从其自身条件及需求出发，勾勒出领导品牌成长平台的基本蓝图，并在此基础上确定资源投入。明确平台规划后，分别从应用、平台、基础及数据四个层面进行专精特新中小企业成长平台设计，形成以企业为中心，以市场为导向，覆盖全产业链，充分应用大数据、人工智能、物联网等应用组件的高效平台，助力专精特新中小企业领导品牌成长。另外，形成共建共享的平台运营生态同样重要。平台的运营应秉持“平等开放，共建共享”的理念，制定共享服务组件开发、接入与调用规范并建立奖惩机制，鼓励在全专精特新中小企业范围内进行成长平台的开发与创新，将具有共性的业务应用沉淀至共享服务平台，在全平台内形成良性循环。

再次，建设领导品牌成长智库。领导品牌成长智库的建设应在提供规范化、制度化和科学化咨询服务的基础上，以服务专精特新中小企业领导品牌建设决策为重要任务，以建设“中国品牌”为宗旨。通过建立健全沟通协调机制，推动政府部门政策研究与智库咨询研究的有效对接，加强话语体系转换，避免决策咨询“专家秀”的出现，促进高质量的理论成果向智库成果的转化。与此同时，应建立智库成果产权保护制度，强化智力成果具有交换价值的理念，承认智力成果应当得到合理回报，确保智库可持续发展。为充分发挥领导品牌成长智库在促进专精特新中小企业领导品牌建设方面的可靠性，还应建立有效的智库评估体系，可与国家社科基金、智库发展基金等相结合，形成基于智库实力、

研究质量、政策建议和采纳情况、社会认可度和公信力等方面的评价指标，保障智库有效性的发挥。

最后，创新领导品牌体制机制。一方面，健全基础前沿研究投入支持机制，形成以政府投入为主，社会投入多元化的机制，保障专精特新中小企业优势的维持和精进，解决“卡脖子”难题，夯实领导品牌建设基础。同时，构建科技、产业、金融体系协同互促的政策体系，加强政府与证交所的合作，开展专精特新中小企业上市推荐，助力领导品牌建设高速发展。另一方面，完善科技创新能力开放合作机制，加强国际化合作交流，形成可持续且具有国际竞争力的创新体系，推动领导品牌长青，实现“中国品牌”历史性转变。

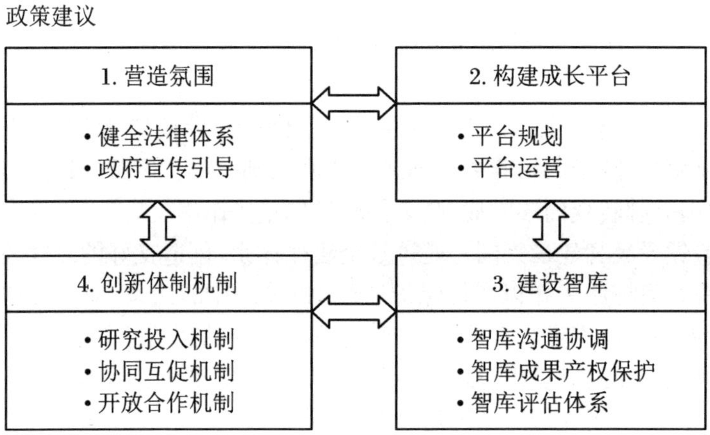

图 2　专精特新中小企业品牌建设政策建议示意图

参 考 文 献

[1]　王海忠. 品牌管理[M]. 2 版. 北京：清华大学出版社，2021.

[2]　王永贵. 市场营销[M]. 2 版. 北京：中国人民大学出版社，2022：295.

作者简介

李纯青，西北大学企业发展与管理中心主任，二级教授、博士生导师，清华大学博士后、西安交通大学硕士、博士，中国高等院校市场学研究会常务理事/新媒体营销专业委员会副主任委员，中国企业管理研究会企业文化专业委员会副主任委员，中国管理现代化研究会营销管理专业委员会常务理事/案例研究专业委员会委员，营销科学学报编委、陕西省高等学校教学指导委员会工商管理类工作委员会副主任委员。研究方向：关系营销、品牌管理，主持国家自然基金面上项目 5 项，主持教育部后期资助重大项目 1 项，获省哲学社会科学一等奖 2 项、省科学技术二等奖(管理类最高奖)、省优秀教学成果奖一、二等奖各 1 项，获全国百篇优秀案例 20 篇，在《Industrial Marketing Management》《Technological Forecasting and Social Change》《中国管理科学》《管理科学学报》《管理工程学报》《南开管理评论》等期刊上发表论文 70 多篇，出版专著 1 部，主编《职业素养开发与训练》《玩转数字营销》等教材 5 部。

传统制造企业数智化转型面临的挑战及对策建议①

曹　勇

摘要：如何推动传统制造企业的数智化转型，有效克服转型过程中的诸多挑战，是后疫情时代我国制造业高质量发展面临的重要理论与现实问题。本报告首先阐述了传统制造企业在我国经济发展中的重要地位及推进数智化转型的必要性与紧迫性，系统分析了传统制造企业数智化转型的现状、取得的成果及面临的五大挑战；在此基础上提出了后疫情时代加快我国传统制造企业数智化转型、有效规避转型陷阱的5点政策建议，旨在为促进我国传统制造企业充分发挥数字化与智能化技术的积极作用，为快速实现转型升级、推动高质量发展提供理论指导与实践参考。

关键词：传统制造企业；数智化转型；后疫情时代；高质量发展；对策建议

制造业是立国之本、强国之基，是国家经济命脉所系。党的十九大以来，党中央、国务院高度重视制造业发展，促进制造业与数字技术深度融合，推进制造业数字化与智能化（简称数智化，下同）转型，赋能制造业升级向纵深拓展，增强产业发展新优势新动能，是发展传统制造业、加快建设制造强国的必由之路。制造业数智化转型，是战略主导下的业务变革，是数据驱动、智能助力的研发、生产、运营与服务改善，最终推进盈利模式优化和用户体验提升。它需要推动业务与系统双向融合，以数字化智能化技术为核心，借助网络化手段，实现智能化赋能，保证产品和服务高效保质交付，持续提升企业核心竞争力。

全球经济已进入数字经济时代，数智化转型已成为不可逆转的趋势，并且越来越成为推动经济社会发展的核心驱动力。但传统制造企业与互联网企业、独角兽企业不同，制造企业需要交付实体产品并组织供应链，单纯地提升技术和产品并不足以应对数智化转型带来的挑战，因此制造企业在现实中的巨大投入未必能取得预期的效果。目前多数传统制造企业在数智化转型中还处于“反应”甚至起步阶段，很容易掉入数智化转型陷阱。本报告阐述了制造业在我国经济发展中的重要地位及推进数智化转型的必要性与紧迫性，系统分析了传统制造企业数智化转型的现状、问题及面临的主要挑战，在此基础上提出了后疫情时代加快我国传统制造企业数智化转型、有效规避转型陷阱的若干政策建议，旨在为促进我国传统制造企业充分发挥数字化与智能化技术的积极作用来快速实现转型升级、推动高质量发展提供理论指导与实践参考。

---

① 基金项目：国家自然科学基金面上项目（72072139）和湖北省高等学校哲学社会科学研究重点项目（21D046）资助成果。

一、制造企业数智化转型的现状及主要成果

党的十九大以来，党和国家高度重视数智化转型，习近平总书记明确指示要审时度势、精心谋划、超前布局、力争主动，实施国家大数据战略，加快建设数字中国，促进实体经济与数字经济融合发展，推动互联网、大数据、人工智能与实体经济深度融合。2018 年 12 月，中央经济工作会议首次定义了“新基建”，将 5G、人工智能、工业互联网、物联网定义为“新型基础设施建设”；2020 年 3 月，国资委发文，重申制造业数智化转型升级的国家意义和紧迫性；2020 年 4 月，中共中央、国务院在《关于构建更加完善的要素市场化配置体制机制的意见》中，首次将大数据纳入要进行市场化配置的生产要素。2021 年“数字化与智能化转型”又以重墨写入“十四五”规划和国民经济发展 2035 远景目标，这对于国家以及行业发展的重要性毋庸置疑。从宏观来看，加快数字化发展，打造数字经济新优势，协同推进数字产业化和产业数智化转型已成为国之重策。数智化转型的风起云涌来源于行业变革所产生的各类需求，而各类新兴技术的迅猛发展又进一步推动了数智化转型的不断演进，带动行业和技术不断展现出新的趋势。2021 年中央经济工作会议再次明确提出要提升制造业核心竞争力，促进传统产业升级，推动制造业数智化转型向纵深方向拓展，增强产业发展新优势新动能。要实施制造业数智化转型行动计划，完善多层次工业互联网平台体系，突破一批智能部件和装备，拓展工业大数据应用场景。

数智化转型是促进我国传统制造企业高质量发展的重要路径。近年，我国数字经济快速发展，展现出强大活力和巨大的发展潜力。截至 2021 年底，我国已建成 5G 基站 139.6 万个，建成工业互联网标识解析二级节点 165 个，培育较大型工业互联网平台超过 150 家，安全保障能力持续提升。“5G＋工业互联网”已在采矿、钢铁、电力、石化化工等重点行业率先布局，形成远程设备操控、机器视觉质检、生产能效管控等 20 个典型应用场景。开展网络化协同、服务型制造的企业比例分别达到 38.8％、29.6％，工业企业关键工序数控化率和数字化研发设计工具普及率分别达到 55％、74.4％。一批企业通过应用新技术实现了产品升级、成本下降和模式创新，生产经营效益得到大幅提升。我国企业数智化转型的主要成果可以概括如下：第一，企业数智化转型整体成熟度已明显提升。数智化转型已从部分行业领头企业的“可选项”逐渐转变为更多行业、更多企业的“必选项”，企业数智化转型的整体成熟度以及数智化转型在企业的战略高度均有提升。第二，先行企业的数智化转型逐渐步入良性循环。行业领头企业的数智化转型，已从最初的探索尝试阶段逐步发展到数智化驱动运营阶段，转型效果比较明显。特别是部分代表性先行企业借助数智化转型，挖掘企业的数据资产价值，发现新的业务价值点，助力产品和服务创新，衍生出全新的数字化智能化业务和商业模式，实现良性循环。第三，人工智能和机器学习等逐步成为企业推动数智化转型落地应用最多的新技术之一。一批走在数智化转型前列的领先企业，从自身需求和痛点出发，积极应用 AI、IOT、RPA、区块链等新技术，并结合企业的行业特点和业务发展阶段，寻找到适合企业自身成熟度及发展战略的数智化转型方案，有针对性地分阶段、分步骤地推进数智化转型项目开发和落地。这些领先企业的先行探索与实践为后来企业提供了宝贵的数智化转型经验。

二、我国制造企业数智化转型存在的问题及挑战

企业数智化转型是相对漫长且循序渐进的过程，不同行业以及不同类型企业之间，数智化转型的重点和路径差异较大。在日益激烈的行业竞争背景下，虽然少数领先的制造企业已开始进行数智化转型方案和项目的探索，以实现降本增效，并取得了一定成效，但更多企业的数智化转型仍停留在初级阶段。特别是传统制造型企业的数智化转型依然面临诸多挑战，容易掉入转型陷阱，包括对数字化和智能化认识不够，缺乏资源，需要大投入且有不确定性，过分重视分散风险等。

挑战一：过分重视追随者策略。在商业战场中，绝大多数成功企业都不是所谓的“先行者”。在先行者试错之后，那些更聪明、更有耐心的企业，可从中总结出一份避雷指南，避免不必要的资源浪费和风险，这就是所谓的“追随者策略”。但这个策略不适用于企业数智化转型，因为数智化转型的根本问题并不是解决技术问题，而且企业内部整体的信念结构和商业模式。只关注技术，又受限于资金的传统企业，在进行实验性的转型过程中发现，这种所谓的“实验”并不会得到有效的反馈，不仅浪费了时间和资金，还消磨了转型的信心。数智化转型成功的企业并不会进行小步骤、试点、监测投资回报等流程，而是对自己看好的商业机会投入100％的努力和足够的资源，没有哪家企业是通过复制其他企业经验而转型成功。

挑战二：过分重视分散数智化风险。在不确定时代，没有一个行业或者企业可以一帆风顺地发展，如何分散风险是企业经营中不得不考虑的策略，但在数智化转型中如果过分重视分散风险，往往代表着企业缺乏自信和决心。数智化转型的独特之处在于，成功的转型并不是从小积累起来的，而且是通过内部坚定且有魄力的转型愿景并果断实施而得来的。传统制造企业想要成功转型，首先要弄清楚数智化项目与数智化行业的区别，对企业而言运行许多小项目，看似规避了风险，实则掉进了数智化转型的陷阱之中。

挑战三：过分强调协同效应。传统制造企业在发展过程中通常会通过成功部署“协同效应”来实现“1＋1＞2”的效果。但在企业数智化转型过程中协同也是无数企业纷纷落入的陷阱，因为协同的业务成本需要考虑外部控制，每个新的创意也需要考虑市场性，当面对符合企业成本要求的产品，往往得不到顾客认可时，传统企业中的数字化部门，往往在市场上表现平庸，且主要依赖母公司的品牌实力。尤其是沉迷“数字渠道”＋“实体店”的协同效应是导致许多传统制造企业数字化转型失败的根本原因，看似为客户提供了更加丰富的产品又付出了诸多努力，但由于运营效率等问题，实际上是拱手将自己的客户送给了快速增长的竞争对手。

挑战四：忽视企业的固有组织结构。企业管理者都十分重视数智化领域，并立志以最短的时间为企业实现全面数智化转型，许多企业甚至将数智化转型作为扭亏为盈的核心任务。意识到数智化的重要性并在关键领域积极实施转型是成功转型的第一步，但在不重构企业组织的背景下，就盲目创造数智化时代产品，也是众多制造企业误入的歧途。因此，即便有敏锐的市场反馈，对数智化充分的重视，但忽视传统企业的固有结构，最后面对的结果很可能是失败。

挑战五：盲目崇拜咨询专家。在传统企业的文化背景中，重大项目的选择一般都需要咨询顾问专家，通过研究和分析将复杂的现象和问题归纳得清晰且可行，这种看似完

美又专业的商业模式却是传统制造企业数智化转型的又一大陷阱。因为数智化转型的过程不是通过学习和分析就能解决的问题,而是需要通过改变自身思维方式进而改变行为的过程。

三、加快推进传统制造企业数智化转型的政策建议

在后疫情时代,全球经济发展的不确定性仍然巨大,传统制造企业持续发展的机遇与挑战并存,因此加快推进数智化转型意义重大。疫情冲击之下,虽然一些行业领先的大企业数智化转型的水平相对较高,能快速调整生产经营策略和生产方案,但传统制造业、特别是许多中小企业的数智化程度较低,出现营收降低、复工复产困难等现实问题。因此,必须多措并举加快推动我国传统制造企业数智化转型,不断提升企业对外部冲击的应对能力和长期可持续发展能力。基于上述分析,本书为后疫情时代进一步加快推进传统制造企业数智化转型升级,提出以下对策建议。

第一,强化顶层设计,全面促进企业数智化改革。坚持系统观念,强化数智化转型意识,将数智化转型的机制、方法和理念根植于企业发展战略全局,确立起数智赋能的四梁八柱,找准系统推进方法。要运用系统观念抓主轴主线,用分析细化和综合集成方法,探寻"牵一发而动全身"、撬动全面数智化转型的实施路径。建议加强顶层设计和政策引领,通过政策优惠、资金支持和文化宣传等方式,鼓励和引导市场主体为数智化"弱势群体",如传统制造企业,量身打造个性化、易使用的数字服务和智能产品,降低数智服务使用门槛。

第二,着手构建数智化平台,及时满足用户的需求。畅通经验、人才、技术的城乡流动,将强化农村地区的数智服务应用作为"乡村振兴"的重要抓手。一是建议总结数字经济发达地区的先进经验与模式,发挥标杆示范作用;二是建议鼓励年轻人回归乡村,带动农民在实际生产销售中感受并学会运用数字技术,为农产品、手工制品销售提供新机遇。

第三,加强数智化整体规划与管理。具体包括:厘清数字化、智能化概念,把握数智化转型发展的新契机;推进数智化平台建设,促进企业数据融合;强化数据采集与积累,提升大数据分析与应用能力;加强政策支持,降低转型成本和转型风险;重视企业数据安全,提升数据资产安全防护能力;加强数智化人才培养与引进,着力构建数智化运营团队等。

第四,降低数智化服务门槛和成本,加快传统企业、特别是中小企业数智化转型。以人工智能、区块链、云计算、物联网为代表的前沿数字技术经过多年的沉淀与发展,已日趋成熟,如能进行有效整合,提供包括数智化管理、数智化营销、智能金融服务在内的一整套解决方案,将有效降低传统制造企业尤其是中小企业的数智化门槛和成本。

第五,密切关注数智化转型的发展趋势。首先,应更加关注管理提升、业务转型而不是技术概念,因为技术归根结底是为业务和管理服务的。制造企业交付的是有质量和成本约束的实体产品,照搬互联网企业的解决方案是行不通的。其次,需要不断发掘自己的优势,不能对传统软件企业和互联网公司的一揽子解决方案过分迷信,而要基于自己的业务逻辑和信息技术团队,逐步探索出有自身特色的转型升级路径。最后,也是最重要的建议是努力实现从优化管控到数智创新。集中管控是数智化的优势之一,实现更加精细化的管理也是转型的应有之义。但从长远来看,所有能被数智化固定下来的管理模式,终究都能被流程机器人(RPA)等技术所替代,因此更难的挑战不是建立更多流程警察,而是如何进行知识管理和数智创新。例如,消费品企业如何开发出未来年轻人喜爱

的产品形态？汽车企业如何打通从需求挖掘、敏捷研发到高质量交付的闭环？钢铁企业如何突破物理边界，让不同工厂的知识和经验能够扩散交互？这都需要更多的自下而上的探索，变革组织、打破层级、鼓励创新，而不仅仅是自上而下的管控。

参考文献

［1］ 殷群，田玉秀．数字化转型影响高技术产业创新效率的机制[J]．中国科技论坛，2021(3)：103-112.

［2］ 陈剑，刘运辉．数智化使能运营管理变革：从供应链到供应链生态系统[J]．管理世界，2021(11)：227-240.

［3］ 牛福莲，陈维宣，程曦．国企数字化转型的进程、挑战与思路[R]．腾讯研究院，2021-12.

［4］ 吕明元，麻林宵．以数字化推动传统产业升级[N]．经济日报，2021-03-17.

［5］ 李全．中国制造业企业数字化转型的形势与任务[J]．国家治理，2021(4)：17-20.

［6］ 左美云．从适应到引领：车企的数智化转型与创新[J]．国家治理，2021(4)：21-25.

［7］ 王冰，毛基业．传统企业如何通过内部创业实现数字化转型?：基于资源匹配的战略演化视角[J]．管理评论，2021，33(11)：43-53.

［8］ 郑琼洁，姜卫民．数字经济视域下制造业企业数字化转型研究[J]．江苏社会科学，2022(1)：137-149.

［9］ 杨菠，赵雄飞，宁远明．高端装备制造业数字化转型的思考[J]．信息通信技术与政策，2021(1)：34-37.

［10］ 史玉鹏，王阳，张文韬．我国企业数字化转型：现状、问题与展望[J]．经济学家，2021(12)：90-97.

［11］ 王永贵，汪淋淋．传统企业数字化转型战略的类型识别与转型模式选择研究[J]．管理评论，2021，33(11)：84-93.

［12］ 卢宝周，尹振涛，张妍．传统企业数字化转型过程与展机制探索性研究[J]．科研管理，2022(4)：83-93.

作者简介

曹勇，日本东北大学经营学博士、博士后，归侨，武汉纺织大学管理学院阳光杰出学者、特聘教授、博导，教育部纺织行业中外人文交流研究院副院长；日本九州大学商学院客座教授，中国软科学研究会常务理事，中国技术经济学会理事，湖北省侨联理事，湖北省人文社科重点研究基地——湖北省纺织制度及政策研究中心主任，武汉纺织大学学术委员会委员、欧美同学会副会长、侨联副主席。主持完成了中日国际合作项目、国家自然科学基金面上项目及重点项目子课题，国家社科基金重大项目子课题，教育部人文社科基金项目，教育部留学回国基金项目，国家知识产权局招标项目等国家和省部级课题 19 项，企业委托的横向课题 10 多项。出版日文和中文著作 5 部，发表学术论文 130 多篇，其中 SSCI/EI/CPCI 收录 30 多篇，国家自科基金委认定的管理科学重要期刊 40 多篇。

我国集成电路产业“卡脖子”难题破解策略

武建龙

摘要：我国面临“卡脖子”问题最多的领域是信息技术领域，其中最为突出的产业是集成电路产业，实现集成电路产业“卡脖子”技术突破具有重要意义。文章分析了要实现该技术突破面临的困境，在此基础上就破解集成电路产业“卡脖子”难题提出相应的对策建议。

关键词：集成电路产业；“卡脖子”难题；创新生态体系；对策建议

一、破解集成电路产业“卡脖子”难题的重要意义

“十四五”规划纲要提出，制定科技强国行动纲要，健全社会主义市场经济条件下新型举国体制，打好关键核心技术攻坚战（蔡跃洲，2021）。党的二十大报告多次强调坚持科技创新在我国现代化建设全局中的核心地位，指出必须加快实施创新驱动发展战略，加快实现高水平科技自立自强，以国家战略需求为导向，积聚力量进行原创性引领性科技攻关，突破关键领域“卡脖子”难题。2022 年 12 月 15 日，中央经济工作会议指出加快建设现代化产业体系的目标，强调围绕制造业重点产业链，找准关键核心技术和零部件薄弱环节，集中优质资源合力攻关，保证产业体系自主可控和安全可靠。当前，我国面临“卡脖子”问题最多的领域是信息技术领域，其中最为突出的产业是集成电路产业（汪旭晖 等，2023）。集成电路产业从原材料制备到芯片产品封测，涉及众多工艺技术环节，蕴含数项乃至数十项关键核心技术（包括高端光刻胶、极紫外光刻机、EDA、FPGA 芯片、DRAM 芯片和射频前端芯片等技术）。2018 年以来，美国不断对我国集成电路产业进行制裁，将华为公司在内的众多公司列入“实体清单”并极力打压，通过颁布《2022 芯片与科学法案》逼迫芯片企业选边站队，限制企业在中国投资发展。为突破“卡脖子”困境，真正实现我国集成电路产业自主可控，以往“以市场换技术”“引进消化吸收再创新”等技术获取模式难以为继，构建面向“卡脖子”技术突破的集成电路产业创新生态体系亟须推进。

总之，实现集成电路产业“卡脖子”技术突破具有重要意义。第一，有助于集成电路企业打破技术壁垒与封锁，在行业中获取竞争优势，加快建设世界一流企业。第二，推动我国集成电路产业链补链强链，实现我国集成电路产业发展自主可控，构建自主可控的信息技术产业体系。第三，推动我国进入创新型国家前列，建成世界科技强国。

二、我国集成电路产业“卡脖子”困境分析

（一）我国集成电路产业基础研究薄弱

基础研究是科技创新的源头和创新链的起点，我国集成电路产业的基础研究整体薄弱，创新链对产业链的支撑动力不足（武建龙等，2022）。发达国家通过超前布局与大量投入，形成了深厚的理论基础和长期的技术积累，占据研究前沿（孙琴等，2023）。集成电路关键材料和前道设备的布局薄弱，为我国集成电路整个产业链的良性发展带来巨大隐患。其他国家和地区的头部企业依靠长期的技术积累和链式布局形成了强大壁垒，而我国多是点技术的突破，尚未形成支撑细分领域的链式保护机制，短时间内难以实现一个细分领域全产业链的覆盖（张晓兰等，2022）。例如硅片生产需要的涂层来自日本、设备来自德国，2021 年我国集成电路进口数量高达 6355 亿个，EUV 光刻机更是缺乏购入渠道。

（二）我国集成电路产业创新研发存在不足

首先，集成电路产业的研发投入与研发强度严重不足（杨雅雯等，2023）。研发费用的投入是集成电路企业保持高增长的重要支撑，重视科研投入有助于提高集成电路企业的创新性以及巩固行业地位（史丹，2022）。美国、欧洲、日本、韩国、中国是集成电路行业研发投入的主要供给者，其中美国处于绝对领先地位，包括在集成电路设计（高通、博通、英伟达等）、制造（英特尔）、设备（应用材料）等重要领域都保持技术的领先优势。知名半导体数据分析机构 IC Insights 发布的数据显示，2021 年总部位于美国的集成电路企业贡献了全行业研发投入（805 亿美元）的 55.8％，研发强度高达 16.9％，超过总部位于欧洲和亚洲地区集成电路企业研发强度的 14.4％和 9.8％。

其次，集成电路产业研发体制存在弊端。一方面，高等院校、科研院所与国有企业是我国科技研发主体，由于我国大学、科研院所的技术水平与全球前沿差距较大，且仅将集成电路技术研发看作阶段性技术攻关科研项目，产学研的合作时期过短且缺乏充足的资金支持，项目期限结束后合作研发就会停止，削弱了传统产学研合作研发模式的效果（武建龙等，2021）。另一方面，政府将科技专项委托给科研院所和企业，以院士、企业高层等项目承担者牵头对子项目进行分派和协调，由研究员们进行具体的研究和试验工作，形成“政府—科技项目管理部门—项目承担者—组织内项目及资金管理部门—科研人员”冗长的委托代理链（蔺洁等，2022）。经过多重代理，政府目标与研究人员的利益可能不匹配，进而造成创新生态系统失灵，管理效率大打折扣。研究人员在多重委托代理中受到层层约束，项目的结项要求降低了其根据实际研究情况进行变通的研究自主权，管理部门对研发资金支配权的制约进一步减小了研究的试错空间（葛爽等，2022）。

（三）我国集成电路产业创新生态体系尚未成形

集成电路产业创新体系“碎片化”严重，没有形成技术完备的创新生态系统。究其原因，一是产学研融合水平较低，产学研融合是实现技术突破和成果转化的重要途径，当前集成电路企业已与学研机构开展了广泛合作，但深度不够，创新链先进产品的产研用协

同不足，产出成果偏少，产业应用成效较低。二是产业协同创新水平较低（沈馨怡等，2023），集成电路关键核心技术是众多技术难点构成的技术体系，完全掌握自主知识产权需要对材料、零部件等一同突破。集成电路制造领军企业如中芯国际、士兰微等，与供应链企业如华为海思、紫光国微等集成电路设计企业，与沪硅产业、南大光电、江丰电子、永太科技、岱勒新材等集成电路原材料供给企业协同合作与创新程度不深，且这些领军企业与中小企业间缺乏配合，市场集中度不高，没有发挥创新生态的作用，没有形成密切联动的协同创新网络（孙琴等，2022）。三是产业情报不足，目前的产业情报部门以及第三方机构进行情报产品和服务开发时存在一定程度的滞后性，难以为产业提供及时性、针对性、前瞻性和智慧化的情报服务和产品，这导致情报信息交流不畅，产业多主体之间协同联动水平不高（高志豪等，2023），集成电路产业或关联企业之间各自为营的现象致使应急处突工作存在着大量的重复，无法形成各产业之间的合力，难以应对中美贸易战、全球能源危机、动荡国际形势背景下的“卡脖子”困境。

三、我国破解集成电路产业“卡脖子”难题的对策建议

（一）推进集成电路产业形成“闭环式”创新链条

首先，聚焦集成电路产业“卡脖子”技术，突出企业创新主体地位，从基础研究、技术应用、产品研发、成果转化进行创新全链条设计，打破科技创新“碎片化”发展，构建形式统一、覆盖面广、重点突出、相互协调的创新链条供给体系（武建龙等，2017）。以中芯国际、上海华虹、华润微电子、和舰科技等集成电路行业内的头部企业为抓手，加大政策倾斜与资金支持力度，加快健全以头部企业为主体的技术创新体系，形成实施产业技术再造工程，打牢核心基础零部件及元器件、关键基础软件、关键基础材料等基础工作，力争使得基础研究薄弱的问题得到进一步解决。

其次，推动以创新链和产业链为主体的多链深度融合，完善创新链条。构建更加开放和宽松的集成电路产业融合体制机制，完善相关配套政策和服务体系，加强链主企业（如中芯国际）在产业链上下游的推广和应用力度；依靠服务链对产业链创新链融合的推动作用，搭建以科技服务联盟为主体，以企业主管单位为抓手的服务团队，“零距离”精准服务；发挥资金链对产业链创新链融合的保障作用，构建多元的资金支持体系，降低企业的融资和交易成本。

（二）打造新型举国体制下的集成电路产业创新生态圈

首先，发挥新型举国体制优势，实现集成电路产业创新自立自强。一是充分发挥国家在重大科技创新中的组织者作用，加强国家战略科技力量，优化创新资源配置（柳卸林等，2023），提高集成电路产业创新体系整体效能。二是引导社会有关组织协同配合，自觉为加快实现集成电路产业创新自立自强营造良好环境，学校应面向国家和社会需求，加强学生科学精神、创新能力和批判思维的培养，努力为社会输送高水平的集成电路产业创新人才，新闻媒体应积极为加快实现高水平科技自立自强营造良好的舆论氛围，应大力宣传在加快实现高水平科技自立自强中涌现出的先进单位和优秀人员，倡导人们崇尚创新、包容失败。三是探索构建“政产学研用”联合推进集成电路产业创新的合作机

制，推进政府、企业、高校、科研院所等创新主体的优势互补、风险共担、利益共享、协同发展，推动形成“多元、融合、动态、持续”的集成电路产业协同创新模式，围绕产业生态构筑重点要素，提高科技创新服务供给能力，建设集成电路技术产业链，培育产业创新生态，支撑集成电路产业创新生态圈的高质量发展。

其次，构筑体系完备的集成电路产业创新生态圈。以标准带动应用，以应用催生市场，从市场创造需求，再由需求引导技术创新与进步，构建起完备的“垂直域”生态圈。培育若干个贯穿集成电路全产业链的大型纵向一体化企业或企业间联盟。一是突出央企在攻关集成电路技术“卡脖子”问题的引领作用。二是扶植重点领域龙头企业（中芯国际、华为海思等），聚焦集成电路产业关键核心技术环节，建立集成电路骨干企业培育库，构建中央与地方联动，省、市、县分级培育的机制。三是支持骨干企业加快技术创新和产业化发展。支持骨干企业通过国内外并购、重组和战略合作，在全球布局研发中心、生产基地和营销网络，发展成为具有较强国际竞争力的跨国公司。四是培育具有创新引领作用、代表新经济发展的“独角兽”企业，打造行业领域“单项冠军”和“专精特新”企业。

（三）营造激发产业创新活力的创新制度环境

首先，进一步建立健全体制机制，以提升集成电路“卡脖子”技术领域原始创新能力。一是构建加强基础研究的体制机制，为提升原始创新能力夯实基础，应重点支持集成电路相关的基础性科研，这样既能避免技术方向上可能出现的失误，又能通过持续积累的基础性研究推动原始创新的爆发和突破，迅速提升原始创新能力。二是集中力量，进一步强化部市共建机制，加大支持中央在各部市科研机构建设世界一流研究机构的力度，明确目标、分解任务、倒排时间，真正把集成电路产业创新工作落到实处、产生实效。三是加大基础研究财政投入力度、优化支出结构，鼓励社会以捐赠和建立基金等方式多渠道投入，形成持续稳定的投入机制。四是优化集成电路产业创新科技计划管理，有计划、有步骤地将已经逐步探索建立的对重大原创性、颠覆性、交叉学科创新项目的非常规评审机制和支持机制、重大关键核心技术攻关项目形成和组织实施机制，规范起来、固化下来，从而进一步为集成电路产业“卡脖子”技术攻关提供规范有据的保障。

其次，优化科研制度环境，构建新型科研管理体制与创新激励机制。一是要切实转变科研管理工作思路，深化科研管理体制机制改革要善于做“减法”，按照抓战略、抓改革、抓规划、抓服务的基本定位，减少直接干预，强化规划政策引导，加强对集成电路产业科研项目的指导，为企业提供更加精准的指导和服务。二是通过试点探索、科学评估、有序推广，给予科研单位更多自主权，赋予科研人员更大技术路线决定权和经费使用权，建立容错机制，允许失败，从而让科研人员心无旁骛地从事集成电路产业相关的基础研究、应用基础研究、技术创新和科研成果转化等创造性工作，让一切有利于集成电路产业发展的创新源泉充分涌流。三是按照分类激励原则，对不同机构、人员相应采用适宜激励手段，推行“双重聘用”，允许高层次人才在新型研发机构和高校同时从事科技创新与科研教学活动，加大对横向科研项目的奖励力度，稳定高层次人才的预期；将“海聚人才”评定权下放到科研单位，使其成为集聚全球高层次人才的“高地”；调整关于科研人员取得科研成果转化现金奖励相关个人所得税政策的适用范围，扩大其适用范围，以提高全社会科研人员成果转化的积极性。

参考文献

[1] 蔡跃洲. 中国共产党领导的科技创新治理及其数字化转型:数据驱动的新型举国体制构建完善视角[J]. 管理世界,2021,37(8):30-46.

[2] 高志豪,郑荣,魏明珠,等. 多源数据驱动下产业协同应急智慧服务模式研究:以芯片产业"卡脖子"技术应急场景为例[J/OL]. [2023-02-22]. 情报理论与实践:1-14.

[3] 葛爽,柳卸林. 我国关键核心技术组织方式与研发模式分析——基于创新生态系统的思考[J]. 科学学研究,2022,40(11):2093-2101.

[4] 柳卸林,杨培培,常馨之. 问题导向的基础研究与产业突破性创新[J/OL]. [2023-02-22]. 科学学研究:1-20.

[5] 蔺洁,王婷,陈亚平. 美国基础研究政策新动向及对我国的启示[J]. 科技管理研究,2022,42(15):36-42.

[6] 孙琴,刘戒骄,胡贝贝. 中国集成电路产业链与创新链融合发展研究[J/OL]. [2023-02-27]. 科学学研究:1-20.

[7] 孙琴,刘戒骄,徐铮. 中国集成电路产业"三链"融合:理论逻辑、现状与思路[J]. 经济与管理研究,2022,43(12):35-49.

[8] 史丹. 数字经济条件下产业发展趋势的演变[J]. 中国工业经济,2022(11):26-42.

[9] 沈馨怡,吴松强. 数智化发展、双重网络嵌入与新创企业韧性:长三角中小集成电路企业的实证研究[J/OL]. [2023-02-22]. 科学学研究:1-14.

[10] 汪旭晖,朱力. 中国式现代化背景下畅通国内大循环的理论逻辑与制度安排[J]. 经济学家,2023(1):67-76.

[11] 武建龙,鲍萌萌,陈劲,等. 产业联盟创新生态系统升级路径研究[J]. 科研管理,2022,43(9):20-31.

[12] 武建龙,郝蒙晓,黄静. "互联网+"环境下企业创新生态系统的构建研究:以蔚来新能源汽车为例[J]. 软科学,2021,35(5):70-77.

[13] 武建龙,于欢欢,黄静,等. 创新生态系统研究述评[J]. 软科学,2017,31(3):1-3,29.

[14] 杨雅雯,郭本海,王丹丹. 中国集成电路产业技术创新路径优化[J]. 科学学研究,2023,41(2):369-384.

[15] 张晓兰,金永花,黄伟熔. 发达国家举国工程与我国举国体制的比较及启示[J]. 宏观经济管理,2022(11):83-90.

作者简介

武建龙,博士、博士后,哈尔滨理工大学经济与管理学院院长,教授、博士生导师,管理科学与工程学科带头人。中国管理科学与工程学会常务理事、黑龙江省管理科学与工程学会理事长,黑龙江省管理学学会副理事长等。国家自然科学基金、国家社会科学基金和教育部学科、学位点等评审专家。黑龙江省重点培育智库"黑龙江省人口经济与人才发展战略研究中心"首席专家,《科技管理学报》执行主编,并担任多个期刊编委。围绕高新技术发展与战略管理、技术创新管理与政策等方向,主持了国家自然科学基金、教育部人文社科基金等项目 20 余项,发表学术论文 60 多篇,获得黑龙江省社会科学优秀成果一等奖、二等奖等多项。

加强关键技术攻关，推动中药制造业创新发展①

丰志培

摘要：加强关键技术攻关是中药制造业转型升级与创新发展的必由之路。国际经验表明，制造业要迈向中高端，根本上靠的是关键技术的创新突破，但目前我国中药制造业发展仍存在一系列难题亟待解决。因此，本文在分析中药制造业创新发展难题的基础上，准确把握新发展阶段中医药面临的形势，通过识别中药制造业领域关键技术，提出关键技术创新发展路径和政策建议。

关键词：中药产业；关键技术；技术创新；中药制造业

随着新一轮科技革命和产业变革的加速演进，我国制造业呈现出智能化发展趋势，科技创新在制造业领域中的战略支撑作用愈发凸显。习近平总书记强调"关键核心技术是要不来、买不来、讨不来的"，"坚持把科技自立自强作为国家发展的战略支撑"[1]，充分肯定了科技创新的核心地位，只有大力推动科技创新，牢牢把握关键核心技术，才能使产业发展始终保持竞争优势。中药制造业作为传统产业始终高度重视科技创新，《中医药发展战略规划纲要（2016—2030年）》中提出要推进中药工业数字化、网络化、智能化建设，加强技术集成和工艺创新，智能制造成为未来中药制造业发展的必然趋势。

但目前中药制造业领域追求规模、忽视创新的现象仍然存在，同质化竞争日趋激烈，中药制造业长期处于价值链的中低端。有学者提出对技术性的认识误区，中医药应用自然科学技术成果尤为缺乏是其日趋落后的基本原因[2]，而传统医药要被广泛接受依赖疗效的肯定，其中的关键环节在于研究方法的科学性：中药制造业发展要以现代科技为动力，将科学技术应用到中药创新药物的研发中，从而实现关键技术的突破。因此，在当前创新驱动的时代背景下，以中药制造业创新发展过程中的技术难题为切入点，构建关键技术创新体系，对攻克中药制造业发展技术难题、推动产业创新发展具有一定的参考价值。

一、中药制造业创新发展现状

近年来，我国中药工业总产值保持稳定增长，从2016年8000亿元到2020年突破10000亿元，年均增长率超过5%，约占我国医药工业总产值的三分之一。中药制造业在

---

① 基金项目：安徽省科技创新战略与软科学研究项目"中药工业关键技术识别与创新发展路径研究"（202106f01050065）阶段性研究成果。合作撰写作者刘柳。

医药市场中的地位不断提高。

在《中国制造2025》行动纲领的引领和推动下，我国中药制造业将智能制造作为转型升级的重大方向，逐渐从粗放式发展向智慧制药迈进，整体发展态势良好。2020年我国规模以上中成药生产企业数达到1540家。其中有研发机构的企业数为690个，占比达到44.81%，中成药制造业R&D项目数稳步增加，创新平台、研发经费、研发人员以及专利和新产品产出等创新要素呈增长趋势，但与化学药、生物制药等制造业相比，中药产品竞争力仍不足，导致中药制造业利润率较低，中药制造业加强技术创新、提高产品附加值成为突破发展的关键。

二、中药制造业技术创新制约因素

（一）中药企业创新意识淡薄

我国中药生产企业以中小型规模企业为主，很多企业管理人员，尤其是高层管理人员由于缺乏系统的科技和管理知识，对创新风险和收益估计不足，自上而下的主动创新意识薄弱，导致企业创新能力低下，尚不能在企业内部建立有利于创新能力培养的企业文化。

由于知识产权保护薄弱以及技术成果的外部性，中药企业开展原始创新的投资与收益不相匹配，大多中药企业缺乏技术创新的内在驱动力，创新主动性较差。加之技术创新活动高投入、高风险的特征，大多中药企业追求短期的利益驱动，使得企业满足于对国内外已有创新成果进行简单模仿或照抄照搬、仿制产品生产以及"搭便车"的现象普遍存在，产品技术含量较低[3]。

（二）创新要素投入不足

作为生产活动，中药工业技术创新需要一定的资金和人才基础。根据2021年全球制药企业TOP50榜单可知，2020年全球TOP50制药企业研发费用占销售收入的比重平均达18.41%，其中我国5家上榜药企研发费用占比平均为9.25%，低于TOP50制药企业的平均水平，2020年我国中药上市企业研发支出占销售收入的比重不超过4%，研发强度较弱，与国外制药企业相比存在明显差距。此外，与我国化学药、生物制药相比研发投入也相对不足，研发经费来源单一，绝大部分企业自筹资金，政府支持资金较少，制约了中小企业的技术创新。

研发人员在技术创新活动中发挥着关键作用，但目前我国研发人员数量与技术创新发展需求之间仍然存在不对称性，近年来我国中药工业R&D人员呈现负增长趋势，大约70%的科研力量存在于高校和科研机构中，企业技术人员所占比例很小，科技人才与企业的脱离严重阻碍了中药企业的技术创新。此外，高层次人才创新激励机制和创新环境尚不完善，使得中药科技人才队伍的稳定难以保证，创新积极性无法得到充分发挥。

（三）创新产出能力差、国际竞争力不足

中药作为多种成分的混合物，由于作用机制复杂多样、新药审评通过率偏低及知识产权保护不足等原因，使得中药新药研发主体的积极性不高。根据国家药监局公布的

《2020年度药品审评报告》，在2016—2020年，我国仅有10款中药新药获批上市，2021年因中药审评审批制度改革初见成效，中药新药上市申请达12件，创历史新高[4]，但与化学药相比，中药新药创新能力仍较差。

由于各国对中药产品的注册要求、法律法规和文化等的差异，难以形成统一的科学标准，在西方现有理论下无法检测中药药理毒理，导致中医药海外市场的拓展较为困难，这也是中药难以通过国外审批和认可的原因所在，这制约了中医药国际化进程。当前中药市场上，日本、韩国所占份额高达80%～90%，中国作为中医药的发源地在国际市场的份额逐年下降，新产品出口能力弱，专利申请数较少，其中多为发明专利，授权率低，中药知识产权保护面临严峻挑战。

（四）产学研协作创新水平有待提升

目前中药制造业创新活动多以企业与企业合作为主，企业、高校、科研院所等主体间边界清晰，合作理念还存在差异，缺乏有效的协同联动。一些学研机构由于缺乏对市场的了解，其研究存在与市场脱节现象；而中药企业为追求自身利益最大化，倾向于瞄准有市场需求的项目开发，二者需求难以有效匹配。此外，在产学研合作中，中药企业由于缺乏研发人才和研发能力，难以吸收高校和科研院所"高精尖"的科技成果，无法将其转化为具有市场竞争力的中药产品，使得目前产学研合作更多地停留在技术转让、合作开发等低层次合作上，共建研发机构及技术联盟等高层次合作较少。

三、中药制造业关键技术识别

（一）研究设计

在中药制造业由工业2.0向更高水平迈进的过程中，关键技术识别至关重要。本研究以"中药""中药制造业""中药工业""关键技术"为检索词，选取知网、万方、Web of science等数据库进行检索分类，形成初步指标体系，在此基础上咨询中药领域专家，最终从价值链研发—生产—销售视角共遴选出29项中药制造业备选关键技术，将备选技术形成问卷向政府、企业、高校及科研机构等领域50位专家进行发放，运用层次分析法建立递阶层次结构模型，采用比例标度法确定判断矩阵，赋予各项技术指标权重，进而采取模糊综合评价法建立模糊综合评价模型，通过专家打分获得模糊评价矩阵，在此基础上得到各项技术指标层综合得分，完成对中药工业关键技术的识别。

（二）关键技术识别结果分析

中药新药研发技术相较于中药制药生产技术和中药产品流通技术更为重要，且中药新药研发技术所占权重大于70%，说明中药新药研发是中药工业领域最重要的关键技术，提高研发能力是促进中药工业发展的关键因素。中药新药研发是一个高风险、高投入、高收益的活动，经专家打分评价，研发领域关键技术包括中药药效物质辨析和处方遴选技术、中药临床研究及有效性与安全性评价技术、中药上市后临床再评价技术、不良反应监测技术等。

中药制药生产可分为中药饮片和中成药生产两部分。中药饮片生产是在中医药基础理论指导下，经过净选、切制和炮制三大工序加工形成的一定规格的成品，工艺操作简单，技术含量低，不属于工业领域关键技术。中成药生产技术是提高中药产品附加值的重要环节，主要包括提取、浓缩、干燥、制剂成型等生产流程，其中中药制药设备和中药成分提取技术是影响中成药创新发展的关键技术。

中药产品质量稳定均衡是产品流通的关键。中药质量控制技术贯穿中药产品研发、生产、流通的全过程，包括产品研发阶段的药品质量标准研究技术、产品生产过程中的中药制药过程分析技术、产品产出时的中药质量检测技术及质量可追溯技术等，对中药制造业发展至关重要。而中药物流运输按照产品的不同属性采取针对性的保管和养护措施，选择适宜的包装材料和包装方法，降低药材损耗，技术难度低，不属于中药制造业关键技术。

四、中药制造业关键技术创新路径

（一）加强中医药理论传承

加强中医药理论内涵研究，在坚实的文献与临床实践基础上，利用现代生命科学等多学科理论、技术与方法，开展中医理论的证伪研究，去伪存真，强化中医药古籍文献整理研究平台建设，发掘中医药古籍文献精华，提炼科学问题，以促进中医理论的健康发展；加强中医药理论传承研究。加强古代医家的学术思想研究，深入研究中医对生命、健康与疾病认知理论，系统总结中医养生保健、防病治病理论精华，提升中医理论指导临床实践和产品研发的能力。在研读传统经典名方的基础上，加大对临床有效方剂、民间验方和医院制剂的筛选和整理力度，鼓励经典名方中药复方制剂注册生产，鼓励对国医大师和名老中医等具有丰富临床经验的中医临床专家经验方的研究开发，顺应时代潮流和社会需求，汲取现代科技成果，提高新药研发的成果转化率。[5]

（二）坚持智能化、绿色化发展方向

中药制药企业应搭乘“智能制造”的时代列车，充分应用互联网、大数据、人工智能等新兴科技，突破企业系统集成、生产自动化集成等关键环节，打通制造过程环节“信息孤岛”；加大对具有市场潜力的设备的设计开发，包括洗、润、切、干燥联动线设备及控制系统等，实现中药生产全过程中的所有设备、生产线、物料输送系统的全自动化集成，提高中药生产效率，构建中药模块化、流程化、系统化智能制造标准，提高中药制造业智能化水平；提升生产节能、降耗、节水控制标准，升级干燥、提取等技术，减少生产过程的药材浪费及环境污染，实现中药“保性增效”；根据中药制剂特点，研发高效新设备，利用自动化技术、智能制造技术提升制剂操作规程标准；发展低温节能干燥、低温灭菌技术等绿色技术，提升中药制药设备自动化。

（三）推动中医药开放发展

中药制造业发展应依托国家“一带一路”倡议，加强与共建“一带一路”国家的交流，开展中医药国际合作。积极参与中药国际标准的制定，推进国际中医药标准一致化，更好地监控和保证原料药及中药产品的质量，确保用药的有效性和安全性；鼓励社会力量

建设一批高质量中医药海外中心、友好中医医院、中医药产业园等，形成全方位、多层次、立体化的中医药对外交流合作格局；建设国际中医药文化研究中心、华佗中医药文化推广中心等中医药文化传承体系，加快中医药文化的海外传播与推广。

五、中药制造业关键技术创新政策建议

（一）完善创新顶层设计

加强政府和科技部门的组织和引导，围绕中药制造业关键核心技术建立组织保障体系，细化落实中药企业创新相关的服务措施，营造有利于科技创新和技术攻关的市场环境，缓解企业创新压力[6]；形成全面支持技术创新的良好政策和制度环境，制定关于中药制造业技术创新的财政优惠、金融、人才、项目以及基础设施、创新服务平台、创新成果转化等扶持政策，完善科技成果奖励体系，加大对基础研究和应用基础研究成果的奖励力度，实现对各类创新主体的有效激励，推动高质量成果产出；加强中药制造业技术创新成果的知识产权保护力度，健全知识产权侵权惩罚性赔偿制度，营造尊重和保护知识产权的良好氛围，形成透明、开放与公平的市场秩序，激发科研人员创新活力。

（二）强化要素保障

研发人才和资金等要素的投入是企业技术创新的重要保障。研发人才方面，中药企业要加强与中医药高校的合作交流，共同打造中医药创新人才培训基地，通过开设中医药相关专业和技能培训班等形式培养适用性人才，满足企业人才需求。同时，优化高层次人才集聚环境，完善人才引进优惠政策，建立健全中医药人才奖励制度，最大限度地引进高层次人才，减少人才流失。研发资金方面，完善多元化投融资机制，积极争取国家相关财政政策支持，强化政府直接投资；鼓励中药企业公开发行股票，推动企业上市直接融资；引导金融机构支持中药制造业创新，鼓励金融服务平台以贷款、贴现或购买债券等形式拓展企业间接融资渠道，为企业技术创新提供支撑。

（三）加强政产学研协同创新

中药企业由于自身资源和能力的限制，在市场竞争中难以形成有效的影响力，因此有必要加强政产学研等组织间的跨度协同，通过协同创新完善资源互补，整合创新资源，实现技术共享。政府层面，制定中药制造业技术创新支持政策，营造良好的创新发展环境，降低企业创新成本。企业层面，作为技术创新的主力军，企业要针对有效的市场需求加大创新研发投入力度，大力培育科技型中小企业和高新技术企业，完善创新激励机制，激发企业创新主体潜能。同时，充分发挥企业家在创新中的重要作用，加快培育富有创新精神的企业家队伍，鼓励企业员工开展创新，提高创新成果转化效率，加快推动科技成果转化为现实生产力。高校和科研机构在科技研发攻关中发挥着重要作用，为企业创新提供人才和技术支持，中药企业要加强与高校、科研机构的协同合作，通过引进优质高等教育资源和创新资源，将更多的高科技成果向市场化方向发展，支持高校和科研院所在中药企业所在地区设立分校分院，打造人才培养基地，提高创新人才聚集能力，加速科技成果转化，提升企业创新活力[7]。

（四）加快技术创新成果转化

建立以需求为导向的科技成果转化机制，加强中药制造业技术创新成果的产业化开发，把科技攻关与市场开发紧密结合起来，使得科研活动精准对接市场需求，创造出符合市场需求的新技术和新产品，提高科技成果的转化比例；搭建政产学研各个主体协同参与的科技成果转移转化平台，合作共建技术创新中心，形成"源头创新—技术开发—成果转化—产业创新"的创新链条，推动科技成果的产出和转化；加强科技园区、孵化器等科技公共服务平台建设，促进科技资源整合与开放共享，积极完善相关基础设施，提升公共技术服务能力，为中药制造业技术创新和成果转化提供条件保障。

参考文献

[1] 习近平. 努力成为世界主要科学中心和创新高地[J]. 实践(思想理论版)，2021(4):4-10.

[2] 李广乾，陶涛. 中药现代性与中药品种保护制度改革[J]. 管理世界，2015(8):5-13.

[3] 蒋樟生. 产业技术创新联盟信任机制研究：知识转移视角[M]. 杭州：浙江工商大学出版社，2016.

[4] 洪峰，褚丹丹，徐慧芳，等. 近年我国中药新药审批及注册申请现状分析[J]. 中国新药杂志，2021，30(14):1260-1265.

[5] Wang S, Wang Y, Lu Y, et al. Diagnosis and Treatment of Novel Coronavirus Pneumonia Based on the Theory of Traditional Chinese Medicine[J]. Journal of Integrative Medicine, 2020, 18(4): 275-283.

[6] Huang D. Top-level Design and Fragmented Decision-making: A Case Study of an SOE Merger in China's High-speed Rail Industry[J]. Journal of Contemporary China, 2018, 27(109): 151-164.

[7] 丰志培. 中药产业创新发展研究[M]. 合肥：中国科学技术大学出版社，2020.

作者简介

丰志培，安徽中医药大学医药经济管理学院院长，管理学博士、经济学教授、博士生导师，安徽省教学名师，教育部首批万名创新创业导师，安徽省发展战略研究会常务理事，安徽管理学学会常务理事，研究领域为医药产业经济。在相关领域主流期刊《中国中药杂志》《中药材》《中草药》《农业技术经济》《江淮论坛》《科技管理研究》等发表论文50余篇，获得安徽省社会科学成果三等奖1项，安徽省教学成果一等奖1项、二等奖1项，安徽省发改委系统优秀学术成果一等奖2项。

中国高铁装备产业正向设计能力的形成对装备制造业自主创新的启示[①]

吕 铁

摘要：扭转我国装备制造业受制于人，提升行业自主创新能力，必须加快发展我国装备制造业的正向设计能力。本文分析了促进我国高铁装备产业正向设计能力发展的主要因素，在此基础上进一步阐述了高铁装备产业对我国装备制造业发展正向设计能力的借鉴意义。

关键词：高铁装备产业；正向设计能力；装备制造产业；自主创新

一、发展正向设计能力是提高我国装备制造业产业竞争力的关键

逆向工程是我国装备制造业技术追赶的起点。但在初步提升技术水平后，不少部门却停留在再现国外产品的阶段，无法提供自主创新产品。在国产化率不断提高的表象下，是众多企业沿用仿制对象生产图纸、面对供应商苛刻条件或用户点装要求时全无自主性的事实。为扭转受制于人的现状，以自主创新提振市场竞争力，必须加快发展我国装备制造业的正向设计能力。

正向设计能力是从用户需求出发，自上而下地分解确定产品功能结构、各级子系统和零部件解决方案，形成可批量生产、稳定运行的商业化产品并提供全生命周期维护和支持的能力。与正向设计相比，逆向工程省略了自行探索所有未知因素的时间，可大幅压缩研发周期和交付时间，却极大地限制了采购范围(因"不知其所以然"而必须沿用仿制对象的供应商)和产品多样性(仅能提供与仿制对象性能相同或近似的产品)。只有具备了正向设计能力，才能适时调整产品性能、完善产品谱系，掌握产品线扩展和供应商选择的主动权，自定标准并因需选择、撤换、组合供应商，使国际供应链资源由"不得不用"向"为我所用"再向"用舍在我"转变，在深度嵌入全球产业链的同时实现真正的自主创新。

高铁装备产业是我国装备制造业由逆向工程转向正向设计的成功典范。2004 年原铁道部主持引进时速 200 千米到 300 千米动车组列车之时，我国还只能逆向提取引进车辆的特征参数，生产引进车型或速度等级相同的改进车型。但国内企业在 CRH380 项目中发展出了高速动车组正向设计能力，并在随后的中国标准动车组项目中巩固和增强了

① 本文第二作者为江鸿。

这一能力，全面突破了引进车型的运行速度和应用环境等性能约束，根据需要自行完善了由200千米到400千米的不同时速等级、适应于其他国家未有之多种复杂环境的系列产品线。基于对各级系统工作逻辑和匹配关系的理解，我国通过不同方式（专用件国产化、通用件全球竞争性采购、外包软件编程但自行提供编写逻辑）将动车组软硬件供应纳入掌控范围，以合理的成本结构实现更优性能。有鉴于此，及时总结高铁装备产业正向设计能力的发展经验，对我国装备制造业全面实现自主化具有重要的参考价值。

二、促进我国高铁装备产业正向设计能力发展的主要因素

我国高铁装备产业实现由逆向工程到正向设计的转变主要得益于四个因素：一是强调工程化和商业化的能力建设思路；二是长期积累的人力资源与有效利用这一资源的战略合作机制；三是日益完善、高效运转的行业试验体系；四是高密度试验、大批量应用中发现问题、解决问题的不断磨炼。

扭转以探索实验和产品示范为主的研发导向，将批量生产自主研发、性能成熟的商业产品作为根本宗旨，是我国高铁装备产业形成正向设计能力的前提。除"中华之星"外，2004年之前众多自主研制的（准）高速列车型号都源于各铁路局的创新示范，并不以批量生产、持续改进为目标，因此多数型号"只在局管范围内跑跑旅游线路，但也禁不住跑"。搁置"中华之星"停用的争论，2004年后的技术引进是高速动车组"批量、固化"的起点。这改变了产业内的设计思想和能力演进方向，将批量生产的可行性和长期运营的可靠性纳入全盘考量，快速向兼具技术和经济合理性、满足规模化使用需求的正向设计路径收敛。

数十年传承有序的轨道交通人力资源积淀和高效协调相关人力资源的跨部门、跨行业战略合作机制，是我国高铁装备产业形成正向设计能力的基础。一方面，铁路专业院校的正规教育和"九五"后众多自主研发项目形成的人才储备，保证了技术引进与消化吸收所需的人力资源。另一方面，我国装备制造业中政府组织的产学研合作虽不鲜见，但在范围和理念上往往存在局限，而近年来高铁装备产业内的产学研合作则打破了这些局限：一是原本局限于铁路行业内部的合作扩展到行业之外，二是原本局限于单个科研项目的短期项目制合作扩展为由企业主导的长期战略性合作。超越行业边界的战略性产学研合作最大限度调动了相关人力资源，使其更有效地服务于高铁装备正向设计。

适应科研实践与工程实践需要持续完善的试验体系，特别是同步提升的组织水平和试验理念，是我国高铁装备产业形成正向设计能力的重要支撑。从硬件来看，根据需要建设或升级的众多试验台与实验室意味着世界一流的台架试验条件，陆续新建的众多线路则带来了超大体量、多种复杂条件的现场试验窗口。从软件来看，有力的试验组织和清晰的试验规范使各类试验得以极高密度有序运转。而在验证与探索并重、短期研制与长期跟踪并重的理念引导下，研发人员创造性地在联调联试等验证性试验中加入科研试验，并对所有运营车型开展全生命周期跟踪试验，由此建立起无可匹敌的问题库和案例库以及全面、适用的参数谱系，为因需设计适应性更强、性能更可靠的高速动车组奠定了基础。

同时引进多国技术路线促成的高强度经验性学习，是我国高铁装备产业形成正向设计能力的主要机制。面对日、德等国差异化乃至部分对立的高速列车设计，各引进单位

以深刻理解不同车型运行原理、融会形成自主设计思想为目标开展密集学习，在提高试验效率、识别核心问题、构建工作逻辑、发展设计工具、建设标准体系等方面实现了渐进性改善，形成了具有鲜明中国特征的设计平台和标准体系。在此基础上，中国标准动车组已达到"长客造和四方造车辆均能接收、执行、反馈对方主控车指令"的水平。"车速越高，要及时观察、判断的情况越多，软件接口越多，可靠性和实时性要求越高"，这一事实表明我国高铁装备产业已具备了自主开发全新标准和工作逻辑的设计能力。

三、高铁装备产业对我国装备制造业发展正向设计能力的启示

高铁装备产业的借鉴意义，不在于对政府主导技术引进模式的简单复制，而在于明确上述四类促进正向设计能力发展的关键因素。面对突破后发技术壁垒和逆向工程路径的高资源投入，政府参与是我国装备制造业发展正向设计能力的必要条件，但不能因行政干预在高铁装备产业中的阶段性效果而将其视为主要手段，而应根据各部门具体情况，以引导和服务的方式提高各类促进因素的水平。

第一，促进自主设计装备在重复生产和批量应用中提升性能。当前我国支持自主研发装备推广应用的政策存在两个缺陷：一是仅针对前三台（套）或批（次）装备，不足以帮助最小有效规模较大、需要在不同应用条件下反复改进的新装备克服初期应用瓶颈；二是仅针对列入重大技术装备创新目录的装备，虽有动态调整，难免挂一漏万。对此，政府应更加灵活地处理结构性政策与普惠性政策之间的关系。对重大技术装备制造部门，加强结构性政策，既要通过持续性的财政补贴、税收优惠、首台（套）保险等手段"扶上马"，更要运用阶段性的销售保护、政府采购、出口信贷等手段"送一程"。对其他装备制造部门，尽快出台强化质量保证体系和风险规避机制的普惠性政策，如将装备保险制度由首台（套）重大技术装备扩大到一般装备，合理调整保费补贴比例和补贴年限，从而筛选出对正向设计产品更有信心的装备制造企业加以支持。

第二，避免个人层次的激励不足影响产业层次的正向设计水平。在构成现阶段重大技术装备制造部门主体的国有企业中，员工激励水平有逐步下滑的趋势，青年骨干开始流失。更重要的是，离职者往往不是加入同一部门中的其他企业，而是进入薪酬较高的其他行业，长此以往，将侵蚀原装备制造部门的知识基础。

对此，政府应尽早着手巩固我国装备制造业的专用性人力资本基础。对非国有企业暂难以成为主力的部门，应以务实的态度推进国有企业薪酬体制改革。在短期不放开工资总额的情况下，最大化绩效薪酬的激励作用；同时加快建立基于硬预算约束的管理体系，进而允许企业自行调整薪酬，彻底消除员工收入和激励水平之间的矛盾。无论各部门国有企业比重如何，都不应设置人才流动障碍，而应通过各类政策激发年轻人投身相关专业和高校培养高素质人才的动力，通过完善人力资本市场实现专用性人才的优化配置，在产业层次上保证正向研发的可持续性。

第三，加强正向设计必需的试验数据和共性技术的积累与扩散。我国装备制造业创新体系正逐渐由行政协调型向市场交易型转变。这在总体上有利于提高创新效率，但也给硬件投资大、组织成本高的正向研发试验和溢出效应强、直接收益低的共性技术研究带来了投入不足的隐忧。对此，政府应尽快夯实具有公共性质的行业试验体系与共性技术研发体系。针对复杂装备正向研发中数量庞大、种类繁多、耗资无算、效益不定的长时

间试验需要，一面以财政补贴和重点项目撬动企业投入和产学研合作，一面整合各级试验设施和专业技术人员，建设专业试验服务平台与公共试验数据库，避免重复建设、重复试验造成的资源浪费，损害整个部门的试验学习效率。应充分利用当前国家资金相对充裕的有利条件和全球高素质研发人才快速流动的有利机遇，前瞻性地重塑行业共性技术研发机构，通过治理机制建设，平衡共性技术研发和扩散中的公共性和效率性。

第四，以稳定可期的全过程支持政策保证正向研发活动的延续性。我国装备研发至今未能完全摆脱“示范至上”的倾向，低水平重复开发、攻关项目常态化却甚少形成成熟产品等问题始终存在。这分散了本不宽裕的高水平行业研发资源，造成了技术攻关和获奖项目不断而总体设计水平停滞的尴尬局面。对此，政府应注意强化对装备研发到量产的全过程支持。在跟踪评估机制和资金监管机制合理的前提下，给予正向设计活动科学合理的试错期，对研发人员抱以相当的信任和宽容，既不急于求成，又不止于示范，更不因一时失败而转变态度。改变以事后一次性奖励为主的创新激励方式，强化事前和事中的分阶段支持，避免（与逆向工程相比）投产初期耗资较大的正向设计产品项目在达到最小有效规模前功亏一篑。

作者简介

吕铁，经济学博士，中国社会科学院工业经济研究所二级研究员，中国社会科学院大学教授、博士生导师，国务院政府特殊津贴专家。研究领域为产业经济和技术经济，研究主题聚焦工业化进程评价、产业技术创新与结构升级、工业高质量发展、制造业数字化转型等。在《中国社会科学》《管理世界》《经济学季刊》《中国工业经济》《经济管理》《财贸经济》《学术月刊》《中国人民大学学报》《中国人口科学》等学术期刊发表学术论文 80 余篇，在《求是》《人民日报》《光明日报》《经济日报》《学习时报》《中国社会科学报》《中国发展观察》《财经》等报刊发表分析文章 200 余篇。合作专著《中国高铁技术赶超：制度激励与能力构建》《技术经济范式协同转变与战略性新兴产业发展》分别入选 2022 年度和 2013 年度《国家哲学社会科学成果文库》。研究成果获得第五届刘诗白经济学奖和 2019 年中国社会科学院优秀科研成果奖三等奖，以及中国社会科学院优秀对策信息对策研究类一、二、三等奖 10 余项。

我国数字经济产业标准化建设的思考及建议①

徐艳梅

摘要：基于标准化对以数据为重要生产要素的数字经济产业的重要影响以及目前我国数字经济产业标准化工作的现况，分析、梳理了我国数字经济产业标准化政策的演变过程，分析了我国数字经济产业标准化建设方面存在的问题以及造成的影响，以数字经济产业标准化建设对创新生态的影响为出发点，提出了相应的对策建议。

关键词：数字经济产业；标准化；团体标准

伴随全球化的数字转型，围绕数字产业化、产业数字化、数字资产化及数字化治理等经营活动日益盛行，并渗透至社会经济生活的各个方面。国家统计局2021年发布的《数字经济及其核心产业统计分类(2021)》，进一步将数字经济产业划分为数字产品制造业、数字产品服务业、数字技术应用业、数字要素驱动业、数字化效率提升业5大类，其中前4大类是数字产业化，第5类为产业数字化。这表明我国数字经济核心产业发展已具备一定规模。根据《中国互联网发展报告2021》，2020年中国数字经济规模达到了39.2万亿元，占GDP比重达38.6%，增长速度保持了9.7%的高位，增速位居全球第一位。在数字经济产业快速发展的同时，影响该产业进一步发展的一些重要问题也日益凸显，如数字经济产业的标准化问题。

标准作为法律的补充和细化，在推动产业发展过程中起着指导企业落实法律政策，规范发展环境的有效作用。标准通过规范、协同和评价，能够加快数字科技成果转化，促进产业技术协同发展，引领数字经济高质量发展。数字经济的发展离不开标准创新，标准化是数字经济发展的“催化剂”和“刻度尺”，是发展数字经济的战略性技术支撑，是发挥数字经济新优势的迫切需要。

从全球范围来看，由于不同国家、区域在经济发展程度、数字化转型基础设施、宗教、文化以及国家治理体制等方面的差异，特别是数字经济本身的特质，导致了在数字经济产业规制和标准建设方面存在很多差异。特别是在数字资产界定与保护、数据垄断和滥用以及信息安全监管等方面甚至出现了数据鸿沟和冲突，全球化数字经济产业合作与持续发展面临着前所未有的新问题。从国内讲，数字经济的快速发展正在加速推动标准由传统领域向新兴领域拓展，传统产业数字化转型提出了标准化需求，数字化流程再造、数字化管理、数据共享、智能制造等标准的健全与否直接影响产业的发展进程。因此，数字

① 项目基金：国家自然科学基金重大项目(72192843)“数字经济反垄断理论与政策研究”。

经济产业规制及标准建设问题，一方面涉及我国能否在新一轮产业结构调整、产业升级中实现与国际资源、国际技术的对接、链通，另一方面也涉及我国能否充分利用数字经济独特的优势、机遇，最大限度地提升现有资源、条件的利用效率，实现高质量发展，进一步缩小与国际先进水平的差距。

一、我国数字经济产业标准化工作现况

（一）数字经济产业标准化政策的总体情况

政策在我国标准化建设中所起的作用非同一般。近年来，中央及各级政府不断加强数字经济标准化建设的政策引导，《中共中央关于制定国民经济和社会发展第十四个五年规划和二〇三五年远景目标的建议》提出了“积极参与数字领域国际规则和标准制定”的工作要求。数字经济的标准化政策不仅反映了数字经济标准化工作的方向脉络，还一定程度上反映了数字经济标准化工作的推进情况。

首先，截至目前，我国数字经济产业的标准化政策大体有三类：综合性数字经济类政策、专项性政策及其他类政策。2001 年以来，中央、部委、地方发布的数字经济领域包含标准化主题的政策约 600 余篇，其中，绝大多数为综合性数字经济类政策，占 50%左右，专项性政策相对较少，约占 10%，余者为其他类政策，约占 40%。这一比例结构，初步反映了我国目前数字经济产业标准化政策的总体情况：已出台的政策多以偏重宏观部署的综合性政策为主，政策内容总体而言还相对宽泛、综合。专业性、职能性的政策还有待丰富。现实中，专项性政策在数字经济标准化工作中更具针对性，对数字经济领域标准化工作所起到的规范、指导作用更突出，因其具体、细化的特点，故针对性更强。

其次，从政策制定与发布的主体来看，中央层面，我国数字经济产业的标准化政策，大多由国家发展改革委、工业和信息化部主持制定与发布。近年来，独立发布政策的部门数量日渐增多，对数字产业标准化工作的针对性有所加强，但同时也出现了政策主体协同性下降等一系列新的问题。地方层面，在贯彻中央政策的同时，结合地方特色（特别是产业发展特色）制定数字经济标准化具体方案的情况日渐增多，这反映了地方对数字经济标准化建设意义的理解和认识水平不断提升。

（二）数字经济产业标准化建设的演进情况

从标准化建设领域来看，依据中央及部门有关数字经济产业标准化工作的指示精神，我国数字经济产业标准化建设与实施呈现出从电子商务到工业互联网，再到网络与信息安全的变化，显示出我国数字经济领域的标准化建设不断向纵深发展。

此外，从标准的类别来看，我国数字经济产业的标准化呈现出从国家标准到行业标准、团体标准的变化，反映出对标准与创新关系认识的不断提升。

二、我国数字经济产业标准化工作存在的主要问题

（一）产业规制亟待建立与完善

标准化建设的前提是产业规制的建立与完善。数字经济的快速发展，突破了原有的

产业规制，有些甚至突破了法律法规，一些新现象、新业态缺乏有效的产业规制和法律规范，即规制、法律法规滞后于数字经济实践的发展。数字经济产业规制缺失，随之而来的弊端不断凸显。第一，数据作为生产要素的边界条件及交易标准的缺失，导致在位企业间的非公平竞争。以互联网平台为例，在数字经济中，最活跃的经营者主体是互联网平台，而互联网平台的核心特征是数据性，其商业运作模式围绕数据展开。由于网络效应、转化成本和规模经济等因素的存在，率先掌控了庞大数据的先入者占尽竞争优势。即以数据为核心驱动力的平台经济模式自诞生之日起便天然携带“垄断基因”，优势平台通过早期数据积累诞生的“数据霸权”进行垄断行为的案件不胜枚举。第二，数据作为生产要素的治理理念、方略的缺失，直接形成数据作为生产要素的治理困难。而沿用传统产业的治理模式，进一步引发治理混乱。如面对网络空间全天候运行、跨区域和跨行业协同、线上线下联动的发展态势，一味强调集权和层级管理、区域和条块分割、单纯监管的传统治理模式，有悖于数字经济发展规律与自身逻辑，导致次生问题。第三，由数据权属问题带来的个人隐私泄露、数据跨境流动等安全风险。

（二）数字经济产业标准化程度不高

数字经济产业标准及标准化建设工作处于起步阶段，标准的数量及质量都亟须提高。一是数据作为数字经济的核心要素，相关规则体系严重缺失，数据的开发、利用、定价、算法、标准与保护等深层次问题亟待解决。如在疫情防控期间，不少部门和企业掌握了海量数据资源，是实现病毒溯源、人员追踪、供需匹配、物资调度以及提升社会治理水平等不可或缺的关键要素。但各个行业数据资源孤立、封闭、隔离在不同的系统内，数据流通关键标准缺失，加之多头管理、跨部门协同障碍以及对数据安全的担忧，导致政府部门之间、政府部门与企业之间数据开放共享不畅通，极大地制约了政府部门应对突发事件的服务效率、协同管理水平和应急响应能力。因此，从数据要素的角度推动相关技术、安全、伦理、制度等方面的标准制定，将对这一问题的解决起到促进作用。二是包括基础通用标准、关键技术标准、融合应用标准、产业服务标准、数字化转型标准等在内的完整标准体系急需建立起来。三是在数字经济领域关键核心技术方面的有效专利数不足，国际标准化贡献率有待提高。

（三）“后补式”标准模式与数字经济发展要求相悖

西方国家在经历了长期的工业化后，充分意识到标准之于制造的前瞻性意义，因此逐步改进并确定出标准的“前导＋研发”模式，即伴随先进技术的研发，标准化同步甚至超前进行，为产业发展勾勒出整体框架。这一方面使后续的制造有章有法、流畅进行，另一方面企业还可以获取由标准带来的专利收益，可谓一箭双雕。与之相比，中国传统的标准化模式大多是产品在技术成熟后再进行标准制定，属于“后补式”标准模式。这种模式的局限性在技术变革慢、产品成熟周期长的传统制造业中尚不明显，但对于数字产业，其不适应性就变得异常突出。因为这类产业具有显著的高技术性、更强的网络性、系统性、协调性、动态性与适应性，标准在其中具有重要的统一、协调、链接、勾兑、贯通等作用，如果一项新业务、一款新产品在推出之前，没有相应研发设计到位的实施、运作标准，不仅后续成本昂贵，而且很大可能难以落地实施，最终导致项目流产。因此，标准前置是数字经济产业的客观要求。但显而易见，经验、资金、人才、制度等仍是我国在此方面存在的困难之处。

（四）标准缺失直接影响数字化转型

从整体来看，尽管一些数字化水平较高的企业能够快速实现产品转型并扩大产能，但多数制造企业尤其是中小企业数字化工具普及率、关键工序数控化率严重偏低，企业数字化转型还存在较大难度。现阶段我国制造企业的生产设备数字化率不到50%，企业信息技术实现业务集成比重不到20%，企业数字化转型成效显著的比重不到10%。总体上看，我国企业对制造装备等硬件的投入较多，对工业软件及大数据分析的投入较少，也缺乏足够的数字化专业人才，再加上认识不到位、内生动力不足等原因，企业数字化转型尚处于起步阶段。这中间很大一部分原因在于标准没有确定并打通。此外，数字经济下制造业的结构优化也存在缺乏权威的数据标准、数据安全存在隐患、数据开放与共享水平尚需提高和关键核心技术能力与创新不足等掣肘，迫切需要顶层设计和宏观把握，和对基础共性、通用技术、数据要素、数字化供应链等制造业数字化转型的核心内容进行标准化界定。

（五）标准化实践中的惯性思维影响创新生态

标准化是工业经济的产物，西方国家在工业经济发展过程中充分意识到标准的重要性，并通过经验积累逐步建立和完善了标准化体系。标准在我国属于引进品。改革开放40余年，我国标准化工作取得了显著的成就，但总体而言，已经形成的部分标准大多是在产品技术成熟后再进行制定而完成的，产品（技术）与标准同步进行的较少。即，我国目前已有的标准体系，多以成熟或已标准化的产业为主。对于新兴产业，由于技术（产品）尚处于探索期，相应的标准也多处于空缺状态。数字经济属于新兴产业，早期进入者多为民营企业，由此造成在企业诞生之初缺失行政归口管理单位的情况。而我国的标准化建设工作，存在自上而下的惯例。一方面，经费多由政府或行业负责组织、落实，因此，与成熟技术行业相比，数字经济产业的标准化工作在资金补贴、表彰奖励及人才培养等方面落后于行业自身发展；另一方面，社会上对标准的理解和认识存在误区：重上轻下（重国家标准、行业标准，轻团体标准、企业标准），而事实上，依标准高低程度排序，国标仅为基准标准，特别是对创新产品和新兴行业而言，团体标准、企业标准是市场标准。由于国家标准、行业标准的制定耗时、耗资，新产品难以短期内就有国家标准出台，由此造成创新产品无标准背书的情况。而这最直接的后果是：创新性成果因无国家标准，更加难于在市场上推广，进而影响其应用、扩散、接受市场反馈并进一步向纵深发展，由此进入创新产品死循环怪圈。

三、对策建议

（一）加快数字经济立法进程

推进数字经济立法进程，从体制机制上解决数据所有权、使用权分离的问题，加强数据确权及交换交易保障。深刻把握数字经济发展规律，增强数字经济与治理层面制度供给，提升参与国际数字治理的话语权。建立包容审慎的安全监管机制，在消除阻碍新业态、新模式发展的各种行业性、地区性、经营性壁垒的同时，实现信息化发展与安全可控的双重发展价值。面对新一轮科技革命和产业变革的新机遇，在后疫情时代要进一步推进标准化在数字经济中的作用，聚焦关键技术领域，加快技术研发、标准研制、产业发展进程，为整个数字经济的有序发展创造良好生态。

（二）系统推进数字经济产业标准化建设

一是围绕数字经济的各个领域，尤其推动以新基建、数字产业化、产业数字化、数据要素、网络安全为方向的标准化工作，瞄准基础共性标准，通过各个细分领域技术、产品、过程、管理标准制修订，体系性开展数字经济标准化。以多维、联动、安全的标准体系，促进技术开发与经济业态、治理领域深度融合。重点加强以数据要素为核心的标准化进程，加速推动数据共享标准、技术规范制修订，明确数据权责边界、使用规范及数据资产管理与保护责任，为其他领域的标准化工作奠定开放、安全、共享的基础。

二是营造和构建数字经济标准化建设的生态环境。我国的标准化建设工作，不仅存在标准体系不完整、标准数量不足、质量不高、标准化人才缺失等问题，还存在全民性的标准意识不清、不强的问题，特别是社会大众对标准的理解等存在误区，如在质量、性能等级方面，普遍将国标理解为最高标准，而实际上，国标是基准标准，行业标准次之，团体标准往往是最高标准。因此，数字经济领域的标准化建设，包括标准的制定、推广、宣传、检测、人才培养等一系列内容，是一个互为影响的生态系统。

（三）加强对数字经济团体标准的建设与宣传

团体标准是指由团体（具有法人资格，且具备相应专业技术能力、标准化工作能力和组织管理能力的学会、协会、商会、联合会和产业技术联盟等）按照团体确立的标准制定程序自主制定发布，由社会自愿采用的标准。团体标准因市场和创新而生而兴。由于惯有思维的锁定，团体标准在我国发展起步晚，市场采用率低，社会认可度差。而且，相当部分的团体标准是以政府驱动为主，企业在标准制定过程中很大程度上属于被动参与状态。以创新为主要特征的数字经济及一系列新技术、新经济领域，大量创新来自民间和民营企业，且许多创新属于开创性创新，无参照系可言。即使是国家标准，制定的依据与基础依然是在位企业现有的基本情况，而且，从企业创新成果产生到形成国家标准需要很长的时间，再者，越来越多的现象表明，来自民间的颠覆性创新性活动、项目和产品，许多存在主管部门或称归口管理部门缺位的情况，自然也无法产生纵向的标准制定者、发起者。在这种情况下，企业成为标准制定的主体，但企业往往由于能力、资金、专业等各方面的限制，很难独自承担标准的制定及推广工作。另一方面，新生企业由于市场认知度低等多方面原因，合法性较弱，为提高合法性，新生行业的在位企业具有联合起来一同制定标准的意愿和内在动力。因此，相关部门、行业协会等应积极抓住这种压力与动力并存的有利条件，大力发展并广为宣传团体标准。这不仅对丰富、补充和完善我国的标准体系多有裨益，还可促使我国在数字经济领域实现标准上的“弯道超车”。

参考文献

[1] 中共中央　国务院印发《国家标准化发展纲要》[EB/OL].（2021-10-10）[2021-11-12]. http://www.news.cn/politics/zywj/2021.10/10/c_1127943309.htm.

[2] 中国信息通信研究院. 中国数字经济发展白皮书（R/OL).（2020-7-23）[2021-5-13]. http://www.cqoei.com/xwdt/news/2020.7/23_182.shtml.

[3] 汪烁，段菲凡，林娟. 标准化工作适应全球数字化发展的必然趋势标准数字化转型[J]. 标准化与计量，2021(3)：1-3.

[4] 董琴. 从制造大国到制造强国：中国标准化战略的新使命与战略调整[J]. 经济学家，2022(1)：86-95.

[5] 李玉敏. 第十八届工业自动化与标准化研讨会：制造装备及生产过程的数字化网络化研讨简析报告[J]. 标准化与计量，2019(4)：1-11.

[6] 周航，张虹，肖静. 后疫情时代数字经济与标准化发展研判[J]. 中国质量与标准导报，2022(1)：34-39.

[7] Alemanno A. Big Data for Good：Unlocking Privately-Held Data to the Benefit of the Many[J]. European Journal of Risk Regulation，2018(2)：190.

[8] 李世佳. 论数据构成必需设施的标准：兼评《关于平台经济领域的反垄断指南》第十四条之修改[J]. 河南财经政法大学学报，2021(5)：75-85.

[9] 陈洪超，齐虹丽. 论团体标准与企业标准自我声明公开和监督制度的理论基础[J]. 标准科学，2021(7)：6-14.

[10] 王刚. 数字智能：一种全球标准化框架的建立：基于《2019 数字智能全球标准报告》的解读[J]. 河南科技学院学报，2020，40(4)：6-11.

[11] 关会娟，许宪春，张美慧，郁霞. 中国数字经济产业统计分类问题研究[J]. 统计研究，2020，37(12)：3-16.

[12] 岑嵘，周立军. 数字经济领域的标准化政策演化分析[J]. 科学管理研究，2022，40(2)：105-115.

作者简介

徐艳梅，中国科学院大学教授、博士生导师。日本东京理科大学客座教授；中国技术经济学会理事；中国科学学与科学政策研究会理事；中国企业文化研究会学术委员。长期从事管理科学专业教学及科研工作，有 30 多年教学及科研经验。主持、参与国家自然科学基金重大项目、面上项目、国家社科基金、北京市自然科学基金项目等十余项。主持跨国公司、大中型企业、政府项目 10 余项。在《管理世界》《中国软科学》《管理评论》《科学学研究》等国内外期刊发表论文 120 余篇，出版学术专著《企业仿生学》《组织生态变迁研究》《合营企业稳定性与寿命周期》等 6 部。日文译著《日美企业经营比较》1 部。编写《管理学原理》《国际企业管理》等教材 2 部。

区域创新

江苏关键核心技术突破的困境和路径思考

郑江淮

摘要:推动关键核心技术创新和突破,是江苏在重点领域、关键环节实现自主可控,掌握产业发展主动权的内在要求。江苏应聚焦突破关键核心技术难点,加强产业和技术制高点把控力;促进产业间融合创新,引导产业跨界互动;促进地区间互补创新,推动创新跨区转化;完善高端要素体系,夯实关键核心技术创新基础能力,加快制造大省向制造强省的转变。

关键词:关键核心技术;制造强省;自主可控

2020年12月,中央经济工作会议提出要针对产业薄弱环节,实施好关键核心技术攻关工程,尽快解决一批"卡脖子"问题,在产业优势领域精耕细作,拥有更多的独门绝技。2022年10月,习近平总书记在中国共产党第二十次全国代表大会上的报告中指出,要以国家战略需求为导向,积聚力量进行原创性引领性科技攻关,坚决打赢关键核心技术攻坚战。当今世界正经历百年未有之大变局,国际上贸易保护主义抬头,逆全球化趋势加剧。江苏省是制造大省,必须加快完善安全发展的体制机制,加强关键核心技术突破,维护产业链、供应链安全,牢牢掌握制造业发展主动权。

一、江苏关键核心技术的问题与风险

经过长期发展,江苏制造业的一些重要领域已跻身世界先进水平,但是仍然存在着基础不牢、水平不高等问题,某些环节还存在着关键核心技术受制于人的问题,这些问题制约制造业的高质量发展。

(一) 存在问题

由于基础研究和原始创新能力不足,底层技术和配套产业基础技术支撑有限,相关研发、验证、测试工具存在缺失等问题,导致江苏在关键零部件、核心原材料、仪器设备、基础软件等关键核心技术方面存在短板。经过调查研究,分产业领域来看,江苏在集成电路、新材料、物联网等几个产业领域的问题相对较大。

根据国家统计局及智研咨询数据,江苏集成电路产业规模连续多年位居全国首位,2021年产量为1186亿块,同比增加42.07%,占全国产量的近三分之一。然而,江苏集成电路存在关键核心技术缺失的问题,问题涉及设计、制造、封测等环节。在设计环节,电子自动化(EDA)设计工具作为集成电路产业的最上游,是电路设计过程中必需的软件工具。然而，该领域主要被美国垄断。EDA 三巨头中，美国占了两家，占有全球大半市场份额。在制造环节，光刻机是生产大规模集成电路的核心设备，需要高度的光学和电子工业基础作为支撑，几乎被 ASML、尼康、佳能垄断。其中，最先进的 EUV 光刻机，则由 ASML 公司完全垄断。

新材料产业是重要的基础产业，包括石墨烯、碳纤维、纳米新材料、特钢等。江苏新材料产业规模居全国前列，2021 年全省新材料集群产值达到 1.3 万亿元。然而，江苏新材料产业在高性能大丝束碳纤维、高强高模型碳纤维制备，无机纳米粒子、光学薄膜生产工艺和设备等关键核心技术方面存在缺陷，这些问题制约了产业链向高端攀升。

物联网是通过信息传感设备，按约定的协议将物体与网络连接，进行信息交换和通信，以实现智能化识别、定位、跟踪、监管等功能的设备总称。江苏物联网产业起步早，发展快。2021 年产业实现主营业务收入超过 7000 亿元，占全国比重四分之一以上。然而，物联网产业的关键核心技术缺失问题也比较严重，测试芯片、高端信号发射器、信号转换器、高端传感器等核心零部件不能完全自主可控。

集成电路、新材料、物联网产业都是江苏的优势产业，规模大、全国排名靠前。这些领域的关键核心技术问题带来的影响不仅局限于本产业门类，还将对广泛的上下游相关产业带来风险。除了这些具体产业门类，江苏还在工业软件等通用工具方面存在隐患。国内工业软件目前深受国外工业软件巨头公司垄断影响，如 CAD 研发设计类软件被法国达索、德国西门子、美国 PTC 及 Autodesk 公司占据了绝大部分市场份额。工业软件作为"工业制造的大脑和神经"，亟待推动关键核心技术突破。

（二）面临风险

江苏是制造大省，2021 年制造业增加值居全国第一位。关键核心技术问题对江苏产业发展带来巨大风险，归纳为中间品来源风险、中等收入陷阱风险和价值链主导权风险三个方面。

1. 关键核心技术领域薄弱导致的中间品来源风险

江苏多个产业的技术结构存在关键节点的缺失，产业内部各个技术节点之间的关联性较弱。在关键核心技术领域存在缺失的情况下，产业发展依赖于发达国家的创新供给。在创新密集型行业，例如集成电路、新材料、物联网、航空航天产业产品、光学影像和医疗器械产业等，美国、韩国、日本和德国是主要的中间品进口来源国，依赖度较高。

随着国际层面产业链脱钩，以美国为首的发达国家针对中国实行技术封锁，关键核心技术相关产品对中国企业断供。江苏密集的技术网络和生产网络进一步放大了关键核心技术领域"卡脖子"的影响，一旦发达国家进行技术封锁，将会有更多企业的中间品无法生产或消化。如果不能做到对这些技术自主可控，可能导致产业链"断链"和产能失速，面临极大的风险。

实现"以国内大循环为主体"新发展格局的关键在于通畅的产业链上下游关系，进而将关键核心技术融入产业链，实现技术网络向最终产品端延伸。江苏产业导向型关键核心技术的缺失将会造成技术体系与产业体系之间的脱节，被迫滞留在产品生命周期的探索阶段，上下游企业长期使用国外中间品，导致内循环体系的整体风险。

2. 低复杂度技术过度集中引发的中等收入陷阱风险

虽然江苏的创新规模和多样性位于世界领先水平，但是技术复杂性依然落后，说明江苏的技术优势仍集中在传统技术领域。反映在全球价值链中，江苏通常作为配套技术的提供者和代工生产者参与分工，凭借成本优势进行出口，而高技术、高附加值环节依然由发达国家掌握。

过度集中于低复杂度技术的研发，不仅不利于价值链向中高端攀升，也难以留住高新技术领域的人才。长此以往形成恶性循环，江苏的技术创新将形成低价值的路径依赖，难以突破创新"舒适区"，最终陷入中等收入陷阱。

3. 产业间技术联系薄弱引发的价值链主导权风险

各国的战略性新兴产业创新活动呈现出以数字创意产业和相关服务业为中心，其他产业围绕主导产业获取知识溢出的格局。江苏产业链中存在重要位置的创新断点，将导致不同产业的生产和创新活动难以形成合力。

新一轮科技革命和产业变革正在兴起，技术的更新速度加快，颠覆性技术不断涌现。技术范式创新的特点在于跨学科性和跨产业性，通常表现为新产品的出现，因此产业间的创新互动是技术范式创新的必要条件。江苏产业间创新联系的不足可能导致其在新技术范式领域处于落后地位，丧失从全球价值链中低端参与者转变为中高端主导者的机会。

二、江苏推动关键核心技术突破的路径建议

2023年3月5日，习近平总书记在参加十四届全国人大一次会议江苏代表团审议时，提出要努力突破关键核心技术难题，在重点领域、关键环节实现自主可控，强化产业基础再造和重大技术装备攻关，加快建设制造强省。江苏推动关键核心技术突破，需要以习近平新时代中国特色社会主义思想为指导，深入贯彻党的二十大精神，立足新发展阶段，坚持新发展理念，以高质量发展为主题，以深化供给侧结构性改革为主线，以"自主可控、安全高效"为导向，以"锻长板、补短板"为主攻方向，加强基础研究，推进产业链创新链融合，壮大新发展动能，建设现代化产业体系，融入国内大循环为主体、国内国际双循环相互促进的新发展格局，塑造新发展优势。总体来看，我们可从以下几个方面入手：

（一）聚焦关键核心技术领域，加强制高点把控力

政府和企业需要不断完善创新体系，增强企业创新投资的积极性，围绕"卡脖子"重点领域，分类分阶段实现核心技术控制、关键环节控制、全产业链控制。

一是加强前沿技术的研究，推动未来产业发展。加强"硬科技""黑科技"研发布局。目前，江苏依旧存在诸多产业链短板和痛点，为了解决这些问题，应围绕基础材料、核心零部件、工业软件等严重制约经济发展的短板和痛点布局产业创新，推动"硬科技"、"黑科技"等领域的创新，提升制高点把控力。

二是保障关键核心技术攻关的资金来源。一方面，由政府承担一部分天使投资人的角色并为更大社会范围内筹集天使投资资金而进行相关体制与政策创新，为战略地位高、创新难度大、缺乏上下游支持的企业提供初创资金。另一方面，引导产业链上下游企

业接纳创新企业，促进产业链上、中、下游共同创新，推动关键核心技术攻关成果顺利转化。

三是构建高效的“产学研”合作平台。载体方面，以建立创新中心的方式，推动产学研向基础研究方向深度融合，打破企业与高校等不同创新主体间物理边界的隔阂，通过基础研究到产业化的一体协作，消弭企业、高校与科研机构间的信息不对称问题；成果方面，尊重各主体的不同利益诉求，优化考核评价机制，促进研究成果产权与专利在高校、企业和科研团队之间分配的机制发展，推动科研成果沿着创新链向生产端移动。

（二）促进产业间融合创新，引导产业跨界互动

新兴产业与传统产业是相互交融、共同发展的，在设计产业链供应链发展路径时，必须考虑到两者之间的良性互动过程，推动传统产业的渐进式结构升级，为新兴产业营造更温和的产业链环境，通过新兴产业的培育为传统产业注入新的发展动力。

一是加强跨产业的技术融合与创新，推动价值链迈向中高端。应持续深化体制机制改革，打破不同产业、不同领域、不同部门之间的藩篱，促进新工艺、新产品、新产业的持续升级，以实现高质量融合发展。

二是围绕人工智能、虚拟现实、下一代显示、先进材料、量子通信、基因工程等技术及产业，分类推动“制造业＋服务业”融合行动，深化制造业与互联网、现代物流、研发设计等生产性服务业融合，重点推动装备制造业和系统集成、高端工业软件、生产工艺等设计类服务业融合，推动汽车制造和大数据、汽车租赁等后市场服务业的融合发展。

三是充分发挥数字新型要素在产业链供应链现代化提升中的作用，促进新型要素与传统要素有机融合。将数据要素的使用贯穿产业链供应链的各个环节，发挥其对其他生产要素的“催化剂”作用，促进“劳动＋数据”“资本＋数据”等要素深度融合模式发展，形成“数字经济新劳动者”“数字金融”等要素组合新形态。以新一代数字技术融合为创新点，增强供给与需求动态平衡，加快关键核心技术创新的信息传播和交流速度，降低沟通成本和交易成本，为产业之间的融合式创新创造条件。

（三）推进地区间互补创新，推动创新跨区转化

随着产品所凝结的技术趋于复杂，单一地区难以实现全产业链的技术覆盖，多地区的合作研发成为产业链创新的必然趋势。相关政策应把握和处理好全省上层设计与地方主动作为、地区布局与区域协同等关系，形成互补式的技术创新格局。

一是在全域制定创新规划。突破城市边界，促使各城市之间形成区域技术互补的创新共同体，推动有条件的相同地市或毗邻园区共同布局创新基础资源。最终形成能够引领区域不同类型创新链实现突破、具备全球影响力的国家级产业创新基地。

二是针对不同地区的特点有针对性地制定下一阶段以技术集群为重点的创新政策。省内欠发达的地区应围绕现有的优势技术，吸引其他地区的同类型企业在本地投资，集中创新资源提升现有产业的技术质量。中等发展水平地区应逐渐转向技术集群建设，有选择地吸引新技术、新产业的投资项目，形成技术集群。苏南高经济发展水平地区应主动承担推进技术范式变革的责任，以高校为中心加强基础科学领域的科研活动。

（四）完善高端要素体系，夯实关键核心技术创新基础能力

完善以人才为根本的高端要素体系。通过高端要素的流动和高效配置，带动关键核心技术的创新和突破。

一是加快培育一批能在关键核心技术领域有自主创新能力的发明家。扩大“强基计划”的试点范围，实施“新工科”人才中高层次人才培养规模倍增计划。形成有针对性的人才激励制度，一方面通过创新平台、创新氛围以及人才落户政策吸引外来人才、留住本地人才；另一方面通过薪酬、股权和期权分配、科技奖励等制度调动人才的创新积极性。

二是破除人力资源流动障碍。关键在于充分发挥市场在创新资源配置中的决定性作用。可行的政策包括：通过基础交通设施建设降低发明家跨地区流动的成本；通过户籍制度优化、审批制度改革完善创新体制，进而减少发明家融入成本；鼓励全球发明家从发达国家引进先进技术的创新方式、向省内进行知识溢出。

参考文献

［1］ 易丽丽.着力破除关键核心技术攻关体制障碍[J].中国行政管理，2022(12)：87-92.

［2］ 包云岗.关键核心技术的发展规律探析[J].中国科学院院刊，2022(5)：636-641.

［3］ 邬欣欣，沈尤佳.关键核心技术攻关新型举国体制的方略[J].山东社会科学，2022(5)：22-33.

［4］ 王昶，何琪，耿红军，等.关键核心技术国产替代的逻辑、驱动因素与实现路径[J].经济学家，2022(3)：99-108.

作者简介

郑江淮，经济学博士，南京大学产业经济学系教授、博士生导师，商学院副院长，经济学院院长，教育部人文社科重点研究基地——南京大学长江三角洲经济社会发展研究中心学术委员会委员，教育部社会科学重点实验室-南京大学数据智能与交叉创新实验室副主任，南京大学人文社会科学大数据研究院副院长，《南大商学评论》副主编。

上海市传统产业数字化转型关键问题及政策建议①

宁　钟

摘要："十四五"期间，上海市人民政府办公厅印发了《上海市全面推进城市数字化转型"十四五"规划》。全面建设数字化转型城市，提升现代生产能力与经济效益刻不容缓，同时在认知上、经济均衡和全局统筹培育等方面问题亟待解决。根据上海市传统产业数字化转型工作中遇到的实际问题与客观困难，提出多维赋能、创新理念、产才融合三大政策建议若干，为上海市全面推进城市数字化转型提供参考。

关键词：数字化转型；传统产业；政策建议

一、上海市传统产业数字化转型政策背景

"十四五"期间，上海将全面推进城市数字化转型，上海市人民政府办公厅印发了《上海市全面推进城市数字化转型"十四五"规划》(沪府办发〔2021〕29号)，提出了对标打造国际一流、国内领先的数字化标杆城市，基本构建起以底座、中枢、平台互联互通的城市数基，经济、生活、治理数字化"三位一体"的城市数体，政府、市场、社会"多元共治"的城市数治为主要内容的城市数字化总体架构。初步实现生产生活全局转变，数据要素全域赋能，理念规则全面重塑的城市数字化转型局面。国际数字之都建设形成基本框架，为2035年建成具有世界影响力的国际数字之都奠定坚实基础。

在数字化转型方面，上海市明确提出"构建高端引领的数字经济创新体系宏伟目标，着力推动经济存量增效、增量创新、流量赋能、质量引领，形成转型发展的全新动能，基本建成具有全球竞争力的数字贸易国际枢纽港、世界级数字产业集群、金融科技中心和数字经济创新高地，'上海制造'品牌的数字化竞争力显著增强"。强调到2025年，数字经济核心产业增加值占全市生产总值的比重将会持续提升，规模化以上的制造企业数字化转型比重达到80%左右，工业互联网标识注册量达100亿个，标杆性智能工厂200家左右，普惠金融服务中小微企业覆盖率达15%左右。规划提出实施数据价值提升、数字技术策源、数字底座赋能、数字规则引领、应用场景共建、转型标杆示范六大工程，为上海勾勒出数字化城市建设宏伟蓝图。全面建设数字化转型城市，提升现代生产能力与经济效益刻不容缓，但也存在诸多关键问题亟待解决。

---

① 陆泽天，复旦大学经济学院金融专业学生，麦肯锡咨询集团研究员，参与本文初稿撰写。

二、上海市传统产业数字化转型关键问题

2020 年 3 月 23 日，国务院新闻办在举办的支持扩大就业有关发布会上指出，当前企业转型主要存在“不会转、不能转、不敢转”的问题，即转型能力不足而不会转、转型成本过高而不能转、转型阵痛期过长而不敢转。对此，国家、各省市制定了“互联网＋”“数字经济发展”等一系列政策，以需求为目标，采取问题导向，通过搭建平台、优服务、聚合力驱动传统产业数字化转型。当前，从宏观上看，传统产业数字化转型还存在认知问题、经济均衡问题和全局统筹培育等问题。

（一）传统产业数字化转型的认知问题

传统产业数字化转型认知问题主要包括三个方面：一是部分企业缺乏正确的认识。一方面要从过去以产品为核心到以服务为核心，再到以技术为核心，再转向现在以数据为核心。当今时代，数字应用无所不在，评价工业企业和传统企业，首先要看它的数字化占比。通过数据拓展企业的包容性，通过链接增强彼此的关联性。另一方面，要认识到连接、共享的创新价值，建立开放的数字平台，形成产业链之间的数据共享，促进共同体的联合创新。华为也在发展大量连接创新项目和创新机构，全面拥抱一个全链接时代。二是缺乏方法支撑。要在政策利好的形势下，大胆创新，掌握行业数字化转型的解决方案。了解企业成功案例，找到数字化转型的基本抓手。三是数据资产薄弱。有数字鸿沟，应用范围窄，核心技术不足，第三方服务供给不足，产业协同水平低。

（二）传统产业数字化转型的经济均衡问题

数字化转型不断增强万物互联能力，持续采集获取源源不断的海量数据，为产业运转提供了更为快速、直观和准确的认知，揭示深层次机理。对产品从设计、材料加工、生产制造、质量检验、产品包装、仓储运输、维护服务等全生命周期精准把控，大幅降低了依赖人工经验判断而造成的差错和不确定性，这正是数字化转型的目的所在。但是，与此同时，知识难度、技术手段的复杂性也随之上升。购买数字化设备，安装、运维、原系统重构重建和人才支撑、知识学习、技术培训等智力投资方面的投入显著增加，高投入产出比特征明显。当下亟待解决的问题是优化设置投入模式和合理预估收益周期，因此如何用经济方式均衡产业数字化转型是我们面临的首要问题，见图 1。

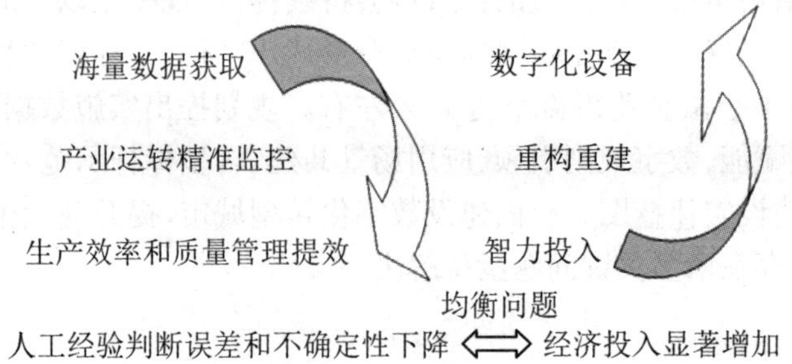

图 1　经济方式均衡产业数字化转型

（三）供给碎片化与需求协同化全局统筹和培育问题

以大数据、物联网、工业互联网、5G、人工智能区块链等为标志的新一代信息技术正在快速发展并逐步落地应用，充分发挥了前瞻技术持续迭代和演进的创新特性，为产业数字化转型注入了活力。产业数字化转型主要集中在设计研发、生产制造和经营管理三大领域，见图2。设计研发历经从二维到三维、从数字仿真到数字孪生的演进、从零部件到整机及其全生命周期的监控管理；生产制造历经从监测生产数据到自动配置生产资源，再到协同生产，再进一步优化生产体系，技术不断进步；经营管理历经四个阶段：产供销生产优化到企业内部运营优化，再到供应链、价值链资源优化，进一步再向云端迁移。但是，原有的技术架构和业务模式相对离散和碎片化，产业工艺特性、业务流程和运营模式长期沉淀和相对稳定，与新技术应用、产业全局优化、协同运作要求差距很大，亟待加强碎片化供给和协同化运作的全局统筹和市场培育能力。

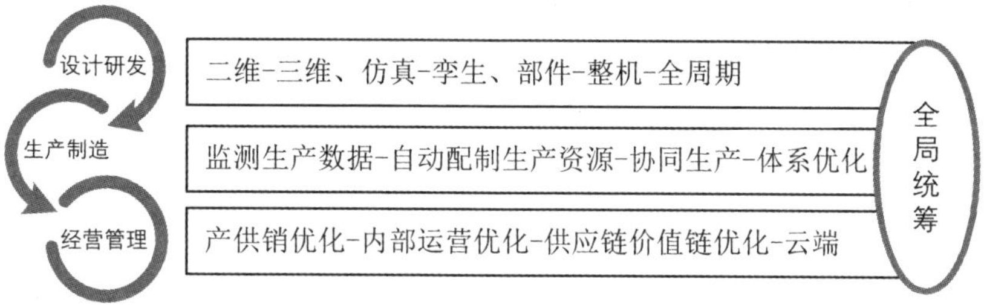

图2　产业数字化转型图

三、上海市传统产业数字化转型政策建议

上海是我国近代工业的发源地，新中国成立后大量的传统制造业在此集聚、发展。经过改革开放40多年的发展，上海的传统产业在不断升级，实现产业向中高端的升级，不断推动上海城市功能的提升。上海在产业数字化转型中具有得天独厚的优势，拥有最领先的数字化基础设施，被誉为5G和固定宽带“双千兆”第一城，是我国首个获得世界智慧城市大奖的城市。拥有海量价值数据和扎实的科技及产业基础，拥有大批高科技人才和高水平的科研机构，在集成电路、人工智能、脑智工程、生物医药等领域具有重要影响力。上海市传统产业作为重要的产业基础力量，决定着城市产业发展的整体水平，推进传统产业的升级势在必行。

（一）多维赋能，助力传统产业数字化转型发展

一是强调技术赋能。依据传统产业数字化转型成长路径，指导传统产业规划发展，从数据—信息—知识—职能发展视角，逐步从数据连接、信息可视、精益分析、高阶分析，发展到全面转型。认识到数字基础设施是数字化转型的基石，新基建带来数字经济的产业生态发展新机遇。以智能制造为重点推动企业的数字化转型是主攻方向，通过“机器换人”、智能化改造，全面提升传统制造方式自动化、网络化、智能化水平，并以此为基础催生个性化定制、智能化生产、网络化协同、服务型制造等新模式、新业态。强化企业数

字化技术改造，应用物联网、云计算和自动化控制等技术，对机器设备和生产流程等进行优化更新。建设一批“无人车间、无人工厂”，使企业从单机生产向网络化、连续化生产转变，显著提升企业的生产效率与产品品质。开展中小企业工业互联网基础性改造，推动低成本、模块化设备和系统的部署实施。

二是注重生态赋能。加快建设特定行业的工业互联网数字生态，推动企业由内部数字化为中心转向平台赋能的产业链协作，推进工业互联网平台在重点行业的推广应用。各级政府、工业园区要重视推动工业互联网的关键资源与工具的共享，加大政策投资力度，服务好中小企业，依托工业互联网平台资源降低中小企业数字化门槛。打造工业互联网平台，拓展“智能＋”。以园区数字化改造带动各类产业平台整合提升，是变革传统生产方式、组织方式、管理方式的基本路径，是驱动传统产业数字化转型的重要支撑。

三是匹配智力赋能。目前，多数企业有推动数字化转型的意愿强烈，但普遍缺乏清晰的战略目标与实践路径，更多还是集中在生产端如何引入先进信息系统，没有从企业发展战略的高度进行谋划，企业内部尤其是高层管理者之间难以达成共识。要根据《上海市全面推进城市数字化转型“十四五”规划》和《推进上海经济数字化转型　赋能高质量发展行动方案(2021—2023年)》等指引文件细化落实具体政策，帮助企业建立科技专项，开发传统产业数字化转型程度评价指标体系，为企业进行传统产业数字化转型水平的程度“体检把脉”。同时，应当按产业划分，建立数字化转型咨询专家组，由高校、研究院所、高科技企业技术专家组成，按企业数字化转型水平等级和现有基础，进行个性化把脉施策。通过理论和技术赋能，形成契合企业实际的规划方案。作为总实施战略，加速推进企业转型发展。三是建立产业数字化技术人才培训体系和机制，制定数字化产业人才政策，构建数字化商业模式人才培养体系，助力产业转型升级发展。

（二）创新理念，建立“多元化主体”协同创新大格局

实现全域创新大发展，特别是区域重点产业快速发展，绝非企业主体孤军奋战所能达到。因此要更新理念，充分认识到全域创新系统是一个复杂系统，具有网络化、多维性等特征，需要构建包含作业、大学、科研院所(研发机构)、政府、中介服务机构等主体的“多元化创新主体”协同推进。其中，企业是创新系统中最核心的主体。大学、科研院所(研发机构)是以知识创新和智力能力培养为重点的创新主体；政府是以政策制度创新和环境建设为重点的创新主体；中介服务机构是以技术转移为主要目标的创新主体。各个创新主体在全域创新整体链条的不同环节上都扮演着重要的角色，通过协同创新促进企业、大学、研究机构发挥各自擅长、整合资源、优势互补，加速科技创新、成果转移、推广应用和产业化是当今科技创新的新模式。

更为重要的是构建多元主体协同创新互动体系。一方面，多元创新主体之间存在先天的资源禀赋差异性和互补性，各创新主体均拥有自身特色的自主创新能力，在创新系统中承担相应的职能和不同的角色，没有合力推进，任何一方无法独立撑起创新这一巨大系统；另一方面，创新要素在不同创新主体间的配置呈现非平衡状态，各主体出于利益驱使都要搜寻协同创新伙伴，在多种因素的共同驱动下，企业在知识创造、信息共享、技术研发、成果转化、产品创新、市场应用推广中展示创新综合实力。

此外，还要协调好三个驱动。一是利益驱动。出于各方对经济利益、社会效益、知识

产权利益、自身发展等多种诉求需要,形成协同创新的内在驱动力。通过政府引荐、联盟推介、项目为媒介或自身寻找联姻等多种形式,尊重各方利益诉求,实现多方共赢。二是政策驱动。摸清本市产业发展现存的瓶颈问题,以政策促进多方紧密融合。例如,青岛市开展"创新创业共同体"申报活动,出台《"政产学研金服用"创新创业共同体管理办法》,解决产业发展瓶颈问题,突破重大关键技术,推动重大成果转化和产业化,孵化科技型企业,培育壮大新兴产业,促进产业集群发展。三是环境驱动。从多元主体所面临的外部环境上看,区域创新环境为各主体开展创新活动作出了较为严格和清晰的宏观环境限定,政治的、经济的、社会的、技术的区域环境条件均可能加速或阻碍协同创新的形成,以主体集聚为基础的创新距离的缩短是驱动区域创新系统多元主体协同创新的有利环境。

(三)产才融合,为产业转型发展提供人力支撑

一是建立三大平台,提升环境保障竞争力,做强人才服务"加速器"。覆盖高新园区全区域、各类型科技人才的公共服务支撑体系,形成由政府、企业、高等院校、科研机构、人才个体共同参与,集政策发布、信息沟通、行业管理为一体的、"线上线下"互动的人才综合管理服务平台、公共技术服务平台和人才创业联盟合作平台等三大平台。使市场化运营、社会化运作、专业化管理的人才服务机制逐渐形成,打造适宜科技人才项目产业化的"生态圈"。瞄准人才需求,高效落实共性服务,强化精准和便捷的"一站式"服务,重视加强对人才引进中介服务公司或平台的人员培训,避免因为对国际先进技术认识模糊,对国家战略性新兴产业内涵认识模糊等问题,导致在引才个性化指导上出现偏差,而损失高层次紧缺人才。

二是建立人才激励评价机制。新驱动的核心要素是对人才的驱动,科技人才是当今科技创新发展的重要基础,建立合理的科技人才评价体系,对于激发人才创造活力,提高自主创新能力和加快科技成果转化均至关重要。政府不仅要将政策、资金等资源用于吸引外省市,甚至海归人才,还要将部分资源配置或奖励用于在岗人才,才能留得住人才、稳得住现有人才。建立创新激励机制,坚持兼顾公平、优先效率原则,引导创新主体改革人才评价制度,将人才的收入与工作绩效、岗位职责、实际贡献和产生效益紧密关联,激励人才多做贡献、多得报酬,让人才创新、创业、创优有地位、受尊敬、得利益。与国际惯例接轨,符合高新技术企业特点,建立相应的经营管理制度和分配制度,逐步健全持股经营和技术入股制度,鼓励专利或创新成果作价入股,加快科技成果转化为现实生产力。建立客观、规范的补贴转移和税赋转移机制,通过财政补贴和税收减免等政策,调整创新人才及所在单位的收入分配结构。实行协议年薪工资制,政府要不断完善和调整科技奖励制度,对有杰出贡献的科技人员可实行奖励期权、股权等多元分配方式,形成工资报酬与效益贡献相挂钩的分配机制。

三是提升科技人才的捕获能力。第一,重视物质激励政策更多地向中青年创新创业型科技人才倾斜,这个年龄段的中青年科技人才既是处于创新能力最佳时期,也是物质方面最窘困时期,生活压力巨大。可以采取绩效年薪制、股权激励制和期权激励等多种方式,以知识或技术入股,逐步提升这些生产要素在分配中的比重,调动科技人才的创新激情和全身心投入创新活动的热情。第二,重视对科技人才的文化愉悦,尊重和爱护人

才，宽容失败；在城市户籍、购房、子女读书和就医等方面提供资源；创造和谐的文化氛围，丰富精神世界，激发更多的创新灵感。第三，重视职业进步激励作用，如支持并鼓励科技人才晋升职称，申报国家级和省部级课题，参加国家级和省部级各种奖项的评选工作，加强知识、技术和学术交流，不断提升科技人才的综合竞争能力。

作者简介

宁钟，复旦大学管理学院教授，博士生导师，香港大学客座教授，复旦大学创业与创业投资研究中心主任，上海市浦江学者，宝钢优秀教师，主要研究方向：创新与创业，供应链管理，企业数字化转型。

加快推进京津冀区域低碳转型

武义青

摘要:对京津冀地区碳生产力水平进行分析,对京津冀地区经济增长方式进行判别,结果表明:近年来,北京市碳生产率呈快速上升趋势,天津市碳生产率呈平稳上升趋势,河北省碳生产率呈先降后升趋势;北京市碳生产率水平最高,增长最快,天津市次之,河北省碳生产率水平较低,增长较慢。京津冀与长三角、珠三角地区及全国碳生产率均呈上升趋势,但京津冀地区碳生产率水平低于珠三角和长三角地区,并低于全国平均水平。京津冀区域经济增长方式发生明显转变,但与长三角和珠三角地区相比,仍存在一定差距;京津冀三地经济增长方式均有较大变化,低碳化程度都有显著提升;与此同时,京津冀三地经济增长方式仍存在较大差异,河北省成为京津冀区域经济增长方式进一步转变的短板。提高京津冀地区碳生产率对提高我国碳生产率至关重要,而提高河北省碳生产率是提高京津冀地区碳生产率的关键。本文最后提出推进京津冀区域低碳增长的七点建议。

关键词:京津冀;碳生产率;经济增长方式;低碳增长

习近平主席在第七十五届联合国大会一般性辩论上宣布,中国将提高国家自主贡献力度,采取更加有力的政策和措施,二氧化碳排放力争于2030年前达到峰值,努力争取2060年前实现碳中和。《中共中央　国务院关于完整准确全面贯彻新发展理念做好碳达峰碳中和工作的意见》要求,把碳达峰、碳中和纳入经济社会发展全局;将碳达峰、碳中和目标要求全面融入经济社会发展中长期规划;将碳达峰、碳中和相关指标纳入经济社会发展综合评价体系,增加考核权重,加强指标约束。笔者认为,实现碳达峰、碳中和目标的根本途径是低碳发展,而低碳发展的核心是低碳增长,低碳增长的核心则是提高碳生产力。本文对京津冀地区碳生产力水平进行分析,对京津冀地区经济增长方式进行甄别,提出推进京津冀区域低碳增长的建议。

一、京津冀地区碳生产力水平分析

碳生产力水平通常用碳生产率指标来表征。实证研究表明:近年来,京津冀三地中,北京市碳生产率呈快速上升趋势,天津市碳生产率也呈上升趋势,河北省碳生产率呈先降后升趋势。北京市碳生产率水平最高,增长最快,天津市次之,而河北省碳生产率水平较低,增长较慢。2001—2018年,北京市、天津市、河北省碳生产率依次由0.91万元/吨、0.41万元/吨、0.33万元/吨增长至3.7万元/吨、0.87万元/吨、0.36万元/吨,京津冀三地碳生产率差距呈扩大趋势(图1)。

京津冀与长三角、珠三角地区及全国碳生产率水平均呈上升趋势，但京津冀地区碳生产率低于珠三角和长三角地区，且低于全国平均水平（图 2）。2001—2018 年，珠三角、长三角、全国及京津冀地区碳生产率依次由 0.85、0.68、0.63、0.45（万元/吨）增加至 1.76、1.27、0.96、0.68（万元/吨）。2017—2018 年，京津冀地区碳生产率下降0.1（万元/吨）。

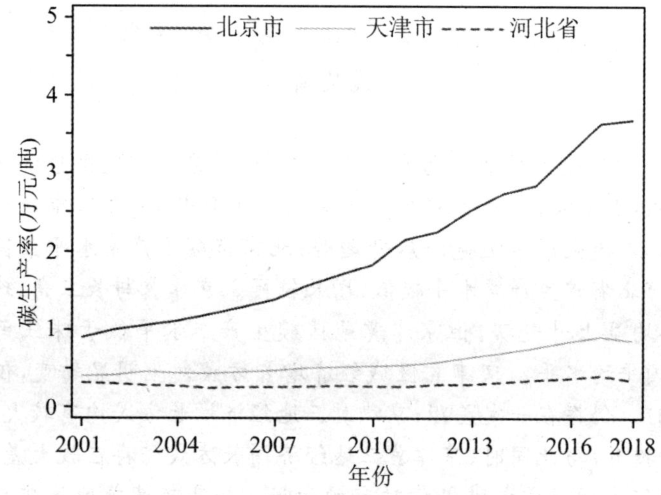

图 1　京津冀三地碳生产率比较

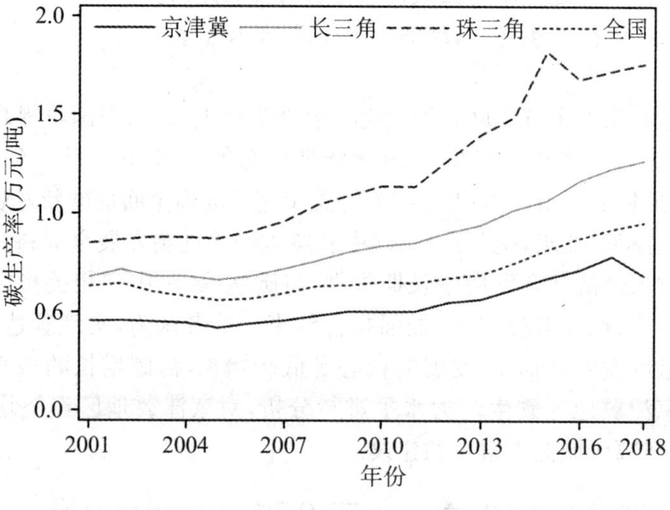

图 2　京津冀与长三角、珠三角地区及全国碳生产率比较

由此可见，提高京津冀地区碳生产率对提高我国碳生产率来说至关重要，而提高河北省碳生产率是提高京津冀地区碳生产率的关键。

二、京津冀地区经济增长方式判别

我们用碳生产率增长对经济增长的贡献率来测度经济增长方式。按照贡献率的高低，可把经济增长方式分为低碳型、中碳型和高碳型三种类型；进一步细分，可把三种类型中的每一种类型再细化为Ⅰ型、Ⅱ型和Ⅲ型；这样，就把经济增长方式细分为：低碳Ⅰ型、低碳Ⅱ型、低碳Ⅲ型、中碳Ⅰ型、中碳Ⅱ型、中碳Ⅲ型、高碳Ⅰ型、高碳Ⅱ型、高碳Ⅲ型共9种类型。

据此，我们对京津冀地区经济增长方式进行测算并判别。结果表明：2001—2018年京津冀区域经济增长方式属于高碳Ⅱ型，与长三角和珠三角地区的中碳Ⅲ型相比，仍存在较大差距。若把2001—2018年划分为2001—2010年和2011—2018年两个阶段，则京津冀区域经济增长方式依次为高碳Ⅱ型和中碳Ⅰ型，表明京津冀区域经济增长方式发生明显的转变，但与长三角和珠三角地区的高碳Ⅰ型和低碳Ⅲ型相比，仍存在差距（表1）。

表1　经济增长方式评估

地区	2001—2018年	两阶段	
		2001—2010年	2011—2018年
全国	C＋	C	A－
京津冀地区	C＋	C	B＋
北京市	A	B＋	A＋
天津市	B－	C＋	A
河北省	C	C－	B－
长三角地区	B－	C＋	A－
珠三角地区	B－	C＋	A－

注："A＋"表示低碳Ⅰ型；"A"表示低碳Ⅱ型；"A－"表示低碳Ⅲ型；"B＋"表示中碳Ⅰ型；"B"表示中碳Ⅱ型；"B－"表示中碳Ⅲ型；"C＋"表示高碳Ⅰ型；"C"表示高碳Ⅱ型；"C－"表示高碳Ⅲ型。

从京津冀三地来看，2001—2018年，京津冀三地经济增长方式分别为低碳Ⅱ型、中碳Ⅲ型、高碳Ⅱ型。从2001—2010年和2011—2018年两个阶段来看，2001—2010年京津冀三地经济增长方式分别为中碳Ⅰ型、高碳Ⅰ型、高碳Ⅲ型；2011—2018年京津冀三地经济增长方式分别为低碳Ⅰ型、低碳Ⅱ型、中碳Ⅲ型。即北京市由2001—2010年的中碳Ⅰ型转变为2011—2018年的低碳Ⅰ型，天津市由高碳Ⅰ型转变为低碳Ⅱ型，河北省由高碳Ⅲ型转变为中碳Ⅲ型。由此可见，京津冀三地经济增长方式均有较大转变，低碳化程度都有显著提升。与此同时，京津冀三地经济增长方式仍存在较大差异，河北省成为京津冀区域经济增长方式进一步转变的短板和关键。

三、推进京津冀区域低碳转型的建议

以提高碳生产率为抓手，创新驱动发展为主线，加快产业结构和能源结构调整，扎实推进高碳工业低碳增长和低碳产业发展。京津冀区域，尤其是河北省和天津市，长期以来以钢铁为代表的高碳工业占比较大。"十三五"期间，河北省超额完成钢铁等6项过剩产能去产能任务。"十四五"时期，为了进一步推进京津冀区域低碳发展，笔者建议从以下7个方面着手。

（一）规划设计京津冀世界级绿色低碳循环产业链集群

从京津冀产业基础和比较优势及未来发展出发，建议打造四条世界级产业链集群。一是先进铁基材料、金属制品、装备制造（重型）等世界级产业链集群。钢铁至今仍为需求量最大、国民经济最不可或缺的重要材料。近年来，京津冀区域淘汰了一大批钢铁行业中的落后产能和过剩产能。技术改造力度加大，工艺装备不断升级，产品结构趋于优化，钢铁行业绿色减量发展，但其2018年规上企业营业收入仍占京津冀制造业的23.16%，占全国同行业的22.65%，仍是京津冀区域最具世界影响力的行业。"十四五"期间，要围绕这条产业链部署创新链，布局国家实验室，打造一流的协同创新共同体；发挥本区域科研、人才优势，面向国家重大战略需求和市场需求，组织开展联合攻关，精准开发新产品和高附加值产品，提升钢铁品质；结合下游金属制品、重型装备等产业对铁基材料的刚性需求，重点面向国内大循环生产高品质的金属材料；努力实现该产业链的绿色低碳循环发展。

二是新能源汽车（智联、专用）、轨道等交通运输设备及零部件产业链集群。近年来京津冀区域汽车制造业发展较快，京津冀三省市在这个产业链上都有一定的基础，汽车是北京市制造业30个行业中排名第一的行业，也是天津市制造业30个行业中排名第二的行业，还是河北省制造业31个行业中排名第三的行业。面对国内外日趋激烈的市场竞争，"十四五"时期京津冀区域该产业链发展的重点应由高碳能源为动力的普通乘用车，转向重点研发和生产低碳新能源汽车（新型电驱动、醇一氢燃料、生物柴油）、智联汽车以及各类专用车。加快打造唐山中国动车城建设，形成以动车组为龙头的装备制造产业集群，打造中国高速动车组研发基地和最大的生产制造基地。

三是新一代信息技术、数字经济产业链集群。目前京津冀区域新一代信息技术产业同长三角、珠三角区域相比还有着较大差距，但着眼未来仍然有巨大的发展空间。"能源设备物联""电气电子设备物联""物流车载物联"等上下游产业，应作为"十四五"时期京津冀区域重点布局的一个战略性产业链。

四是生物医药、健康、食品等产业链集群。原料药、中草药、特色农作物产业，京津冀区域基础较好，发展潜力较大。立足京津研发、河北绿色生产制造，也应作为"十四五"时期京津冀区域重点打造的一个产业链。

（二）建设以国家级重点实验室和新型研发机构为龙头的多层次创新体系

以提升企业自主创新能力和核心竞争力为目标，围绕产业发展共性关键问题，促进产学研用深度融合，统筹中央与地方相关专项资金等措施支持实验室建设和新型研发机构发展，强化重点企业对新型研发机构的投入，引导部门地方加大对重点实验室建设发展的支持力度，落实研究开发费用税前加计扣除、高新技术企业所得税优惠等政策，创新运行管理机制，建立实验室和新型研发机构科研成果质量和效益评价机制，加强过程管理与评估考核，不断提升重点实验室、新型研发机构的科研能力和水平。

（三）建设以北交所和国家级产业基金为核心的产业融资体系

北交所定位于"服务创新型中小企业主阵地"，设立后将打通从创业投资到私募股权投资，再到区域股权投资领域服务中小企业创新发展的全链条体系，为产业链的中小企业提供更多的直接融资机会，以资本助力产业链企业快速迭代壮大。围绕产业链发展，设立国家级产业投资基金和各级政府引导资金，吸引更多的稀缺资源投入产业链建设。探索产业链融资模式创新，鼓励金融机构、产业链核心企业等建立产业链金融服务平台，为上下游企业提供高效便捷的融资支持。以产融合作为抓手，建立产业链金融服务机构、园区产业金融服务中心等，为区域性产业集群协同发展提供专业化、定制化金融服务。鼓励银行与外部投资公司、各类基金开展合作，利用信贷、债券、基金、保险、租赁等多种产品组合，为产业链发展提供集成化的金融整体解决方案，加快建成功能完备、高效精准、风险可控的产业链金融体系。

（四）引进用好一批顶尖人才

加快建设产业链的重要人才中心和创新高地，面向全球引进一批具有深厚科学素养、长期奋战在科研第一线，视野开阔，前瞻性判断力、跨学科理解能力、大兵团作战组织领导能力强的科学家。对领军人才实行人才梯队配套、科研条件配套、管理机制配套的特殊政策。用好用活各类人才，对待急需紧缺的特殊人才，研究制定特殊政策，不求全责备，不论资排辈，让人才有用武之地。建立以信任为基础的人才使用机制，允许失败、宽容失败，鼓励科技领军人才挂帅出征。为各类人才搭建干事创业的平台，构建充分体现知识、技术等创新要素价值的收益分配机制，让事业激励人才，让人才成就事业。

（五）用足用好自贸区内外开放平台和雄安新区高质量发展平台

充分发挥自贸区和雄安新区“先行先试”制度创新功能，建立跨区域产业总部一生产基地、园区共建、整体搬迁等多元化产业对接合作模式，增强北京非首都功能疏解过程中的创新驱动效果。围绕重点产业链建设一批京津冀协同创新共同体，围绕创新链布局产业链，充分利用北京市的科研优势、天津市的制造业基础及河北省的发展空间，提高科技成果转化能力，形成若干京津冀合作开发、利益共享的高水平产业集群。探索建立京津冀三地自贸试验区的协同机制，依托自贸试验区集保税区、出口加工区、保税物流区、口岸的功能于一身的优势，打造世界级产业链增长极。以综合保税区建设为契机，通过创新监管培育综合竞争新优势。利用综保区“境内关外”的特殊性，从而与海关积极探索“保税研发”政策改革与监管试点。帮助企业设立“研发专项账册”对企业用作研发目的的进口原材料免予征税，降低外贸企业的研发成本，推动产业链向中高端延伸。大力实施数字产业化和产业数字化“双轮驱动”，在雄安新区建设基于区块链、电子身份确权认证等技术的国际数字贸易港、国家数字交易中心、国际知识产权交易中心。集聚人工智能、大数据、云计算、生物医药、高端医疗器械、生命健康、数字贸易、金融服务等产业，推动工业化与信息化深度融合，形成全要素、全产业链、全价值链全面连接的新型生产制造和服务体系。

（六）用“链长制”推动各项政策措施落实见效

“链长制”包括“链主”和“链长”两部分，“链主”是引领产业链高质量发展的龙头企业，“链长”由政府领导担任。通过政府领导亲自挂帅，可实现统筹内外部资源，集中力量在产业链薄弱环节进行重点突破，加速构建完整产业链条。打造京津冀世界级产业链涉及京津冀三地企业和政府职能部门，应聚焦“链长制”方式，打破行政区划的禁锢，统筹考虑区域内项目建设、人才引进、招商引资、技术创新、政策扶持等工作，落实方方面面的责任，加大协调力度，尽快推动“建链、补链、强链、延链”各项工作取得实质性进展。

（七）更好地发挥京津冀协同发展领导小组及其办公室的决策协调作用

京津冀协同发展领导小组决策协调力度大，是打造京津冀世界级产业链的独特优势。应将打造京津冀世界级产业链工作列入领导小组的重要议事日程，在科技创新、产业融资、人才引进、重大项目建设等方面出台一批“先行先试”的重大政策举措，打造全国产业链高质量发展标杆，推动京津冀协同发展迈上更高水平。

参考文献

[1] 武义青，孙久宇，韩烁烁，张浩．京津冀经济增长方式及阶段性特征[J]．经济与管理，2019，33(1)：4-8.

[2] 武义青，姚连宵．基于碳生产率的我国省域经济增长方式评价[J]．河北经贸大学学报，2021，42(4)：67-73.

作者简介

武义青，管理学博士，河北经贸大学副校长，二级研究员，京津冀协同发展河北省协同创新中心主任；河北省政府参事，河北省委、省政府决策咨询委员会委员，河北省推进京津冀协同发展专家咨询委员会委员；中国技术经济学会荣誉常务理事，中国数量经济学会副理事长，中国区域科学协会副理事长。全国政协委员。出版学术著作多部，发表学术论文百余篇，获省部级一、二等奖多项，报告和建议多次得到党和国家领导人、省委省政府主要领导等肯定性批示。曾获“全国优秀科技工作者”等荣誉称号。

破解山西省技术转移机构存续难题

郭　彬

摘要:党的十九大报告提出“创新是引领发展的第一动力,是建设现代化经济体系的战略支撑”,实现创新发展离不开科技与经济的紧密结合,技术转移作为国家创新体系的重要环节,是促进创新发展的重要保障。本文在简要梳理技术转移机构相关概念及内涵的基础上,分析了山西省技术转移机构存在的主要问题及其原因,提出了破解山西省技术转移机构存续难题的路径选择及政策建议,为完善山西省技术转移机构服务体系、促进科技成果转化、实现创新发展提供智力支持和现实参考。

关键词:技术转移机构;技术转移政策;运行模式;政策建议

技术转移是我国实施自主创新战略的重要内容,是企业实现技术创新、增强核心竞争力的关键环节,是创新成果转化为生产力的重要途径。然而,长期以来技术转移都是创新体系建设中的薄弱环节。缺乏良好的体制、机制和政策环境,成为企业提高自主创新能力的重大制约因素。发挥技术转移机构的桥梁作用,推动科技成果扩散、流动、共享、应用,对促进科技成果产业化、提升国家创新体系效能具有重要意义。山西省是我国重要的能源基地和老工业基地,传统的高度依赖资源的经济发展模式难以为继,迫切需要借助科技创新、技术转移实现转型发展。

一、深入认识技术转移机构的服务体系

技术转移是围绕新技术产生了相关知识信息扩散的过程,可以发生在不同的地理空间、不同领域和部门之间。技术产业化过程也是技术在产业的内部进行转移和扩散。2017 年由国家质检总局、国家标准委批准发布的《技术转移服务规范》将技术转移定义为制造某种产品、应用某种工艺或提供某种服务的系统知识,通过各种途径从技术供给方向技术需求方转移的过程。故本研究对技术转移的界定采用国家标准。

技术转移分为两个层次:横向技术转移——在不同背景间,技术进行水平移动(图 1);纵向技术转移——在商业化开发中,技术进行垂直转化的过程(图 2)。

横向技术转移体系是指为促进地区、行业之间的成熟技术商品流通,实现技术商品产业化,从而主要由市场驱动建立起的技术转移体系。此类技术转移体系的特点是,技术商品成熟度高,一般已经产品化,通过技术转移形成一定规模的产业化,所需的技术转移服务主要是信息服务、提供有效的沟通以及关注技术引进方的技术能力。横向技术转移体现出技术的贸易特性,其性质是为促成技术商品交易而提供的服务,为促进成熟技

术商品的跨地区、跨行业的流动提供信息服务、中介代理服务以及交易促成服务等。

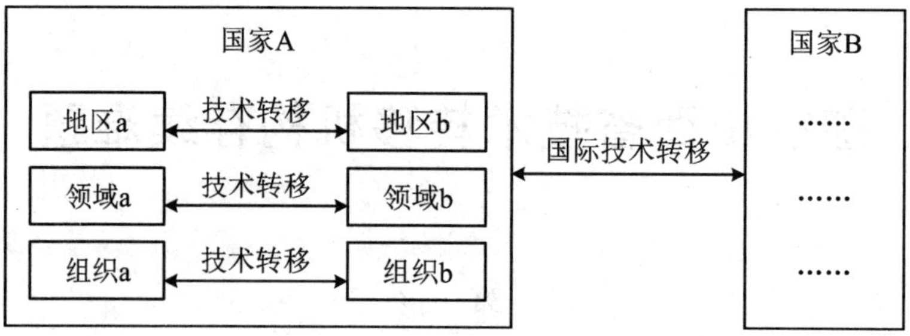

图1　横向技术转移路径图

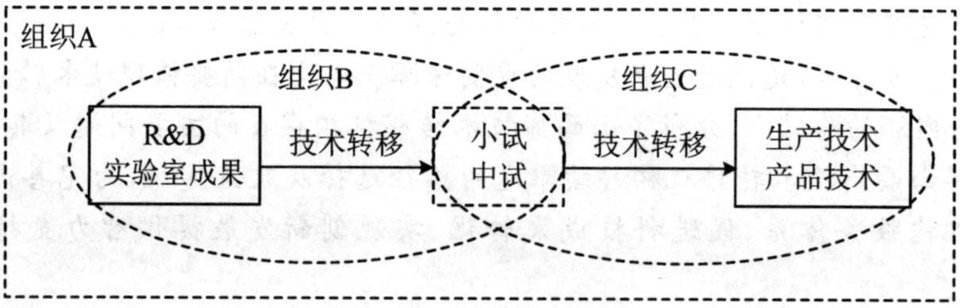

图2　纵向技术转移路径图

纵向技术转移是指技术在转移前后发生进一步变化,即技术在转移后进行进一步开发以实现其产品化,多发生在科研单位、大专院校与企业之间。在此类技术转移中,技术引进方在购得技术成果后还需要为实现其产品化进行创造性的劳动。此类技术转移体系的特点是,技术商品多数正处于商品化阶段,技术引进方实施技术商品化的风险较高,所需的技术转移服务主要是信息服务、可行性分析论证以及技术受让企业的全程服务等。我国纵向技术转移服务体系的核心部分是依靠有科研实力的科研机构和大学,建立地区性的技术转移体系,促进科研机构和大学的科技成果的转移,实现产品化和产业化,并由此建立区域性的技术平台,实现技术与资本的良性互动,全面促进区域性科技进步与科技成果转化,实现国家和各地区的经济发展战略。

在行为方式上,两种技术转移主要区别在于:横向技术转移可以被描述为技术商品的交易过程;纵向技术转移则是技术商品被交易并进一步开发以实现其产品化的过程。本文主要研究技术转移机构参与的纵向技术转移过程中存在的障碍。

二、山西省技术转移机构发展现状及政策环境

目前,山西省共有6家由科技部火炬中心认定的国家级技术转移示范机构,与全国其他省份相比,不仅数量少,而且总体的发展运行情况不良。根据科技部火炬中心2020年最新发布的国家技术转移机构考核评价结果,6家技术转移示范机构中,未有达到优秀(A)、良好(B)的机构,4家机构考核结果仅为合格(C),太原科创生物技术公共服务平台有限公司和忻州市科学技术市场被评为不合格(D)。同时,由于山西省技术转移市场不健全、需求不足等原因,已有5家机构逐渐调整其主营业务,通过承接政府交办事项或承担部分行政职能得以存活,单纯提供技术转移服务难以支撑机构运转,技术转移业务开

展陷入困境。山西环炬科技有限公司和山西惠德科技有限公司于 2014 年申报国家级技术转移机构，但未得到审批。经调研核实，由于市场供需两不旺，政府支持力度小，专业从事技术转移工作难以支撑企业运营，现山西环炬科技有限公司主要专注于电力行业发展，山西惠德科技有限公司专注于农业信息化的研究与开发。

除此之外，山西省有 90 家民营性质的技术转移相关单位，主要是以知识服务、工商代办、税务代理、科技咨询、法律服务等类型为主，为技术转移提供中介边缘性质的服务，其中有 11 家从事法律咨询业务，30 家从事专利和知识产权代理业务，17 家从事税务和会计业务，9 家从事孵化器和众创空间服务，6 家从事管理咨询业务，3 家从事科技咨询业务，5 家科技型企业和 9 家其他类型企业。调研统计发现，山西省尚缺乏为成果端和需求端搭建桥梁、为技术转移和转移后提供技术指导和服务的专业性技术转移机构。

我国已有技术转移相关的法律相对比较全面，详见表 1，它们将为技术转移、科技成果转化的进一步深化提供强有力的法律保障。我国技术转移政策的发展经历了如下阶段：加快发展技术市场→技术转移机构的申请、认定→国家技术转移示范机构的管理办法→科技成果转移转化工作“三部曲”→《国家技术转移体系建设方案》→《技术转移服务规范》国家标准的发布，这样一系列国家政策法规的出台对加快建设和完善国家技术转移体系、加速科技成果转化具有重要意义。针对山西省目前技术转移机构少、技术市场活跃度不高的现状，为促进技术转移、加快科技成果转化，山西省政府紧随国家步伐相继出台了一系列的政策文件，如表 2 所示。但是，通过梳理政策发现，一是与技术转移相关的政策法规较少，主要围绕国务院出台的科技成果转移转化“三部曲”展开，鲜有针对技术转移机构的优惠政策；二是针对技术转移的相关政策缺乏详细的实施细则，往往停留在宏观层面上的鼓励和支持，难以激发市场参与主体的积极性。

表 1　国家已出台的技术转移相关法律规范

序号	发文日期	法规标题	发文机关
1	2018 年 5 月 28 日	关于印发关于技术市场发展的若干意见的通知	科技部
2	2018 年 1 月 1 日	技术转移服务规范	国家质检总局、国家标准委
3	2017 年 9 月 15 日	国家技术转移体系建设方案	国务院
4	2017 年 5 月 27 日	关于印发“十三五”技术市场发展专项规划的通知	科技部
5	2016 年 4 月 21 日	关于印发促进科技成果转移转化行动方案的通知	国务院办公厅
6	2014 年 10 月 28 日	关于加快科技服务业发展的若干意见	国务院
7	2007 年 12 月 5 日	国家技术转移促进行动实施方案	科技部、教育部、中科院
8	2007 年 12 月 6 日	建立和完善知识产权交易市场的指导意见	国家发改委、科技部、财政部、版权局、知识产权局
9	2007 年 9 月 10 日	国家技术转移示范机构管理办法	科技部

表 2 近几年山西省出台的技术转移相关法律规范

序号	颁布时间	法规标题	发文机关
1	2018 年 1 月 25 日	山西省促进科技成果转移转化行动方案	山西省人民政府办公厅
2	2017 年 7 月 17 日	山西省促进科技成果转化若干规定(试行)	山西省人民政府
3	2017 年 11 月 14 日	山西省支持科技创新的若干政策	山西省人民政府办公厅
4	2017 年 9 月 29 日	山西省科技创新促进条例	山西省第十二届人民代表大会常务委员会第四十一次会议通过
5	2017 年 11 月 24 日	鼓励为科技创新和成果转化提供中间服务实施办法(试行)	山西省财政厅、科技厅、教育厅
6	2016 年 4 月 26 日	山西省科技计划(专项、基金等)及 7 个配套专项管理办法	山西省人民政府办公厅
7	2015 年 8 月 21 日	山西省深化省级财政科技计划(专项、基金等)管理改革方案	山西省人民政府
8	2015 年 8 月 17 日	中共山西省委山西省人民政府关于实施科技创新的若干意见	山西省人民政府办公厅
9	2015 年 11 月 30 日	关于推进科技服务业发展的实施意见	山西省人民政府
10	2006 年 8 月 4 日	山西省技术市场管理条例	山西省第十届人民代表大会常务委员会第二十五次会议第二次修订
11	2018 年 4 月 23 日	关于科技创新推动转型升级的若干意见	太原市科技局
12	2018 年 5 月 2 日	关于鼓励科技创新推动转型升级的实施细则(试行)	太原市科技局
13	2017 年 12 月 19 日	太原市促进科技成果转化试行规定	太原市科技局
14	2016 年 2 月 29 日	太原市科技创新券实施管理暂行办法	太原市科技局、财政局
15	2015 年 11 月 6 日	太原市技术合同交易奖补办法	太原市科技局
16	2010 年 2 月 5 日	太原市人民政府关于促进技术转移加快成果转化的实施意见	市政府办公厅

三、山西省技术转移机构发展存在的问题

(一) 缺乏专业技术经理人,机构服务过程参与度低

对技术转移机构来说,专业的技术经理人是其长期发展不可或缺的一环。一个完整的技术转移流程复杂、耗时较长,需要投资人、企业家、技术经理人、律师、技术专家多方协作,而技术经理人在其中发挥的便是润滑剂的作用,使各方能够协调合作。所以就专业能力而言,专业的技术经理人不仅需要了解概论、营销问题、项目管理问题、知识产权

问题、科技金融的问题等基础内容，还需要对自己所负责的领域的先进技术有相当程度的了解，并且需要具备一定的法律和财会知识。在以往的技术转移过程中，由于专业技术经理人的缺失，山西省的技术转移机构发挥的作用主要为：① 将技术供方提供的技术成果进行备案，为技术需方提供成果库内已有的成果信息；② 牵线搭桥，提供对接平台，促进技术供方与技术需方的合作；③ 合同签订后提供政策优惠。技术转移机构提供的服务专业性低，使得其参与程度较低，企业通过技术转移机构找到合适的技术成果后，会选择直接和技术供方进行洽谈，机构在供需双方匹配完成后无法对技术转移过程进行后续跟进，不能够持续动态协调供需双方的矛盾。没有完善的技术经理人培训体系，缺乏专业的技术经理人，是目前山西省的技术转移机构面临的一大难题。

（二）体制影响机构发展，机构服务缺乏主动性

山西省的技术转移机构多属于事业单位性质，有编制，有行政级别，有固定的事业经费，承担政府职能，完全依赖于政府拨款进行运营，所以其提供科技中介服务，往往处于被动状态，缺乏自主经营的理念，立足市场、开拓市场、主动参与市场的竞争意识较弱。事业单位性质的运行机制，模糊了技术转移机构的职能边界，阻碍了技术转移机构制度的建设，难以适应科技进步和经济发展对技术转移中介机构的要求。技术转移机构不只是一个技术成果展厅，要主动服务技术成果的上端和下端。而目前山西省的技术转移机构，仅仅只是在技术转移的中间过程起到了一个牵线搭桥的作用，把自己当作一个技术成果展厅，对企业的需求缺乏主动了解，对供方的技术也不能够很好地进行宣传，导致二者之间无法实现有效的对接，从而降低了企业和技术供方对中介机构的信任和依赖。

（三）缺乏标准化评价体系，技术成果难以合理定价

山西省科技厅于 2017 年 5 月 17 日发布《关于取消科技成果鉴定有关事项的通知》，通知中提到取消科技成果鉴定，改为对科技成果进行评价，省科技厅将出台《山西省科技成果评价管理办法》。但截至目前，只有山西省科技评估学会出台了《科技成果评价试点暂行办法》，办法中对评价形式、评价原则、评价程序以及评价指标等都做了规定，但内容并不详细，没有形成标准化评价。由于缺乏标准化评价，山西省对已有技术成果的成熟度、领先度、创新度、先进性等方面无法进行等级划分，技术需方和供方就难以对该技术成果的价值有一个清晰的认识，因此技术的供需双方会就技术成果的具体定价难以达成一致。评价细则的缺失导致了在具体评价过程中各方出现诸多分歧，使得技术转移机构在成果评价方面难以发挥其应有的作用，也就无法通过对科技成果进行评价而获得应有的报酬。

（四）成果库内的技术成果数量较少，已有技术成果与需求不匹配

技术转移是一个复杂而漫长的过程，不仅仅只是技术的流入和输出，企业往往不能在技术转移机构的成果库里找到与之需求完全匹配的技术成果，只能找到与之需求相对接近的某项技术成果，所以通常还要对该项技术成果进行二次开发或改进完善，使之完全符合企业的需求，才能达成合作。在这个过程中，需要技术转移机构在二者之间不断

进行协调，对技术成果进行二次甚至多次调整，促成交易完成。目前，山西省的技术转移机构还难以满足这样的服务需求，一方面是由于成果库内的技术成果数量不够多，需要扩大成果库的覆盖面；另一方面是由于在后期谈判过程中，技术转移往往会由于供需双方的利益博弈导致合作无法继续进行。

（五）机构造血功能不强，无法立足主营业务刺激企业需求

山西省的技术转移机构目前难以实现自给自足，需要靠政府扶持来维持生存，甚至有些机构为了维持生存，已经放弃提供技术转移方面的相关服务。技术转移机构要想发挥自己的科技中介服务职能，必须有自己的主营业务，并立足于自己的主营业务，将自己的主营业务与科技中介服务紧密联系起来，挖掘企业对科技中介服务的需求，形成良性循环，不断刺激需求，实现盈利。

（六）技术转移程序过于烦琐

企业通过技术转移中介机构进行技术的买进卖出，需要经过复杂的流程和手续办理，如图 3 所示，以技术合同登记及申请技术合同认定的流程为例，通过中介机构进行技术转移，就需要对签订的技术合同进行登记，这一过程需要花费将近 10 天的时间，之后对技术合同进行认定，需要去另外的办公地点提交申请材料，但这对很多企业来说，花费时间过长，流程过于烦琐，不愿意来回折腾。

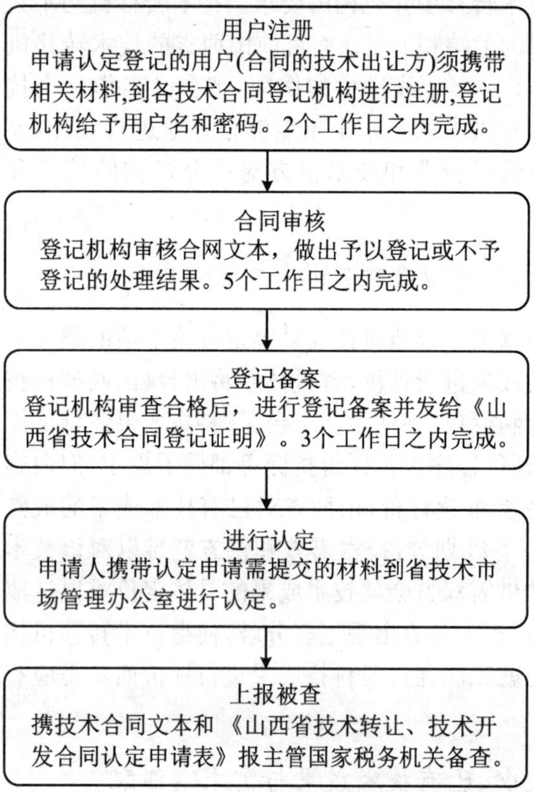

图 3　办理技术合同登记及申请技术合同认定流程图

（七）宣传工作不到位，机构知名度较低，组织技术交易活动次数较少

目前山西省的技术转移中介机构只是进行简单的成果收录工作，将技术成果纳入成果库后，并未对其进行广泛宣传，导致当企业有需求时，不能通过及时高效的途径对市场有一个准确的了解，中介机构对自身的宣传也不够，对已经促成的技术转移成功案例没有进行很好的宣传推广，使得企业对中介机构的了解少，对中介机构的能力有所怀疑。通过对山西省科达自控工程技术有限公司进行调研，得知其一般只与太原技术转移促进中心有过合作，对省内其他的国家级技术转移示范机构知之甚少，更谈不上有合作关系。由于宣传力量薄弱，导致企业对技术转移的中介机构认识不足，不愿与其合作。

四、国内外技术转移机构发展经验

（一）英国技术集团(BTG)

BTG 致力于从市场的实际需要出发挑选技术项目，并通过最有效的手段将技术推向市场。BTG 的成功经验主要在于其实施了多元化的发展战略，从而扩宽了机构收益渠道。一是着眼于长期的技术转移。BTG 为包装好一个专利申请或为实现已有专利的价值增值，并不急于把不很成熟的技术推向市场，而是尽量把“饼”做大，获得最大的利益。二是注重提升已有专利的价值，获取源源不断的市场利益。为了延长一项关键专利授权的经济收入，BTG 通过不断帮助产生新的补充专利，来扩展或补充原有的主要专利授权，从一种关键专利衍生出多种其他专利。三是集中关注有潜力的高附加值技术、产业和市场，更多地吸收成熟的技术，用更少的时间来完成技术的商业化。四是开发非核心专利，到大型公司去寻找与主要业务方向不紧密相关的专利技术，采取专利授权的办法实现这些非核心专利的市场价值。五是重视技术来源和技术转让的国际化，BTG 在美、日都设有分支机构，与世界各地产业界有着广泛的联系，使其能在国际市场上寻找到最好的公司来开发其专利技术，以保障技术商业化的成功运作。

（二）青岛技术交易市场

青岛技术交易市场紧紧围绕科技成果转移转化主线，突出了海洋科技特色，培育发展了市级技术转移机构 127 家，其中，国家技术转移示范机构 13 家，技术经纪人从零增长到五百余人。同时逐步打造形成了“一厅一网一校一基金”的运行架构。青岛技术交易市场快速发展的原因有两个方面：① 政府政策催旺科技中介发展，循序渐进激发市场活力。青岛市政府每年确定一个科技创新相关主题，2012 年为“科技孵化器年”，围绕科技孵化培育、项目引进以及科技计划项目的申报等方面开展工作；2013 年为“成果转化年”，政府鼓励机构积极进行科技成果转化；2014 年为“科技专利年”，企业会委托专利代理公司进行专利的申请工作以提高效率，对技术转移机构产生了较大的需求；2015 年为“科技金融年”，企业股权改造或融资等行为均拉动了科技咨询服务的需求，技术转移机构由此获得了长远的发展。② 行业建章立制，倡导进行科技成果标准化评价。青岛技术交易市场在中关村科技评价研究院设计的国家标准《科学技术研究项目评价通则》(GB/T 22900—2009)基础上，出版《科技成果标准化评价理论与实务》一书，对技术成果的成熟度、领先度、创新度、先进性等方面进行等级划分，并把经济效益融入其中，形成标准化评价。

（三）西安科技大市场

西安科技大市场建立了技术经理人“1＋3”管理运行体系，其中体系的“1”代表技术交易市场，统筹线上和线下两个部分。通过线上的信息公布，打破信息垄断，实现供需双方的信息对称；通过线下交易，由科技中介机构和技术经理人促成合作，完成整个技术转移过程。“3”是指技术经理人协会、技术经理人公司(技术转移机构)和技术经理人。技术经理人协会为技术经理人公司进行规则标准的制定和经理人的培训，确保技术经理人能够掌握技术转移全流程和具备专业能力。技术经理人公司管理和统筹配置技术经理人。技术经理人要想获得更高的职称，需要以自身参与促成的，有收益的技术转移服务案例答辩，这就促使技术经理人需要不断提高自身专业服务能力，有利于把控中介机构服务人员的服务质量和水平。

五、山西省技术转移机构发展对策

（一）政策层面的对策

1. 鼓励高校院所建立专业的技术转移机构

高校院所附属的技术转移机构背靠高校院所，可掌握及时、全面的成果信息，先天优势明显。因此应鼓励有条件的高校院所与专业的技术转移机构合作建立技术转移中心，连续给予科技经费支持，择优选择高校院所开展科技成果转移转化示范机构建设，将其作为高校院所与企业进行合作的窗口，从事技术成果的商业化工作，同时还可依托本单位科研实力，帮助企业引进消化吸收新技术，取得经济效益的同时也为山西省企业创新发展做出贡献。

2. 鼓励拥有核心优势业务的知名企业建立技术转移机构

企业作为技术需方大多数对省内国家级技术转移示范机构知之甚少，因此，应鼓励主营业务稳定健康发展的服务型企业成立技术转移机构或在原有业务基础上附加技术转移职能，企业在其细分领域内较知名，有核心优势业务及市场占有率，具备专业化的服务能力，拥有专业化的人才队伍，有自身的生存之道，在此基础上借助政府扶持实现“锦上添花”，发展全链条的技术转移服务。

3. 鼓励具有资源整合能力、可实现资本运作的投融资机构从事技术转移活动

投融资机构由于具有资本运作能力，通过资源整合可将技术供方与技术需方联结在一起，在此过程中机构自身也可投资优质项目以实现资本增值，获得利润。因此应鼓励具有资源整合能力、可实现资本运作的投融资机构从事技术转移活动，在资源整合过程中探寻到有前景的项目，注资入股，在促进成果转移转化的过程中获得投资回报。

4. 通过制定政策发挥经济激励作用

制定相关政策对技术转移活动进行经济激励，通过财政补助催旺科技中介发展，建立科技成果转化技术转移专项补助资金，对技术市场交易活动、科技中介机构从事技术转移活动、高校院所科技成果转化项目、企业购买高校院所技术等进行补助，建立严格的考核机制，政府根据不同年份的工作重点以及计划，确定当年的考核重点。除此之外，还应出台对技术转移人才的培养及奖励措施，规定对开展技术经纪人业务培训、技术经纪职业资格考试的行业培训服务机构，根据其相关支出给予一定比例的补助。

5. 循序渐进发挥引导作用

技术转移是科技服务过程中的一部分，不能单独割裂开来，因此在初创期政府应有意进行引导，确定特定发展主题，对科技服务业的各个环节进行补贴，确定每年的重点发展主题、发展方向，使市场对技术转移机构产生较大的需求，技术转移机构也可根据不同

的需求对自身提出新的要求，从而不断创新，不断前进。对技术转移机构按照年度主营服务收入、举办活动次数、技术合同登记金额等对其进行择优奖补。通过各类优惠政策引导使科技资源得以集聚，形成服务业集聚区，促进科技成果更加高效地转移转化。

6. 选择性地扶持技术转移机构

技术转移机构得到一定的发展之后，政府的进一步扶持不能盲目，而应有选择性。政府的扶持政策不应该是“雪中送炭”，对生存难以为继的企业进行大量资金投入，解决其生存问题，而应该是“锦上添花”，应当为主营业务健康发展的机构提供资源，帮助该机构寻求多元化发展，优先选择发展稳中向好的机构作为扶持对象。故政府的扶持必须是有条件的，中心理念就是所扶持的技术转移机构要有自己的生存模式和稳定的主营业务收入，拥有自身的客户群和企业资源，形成一定的商业运行能力和行业基础，进而发展全链条的技术转移服务。

7. 简政放权壮大技术市场

当初期财政培育市场取得显著成效后，要想使技术交易市场不断壮大、技术转移机构获得长足发展，就必须让市场来配置科技资源，政府就要“做小”，将自身原有的利益让渡给社会。可取消技术合同登记费用，放开技术合同登记点，下放技术转移机构的认定工作等，不断让渡自身权利，使得资源得到最有效的配置，科技成果得以迅速转移转化，技术转移机构获得长足的发展。

（二）机构层面的对策

1. 提高机构内生增长性

技术转移机构发展的关键制约因素在于机构的内生性。技术转移机构的发展应聚焦于某一细分领域，同时要有专业化的服务能力，拥有专业化的人才队伍，在主营业务稳定健康发展的基础上，借助政府力量，发展全链条的技术转移服务，而非失去造血功能，完全依赖政府。技术转移机构应具备自己的造血能力，除了为企业提供技术转移服务，也应能创造业务，通过各种方式寻找有前景的项目，随后跟投、中试等，创造后续的一系列业务。

2. 引进技术经理人、经纪人

目前，山西省技术转移机构存在的较大问题便是技术成果供需不匹配，要解决此问题，技术转移机构必须在技术转移过程中配备相关的技术人员全程跟进，既熟知技术转移过程的相关操作流程，也能对技术进行深入的解释、跟进，负责双方的协商，解决供需不匹配的问题。技术转移机构可在机构内部选择员工参与技术经理人、经纪人培训，或积极招聘外部技术经理人、经纪人，对不同方向的技术配备不同专业的技术经纪人来负责成果的转移转化，解决成果不匹配、技术供方与需方协调困难的问题，促进技术成果的转移转化。

3. 积极探索新的技术转移服务模式

山西省技术转移机构多依赖于政府部门，通过承担政府职能才能够得以运行，服务模式单一，且市场意识薄弱，缺乏应有的市场开拓能力。应鼓励技术转移机构积极探索新的服务模式，提高自力更生能力。技术转移机构可对山西省高校进行广泛联系，依据专业领域建立精干的山西专家队伍，携带专家队伍积极挖掘企业需求，通过专家联系引进省内外技术成果，需求方企业仅与专家团队对接，通过专家团队进行信息沟通，消除信息壁垒，促进技术成果的转移转化，同时建立合理的利益协调机制，开拓市场，为机构自身带来经济效益。

4. 建立并完善技术转移网上信息服务平台

信息不对称是技术转移活动效率低下的重要原因之一，技术转移机构应建立并完善网上信息服务平台，进行平台集聚、信息整合，利用各种信息技术功能进行全角度的数据传输，创设技术转移机构"成果端"和"需求端"动态追踪平台。在"成果端"完善科技成果入库管理制度，及时对科技成果进行收集、评估、入库。在"需求端"设立专家在线咨询项目，减少信息不对称，及时解决企业的技术难题，实现供需的快速有效匹配。

5. 提高技术转移中介机构的知名度

技术转移机构可通过多种方式提高自身知名度。① 对科技成果进行宣传。技术转移机构可通过多种方式对技术成果进行广泛宣传，如举办技术成果交易会、对接会、技术难题招标会、建立网上信息服务平台进行技术推广，降低企业的技术搜寻成本，提高技术转移中介机构的知名度。② 建立科技成果拍卖机制。技术转移机构可与专业拍卖公司合作建立科技成果拍卖平台，实行科技成果拍卖制度，通过媒体对拍卖会的举办及所拍卖的科技成果进行宣传，在提高知名度的同时也保证了拍卖过程及合同签订的公开透明，促进了技术成果转移转化。

6. 扩大技术成果的来源端

由于山西省纳入成果库的技术成果完整性较低、覆盖面较窄，故应重视成果来源端，在高校、科研院所设点，及时对成果进行收集、评估。同时，在接收省内技术成果的同时应广泛吸纳外省资源，在各个地方建立分支机构，通过与地方科技部合作来开展技术转移方面的工作，通过科技局将其辖区内企业的需求收集起来，并将需求信息传达至技术转移机构，将企业需求与高校进行对接。此外，技术转移机构也要积极加入各种产学研联盟，使信息互通有无，从而促进科技成果转移转化。

作者简介

郭彬，博士、教授、硕士生导师，太原理工大学经济管理学院管理科学系主任，主要从事创新管理、政府（产业）规划编制、企业管理咨询、项目评估等工作。中国技术经济学会理事；山西省战略性新兴产业研究会副理事长兼秘书长；中国科学学与科技政策研究会科技成果产业化专委会委员；国家科技专家库、教育部科技管理信息系统专家库、教育部科技评价与评审专家库、教育部学位与研究生教育评估专家库、中国技术市场协会科技成果评价专委会、山西省委决策信息智库、山西省政协智库、山西省工信厅专家库、山西省科技厅专家库、山西省就业创业专家库、山西省正高级经济师专业技术职务评审委员会等专家。发表学术论文40余篇，主持省部级科研课题18项，获省社科优秀成果二等奖2项，担任主编和副主编出版教材4部，获评"山西省高等学校师德楷模"，撰写的研究报告多次获得省领导、省科技厅、省科协等肯定性批示或采纳。

关于促进南京新型研发机构高质量发展的思考[①]

戚 湧

摘要：新型研发机构作为科技与经济结合的新模式，是创新驱动推进高质量发展的重要实践。南京市自2018年正式开展新型研发机构建设以来，在开展技术研发、孵化科技企业、转化科技成果、集聚高端人才等方面取得了显著成效。随着新型研发机构建设由规模提升向质效提升转变，南京应当以问题为导向，进一步加强顶层设计、聚焦能级提升、释放人才效能、优化资金配置、完善建设生态，从而更好地促进新型研发机构高质量发展。

关键词：新型研发机构；高质量发展；科技创新

2021年5月，习近平总书记在两院院士大会、中国科协第十次全国代表大会上强调，"立足新发展阶段、贯彻新发展理念、构建新发展格局、推动高质量发展，必须深入实施科教兴国战略、人才强国战略、创新驱动发展战略，完善国家创新体系，加快建设科技强国，实现高水平科技自立自强"。当今世界百年未有之大变局加速演进，新一轮科技革命和产业变革突飞猛进，科技创新成为国际战略博弈的主要战场，围绕科技制高点的竞争空前激烈。要实现"高水平科技自立自强"，必须进一步破除在科技研发和成果转化运用过程中面临的障碍和壁垒。新型研发机构是近年来涌现出的一种有别于传统科研机构的组织，针对传统科研机构存在的市场观念不强、体制机制僵硬、无法适应市场需求和产业创新需求等问题，以市场需求为导向、以科技创新为手段、以促进产业和经济发展为目的，是科技与经济结合的新模式，也是创新驱动推进高质量发展的实践。

南京高度重视新型研发机构建设，2018年以来连续5年在市委一号文中提出关于新型研发机构建设的主要目标、任务和要点，指明发展方向，同时先后出台配套政策，充分保障新型研发机构有序、健康发展。经过多年建设，南京新型研发机构现已形成良好的发展局面，并在开展技术研发、孵化科技企业、转化科技成果、集聚高端人才等领域取得显著成效。同时，随着新型研发机构建设阶段从规模提升向质效提升转变，南京应当坚持问题导向，发挥科教资源和区位优势，积极探索促进新型研发机构高质量发展的新模式，不断丰富完善具有引领示范效应的科技创新"南京经验"，为加快打造全球英才向往的创新之都提供有力支撑。

---

① 基金项目：国家自然科学基金项目"基于专利分析的智能网联汽车技术创新网络治理研究"(71974096)研究成果。

一、南京推进新型研发机构建设的现状

（一）举措成效

1. 引培成效显著，备案规模持续扩大

2018 年至 2020 年，纳入市级备案的新型研发机构分别为 108 家、102 家和 113 家，每年均超额完成新增备案 100 家的目标任务，年平均增长率达 72.94%。2021 年 7 月，新增 29 家机构列入 2021 年第一批市级新型研发机构名单，累计纳入市级备案的新型研发机构 352 家。

2. 产业定位集中，补链强链持续推进

南京新型研发机构建设紧扣“4＋4＋1”主导产业和八大产业链布局，主要集中在电子信息、高端装备制造、生物医药、节能环保、新材料等领域。在新型研发机构所属领域中，新医药与生命健康占 19%，智能装备制造占 15%，软件和信息服务、节能和生态环保占 13%，新材料占 11%，集成电路和新型电子信息占 10%，人工智能占 8%。

3. 项目孵化加速，企业技术创新突出

各新型研发机构按照备案认定管理办法，加强技术研发，持续孵化科技企业，提高企业技术创新能力。目前，全市已有 99 家新型研发机构及其孵化和引进企业成长为规模以上企业，299 家培育成为高新技术企业。2020 年全市新型研发机构累计申请专利 9751 件，较上年增长 6596 件，其中江宁区专利申请 2909 件，表明新型研发机构创新能力逐渐爆发，技术创新成效显著。

4. 运营管理优化，质量建设有效提升

截至 2021 年初，全市新型研发机构中，已有 341 家聘请职业经理人，占比 83.37%，市场运营能力不断加强。2020 年全市新型研发机构及其孵化引进企业实现营收 116.3 亿元，成长后劲日渐增强；拥有科研及管理人员 14693 人，其中拥有硕士学位以上者 7110 人，其中包括诺贝尔奖获奖者、图灵奖获奖者、中外院士及“长江学者”等高端领军人才。

5. 机构交流活跃，沟通渠道不断拓宽

南京先后举办多场新型研发机构创新联盟业务交流会、中小企业和新型研发机构座谈会等活动，有效加强了政府和新型研发机构、新型研发机构彼此间的沟通和交流，帮助新型研发机构获取更多、更及时的信息。

（二）存在问题

1. 组织推进体系有待更好地健全

科技、发改、工信、财政、金融等其他部门参与程度有待加强，市、区（园区）主管部门资源联动整合和沟通协调力度还有待加大，对基层新型研发机构的指导和推动还需强化。此外，按不同产业、阶段的分类绩效评估体系还有待构建，“一刀切”现象依然存在。

2. 自我发展能力有待更好地培育

现有新型研发机构政策建设尚未形成可复制、可推广的发展范式，许多新型研发机构的自我造血功能有待增强。部分新型研发机构由于自身发展差异而产生退出或并购需求，缺乏明确的政策支持。此外，新型研发机构间“资源孤岛”难题有待破解，创新要素流通不畅，制约了机构进一步发展壮大。

3. 人才集聚配置有待更好地推进

当前各类人才对新型研发机构的知晓度和认可度不高，“招人难”问题尚未有效解决。部分高校、科研院所创办的新型研发机构，核心团队主要从事理论和应用基础研究，缺乏技术创新骨干人才，同时经营管理能力不足，导致新型研发机构发展难以达到预期水平。此外，南京新型研发机构人才薪酬体系竞争力较其他城市弱，个税减免门槛较高，人才激励效果不够显著。

4. 多元投入机制有待更好地优化

当前财政资金对新型研发机构“小而散”的支持方式难以满足不同发展阶段新型研发机构对资金的差异化需求，特别是对初创期的新型研发机构缺乏精确补助扶持。此外，由于缺乏产业引导基金和金融创新产品的支持，部分新型研发机构在短期、长期均存在较大的资金缺口。

5. 知识产权治理有待更好地完善

部分新型研发机构存在着知识产权创造“重数量、轻质量”的问题，知识产权质量不高，同时由于权属不清和转化激励不足等原因，知识产权转化能力有待提升。此外，部分新型研发机构知识产权保护意识不强，无法快速应对知识产权纠纷，挫伤了创新积极性。

二、促进新型研发机构高质量发展的对策建议

（一）进一步加强顶层设计，健全组织制度保障

一是提升建设目标和推进举措。围绕建设社会主义现代化典范城市的崭新蓝图，贯彻新发展理念，优化新型研发机构建设规划，统筹处理数量与质量、新增与培育关系，总量控制机构规模。实施新型研发机构提质增效三年行动计划，依托南京主要创新型产业集群，分产业遴选高水平新型研发机构和平台型新型研发机构，按照世界一流的目标进行重点建设和精准扶持。探索委托第三方机构承担备案认定和绩效评估工作，强化政府规划、组织和服务功能。二是凝聚部门间合力。推进政府部门间政策集成，上下衔接一致，同级部门有效协调，促进新型研发机构政策提档升级，加快政策落实生效。建立市级新型研发机构建设联席会议制度，在梳理和诊断新型研发机构现存瓶颈问题的基础上，定期组织科技、发改、工信、财政、金融等部门召开会议交流、探讨并形成针对性的政策意见，统筹指导新型研发机构建设。推动区（园区）制定实施新型研发机构建设年度工作要点，明确时间表、路线图、责任人，因地制宜建设一批重要平台、细化一批改革举措，实现

新型研发机构的常态化管理。三是完善备案认定和考核评估制度。放宽新型研发机构备案认定条件中对依托平台的要求,原则上允许一家科研平台参与2~3家新型研发机构的建设。聚焦开展技术研发,结合科技企业孵化、科技成果转化、高端人才集聚以及新型研发机构这一未来发展的重点方向,调整优化绩效评估体系,结合产业领域、功能定位和发展阶段,柔性、动态设置绩效指标权重,确保评估结果能够客观反映实际,达到以评促建的目的。

(二) 进一步聚焦能级提升,促进机构自我造血

一是加强分类指导和精准扶持。牢固树立新型研发机构“姓研”的观念,强化其开展产业关键共性技术研发、加快实现自主可控、引领带动产业链迈向高端的主要功能定位,避免“重孵化轻研发”。分行业划分新型研发机构梯队,采取“引进来,扶上马,送一程,促发展,走出去”的方式,根据不同发展阶段,“一阶段一政策”给予指导扶持,推动新型研发机构从“外部输血”到“自我造血”的能级提升,加快提升市场化发水平和竞争力,实现高质量、可持续发展。二是推进高价值知识产权创造。实施新型研发机构高价值知识产权培育工程,开展知识产权导航和预警,绘制产业知识产权图谱,依托高价值专利培育中心等平台提供高价值知识产权服务。鼓励新型研发机构申报省级高价值专利培育计划项目,择优推荐上报,对成功入选省级高价值专利培育计划的项目给予配套奖励。将高价值知识产权数量创造纳入年度绩效考核指标,调动新型研发机构高价值知识产权创造的积极性。三是开展示范和标准引领。定期汇编并发布形成典型案例集,面向不同领域,组织举办新型研发机构建设发展经验交流会,邀请高水平机构负责人分享建设经验。设立“高水平新型研发机构开放日”,定期组织其他新型研发机构负责人进行现场观摩学习。组织高水平新型研发机构围绕技术研发、孵化科技企业、转化科技成果、集聚高端人才等制定引导性标准规范,探索推动构建高水平新型研发机构标准化建设,为中小型新型研发机构创新发展提供经验参考。

(三) 进一步释放人才效能,打造智力驱动引擎

一是加强科技人才供给。坚持产才融合、产教融合,实施新型研发机构科技人才集聚行动,围绕主导产业大力引进和培养一批全球顶尖技术人才,打造一支创新能力强、国际竞争优势突出的专业技术人才队伍。探索设立一批国际联合实验室和海外研发机构,探索新型研发机构海外人才离岸创新模式,真正做到“不为所有,但为所用”。鼓励有条件的新型研发机构申请研究生工作站和博士后工作站,吸引培养一批具有实干经验的科技人才。二是打造高素质职业经理人队伍。重视职业经理人在新型研发机构经营管理和战略发展中的关键作用,推动职业经理人制度在新型研发机构全面实施。构建新型研发机构职业经理人才池,支持新型研发机构内部科技人才向职业经理人才方向发展,鼓励企业高管、投资经理、市场总监等善跨界、懂市场、精运营的优秀企业经营管理人才投身新型研发机构,保障新型研发机构更高效地产业化、更好地市场化运作。三是完善“名利双收”的人才激励体系。在职称评审、岗位结构比例设置等方面向新型研发机构放权,支持建立以业绩为导向的新型研发机构科研人员职称申报绿色通道。支持新型研发机

构探索多元化激励方式，完善科研人员职务成果权益分享机制，切实提高科研人员获得感。扩大新型研发机构个人所得税减免的适用人才范围，降低返还门槛，适当提高返还比例，简化申报流程。

（四）进一步优化资金配置，放大杠杆撬动作用

一是推进财政精准支持。实施新型研发机构“首超”和“倍增”支持政策，按产业对主营业务收入进行分档：新型研发机构首次超过上一主营业务收入档次的，逐档提高财政支持；较上一年实现主营业务收入倍增的新型研发机构，根据主营业务收入规模及倍增比例给予相应的财政支持。实施以突破关键核心技术、提升自主可控能力为目标的“攻坚计划”，支持新型研发机构联合产业链龙头骨干企业联合开展前沿技术研究，根据预期绩效目标，采取“借转补”的方式分期给予研发前期支持。二是设立专项引导基金。建议设立新型研发机构建设专项引导基金，吸引企业和社会资本参与新型研发机构重大平台建设、技术研发、成果转化、创业孵化、科技成果产业化等科技创新活动，对参与新型研发机构建设、投资新型研发机构及其孵化企业的天使投资、创业投资和风险投资企业，按实际投资额和投资损失分别给予投资奖励和投资风险补偿。三是提升金融服务能力。发挥贷款风险补偿资金池作用，通过财政资金提升信用、分摊风险，撬动合作银行在有效防控风险的前提下加强融资支持。优化银行短期融资服务，降低新型研发机构过桥资金申请门槛，简化审批流程，加快贷款速度，切实解决新型研发机构融资困境。鼓励小额贷款公司开展新型研发机构小额贷款投放业务，为新型研发机构融资提供更多选项。支持政府性融资担保机构开展公益性为主、盈利为辅的新型研发机构政策性融资担保业务。

（五）进一步完善生态建设，营造良好的治理环境

一是打造新型研发机构创新联合体。建议南京牵头发起成立长三角新型研发机构战略联盟，聚焦长三角区域战略性新兴产业，定期发布科技成果、经典案例和服务信息，支持新型研发机构之间互派人员、互设机构、协同发展、互融互通。推进南京都市圈科技创新合作，形成以南京为核心的都市圈一体化技术转移服务体系，发挥南京新型研发机构建设优势，加强区域产业配套，形成“研发在南京、生产在周边”的产业格局。二是建立退出和并购机制。充分重视绩效考核结果，对首次出现绩效考核不合格的，给予警告并要求限期整改，暂停享受相应政策扶持；对连续三次绩效考核不合格的，予以摘牌清退，保证新型研发机构整体建设质量。制定新型研发机构并购政策，明确并购流程，支持高水平新型研发机构根据自身发展需求并购其他相关新型研发机构，进一步整合优质科研人才、科研平台等资源，提高科技创新能力和市场竞争力。三是支持新型研发机构建设良好氛围。加大新型研发机构宣传力度，提升广大专业技术人才和企业经营人才对新型研发机构的知晓度和认同度。大力营造鼓励创新、宽容失败的社会氛围，对新型研发机构以增强科技创新能力、加快科技成果转化等为目标，大胆探索、锐意改革所出现的失误，应当予以容错。

作者简介

戚湧，工学博士、管理学博士后，南京理工大学教授、博士生导师，华盛顿大学（西雅图）访问学者，江苏国际知识产权学院主要负责人，世界知识产权组织技术与创新支持中心主任，国家新一代人工智能社会实验总体专家组专家，中国软科学研究会常务理事，中国技术经济学会理事，中国科学学与科技政策研究会理事，科学中国人年度人物、江苏省“333工程”中青年领军人才、江苏省知识产权领军人才、江苏省高校优秀创新团队带头人、江苏省政府研究室决策咨询专家、江苏省科技智库专家、江苏省信息化专家委员会委员、南京市经济社会发展咨询委员会委员。

以场景思维谋划城市新经济发展的对策建议[①]

——以成都郫都区为例

黄　寰

摘要：当前正值我国向第二个百年奋斗目标奋进、实现中华民族伟大复兴中国梦新时代新征程的重要时刻，在党的十九届六中全会精神的指引下，进一步促进成都在服务国家战略和城市发展中贡献新经济力量，推动经济高质量发展激发新活力，具有重要意义。目前新技术、新模式、新业态正逐渐成为成都市经济转型发展的主动能，以场景思维进一步谋划城市新经济发展，正是立足城市新发展阶段、贯彻新时代新发展理念、构建城市新发展格局的关键着力点。本文基于对场景本质以及场景思维应用机理的分析，以成都市郫都区为例，提出以多渠道拓展城市新经济应用场景，全方位强化城市新经济要素支撑的对策建议，加快推动城市新经济创新发展。

关键词：场景；城市；新经济

近年来，场景应用的理念越来越多地运用在城市经济发展中。作为全国率先提出应用场景理论的城市，成都市建立了新经济发展委员会、"城市机会清单"发布机制等多项全国首创的场景应用，成都市"十四五"规划中有超过 80 处表述涉及了"场景"。可以预见，成都市将继续大力倡导以"供场景、给机会"为逻辑主线的"场景营城"理念，并不断深化到城市新经济发展的各个层次和领域中。郫都区拥有国家双创示范基地建设的先发优势，在全市新经济发展格局中承载着产业提质、创新转化等重要功能，应积极探索以场景思维推动城市新经济发展，谋划通过场景供给为郫都区新经济发展聚集人才、资本、技术和数据等要素的现实路径，形成城市级的场景矩阵，打造更高质量的新经济图景。

一、场景的本质以及场景思维应用的机理

（一）场景的本质

场景一词原是指戏剧、电影中的场面或情景，后在营销、传播等领域不断延伸。随着新经济的快速发展，场景逐渐成为将新技术、新业态、新模式等创新要素融入经济社会活动的孵化平台、试验空间和生态载体。场景的本质就是"连接"，从企业、市场的角度，以

---

① 基金项目：四川省和重庆市社科规划"成渝地区双城经济圈"重大项目（SC20ZDCY001）、2021 年天府文化研究与文创课题一般项目（TYB202103）、成都理工大学社科规划重大培育项目（YJ2021-XP001）。

各种丰富、生动的形式密切串联起人、事、物之间的经济联系和社会联系，在生产、流通、消费等各个领域激发新经济发展的新活力。

（二）场景思维应用的机理

当前，城市经济发展不仅要应对越来越激烈的产业竞争、市场竞争，还要在城市形态更新、系统重构的发展进程中应对城市资源配置与公共产品供给的新问题，因此如何更好地吸引和集聚商业资本和创新要素，为城市经济发展注入新动能至关重要。将场景思维运用到城市新经济发展中，就是要通过场景与城市生产生活的有效融合，发挥场景在城市、产业、企业各个层面的“连接”优势，释放新经济发展的战略机遇，创造产业裂变的市场机会，加速产品创新的成果变现，为城市经济发展实现系统性增值和功能性重构提供关键的内生动力。

二、多渠道拓展郫都区新经济应用场景

（一）智慧城市场景

发展智慧商贸，发挥郫都区特色食品品牌价值，创新电商运营新模式、新业态，打造特色电商运营新场景，通过大数据、云计算、5G等新技术对商贸领域在贸易、流通、会展等方面的覆盖运用，促进智慧商贸发展，培育全产业链电商平台，打造电商化专业市场，发展“新零售”业态，推动多功能平台化发展。发展智慧文娱，鼓励企业结合郫都区丰富的文创资源，在文旅消费、虚拟现实、VR直播、音乐视听等休闲娱乐领域进行创新，将智慧运营加入文化体验、数字娱乐和情景参与，打造智能文娱平台，推出智能云平台、App等终端应用，打通业务的拓展和分发，打通统一用户体系建设，打通运营平台的构建，以此来实现全方位提升用户体验的目标，为用户提供高品质的文化娱乐产品，最终实现打通流量、融合业务、多维变现。发展智慧社区，面向街道社区、居民、企业三类主体，加快社区智能硬件终端设施部署，构建与现实物理社区虚实交互的数字孪生社区，在物业管理、电子商务、家居养老等方面为社区居民和企业提供更便捷、更优质的服务。加快“蓉易办”（一网通办）郫都分站建设，提升“郫都服务”网办能力，构建社区服务闭环，推动智慧社区各类数据资源融合。

（二）多元消费场景

探索夜间消费场景，加快打造郫都区川菜世纪夜间市集等夜间消费旅游主题品牌，结合景区客流分析和特色景观打造，在郫筒、犀浦、红光、德源等街道集中开发夜间服务项目。支持商圈组织大型商业综合体开展夜间市集等夜间促销活动，营造浓厚夜间购物氛围。鼓励引入市场主体整体开发运营特色街区，强化街区风貌建设和业态引导，打造风格各异的夜间风情街区，支持有条件的街区开发建设具有特色服务和品牌效应的高品质夜间步行街。拓展生活化消费场景，聚焦郫都区产城一体化发展，加快建设具有郫都特色的菁蓉镇水街，并配套建设菁蓉湖中央商务区、创客公园、城市公园和国际社区等产业生态圈和生活圈，形成高端消费商圈。结合郫都区海骏达城、摩尔国际城等项目建设，围绕主导产业人群的需求，以复合社区为核心构建精品生活圈，推进人、产、城相融合的

国际化社区建设。

（三）工业提质增效

打造工业互联网平台，依托步科、阿里云、腾讯等企业探索构建郫都区“1＋3”工业互联网服务平台体系，面向郫都区重点行业领域，推进工业互联网标识解析系统在食品饮料、电子信息等重点产业的应用，打造电子信息云平台、食品行业云平台、装备行业云平台等一批具有市场竞争力的企业级工业互联网平台，实现企业供应链和生产系统之间的精准对接，并可率先在重点产业行业推广普及。建设智能制造研发中心，集聚包括高等院校、研究院、重点企业研发总部在内的创新研发主体，围绕电子信息、军民融合等重点领域建设智能制造研发中心，打造现代都市工业及总部集聚区，强化应用产业化配套服务，提供从科学到产业的创新、产业、资本整合服务。

三、强化郫都区新经济场景要素支撑

（一）培育和引进新经济企业主体

精准施策培育和招引新经济企业。探索建立郫都区新经济开放型招商数据库，结合郫都区新经济领域产业基础和优势，发挥大数据在新型显示、集成电路、大数据运营、工业软件以及新型电商等行业企业精准招商中的服务效能，逐步建立完善覆盖周边地区项目合作、企业招商的综合数据库，实现招商项目的精准分析与推荐。促进国有企业参与新经济发展，推动国有企业参与本土民营龙头企业产业升级、产业园打造和新经济企业孵化等工作，助力本土企业在新经济领域做大做强。发挥国有企业的资本和技术优势，促进国有企业涉足新经济领域投资和创新发展。

（二）聚合新经济高端专业化人才

挖掘高校人才资源，充分利用郫都区高校资源丰富的优势，在住房安置、生活补贴、职称评定、事业编制等福利待遇上加大投入力度，打造高端人才孵化政策体系，从高校内部培育和挖掘适合城市新经济发展所需的高层次人才。促进企业和人才高效对接，积极组织开展新经济企业——人才对接洽谈会等活动，开辟“新经济人才直通车”，实现专业人才和企业高管直接沟通，促进人才和企业快速对接，重点引进国家级等顶尖人才和团队，通过“蓉漂人才荟”系列招才引智活动，重点引进相关领域的海内外川籍人才回郫都创新创业就业。同时以人才吸引人才，拓展“血缘型”“师徒型”人才链，支持新经济企业在全球范围内吸引技术类、管理类、文创类等具有高级专业技术职称的领军人才，重点吸引“高势能”人才，引发人才连锁效应。

（三）建设完善新经济金融体系

构建多层次资本市场体系，依托成都市新经济天使投资基金设立子基金，吸引国有平台参与，开展基金投资咨询，构建“创业投资＋债券融资＋上市融资”的多层次融资服务体系。针对新经济小微企业、初创企业在融资方面面临的问题，强化征信服务，引入大数据征信服务机构，构建由政府引导、银行支撑、第三方服务的新经济融资信用体系，整合新经济企业财务、税务、贷款、贸易等全方位信息征集、评价评级等融资信用信息服务，结合政府信保基金、投贷(保)联动引导基金等财政扶持政策，引导金融机构开发面向新经济企业的免抵押免担保信用贷服务，协调新经济企业与金融机构的供给与需求，提升新经济企业的融资效率。

(四) 搭建新经济高品质服务平台

优化孵化平台。发挥郫都区国家双创示范基地的优势，依托现代工业港、影视城、川菜基地等高品质科创空间建设，积极打造与郫都区功能区主导产业深度融合的新经济专业孵化平台。积极开展校、地、企三级联动，建立与电子科技大学、西南交通大学等高校的长效联动机制，以市场需求为导向，推动产学研深度合作，依托国盾融合创新中心等创新资源，努力推动科技创新平台在郫都聚集，加快建设和完善综合实验大楼、中试检测基地等公共技术服务平台，帮助园区企业的研发专利和创新创业项目快速实现市场对接、技术支持、信息互通，深化职务科技成果混合所有制改革，进一步提高科技成果的转化率。建立企业信息化平台及新经济项目库和企业名录，完善数字与新经济产业有机融合的机制体制，为新经济运行和科学决策提供有力的技术支撑。

(五) 打造一流新经济产业生态圈

建设新经济培育载体，网络化、智能化等新一代信息技术不断催生新经济市场，新经济改变了经济发展的底层逻辑。新经济企业对传统的优惠政策需求向新经济场景供给需求转变，投资与出口驱动向技术创新和消费升级双向驱动转变，新的发展逻辑和发展目标要求为新技术落地提供空间实验室，为新产品提供消费市场，为新模式提供应用市场。新经济应用场景重构了经济活动的各个环节，具有孵化落地、连接赋能、跨界共生等功能，主动营造各类产业发展的应用场景，将动态变化的需求和供给有机撮合，为新经济发展搭建载体，催生新经济行业企业加快发展。营造良好的新经济营商环境，定期收集和发布城市机会清单，变"给优惠"为"给机会"，为新经济发展创造市场机会，积极组织参与新经济专题活动与推介会，增强新经济显示度，引进培育高能级企业，通过龙头带动，实现产业聚集示范效应，持续壮大产业生态链。加快打造新经济创新集聚区，打造新经济创新集聚区，形成高效的区域创新系统是新经济发展的重要动力。首先，应大力吸引多元化的顶尖创新人才，促进全球新经济顶尖技术的开发，促进产学研政商协同合作。其次，鼓励建立各行业协会、校友会，大量开展多样化交流，促进不同领域的思想碰撞，实现跨界融合共生。再次，应围绕新经济产业集聚区建设，积极搭建创新创业孵化器、加速器、联合办空间等多样化创新服务平台，鼓励和支持高校与科研院所向社会开放实验设施，吸引社会创新资源集聚，打造创新创业空间载体，营造良好的创新创业氛围。

参考文献

[1] 刘灵辉，田茂林，李明玉. 城市新经济竞争力的影响因素研究[J]. 市场论坛，2021(3)：1-10.

[2] 张宇，黄寰，李艳春，于惠洋. 以营造城市场景和产业政策创新探求新经济发展路径[J]. 中国发展观察，2021(1)：44-48.

[3] 周书婷."解密"新经济,释放城市新机遇[J].产城,2020(12):30-33.
[4] 徐娟,张梦潇,尹妙妙.中美典型城市新经济发展比较[J].经济研究参考,2020(19):15-29.
[5] 邓玲.城市新经济和城市治理需要注意的三个方面[J].新经济导刊,2020(1):25-26.
[6] 蔡武.新经济地理学视域下城市经济集聚最优规模研究[J].企业经济,2018,37(11):169-177.
[7] 张海冰.从工业城市到新经济城市:城市发展的新模式[J].国际融资,2018(11):15-20.

作者简介

黄寰,成都理工大学商学院和数字胡焕庸线研究院二级教授、中国人民大学长江经济带研究院研究员、四川高校社科重点研究基地成渝地区双城经济圈科技创新与新经济研究中心主任、四川省人民政府参事室特约研究员,主要研究方向为区域可持续发展。国务院政府特殊津贴专家、中组部"西部之光"访问学者、四川省学术和技术带头人、四川省杰出青年学术技术带头人、"区域可持续发展四川省青年科技创新研究团队"带头人,中国技术经济学会理事、中国区域经济学会常务理事、成都市科青联副主席兼秘书长、四川省技术经济和管理现代化研究会副理事长、四川省区域经济研究会副会长等。主持国家社科基金、国家软科学项目等各级纵向课题80多项,发表论文90多篇,出版专著8部。先后获中国青年科技奖、全国优秀科技工作者等奖励。

以中央创新区为重点，推动我国创新型城市建设①

张　贵

摘要：创新总是集聚在特定的地域空间上。北京、上海、深圳等创新型城市要充分把握知识经济时代产业空间布局复归城市核心区的契机，以中央创新区为重点，坚持系统观念、融合发展、生态发展的理念，重点地区重塑创新空间，实施“头部研发—生态平台—创新城区”三位一体的发展战略，进一步优化都市型科技创新区重要承载空间，形成布局合理、精准定位、优势互补的都市型分布式的中央创新区，着力提升城市的创新力、竞争力、辐射力。

关键词：中央创新区；创新型城市；创新空间

党的十九届五中全会提出“布局建设综合性国家科学中心和区域性创新高地，支持北京、上海、粤港澳大湾区形成国际科技创新中心。”而这些创新高地要以中央创新区为重点，统领创新型城市建设。

一、从“中央商务区(CBD)”迈向“中央创新区(CID)”，中国城市加装新的发展主引擎

当代社会已进入创新驱动发展阶段，需要能级强大的创新策源地提供发展新动力。中央商务区(CBD)作为区域经济中心，极大地推动了经济发展；但作为城市发展的主引擎，CBD已不能满足“创新驱动发展”模式的新要求。为进一步提升区域创新密度，打造以创新为核心动力的地标性区域，区域需突破现有创新空间规划发展理念，重新定义科创高地建设发展模式，大力建设CID，加装京津冀协同发展新引擎。

CID是以新的“创新空间”为核心的地标性区域。CID是一个城市或区域高端创新要素的融合聚变区，区域内高端创新人才汇聚，创新活动极其活跃，是创新成果持续输出和创新影响力最大的地标性区域。CID战略地位显著，往往作为科技创新和高新技术产业集聚发展的核心承载区以及资源高效配置和创新协调发展的创新创业示范区，对周边区域产生强大的辐射带动作用。

目前，CID已成为国内外创新型城市的新引擎。从世界来看，纽约是美国的CBD，曾经长期引领美国甚至世界的经济发展；从20世纪50年代开始硅谷逐步发展成为美国的

---

① 基金项目：国家社科基金重大招标项目“雄安新区创新生态系统构建机制与路径研究”(项目批准号：18ZD044)。

CID;但近十年来,纽约开始从 CBD 转向 CID,又成为美国乃至世界经济发展的新引擎。从国内来看,北京中关村、上海张江科学城、广州琶洲中央创新区、深圳南山区和福田区、武汉光谷和杭州未来科技城已成为城市新的发展主引擎,通过集聚高端创新要素,实现创新驱动发展,对周围区域产生强大的辐射带动作用,成为城市创新发展的战略策源地。

针对创新型城市,尤其是北京、上海和深圳以及正在规划建设的雄安新区呈现出创新活动空间不均衡,科技创新质量有待提升,创新链与产业链不协调,在全球科技创新链中的影响力有待加强等现实问题,为顺应国际创新资源"再中心化",应发挥中心城区要素组合、运行效率、综合成本三大突出优势,把 CID 建立在人口高密度、金融资本高度集聚、商业功能完善、生活配套成熟、地理位置优越的中心城区,对重点区域要实施组团重塑创新空间。换言之,以中央创新区理念为统领,鼓励创新创业者、高科技企业、研发机构等灵活选择办公场所,不再集中于统一规划的园区之中,而是可以分散嵌入在大小不一、功能多元、各具特色的专业楼宇、老旧建筑、工业厂房、特色街区之中,并通过智能化平台,自主匹配相应的公共服务、租金优惠与专项扶持政策等,建设都市型、分布式、智能化的中央创新区。为此,建议在"十四五"期间,以 CID 为切入点,以"头部研发—生态平台—创新城区"为三位一体的发展思路,把协同创新共同体建设嵌入北京国际科技创新中心、上海具有全球影响力的科创中心、深圳具有全球影响力的国际科创中心和雄安新区世界一流创新型城市等战略行动计划当中。

二、头部研发:聚集科技重大专项和科技资源,联合提升原始创新能力

"中央创新区"的空间布局中应着重与现有京沪深等创新型城市的创新平台相融合发展,利用高校院所、新型研发机构、生态型企业在区域发展中的优势所在,准确定位主要的创新要素源头,形成中心引领和辐射带动的创新空间发展格局。

一是高度重视"支柱核心"创新机构在城区发展中的关键作用。一方面,积极布局国家实验室,加快综合性国家科学中心建设,推进创新型城市的国家重点实验室体系重组,推动国家级产业创新中心、技术创新中心等建设,支持京津冀的高校和科研机构发起和参与全球重大科学计划,形成国家战略科技力量;另一方面,采用与国际接轨的创新治理模式和运行机制,强化市场导向,推进融通创新、产教融合,引导高校院所、企业等多类型主体合作,发展社会研发机构,探索"多方参建投资+政府财政资金+其他社会资金"多元化的投资机制,建设一批世界一流新型研发机构。围绕高校人员兼职身份、知识产权归属与利用关系界定等方面,进一步理顺新型研发机构运行机制。

二是"带土移植"创新"基因"激活新动能。营造更具吸引力的"类海外"创新环境,围绕量子、脑科学、人工智能、区块链、纳米能源、应用数学、干细胞与再生医学等领域,鼓励国际领军人才打包人才团队、技术专利等资源"带土移植"。在外国人集中居住的城区,推动建立移民事务服务中心,打造出入境事务"一站式"服务平台,推进区域国际人才社区建设,配备国际一流的教育、医疗、居住、文化、休闲等公共服务。加快布局国际医院、国际学校、国际街区等重点项目。

三是强化市场发现、市场认可、市场评价的引才机制。对经由市场主体评价并获得市场认可的创新创业人才及其核心团队,加大积分落户支持力度。在境内工作的港澳台

人才及持有外国人来华工作许可证的外籍人才，均纳入当地职称评价范围，对引进的海外高层次人才和急需紧缺人才，可进一步放宽资历、年限等条件限制，建立职称评审绿色通道。探索人才柔性流动机制，支持高校、科研院所吸引有创新实践经验的企业家和企业科研人才兼职。造就一支具备知识型、技能型的创新、创业和创智的“三创”大军。

三、生态平台：构建引育创新创业生态载体，营造创新生态环境

由创新型城市的中心城区内关键创新机构、企业与部门的领导者组建合作网络。未来关于中央创新区域的规划指导方针，应着力推动创新功能与城市功能的空间融合，以综合性创新城区为空间载体，支撑中央创新区的规划建设。创新领导层合作网络机制，由区域内关键创新机构、企业与部门的领导者组建合作网络。推进区域的规划、完善、营销与治理，探索完善产学研“三螺旋”模式、核心协调主体促进模式、市长推动合作网络构建模式等。

一是做强“三高”企业群体，聚集世界级头部企业。创新企业培育手段，完善从“金种子—科技型中小企业—瞪羚企业—独角兽企业—世界级领军企业”的全链条培育体系，大力发展高水平创业企业、高新技术企业、高成长企业“三高”企业，培育发展一批引领产业发展趋势的世界级头部企业、独角兽企业、隐形冠军企业，加快打造具有全球影响力的全生命周期企业群落。支持企业牵头组建面向产业链的创新联合体和创新创业资源共享平台，垂直整合产业链上下游企业研发、设计、制造、渠道、客户等资源，建立与中小企业协同创新、合作共赢的生态圈。鼓励互联网企业与大企业通过建设专业化众创空间、公共技术服务平台等方式支持创新创业，帮助创业者获取资金、场地、技术、渠道、物流等各种资源，孵化新兴领域项目，打造以大企业为核心的创新链条与研发创新共同体。推进央企与本地中小企业融合发展，支持央企开放创新平台和高端产业化项目在“一区多园”落地。支持大企业建设一批数据多源集成、服务全链共享、资源跨域协同的特色行业供应链平台，完善关联企业群，构建产业链供应链互通的新型生态。营造产业功能区与科技型企业“共生共赢”局面。充分发挥产业协同发展投资基金等金融资本作用，推进企业培育措施由“资金支持”向“服务支撑”的转变，对符合产业功能区主导产业方向、研发投入高、发展潜力大的企业进行定向扶持性投资，促进企业发展由“潜能”向“动能”转变。

二是重点面向国家需求大规模布局创新载体促进协同创新。积极对接一线城市等发达地区，重点围绕新一代信息技术和先进制造技术的深度融合，推进国家实验室建设，集中突破一批关键核心技术和“卡脖子”技术。围绕以人工智能和5G技术为代表的新一代信息技术产业、新能源、新材料、生物医药、航空航天等领域组建产业发展专家库，以华为、腾讯、阿里等平台型企业为龙头，建设一批院士工作站、博士后科研工作站和科技创业园，集聚创新创业人才，加速创新链与人才链深度融合，强化头部研发人才和技术支撑，增强创新内生动力。推动技术创新和成果转化，促进产业功能与生活功能融合发展，建设功能复合、职住平衡、服务配套、生态宜居的高科技社区空间，营造区域“微生态”。推动园区、社区和景区的融合发展，再打造一批万亿级、千亿级分园和产业社区。

三是强化以逆向创新为主导的产学研合作，打造高层次科技合作平台。重点围绕当地重点产业领域，借助“多校一园、一校多园、市校共建”的模式推进设立汇聚政产学研资介等诸多要素的（虚拟）大学科技园。搭建促进科技成果转移落地的服务平台，引入世界

一流高校院所设立分校分院，建立专属产业化基地、产业化综合大楼。大量引入中介服务机构、投融资机构，推进“技术转移经纪人模式”、市校“合作契约制”等集群式的技术成果孵化转化。最终形成以政府为主导、院校为主体、多元化投资的“孵化研究院、孵化研究机构、孵化企业、孵化服务”四位一体的孵化器群。谋划建设多家多种类型的产业技术研究院，推进科技成果转化。推动国家关键先进技术和重大科技成果在京津冀产业化，将产业院建设成为本地科技创新的“先导”、人才培养的“枢纽”、能源发展的“智库”、协同发展的“示范”。在高校院所之外，探索建立多种形式的非营利性科研组织，学习借鉴德国的科技创新体系，以政府公共投资为主的马普协会式研究院从事基础研究，主要定位在未来20～30年的基础性科学技术研究；以政府-企业-市场三方投资构成的弗劳恩霍式应用技术创新研究院，使中小企业有机会分享高端科学研究成果。

四是强化创新功能区跨区创新合作，打造跨区科技创新园区链，推动合作模式升级。探索通过参股、直接投资等多种方式参与合作园区开发、建设和管理的模式。搭建工业互联网，如，建立“北京为源头创新，津冀为产业创新”的跨区域产业链供应链。聚焦本区域内重点行业的智能化、数字化升级改造需求，加强应用场景合作共建。共同谋划研发、产业、科技服务协调平台，实现创新链、产业链、供应链、资金链、政策链深度衔接。加强跨区域重点功能区衔接，促进成果转化和新兴产业发展。推动教育、医疗、交通、通信、社保等公共服务同城化试点，完善公共服务共建共享体制机制。

四、创新城区：坚持“智慧化”的城市运行管理与服务，提高城市创新效能

以创新城区为平台，高度关注创新功能与城市功能的空间融合。特别关注创新对于城区市场要素的实际需求，积极促进区域市场资源与创新需求之间的均衡发展，推动创新要素与市场要素的融合。形成创新要素与区域内资本、产业、供应链、市场推广人才、高素质劳动力互动发展的综合性创新经济网络。

一是推动包容性增长，以创新城区为平台，促进邻近社区共享教育、就业的机遇。推动创新城区中的科研院所、高校、企业科研力量优化配置和资源共享。深入推进大众创业万众创新，新建一批双创示范基地，坚持包容审慎监管，更大激发社会创造力。推进社区治理创新，强化社区服务功能，推动综合性社区更新。通过多方面策略提升邻近社区的公共安全、教育质量、数字化联通水平，扩展可承受住房与零售业的开发机会。提高劳动力市场的参与度，推动住房、建筑、医疗、技术、服务与零售等多个领域发展，以提高就业水平。

二是加强高铁站点与城市公交系统的衔接，探索以公共交通为导向的TOD开发模式，建设区域性标志的综合建筑群落。积极探索高铁（城际）站、长途客运站、有条件的机场站，以及地铁沿线适合站点的TOD开发模式，以公共交通为导向，集居住、工作、休憩和交通功能于一体，推动城市地标、枢纽站点、绿色环保、“TOD＋商业”“TOD＋文旅”“TOD＋创意”等产业链发展。

三是优化基础设施建设，以服务导向型“SOD”发展模式为核心，适应创新型城市发展需求。坚持“紧凑城市”“精明增长”理念，以集聚首都高端人才和创新资源为目标，以公共服务为导向，从“产—城—人”转到“人—城—产”，以“SOD”模式为核心重新布局城

市功能，实施5分钟邻里生活圈、15分钟社区生活圈、30分钟街镇生活圈、城乡片区生活圈四个层级，重新布局创业创新、总部商务、贸易展示、商业时尚、旅游观光、品质居住、生态休闲等功能，带动人流物流、资金信息流，逐步完善教育、医疗等强大的创新保障体系，推动中心城区创新发展。推动传统和新型基础设施整体优化、协同融合。推进中心城区公共基础设施物联网部署，鼓励利用遥感技术、北斗卫星定位、传感器及摄像头等多种感知技术，实现交通、能源、给排水、环保、应急等城市基础设施物联网化改造，打造未来网络技术革命性创新和演进式发展的技术融合平台，以"智慧城市"推动城市"智慧"提升，强化城市创新效能。

作者简介

张贵，南开大学京津冀协同发展研究院秘书长、教授、博士生导师；兼任国际区域科学协会理事会员、中国技术经济学会理事、全国经济地理学会常务理事兼京津冀协同发展专业委员会主任、中国工业经济学会常务理事兼工业发展专业委员会副主任、天津市经济学会副会长兼秘书长、天津市城市经济学会副会长、河北省宏观经济研究学会副会长、河北省区域科协学会副会长等职务。围绕"创新生态系统"和"京津冀协同发展"在《经济研究》《中国工业经济》等刊物发表学术论文70多篇；出版了10多部有关创新的学术著作。目前主持国家重大社科基金招标项目"雄安新区创新生态系统构建机制与路径研究"，完成了国家社会科学基金重点、一般项目3项；参与国家和教育部重大招标项目3项，主持完成省部级以上项目30多项；获得天津市社科优秀成果一等奖2项、中国高校人文社会科学研究优秀成果二等奖和三等奖各1项。近年来40多份咨询报告得到中央政治局委员、国务院副总理，河北省和天津市领导的高度重视。

北京能源高质量发展的总体思路与路径选择[①]

冯 梅

摘要:"十四五"时期,北京应做好能源高质量发展的表率工作,为我国早日实现碳达峰、碳中和奠定坚实基础。本文立足于新发展理念,围绕能源供给侧改革和需求侧管理的理论逻辑,对北京能源高质量发展及其存在的主要问题进行了分析,提出了北京能源高质量发展的五大总体思路与具体路径,以期为制定适配北京高质量发展特征的能源发展政策提供理论参考。

关键词:能源结构优化;高质量发展;供给侧;需求侧

党的十八大以来,中国特色社会主义进入了新时代,我国能源发展也进入了新时代。习近平总书记提出"四个革命、一个合作"能源安全新战略,为我国推进能源消费革命、能源供给革命、能源技术革命、能源体制革命,全方位加强国际合作,实现开放条件下能源安全指明了方向,提供了根本遵循。与双循环新发展格局相呼应,能源安全新战略一方面围绕"创新、协调和绿色"的理念,强调不断推进国家治理体系和治理能力现代化,持续提升能源供给侧改革与需求侧管理的协同水平;另一方面秉持"开放和共享"的理念,强调利用外交优势积极参与全球能源治理,为形成全球能源新治理体系作出应有贡献。

面向更加深远的未来,实现碳达峰、碳中和是我国向世界作出的庄严承诺,也是一场广泛而深刻的经济社会变革。在此背景下,北京应大力推进能源发展向高质量迈进,在落实我国能源安全新战略的进程中做好表率。

一、能源高质量发展的理论逻辑

从当前形势来看,要打通能源供需体系,应紧紧抓住供给侧结构性改革这条主线,同时也要立足内需,注重需求侧管理,形成需求牵引供给、供给创造需求的能源供需体系循环,在不断的循环中联动起内外市场,推进能源革命,最终实现开放条件下的能源安全。

从供给侧来看,能源转型通常是指能源供给侧的结构发生根本性变革,历史上的能源革命均遵循了传统的经济规律,生产力的增长推动了能源结构的自发转型。紧紧扭住供给侧结构性改革的主线是畅通国内大循环,实现能源供需高水平动态平衡的要求。当前,我国能源体系惯性较大,对外依赖程度较高,要保障开放经济中能源安全战略的成功

---

① 基金项目:北京市社会科学基金决策咨询重点项目"北京优化能源结构对经济高质量发展的影响研究"(编号:20JCB083)。

实施，就必须坚定地走自主能源发展之路，紧紧抓住战略机遇期，实现由化石能源向非化石能源转型，逐渐减少对国外化石能源的依赖，发展绿色低碳的可再生能源体系。长期来看，能源供给侧结构性改革更是以国内大循环为主体、国内国际双循环相互促进，实现内外高水平协调的物质基础。因此，必须坚持对外合作，努力维护全球能源市场稳定，开展相关技术合作，同步推进绿色发展，如此才能确保实现能源领域的供给侧结构性改革顺利实施。

从需求侧来看，我国是最大的能源消费国，但在能源的可持续发展上依然面临现实约束。主要表现在人均能源资源量偏少且能源需求快速增长，能源消费水平偏低且对单一能源需求的依存度偏高，历史和资源禀赋双重因素的叠加使我国在全球能源资源配置中尚且面临较大风险。此外，能源产业作为基础性产业，具有投资规模大、回收周期长的特征，在我国幅员辽阔、能源资源禀赋不均的背景下，未来对新增能源需求的满足将成为重中之重。因此，必须加强需求侧的管理，利用好我国超大市场规模的优势，在国际上积极争取定价权，在国内则要统筹规划，立足扩大内需这一基点，打通跨区域能源资源调配的各个堵点，利用好先发优势积极发展新能源产业，满足相关需求。

二、北京能源高质量发展及存在的主要问题

（一）北京迈向能源高质量发展新阶段

“十三五”时期，北京能源发展取得了一定成效，压减燃煤近千万吨，优质能源占比高达98.1%，可再生能源应用总量超额完成预期目标，清洁能源保障能力显著增强，能源结构调整实现重大突破，高质量发展已有良好开端。

第一，北京能源供给体系适配性提升。一方面，北京大力支持能源科技创新，有序开发风能、生物质能、太阳能和地热能等新型清洁能源，加大能源技术的研发与应用的投资力度，能源供给向种类多元化和清洁化发展。另一方面，北京积极推进能源城乡及区域协调，能源设施保障能力明显提高，能源供给向城乡一体化和协调化发展。北京大力完善能源供给基础设施建设，“一厂、一线、多库、千站”的成品油供应保障体系不断增强，贯通“一带一路”的“三种气源、八大通道”的燃气供应体系不断完善，“外围成环、分区供电”的电力供给主网架结构全面覆盖，清洁供热规模及比重不断扩大。随着能源供给保障能力的不断增强，北京逐步实现了不同区域和不同时段用能供需的总体平衡，实现了清洁能源的推广利用，实现了本地电力生产清洁化，充分保障和基本实现北京平原地区“无煤化”的能源供给体系，促进北京能源供给在产业间、生产生活间、城乡间等方面快速向协调化发展，为推动形成绿色低碳的生产生活方式、助力经济高质量发展提供了能源供给方面的强力保障。

第二，北京能源消费方式全面性变革。一方面，北京加速推进能源消费结构全面升级优化，能源消费向绿色化和低碳化发展，大力开展电力体制改革试点，城乡“煤改电”“煤改气”和新能源推广利用，有序推进能源消费“脱煤、提气、增电”，调整能源消费移动源向绿色化、低碳化发展，贯彻落实能源结构优化工作。另一方面，北京贯彻落实能源消费总量和消费强度双控，能源消费向集约化和高效化发展，主动淘汰高耗能、高污染、低效率的企业和生产设备等落后产能，大力推进“互联网＋”和智慧能源发展，加快推进可

再生能源替代和应用项目,助力能源消费集约高效。随着能源消费的全面性变革,北京能源消费结构得到大幅优化,绿色生产生活方式和理念普遍推广落实,交通、建筑等重点领域节能效果显著,温室气体及主要污染物浓度有效降低,城市宜居水平和人民生活品质快速提升,既满足了生产生活用能需求,又满足了美好生活的宜居需求。

(二) 北京能源发展存在的主要问题

但仍应该清楚地看到,在未来几年北京能源消费总量刚性增长以及实现"双碳"目标的双重约束下,北京的能源发展还存在一些突出问题。这些问题给加快经济社会高质量发展带来了挑战,需要采取有关措施加以解决。

第一,能源消费结构偏向化石能源。北京能源消费总体处于刚性增长状态,非化石能源增长尚未发挥出明显的加速效应。一方面,北京非化石能源消费占比偏低。截至 2020 年,北京煤炭消费占比已低至 1.50%,天然气成为主要的能源消费品种,比重达到 37.16%,电力消费占比虽达 26.96%,但主要由化石能源转换而来,绿色电力供应相对不足;北京非化石能源消费占比仅为 10.4%,新能源和可再生能源占比低于全国平均水平,而同期非化石能源在欧盟地区消费占比已超过 20%。另一方面,北京非化石能源的应用场景有待拓宽。在北京产业结构向"高精尖"调整的过程中,光伏、风电、热泵等可再生能源技术尚未实现规模化应用。顺义、大兴、昌平、房山等地的新能源汽车科技产业园建设步伐加快,但新能源配套设施建设仍存在缺口,公用充电设施建设密度远不能满足需求,车、桩、网对新能源终端消费的响应度有待提升。

第二,能源供需错配风险依然存在。北京能源自给程度始终处于较低水平,部分能源品种供需平衡面临价格性与季节性风险。一方面,北京油品保供与价格上行压力大。长期以来,北京油品年均消费量高居 1000 万吨以上,占北京能源消费总量 30%左右,并呈缓慢上升态势。由于北京本地无石油产出,原油主要依靠大庆油田调入和天津港进口,进口量占比超过 50%。面对 2020 年以来原油供应及油价不确定性的增加,北京将可能承受更大的油品供应潜在缺口以及国际油价走高的压力。另一方面,北京电源侧顶峰与保供能力面临考验。作为典型受端电网,北京电网外调电比重达到 70%左右,目前整体虽能保持电力供需平衡,但随着供暖用电需求日益增长,北京电网负荷还将大幅攀升。2021 年北京负荷高峰期间采暖负荷占比高达 48.2%,在创下历史新高的同时,也增加了受外部电力供应波动影响的风险。在本地新能源出力偏低的情况下,冬季供暖用电峰顶期间仍需加强需求侧管理保障电网安全。

三、北京能源高质量发展的总体思路

北京能源高质量发展要想沿着正确的方向行进,应在推进能源需求侧管理与供给侧改革有效协同的基础上,进一步贯彻新发展理念,找准能源革命的综合改革方向。

第一,创新是实现能源高质量发展的第一动力。能源科技紧跟国家战略需求是能源领域内创新的重要表现。面对我国发展环境的复杂变化,能源核心技术竞争是国际竞争的关键所在,能源技术创新是推动北京能源产业升级的支撑点,能源技术攻关则是培育壮大北京能源产业的新增长点。深入实施能源领域内的创新,大力发展智慧能源,不仅能够构建起新的绿色能源发展体系,还能够带动相关产业的转型升级,发现新的增长点。

第二，协调是实现能源高质量发展的内在要求。区域能源协同发展是建立现代能源体系的关键一步。新的发展阶段对北京及周边地区的能源分工协调、一体化开发模式提出更高要求，因此，提升区域间能源供需通达能力将是能源市场间务实合作的重要发展方面，促进跨区域综合能源系统的落成则会是补齐能源设施及其运行“短板”的重要推力。协调国际和国内两个市场可以推动能源上的务实合作；协调需求和供给能够有效落实开放水平下能源安全战略；协调新旧能源的转化，可以优化绿色生产和消费；协调能源产地与消费地区的通达能力，能够互助互利，和谐发展。

第三，绿色是实现能源高质量发展的必要条件。在现实背景下，高效清洁的能源布局是加快形成绿色生产生活方式的重要基础，而加快能源绿色技术创新的步伐则是打通北京能源转型快车道的着力点。发展要绿色，要大力推进高效清洁能源的布局；科技要绿色，要加快构建绿色的能源技术体系；生产和生活方式也要强调绿色，要坚持人与自然和谐共生，早日实现低碳转型升级。

第四，开放是实现能源高质量发展的必由之路。新能源研发与技术攻关是护航一国参与国际能源竞争的重要基石。在世界各国能源博弈不断加剧的背景下，推进能源贸易、畅通新能源国际投资是提升国际能源话语权的重要渠道，加强新能源国际技术合作与成果转化则是加快抢占北京能源发展高地的关键途径。北京作为我国首都，应当积极作出表率，实施开放的能源战略，以维护共同的能源安全为理念，畅通国际贸易，加强技术合作。

第五，共享是能源高质量发展的本质要求。推进能源领域的共享是实现能源惠民、利民、便民的有效渠道。面对能源供需错配与季节性高峰消费叠加共振等潜在风险，深入推进能源价格改革是扩展北京新能源应用场景的先决条件，加快能源新型基础设施建设则是有效发挥北京能源供给服务的关键一环。

综合来看，新发展理念是实现能源高质量发展的最高原则，应在能源领域内坚持、贯彻新发展理念，为实现北京能源高质量发展添砖加瓦。

四、北京能源高质量发展的路径选择

（一）发挥能源创新发展的动力效应

推动能源创新发展是北京实现从资源禀赋支撑迈向技术创新驱动的必经之路，更是北京落实以科技创新引领高质量发展的重要内容。

第一，应在供给层面促进能源技术效率的提升。集中解决高碳化石能源的清洁高效利用问题，持续开展清洁能源的大规模开发利用研究，有重点地推进一批北京关键能源项目的实施与落地。加强大规模制氢、现代化加氢站等方面的技术储备，提高电解水制氢、储氢以及氢转化的技术效率，优化氢气制备、运输技术等关键技术手段，为氢能的规模化应用奠定基础；加大对大功率风电机组、超导风力发电机的研发制造力度，利用大数据技术充分把握北京全域的风资源特性，并通过云计算等技术来掌握风电资源的时空互补性，不断扩大风电有效供给利用范围；着力解决传统能源领域上的技术跨越问题，提高常规煤电参数等级，开发新型煤基发电手段，实施污染物一体化脱除，提升天然气、超清洁油品的生产加工工艺水平，努力实现煤炭供给、利用的清洁化、高效化。

第二，应在需求层面加大节能技术的推广与应用。持续加大能源科技投入，确保节能技术长期有效更新，不断降低能源消耗量，研发现代化节能设备，带动北京整体效能提升。充分把握数字革命浪潮，将云计算、大数据、物联网、移动互联网、人工智能等新一代数字技术融入能源技术创新中，打造“能源数字经济”，进行跨时空能源管理，最大程度保障能源价值流向最需要的地方。在融合数字技术与节能技术时，抓住数字经济生态化、平台化和虚拟化等特征，以一种新要素组成方式，构建起新市场交易规则，并引入到现有能源体系中，使现有能源系统由单一发展模式向综合发展模式转变。打造能源商业新模式，创造能源产业新业态，培育适合北京能源结构现状及未来发展要求的能源经济产业体系，更好地实现“能源＋绿色产业链”的发展方式，逐步提升全市能源行业价值链，通过产业共融提升发展价值。

（二）发挥能源协调发展的协同效应

推进能源协调发展是北京实现能源供给与能源消费根本性变革的重要方式，更是北京打破能源供需市场壁垒、实现区域统一协同的关键途径。

第一，应做好区域间能源的供需协调。从能源的开采、运输、储存等多个方面着手，优化区域间能源的供需关系。继续推动加强北京与内蒙古、山西、河北等能源资源大省的合作。除传统的天然气、石油外，多手段大力支持有关区域进行风能、太阳能的综合开发，继续大力支持国家可再生能源示范区和输出基地的建设，不断扩大北京利用周边地区新能源的范围和规模，就地配套电力调峰储能设施，扩大北京外调绿色电力规模，在促进多样化能源供给的前提下加大能源保障力度。加强北京与周边能源产地的互联互通，在能源输送通道建设方面，与能源强省协调进行科学有效布局，优化天然气管道、电力输送装置建设，继续推动京张、京蒙绿色电力输送通道建设，增强储能设备的智能化程度，提升区域间能源运输效率。

第二，应推动落实区域间产业协同发展。以能源相关产业为纽带，在持续推动区域能源政策体系完善和相关体制机制改革的同时，促进北京自身能源发展规划与周边地区能源发展规划的纵向衔接，加强与周边地区的产业联动，完善城市群规划和产业设施建设的协调机制，畅通与周边地区的商贸流、资金流和信息流，更好实现京津冀地区的经济、能源与环境的综合协调发展，着力提升北京协调能力。推动京津冀地区签署落实能源产业合作政策，加快能源产业分工、转移和对接。以氢能产业为例，北京应加强氢能核心技术的攻关研发，打造氢能创新发展应用的先行区；天津应依托现有优势产业，积极发挥、提升检测服务能力，打造氢能应用服务的示范区；河北应立足资源优势，打造氢能供应一体化产业，实现全产业链布局。

（三）发挥能源绿色发展的清洁低碳效应

推进能源绿色发展是北京引领能源转型、打造清洁能源体系的基本过程，更是奠定北京绿色低碳发展物质基础的必然措施。

第一，应提升可再生能源的供给能力。将绿色发展政策适当向能源加工、运输、储运产业倾斜，科学实行财政补贴措施或加强资金信贷支持，推动能源加工设备的环保升级改造，加大技术层面的攻关力度，着重提升新能源并网、微电网及氢能有关技术水平。因地制宜在北京各行业、各领域推广可再生能源的开发与应用：继续推动风电开发，持续鼓励北京产业园区开发利用风电；在北京农村地区探索垃圾焚烧发电，根据已有规划继续推动垃圾焚烧发电工程项目建设；推动氢燃料电池汽车在北京的规模化示范运营，加大氢能基础设施的建设力度，以促进氢能的技术成熟和早日规模化应用；推广分布式能源与微电网相结合的能源供应模式，为北京城乡生活用电提供稳定保障，减少能源供应带来的环境污染。

第二，应扩大清洁能源的使用场景。逐渐实现清洁能源的替代升级，逐步稳健提升清洁能源在北京能源消费结构中的比重。在交通运输领域推进轨道交通基础设施建设，提升北京中心城区的绿色出行比例，加快电动汽车、氢能汽车的推广应用，实现油品减量替代，降低交通领域化石能源的消耗。紧紧围绕碳达峰、碳中和的远景目标，加快制定并发布工业生产领域的深度脱碳行动计划，通过税收减免、融资支持、财政补贴等形式，加快促进企业淘汰能效不达标的用能设备，在工业领域推动用能的低碳化，优化调整用能结构，提高清洁能源的应用比例，持续对重点用能单位进行全方面全覆盖的监督检查，在大力发展绿色经济、刷新能源产业基础色的同时，为北京率先实现碳达峰、碳中和提供有力支撑。

（四）发挥能源开放发展的安全效应

推进能源开放发展是北京掌握能源安全主动权的必要前提，更是北京在能源领域推进高水平对外开放的坚实基础。

第一，应提升市属企业在国际能源市场上的参与程度。培养一批具有国际技术竞争力的能源创新企业，将政府财政资金以及支持政策更多地向氢能、储能、能源互联网等重点能源项目倾斜，争取突破一批具有国内乃至国际领先水平和自主知识产权的核心技术，实现重点能源技术的跨越式发展，培育出一批先进的能源创新企业。积极发挥主观能动作用，鼓励北京市属企业"走出去"，为能源进口企业创造良好政策条件，持续深化本土企业与能源出口国企业的合作，畅通国际能源从海上供应北京的渠道，并以此为基础在港口处加强应急储备能源体系的建设，以进口能源特别是液化石油气作为能源储备，增强北京的应急调峰保障能力，持续保障北京能源的供给。

第二，应加强重点领域能源技术的国际交流。加强以氢能为代表的可再生能源相关技术研发，发挥北京研究院所、高校聚集等优势，推动科研机构、大型骨干企业积极参与能源技术的国际交流，通过共同建设能源技术创新实验室或技术研发中心等形式来对国外先进技术经验进行吸收和总结，并在此基础上大力支持开发具有自主知识产权的技术或产品，促进能源技术成果的成熟与转化。与特定能源技术领先的国家进行法律、技术培训、融资等方面的谈判，促进国际市场的能源技术转让。积极依托国际能源技术峰会或论坛，通过定期或不定期的研讨、磋商，对重点领域能源技术的发展问题进行充分及时的交流。

（五）发挥能源共享发展的惠民效应

推进能源共享发展是北京各主体功能区能源消费向清洁低碳转换、能源供给向多元协同转变的先决条件，更是北京科学布局能源基础设施与提升能源质量的战略目标。

第一，健全多元化能源基础设施建设。积极推进北京城市用能系统升级，如老旧小区电力隧道改造行动，系统地对电力、燃气、热力等专业管线进行更新改造升级，大力推广供热分户计量和末端智能化控制。有序推进电表、气表、热表等终端设施的升级，运用数字技术增加智能化程度，提升北京居民用能品质和获得感。大力支持新能源汽车发展，继续出台鼓励新能源汽车使用的优惠政策，推动新能源汽车下乡工作，同步完善新能源汽车充换电等智能基础设施的建设，结合北京居民分布密度，科学、规范布局建设充换电站等设施，提高新能源汽车充换电设施的人均拥有量，适应北京机动车“电代油”的快速发展新趋势，助力居民绿色出行。

第二，应以能源产业助力周边地区经济发展。根据实际情况适当将北京能源产业链中的部分企业向周边地区转移，同时发挥能源技术优势，牵头周边省市扩大智能电网等基础设施的建设规模，将其与新能源产业建设相结合，增设变电站、升级电网系统、扩大天然气管网的铺设范围，利用技术优势帮助搭建智能化能源平台，提升当地能源的协调、输送水平，保证北京所有居民用上清洁便利的能源。以能源为突破口，加强对北京周边低收入地区的基础能源设施建设，鼓励北京市属企业在周边省市的农村地区根据当地实际情况持续推进“光伏＋产业”的发展模式，联合当地加强对员工技能的培训，保证员工的就业质量与可持续性，以实现通过推广农光互补、畜光互补等新模式来增加农户收入的共享发展目的。

参考文献

[1] 范英，衣博文. 能源转型的规律、驱动机制与中国路径[J]. 管理世界，2021，37(8)：95-105.

作者简介

冯梅，中国人民大学经济学博士，清华大学管理学博士后，现为北京科技大学经济管理学院教授、博士生导师、应用经济系主任、案例中心主任，企业与产业发展研究所负责人，绿色经济、共享经济与产业发展研究中心负责人。研究领域：资源环境管理、工业经济、企业社会责任等。研究成果：在《管理世界》《管理学报》《中国软科学》《Corporate Social Responsibility and Environmental Management》《Business Strategy and the Environment》《Journal of Cleaner Production》《宏观经济研究》《经济问题》《科学管理研究》等期刊发表论文百余篇，出版著作10余部；主持国家社会科学基金一般项目2项，北京市哲学社会科学规划重点项目1项、北京市社会科学基金决策咨询重点项目1项、北京市哲学社会科学规划一般项目1项，教育部人文社会科学面上项目1项，国家发改委、国家市场监督管理总局项目2项，企业委托项目20余项；项目成果2次获省部级批示。

宁波企业研发机构发展现状及提升对策

彭新敏

摘要：企业研发机构是企业科技创新体系的“中枢神经”。宁波市科技创新“十四五”规划对企业研发机构建设提出更高要求，为企业研发机构带来了新的发展契机。本文以企业研发机构的相关理论为基础，结合国内外先进经验，针对宁波企业研发机构总体规模偏小、技术水平较低、领域覆盖面较窄、产业辐射能力偏弱等突出问题，提出从扩容增量，加速普及企业研发机构；选优提质，重点打造高端科创平台；统筹协调，引导各类资源跨界集聚；考评实绩，完善研发机构治理体系等四个方面提升宁波企业研发机构创新能力的对策建议。

关键词：企业研发机构；经验借鉴；问题分析；对策建议；宁波

一、宁波市企业研发机构发展的背景和意义

企业研发机构是指企业设立的独立或非独立的具有自主研发能力的技术创新组织，包括企业工程(技术)中心、企业研究院、企业研究开发中心、重点实验室等，是企业技术创新的基础平台企业，也是集聚创新资源的重要载体。在国家创新战略政策驱动背景下，加强研发机构建设已成为提升企业自主创新能力的重要手段和关键环节。

宁波作为改革开放走在前列的城市，其经济基础雄厚、创新活力强劲、市场环境优越、体制机制灵活，为企业研发机构发展提供了肥沃的土壤。为破解创新资源不足的困境，宁波市委、市政府强调把企业研发机构的创新作为支撑城市创新转型、推动科技成果产业化、促进科技与经济紧密结合的重要抓手，明确提出坚持“企业主体、协同创新、政府引导、市场导向”原则，加大高端创新人才和团队、高水平研发机构的引进建设力度。在政策扶持、孵化培育、引进共建等方式共同带动下，宁波已经集聚了一批建设起点高、人才水平高、创新产出高的企业研发机构。根据宁波市科技局2020年统计数据，宁波拥有市级企业工程(技术)中心1879家、市级企业研究院233家，覆盖全部规上工业企业的17.8%；省级高新技术企业研究开发中心598家、省级企业研究院148家、省级重点企业研究院24家，这些研发机构为企业乃至产业创新转型升级产生了积极推动作用，并成为复合型高端人才集聚的重要平台。

可见，作为企业创新能力的“中枢神经”，企业研发机构已经成为原创技术的孵化器、重大成果的集聚地、产业升级的动力源和城市发展的支撑点，日益得到国家、浙江省和宁波市高度重视。特别是2017年以来，宁波市委、市政府明确将建设高水平企业研发机构作为创新驱动发展战略的重要保障，加大对其培育、引进和提升的政策力度。宁波“十四

五”规划进一步明确“支持企业建设工程(技术)中心、企业研究院、重点实验室、院士工作站、博士后工作站等研发机构,争创省级以上技术创新中心,承担重大科技项目”。因此,本文对宁波企业研发机构建设展开现状分析并提出对策建议,具有重大现实意义。

二、国内外领先企业研发机构建设的先进经验

(一)发展战略精准定位和前瞻性指引

领先企业普遍对企业研发机构研究进行前瞻性指引,严格规划其发展方向和重点领域。企业投入研究不是为了研究而研究,而是为了提高企业产业竞争力、培育新产业,与自身业务发展不相关的学术研究和发明创造对企业来说没有多大价值。领先企业特别注重加强集团研究院与经营单位的互动,让经营单位的技术需求得到研究院的充分重视,让经营单位充分参与研究院的技术规划,避免技术研究脱离经营单位需要和企业产品战略发展方向。例如,GE 集团研究院在与业务部门互动方面也有独到之处:研究院指定若干人员专门负责与业务部门的“联络”,甚至常驻业务部门,参与相关研发规划工作,了解业务部门的技术需求。GE 集团研究院的预算有相当一部分来自各个经营单位,需要从业务部门带回技术开发活动,以保障足够的技术研究经费。GE 将所有项目分为关键技术研究项目、种子研究项目、游戏改变者项目,其中约 40%用于经营单位急需的关键技术研究,40%用于“种子”技术研究,即需要 3 至 5 年才会有成果的中期技术研究,最后约 20%用于“游戏改变者”,即需要 5 至 10 年甚至更长时间才会有成果的长期技术研究。这样既能够保证及时提供经营单位急需的技术,又能保证长期竞争力不受损害,不断培育出新产品和新产业。

(二)研发投入长期持续和重点突出

国内外领先公司对企业研发机构均保持长期稳定投入。企业研发机构主要承担了关键核心技术和前沿技术研究、新产业培育等项目研究的职责。这类研究项目大多具有风险大、投入高、研究周期长的特点,同时这些项目往往潜力巨大,对企业保持产业竞争优势、产业升级、新产业培育起到了至关重要的作用。必须保证这些技术研究项目获得足够的投入,尤其要确保长期的技术研究项目不受短期经营效益的影响。为保持长期稳定的投入,国际知名企业一般以营业收入的一定比例作为企业研发机构的预算。这样即使在经营业绩不佳时,国际知名企业也能够保证对核心技术研发和主导产品设计稳定的研发投入,保障创新的内生动力。

(三)管理制度完善和流程优化

国内外领先企业为了加快新技术开发和推广引用,从根本上提升企业技术能力,通常围绕研发机构的根本使命和主要功能,制定了系统完善的研发经费公开、报告和监管制度,研发人员引进、激励和考核制度,研发技术设备采购、使用、维护和淘汰更新制度等管理制度。特别是在执行大量日常研发项目和攻关少数重大研发任务的过程中,领先企业会不断对流程进行改进、优化甚至变革。例如,华为在引进 IBM 咨询经验的基础上创造性地构建了集成产品开发流程(即 IPD),全面覆盖了技术产品概念、计划、开发、验证、

发布等全生命周期的各个阶段。按照不同业务类型，华为将研发体系的项目重点分为产品预研、产品开发、技术预研和技术开发四大类型，明确了与之相适应的考核标准。

（四）创新生态系统构建和完善

领先企业一贯注重与高校、科研院所、企业等机构展开广泛的研发合作，借助强强联合、优势互补的方式进一步强化企业的创新能力。例如，美的开放式创新平台通过关键核心资源战略合作、高校联合实验室、全球高校创新创意大赛、技术挑战赛、技术创新日等多种方式与全球著名高校、科技企业、创新机构积极联动。与多家科技企业如巴斯夫、霍尼韦尔、3M等达成创新战略合作，共同聚焦新技术、新材料和新工艺在家电领域的创新与应用。值得注意的是，美的主办的历届技术创新日共形成潜在技术创新合作机会超过500个，创新项目超过200个。如邀请四家世界化工领域头部企业3M、巴斯夫、霍尼韦尔、埃克森美孚分享家电材料领域的解决方案，结合全球视野，与美的共同探讨了前沿技术创新带来的新机遇。此外，美的与全球顶尖大学进行产学研合作，其中包括与麻省理工学院建立联合技术研发中心，与谢菲尔德大学联合建立电机与驱动技术联合实验室进行技术研发合作，与上海交通大学、清华大学（未来实验室）建立战略合作关系；同时，还分别与上海交通大学、浙江大学建立了开放式创新联合实验室，全面启动开放式创新战略合作等。

三、宁波企业研发机构建设中的突出问题

（一）总体规模偏小，与宁波经济地位不匹配

虽然宁波近些年跻身中国创新城市十强，宁波企业研发机构也已取得明显的纵向提升成效，但是与其他创新城市的横向比较，宁波排名相对滞后，企业研发机构创新能力尤显薄弱。截至2022年10月，宁波拥有市级以上企业研发机构约3300家，规模以上企业研发机构建有率仅为32.9%，与“十四五”规划中60%的目标存在较大差距，追赶任务紧迫。从城际比较来看，与北上广深一线城市和苏州、杭州、成都等重要二线城市相比，宁波企业研发机构体量偏小、产业覆盖面较窄、数量和比例存在级差，与宁波经济总量和在全国的地位严重不匹配。

（二）创新能力薄弱，亟须重大技术研发平台

虽然宁波在国家级制造业单项冠军数居全国城市首位，但是能够占据科技制高点、辐射产业上下游的领军企业却寥寥无几。从面上数据来看，宁波规上工业企业的专利申请数、新产品产值、新产品销售收入等总量或总值较小，与苏州、无锡、合肥、青岛等兄弟城市存在明显差距。从结构来看，宁波规上工业企业的发明专利占比低，大多为实用新型和外观设计，且发明专利很少聚焦“从0到1”的突破性技术或从“1到100”的颠覆性技术。从典型个案来看，永新光学2021年底推出的NCF950科研级共聚焦光学显微镜也只是初步进入高端领域，虽大幅缩短了与索尼、蔡司等世界“四大家”的技术差距，但并未真正实现技术超越。慈星近年开发出“一线成型”全成型电脑横机居于国内市场首位，尽管比日本岛精具有技术和市场优势，但是其技术来源仍然离不开跨国并购瑞士事坦格。

（三）关键资源分散，产业转型升级带动乏力

宁波企业研发机构创新所需的关键资源在空间和主体上依然分散，难以达到重大科技创新的“引爆点”，无法产生“集聚效应”和“连锁反应”。从空间来看，由于历史、区域平衡和产业发展周期等原因，宁波现有产业布局存在不尽合理之处，稀缺的关键资源在很大程度上被稀释，空间离散问题突出，制约行业转型升级。从主体来看，企业虽是研发需求方，但缺乏人才、技术、信息和媒介，而后者则更多为高校、研究所和第三方机构所掌握，不同主体之间存在体制差异、诉求悖论和利益冲突。少数有实力的大型企业研发机构也难以统一协调和集中使用关键资源，只能停留于小范围和短链条的行业带动。

（四）内部管理紊乱，研发效率难以提升

首先，从战略定位来看，中小型企业成立研发机构的战略目的存在不同程度的偏差。或为扩大企业声誉，或为寻求研发激励补助，或单纯跟风效仿。至于具体为什么设置研发机构、怎样运行研发机构并没有成熟的规划，更谈不上清晰、专注的研发战略。此类企业研发机构仅有一个门面担当，存在无固定场所和专职研发人员等情况，建立机构时上报的人员一般为各岗位的工作员工，分散在企业的各部门，较少以研发机构为中心聚集研发，实质性的研发工作聊胜于无。其次，在组织结构上，相当一部分企业研发机构作为一个普通的、松散的二级单位存在，其独立性、自主性和优先级并不高，负责人所获授权范围极其有限。最后，在资源配置上，与技术部门、信息部门、生产部门等相比，大量企业研发机构层级低、人员少、底子薄、资金来源窄，不具有明显优势和资源稀缺性，难以保障研发工作的高效开展。

三、宁波企业研发机构建设的提升路径

（一）扩容增量，加速普及企业研发机构

首先，加强政策引导，增强建立企业研发机构的意识。针对企业科技意识不强，对技术研发机构建设重视不够的问题，政府可通过开政策座谈会、经验交流会、典型案例分析会、走出去请进来相结合的专家讲座等方式提升企业的认识，使企业自觉走到依靠技术创新，加速企业发展的轨道上来。其次，给予专家指导，帮助完善企业研发机构的运行机制。政府有关部门可组织专家开展针对性的专题调研指导和专题研究，包括与外地优秀企业开展比较研究，形成改进方案或建设规划，逐步达到完善技术研发机构运行机制的目的。再次，提供激励诱导，提升中小企业内在的建设动力。为了使企业实现技术研发中心从无到有，从培育型发展到合格型，再发展到示范型，不断提升企业研发能力，可以出台一些政策，形成激励机制。比如：建成合格技术研发中心后实行项目资金补助机制；向上申报科技项目和专利实施转化项目，同等情况下高一级技术研发中心申报的项目优先的机制；申报高新技术企业、创新型企业，实行非合格以上技术中心企业一票否决机制等等。最后，链接多方资源，合力赋能中小企业共建研发机构。针对小企业重科研、产业前景好，但无技术研发机构的问题，可通过提供人力、财力支持，帮助其尽快建立技术研发机构。人力支持可通过搭建产学研合作平台，帮助引荐企业所需高技术人才；也可通

过宁波在外科技人才信息库，推送相关意向人才信息。财力支持，可由政府设立科技型中小企业技术研发中心建设贷款贴息专项资金，将过去对企业的技改补贴向前延伸，助推技术研发中心从无到有。同时，还可以通过建立松散的合作机制，以科技项目为依托，给科技型小企业建立虚拟技术研发中心，探索新的更灵活的体制机制。

（二）选优提质，重点打造高端科创平台

首先，遴选和培育“链长”企业，着力推进大型或超大型企业研发机构建设，提升企业从事前瞻性技术研究和重大战略产品开发的能力，建立标杆企业，增强其引领带动作用。其次，以技术创新中心为载体，支持领军企业整合高校、科研院所等建立创新联合体，带动产业链上下游企业融通创新。推动技术创新中心与实验室、制造业创新中心、产业创新中心分工协作，加强与工程研究中心、企业技术中心、新型研发机构等协同联动，采取研发合同制、项目经理制、“揭榜挂帅”、赛马制等形式，吸引国内外创新力量开展联合攻关，打造高效协同的创新生态圈。再次，在“链长”身份确立和身份认同上，政府要积极提供政策支持和合法性保障。在企业、高校、科研院所等各层次，政府应该配合“链长”提高各方对“链长”的身份认同，减少无序竞争和内部损耗，在“链长”主导下持续地开展行业共性技术、通用技术和关键核心技术的攻关。同时，政府应该搭建基础研究到产业化之间的转化桥梁，推进“产学研用”各主体间的深度融合。最后，支持和鼓励链长企业在战略性长期技术研发、行业共性技术攻关、创新生态系统构建、产业链和创新链融合等方面进行产业方向引导、创新目标设定、创新过程组织、创新成果普及和分享、创新风险承担等重要工作，并给予新形式的表彰奖励。

（三）统筹协调，引导各类资源跨界集聚

首先，政府应搭建供需平台，以企业为主导发展产业技术创新战略联盟，同时强化科研院所和高等学校对企业技术创新的源头支持，鼓励科研院所和高等学校与企业共建研发机构和学科专业，实施合作项目，推动科技资源开放共享；加强国家认定企业技术中心和技术创新示范企业工作，支持企业推进重大科技成果产业化，加强企业创新人才队伍建设，鼓励企业通过人才引进、技术引进、合作研发、委托研发、建立联合研发中心、参股并购、专利交叉许可等方式开展国际创新合作。其次，颠覆性技术创新因其不确定性高，企业通常出于风险规避等考虑而不愿投入，很可能出现“市场失灵”，需要政策给予“天使”支持和前期投入。充分发挥财政资金“播种”和“激发”作用政府要发挥财政资金引导作用，省、市、县三级联动支持企业建设研发机构，支持研发机构进行技术创新和成果转化。加强各类计划项目对研发机构的支持，鼓励符合条件的研发机构牵头或参与重大研发和产业化项目。支持企业积极申报前沿技术攻关、产业链关键核心技术攻关、应用场景计划等重大科技计划项目，建议对每个项目给予最高不超过 1000 万元的支持。最后，鼓励行业龙头企业牵头组建创新联合体，对认定为市级创新联合体的，对其拟攻关的项目，可以优先列入市重点技术研发专项，且不纳入市级申报限项。

（四）考评实绩，完善研发机构治理体系

一方面，建立完善的符合技术创新规律的考核评价机制，建立科学的评价指标体系

和动态监测制度，定期对宁波市各类企业研发机构（企业研究院、工程中心等）开展定性与定量评价，考核评价重点为承担国家和省市重大战略任务、实施关键核心技术攻关、科技成果转化、培育孵化科技型企业以及对产业辐射带动作用等方面内容。另一方面，深化优胜劣汰、有序进出的动态管理机制，建立红黄牌制度，对一次评价不合格的宁波市企业研发机构予以警告，对连续两次评价不合格的宁波市企业研发机构予以摘牌。对企业研发机构实行个性化合同管理制度，探索引入评估委员会制度，围绕科研投入、创新产出质量、成果转化、原创价值、实际贡献、人才集聚和培养等方面，开展符合机构设立目标和符合科研规律的评估。

参考文献

[1] 赵晶，刘玉洁，付珂语，张勇，李欣．大型国企发挥产业链链长职能的路径与机制：基于特高压输电工程的案例研究[J]．管理世界，2022，38(5)：221-240.

[2] 姜安，黄惠丹，吴松彬．现阶段我国企业研发结构失衡的动因与破解策略：基于马克维茨投资组合模型的应用及实证检验[J]．科技进步与对策，2020，37(23)：27-35.

[3] 郭峰．民营企业研究机构类型与研发模式分析[J]．生产力研究，2020(3)：15-18+36.

[4] 刘绍敏，王迎军，张敬伟．企业研发机构组织刚性的跨案例研究[J]．管理学报，2016，13(6)：798-810.

[5] 夏太寿，李子莹．江苏省企业研发机构竞争力评价分析[J]．中国科技论坛，2014(6)：94-100.

[6] 邱国勇，吴敏豪．我国企业内研发机构自主创新的制度安排[J]．科技进步与对策，2006，23(8)：93-94.

作者简介

彭新敏，宁波大学商学院副院长、教授；浙江大学企业管理博士、中国社会科学院应用经济学博士后、英国伯明翰大学访问学者，担任浙江省企业管理研究会第六届理事会副会长、中国企业创新与产业政策专委会委员、宁波大学校学术委员会委员、宁波市国企改革发展研究院顾问等，入选浙江省151人才工程（第三层次）、浙江省第一期“之江青年社科学者”、宁波市哲学社会科学青年学科带头人、宁波市领军与拔尖人才（第一层次）等。彭新敏教授长期致力于创新管理、战略管理和科技政策研究，在《管理世界》等核心期刊发表学术论文70余篇，担任国内多家核心期刊的审稿专家，出版专著《中国企业超越追赶》《全球制造网络与我国企业技术创新》等；主持5项国家级科研项目、11项省部级项目、多项市厅级项目（如宁波市软科学重点项目）；担任国家自然科学基金委工商管理学科的通讯评审专家、国家社科基金结题成果鉴定通讯评审专家；4次获得“中国企业管理案例与质性研究论坛”最佳论文奖，4次获得“全国百篇优秀管理案例”奖。

从长三角看安徽省专精特新企业的问题及建议

陈　东

摘要：目前安徽省专精特新企业培育质量居全国前列，但在数量规模、行业结构、区域分布、创新能力、市场活力、成长趋势、法治环境等方面仍然存在一定的不足。对此，笔者从明确成长定位方向、构建有效技术服务体系、促进创新能力整体提升、加快智改数转步伐、推动生产要素聚集、加强优质制度供给等六个方面提出对策建议。

关键词：专精特新；存在问题；对策建议

党的二十大报告指出："实施产业基础再造工程和重大技术装备攻关工程，支持专精特新企业发展，推动制造业高端化、智能化、绿色化发展。"安徽省第十一次党代会作出部署，围绕打造"三地一区"目标，做优做大做强专精特新企业群体，加快制造强省建设。近年来，安徽省把培育壮大"专精特新"企业作为建设制造强省的重要工作内容加以推进，通过持续开展"专精特新"中小企业培育工程，使得"专精特新"发展理念日益深入人心，"专精特新"企业群体的贡献日益凸显。据统计，安徽省目前共有省级专精特新企业数量为3740户，国家级专精特新"小巨人"企业477户。全省专精特新企业中有77%为高新技术企业，占全省高新技术企业总量的23%；专精特新企业平均研发投入强度为2.74%，分别比全部企业和大型企业高1.22个百分点和0.74个百分点。安徽省专精特新企业数量和质量均居全国前列，培育工作获得工信部高度肯定，其典型做法在国务院促进中小企业发展工作领导小组简报上专刊印发。

虽然安徽省专精特新企业发展形势较好，但在量、质上仍与先进省份有一定差距，以工信部发布的全国统一标准的专精特新"小巨人"企业对比分析①，问题和差距主要表现在：

一、安徽省专精特新企业发展存在的八个问题

（一）数量仍有较大差距

自2019年以来，工信部共分四批次公示了8997家专精特新"小巨人"企业，已近达

---

① 本文涉及的统计数据截止日期到2022年10月底，如无特别说明，均来自政府部门网站和企查查网站的文本挖掘。

成 2025 年培育 1 万家专精特新“小巨人”企业的目标。其中：浙江有 1084 家，排名第一；广东有 881 家，排名第二；山东有 772 家，排名第三；江苏有 713 家，排名第四。安徽 477 户，排名全国第七名（图 1）。虽然安徽在全国处于领先地位，但在长三角地区还是处于落后地位，数量上不到浙江的一半，低于上海一个市的数量。处于前三名的省份分别有宁波、深圳、青岛计划单列市的单独上报，而江苏省没有，因此在入围数量上处于劣势。但今年工信部取消了上报名额限制，江苏省的蓄水池比较大，下一届上报数量将会大大增加，安徽与先进省份的差距会进一步拉开。

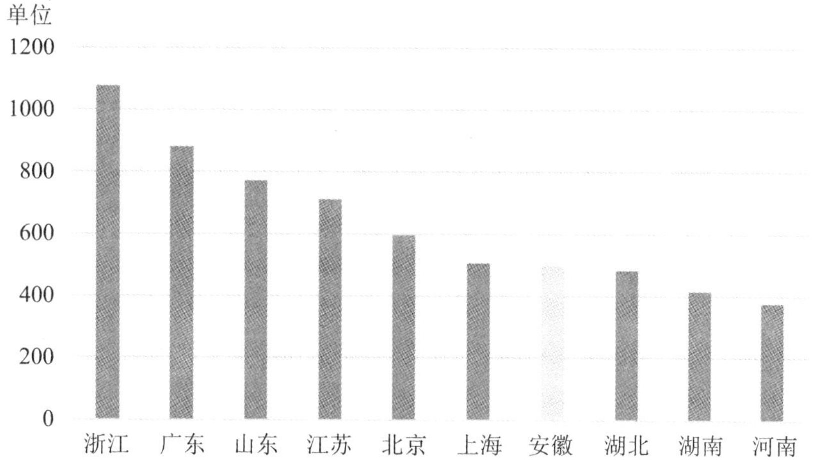

图 1　全国“小巨人”企业数量排名（TOP10 省市）

（二）行业结构需要进一步优化

从产业结构演化的客观规律以及国际经验来看，制造业的发展过程应当伴随着生产率不断提高的过程，表现为制造业占比下降而服务业占比上升，也就是会表现出服务环节从制造业中不断被剥离出来的“制造业服务化”过程，这恰恰是制造业优化升级的表现。安徽省“小巨人”企业行业分布如图 2 所示。

将全省行业中占比超过 1％的进行统计分析，发现在安徽省“小巨人”企业中，制造业占比处于绝对地位，前 5 名的全部是制造业企业，占比合计达到 47.42％，主要集中在装备制造业、汽车制造业等，计算机、通信和其他电子设备制造业、航空制造业等相关行业占比较少。科学研究和技术服务业及信息传输、软件和信息技术等高端生产性服务业占比较少，其中占比最高的是研究和试验发展，占比为 6.8％，软件与信息服务占比为 1.86％。这说明高技术服务业还需要进一步提升。

对比长三角的产业分类，上海以生产性服务为主导，制造业占比较低，江苏制造业和生产性服务业的比例较为均衡，浙江和安徽的制造业占比均较大，生产性服务业比例较低。安徽的生产性服务业还有较大的发展空间。

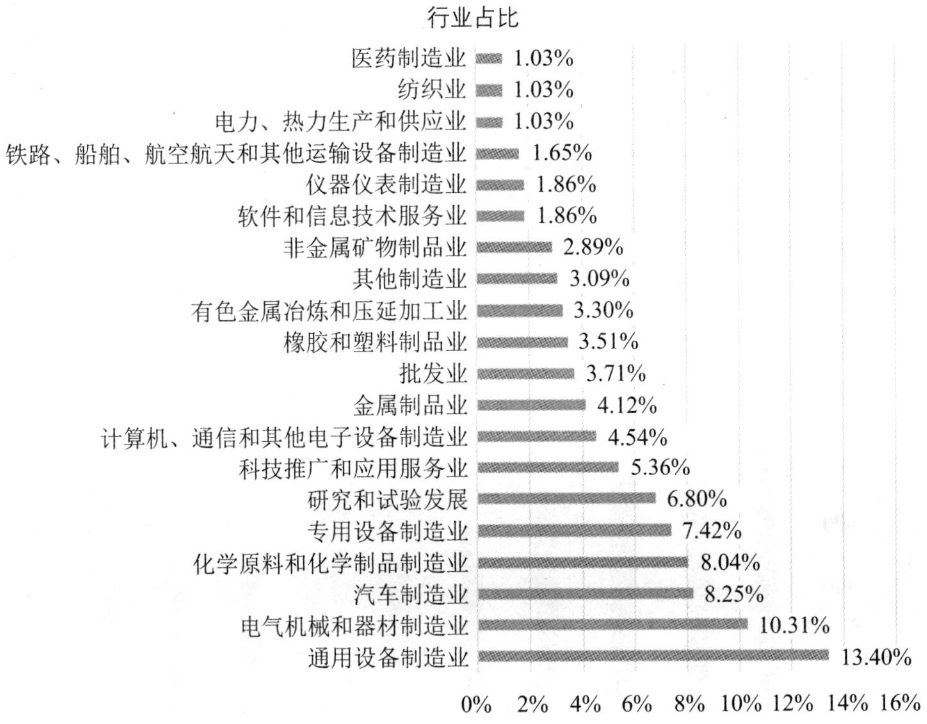

图 2　安徽省“小巨人”企业行业分布

（三）区域发展不均衡

分城市对比来看，在长三角 41 个设区市中，安徽省进入前 10 名的只有合肥一个城市，排名为第 5 名，占长三角地区的比例为 5.09％，进入前 10～20 名的是芜湖、滁州、安庆，分别排名为 15 名、19 名、20 名。排名最后 4 名的均为皖北城市，分别是宿州、亳州、淮南、淮北（表 1）。这说明安徽省在区域数量发展上，还非常不均衡，除了个别核心城市外，其他城市还有较大提升空间。

（四）行业深耕积累不足

专业领域积累竞争优势需要经过长期的积淀，下面从企业年龄和资质证书两个方面进行分析。

对“小巨人”企业的实际存续时间进行分析，安徽省“小巨人”企业的平均存续时间为 15.63 年（图 3），在长三角地区属于最年轻的（图 4、图 5）。细分来看，制造业企业较生产性服务业存续时间较长，但无论是制造业还是生产性服务业，安徽省企业的存续时间在长三角都是最年轻的。企业年龄轻，一方面显示企业有较大的活力，但另一方面也反映企业整体积淀尚不够充分，深耕专业领域积累不足，需要进一步提升。另外，安徽省的企业年龄标准差也是最低的，说明企业整体差别不大。

表 1　长三角各城市数量分布比较

城市	排名	城市	排名
上海	1	镇江	22
宁波	2	盐城	23
杭州	3	蚌埠	24
苏州	4	丽水	25
合肥	5	宣城	26
嘉兴	6	六安	27
南京	7	阜阳	28
温州	8	衢州	29
台州	9	黄山	30
无锡	10	徐州	31
绍兴	11	铜陵	32
常州	12	宿迁	33
湖州	13	淮安	34
金华	14	连云港	35
芜湖	15	舟山	36
南通	16	池州	37
泰州	17	淮北	38
扬州	18	淮南	39
滁州	19	亳州	40
安庆	20	宿州	41
马鞍山	21		

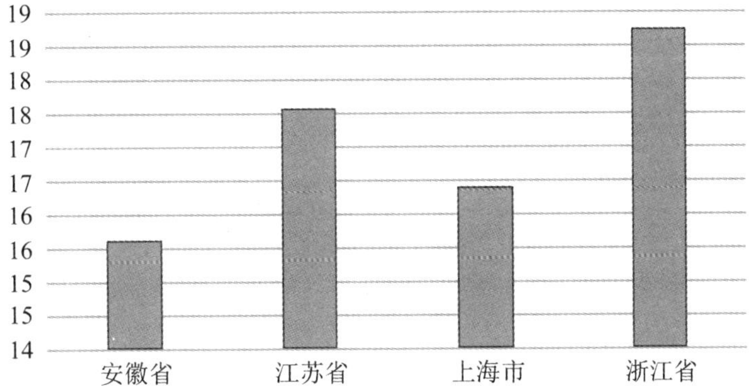

图 3　长三角"小巨人"企业年龄比较

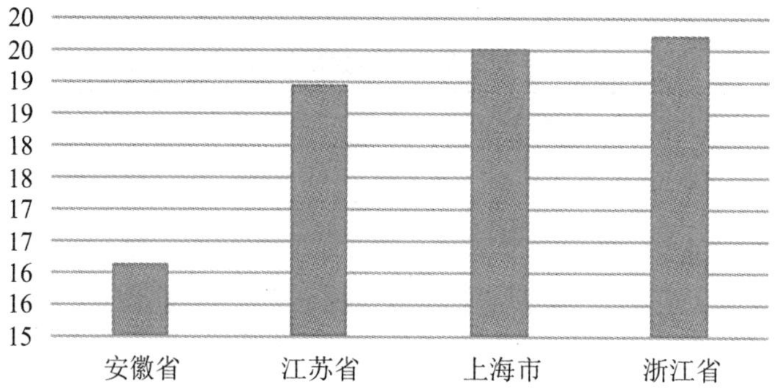

图4 长三角制造业“小巨人”企业年龄比较

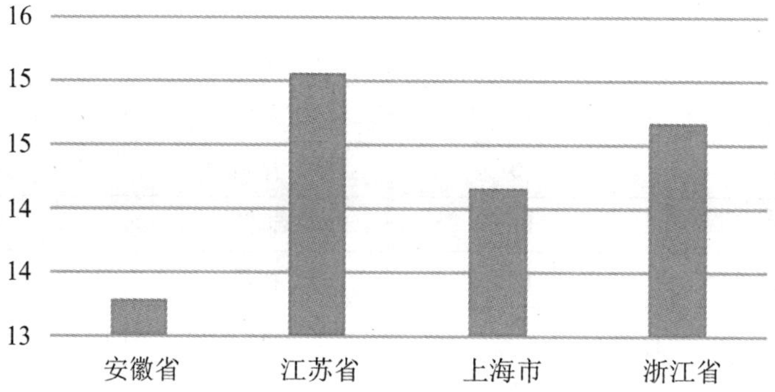

图5 长三角生产性服务业“小巨人”企业年龄比较

从企业的资质证书来看，企业资质证书指企业获得的由国家、地方、专业机构、行业协会颁发的相应资质证书，如工程专业承包企业资质、高新技术企业认定证书、企业AAA信用等级证书等。实际上就是代表企业有能力完成一项工程的证明书。企业资质证书越多，能在一定程度上反映其所能从事的专业领域越多，也有更多的机会赢得商业机会、赢得市场。通过对比可以看出，在长三角地区，安徽省的“小巨人”企业平均资质证书为25.31件(图6)，在长三角地区排名最后，浙江省排第一位，其次是上海市和江苏省。进一步对比制造业证书可以看出，安徽省制造业企业平均拥有资质证书23.29件(图7)，在长三角处于最后位置。安徽省企业在资质能力上还有较大的提升空间。

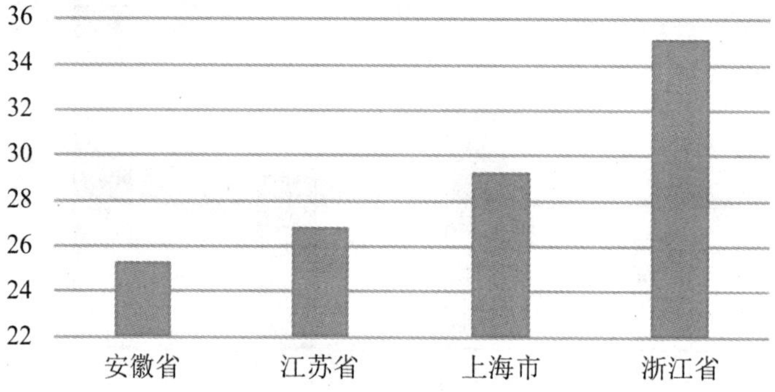

图6 长三角“小巨人”资质证书数量

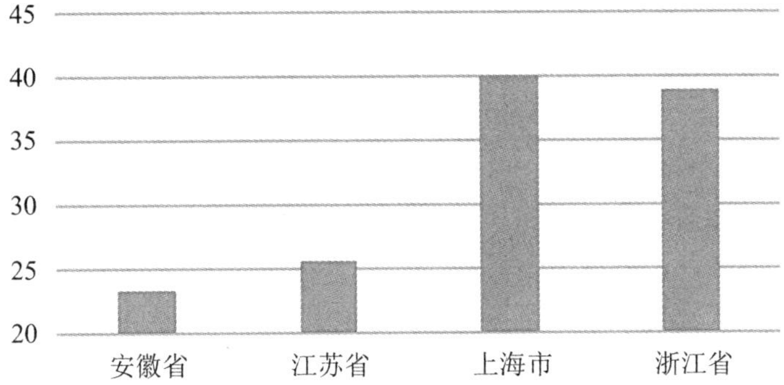

图7　长三角制造业“小巨人”资质证书数量

（五）核心竞争力较缺乏

专利数量、商标数量和软件著作权数量是核心竞争力的代表，下面从这三个方面进行对比：

专精特新的灵魂是创新。对长三角“小巨人”企业的专利申请情况进行对比，安徽省企业的平均专利申请量为126.92件(图8)，处于长三角中下游位置，高于浙江，低于江苏省和上海市，特别是与江苏省的差距巨大，江苏的企业平均专利申请数遥遥领先于长三角其他省市。

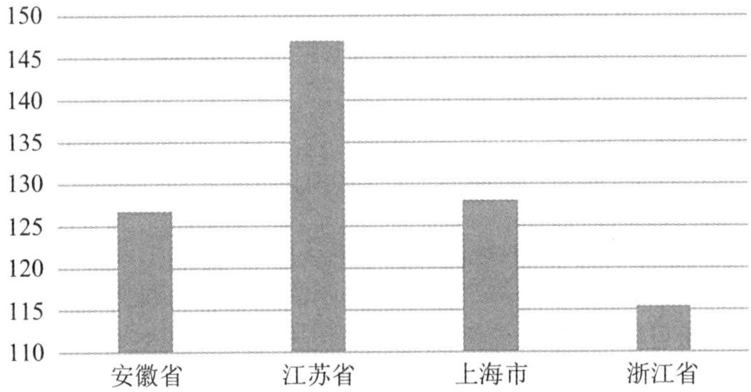

图8　长三角“小巨人”企均专利数量

商标作为一种重要的知识产权，已成为企业和国家发展的重要战略性资源和推动市场经济发展的强大动力，在一定程度上代表着一个企业、一个地区乃至一个国家的经济实力、发展水平和整体形象。特别是著名和驰名商标，这既是企业的无形资产，又是社会的资源和财富。市场经济作为竞争经济，商品或者服务的提供者想要在市场中占得先机，获得盈利，商标这个无声的推销员，起着极为重要的作用。对比长三角企业商标，安徽省企业平均商标数量为24.06件(图9)，在长三角居于末位。

软件著作权是指软件的开发者或者其他权利人依据有关著作权法律的规定，对于软件作品所享有的各项专有权利。软件著作权同样具有重要的价值，是企业核心竞争力的一项重要内容。安徽省企业平均拥有软件著作权9.89件(图10)，和浙江省相当，低于江苏省和上海市。上海市在长三角遥遥领先。

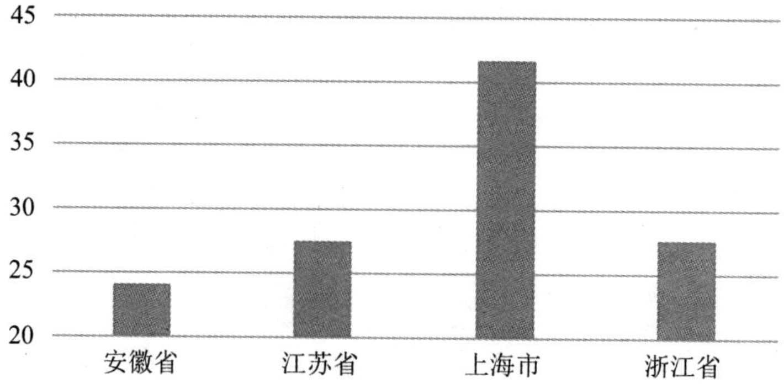

图 9　长三角“小巨人”企均商标数量

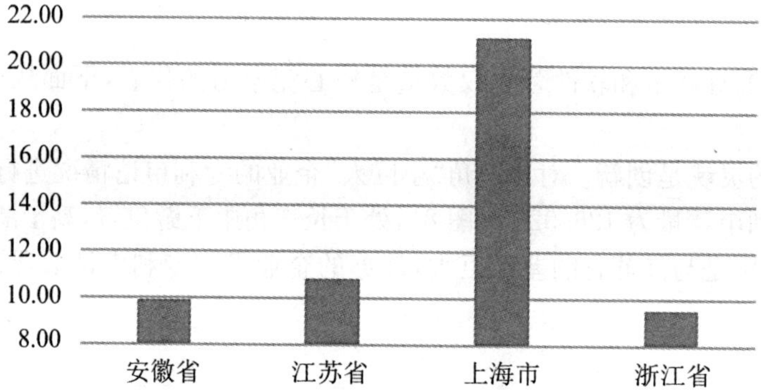

图 10　长三角“小巨人”企均软件著作权数量

（六）参与市场活力不足

企业发布招聘信息，是市场活力的重要反映。企业发展必然会对人力资源有较高的需求，如果是传统的规模扩张型，则会扩大普通员工的招聘范围，如果加强智改数转与转型升级，则会对技能型人才和高端研发性人才有较高的需求。招聘次数反映了企业的活力程度。对比长三角可以看出，安徽省企业平均招聘次数为 70.56 次（图 11），上海的企业招聘次数最多，其次是江苏省和浙江省，安徽省总体垫底。

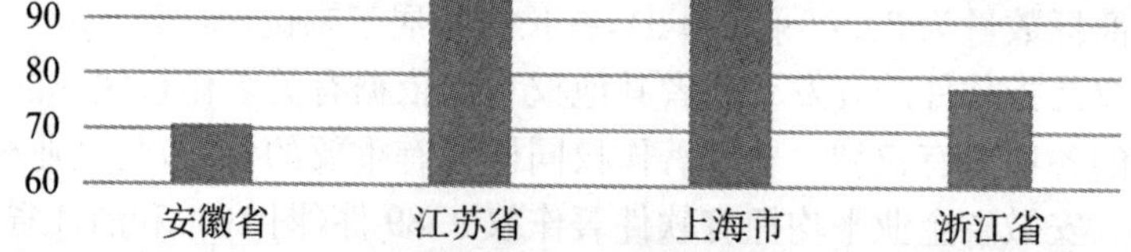

图 11　长三角“小巨人”招聘信息比较

安徽省是制造业强省，但其制造业平均招聘信息为 50.13 项(图 12)，不仅低于非制造业省市，还低于长三角其他省市，特别是远低于上海市。这些均反映安徽省企业活力特别是制造业领域活力的不足，需要引起重视。

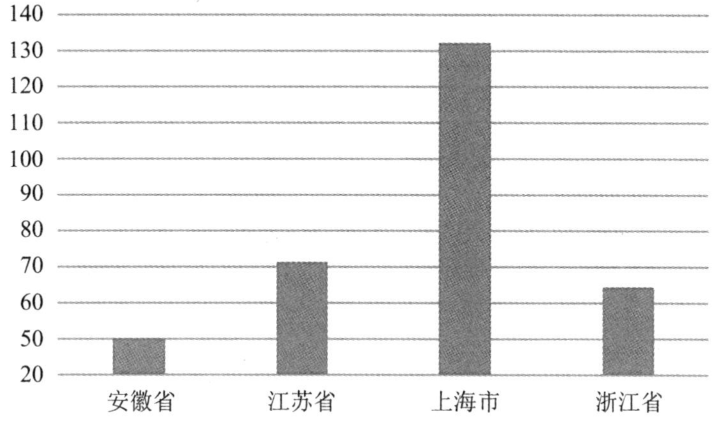

图 12　长三角制造业“小巨人”招聘信息比较

(七) 创新发展显著变缓

创新是“小巨人”企业的立身之本，只有保持持续的创新步伐，才能立于不败之地。以企业专利信息来测算创新速度，截至 2022 年 10 月底，安徽省“小巨人”企业平均专利数量只有 2021 年的 42.55%(图 13)，除去上海外(其受上半年疫情影响，只有 39.17%)，低于江苏和浙江，在长三角排名垫底。

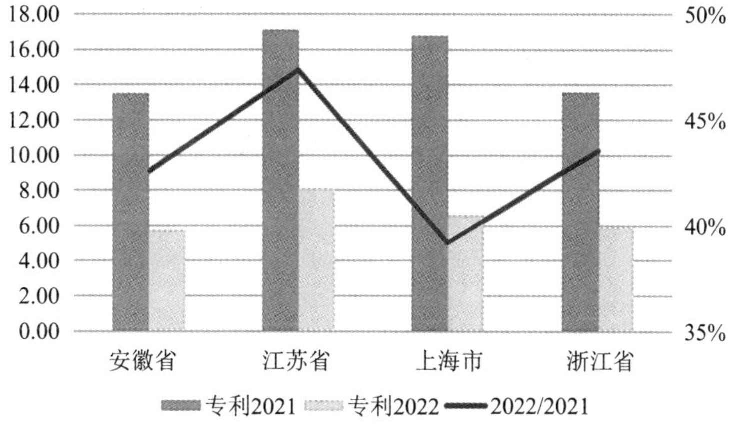

图 13　长三角“小巨人”创新变化变化趋势

(八) 法治化环境急需提升

对国家法律文书网相关信息整理，安徽省“小巨人”企业平均涉案 18.46 件(图 14)，这一数据高居长三角首位。在制造业领域，安徽省企业平均涉案诉讼 17.94 件(图 15)，高于江苏省和浙江省，低于上海市。从生产性服务业来看，安徽省企业平均涉案诉讼

15.87 件(见图 16),高居长三角首位。可以看出,安徽省企业涉案诉讼数量在长三角处于高位,涉法诉讼既有企业自身规范化程度不足的原因,又反映了外部法治化营商环境还有待优化。

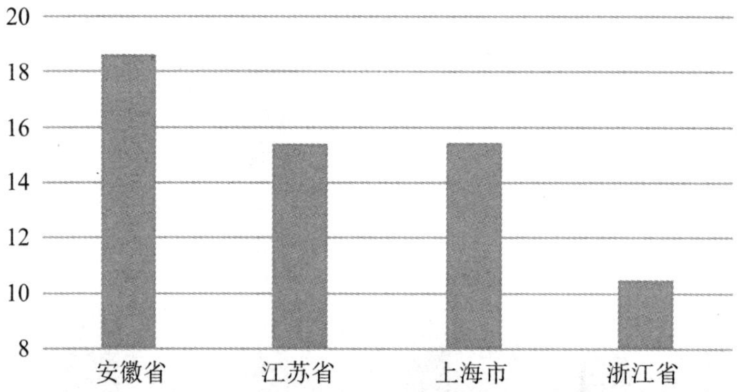

图 14　长三角“小巨人”企业平均涉案信息比较

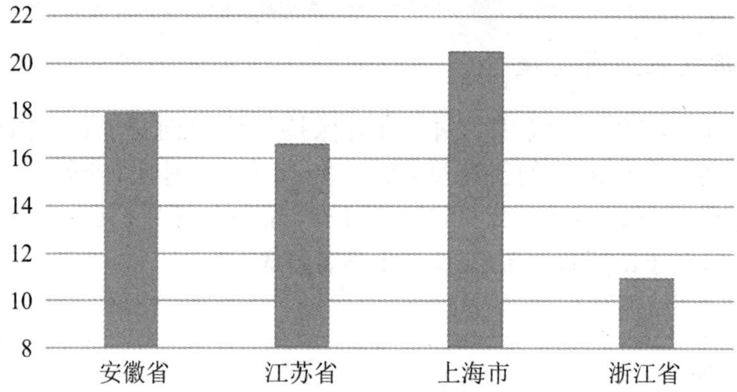

图 15　长三角制造业“小巨人”企业平均涉案信息比较

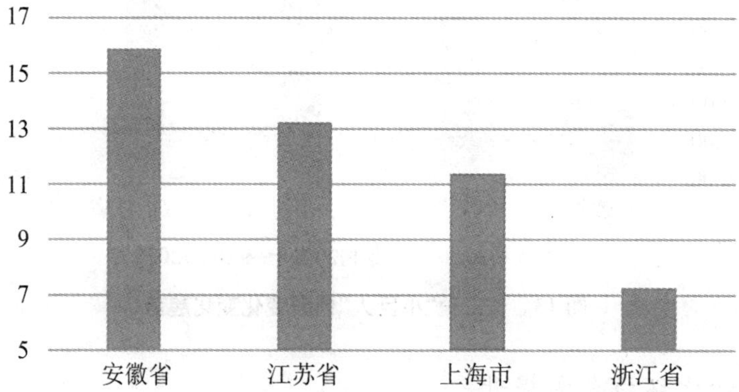

图 16　长三角生产性服务业“小巨人”企业平均涉案信息比较

二、安徽省专精特新企业增量提质的对策建议

（一）明确专精特新企业成长的定位方向

面对新时代新征程，创新驱动发展战略的实施以及科技创新体系的完善都要发挥专精特新企业应有的作用。在新型举国体制背景下，专精特新企业不应当承担原始技术创新高昂的沉没成本，但可以成为从技术创新到产业创新的重要推动力。总的来说有两个发展方向：其一，对于规模大、基础好、行业内有较强影响力的企业，应该朝着“单项冠军”的“链主”方向发展，通过产业链“链主”地位整合形成创新链；其二，对于有一定技术基础、聚焦某个环节的企业，可以集中力量攻克关键环节的技术，形成企业的“撒手锏”，成为某个细分领域的隐形冠军。

（二）构建“平台＋市场”技术服务体系

针对安徽省专精特新企业生产性服务业重前端研发缺后端转换的不足，应当构建以产业需求为导向的科技创新服务体系，形成企业主导的合作方式，加强技术服务体系的中间转化作用。建立“产业-技术”转化平台及团队，将产业创新发展中遇到的难题通过持续、系统、专业的“翻译”变成科研团队的技术攻关课题，形成良好的供需互动模式；构建各层次、市场化的价值实现体系，充分激发产学研用各创新主体的主动性积极性，形成具有安徽省特色的促进科技与产业创新的有效机制；打造丰富专业的中介市场，提供技术孵化、转移、应用的专业性服务，这些机构应成为独立的市场主体，起到关键性的技术服务功能。

（三）围绕链式发展促进创新能力整体提升

在政策、人才、资金、土地等要素方面加强倾斜，推动专精特新企业聚焦核心基础零部件和元器件等产业基础领域开展研发，加快培育一批主营业务突出、专业化发展趋势明显、市场占有率高、竞争力强的企业群体。支持一条龙链式创新，充分发挥安徽省专精特新龙头企业在创新发展中的带头作用，以重点产品为龙头进行全产业链持续创新能力建设，搭建专业化配套协作平台。引导专精特新企业提高与大企业的协作配套能力，在产业链上下游产品设计、材料开发、工艺开发、装备制造、示范应用推广等环节开展协同攻关，推动产业链式突破、一条龙发展。加大政府采购力度，从本地化配套协作等方面入手，支持专精特新中小企业进入龙头企业供应链，构建良好的产业链创新生态环境。

（四）加快数字化发展步伐，抢抓智能制造转型机遇

针对安徽省专精特新制造业中劳动密集型企业占比较高、企业活力不足的现状，应大力支持企业进行智改数转。确立高效的数字化转型服务方式，发展行业大数据和工业互联网平台，发展细分领域数字化解决方案，完善支撑行业创新链的数字化产品生态体系，解决从研发到应用链条不畅的难题，促进创新链与产业链的融合对接。瞄准数字化需求场景和特征，为企业进行数字化转型画像，开发匹配度高、适应性强的数字化解决方案和产品。加快培育一批工业互联网平台和数字化服务商，联合数字化行业领军企业，

从政策到方法上为专精特新企业提供发展的精准指导和帮带。

（五）推动生产要素向专精特新企业聚集

针对部分区域土地指标紧缺的情况，政府和企业可以积极探寻集约用地的新途径，建设建好各类创新载体，实现专精特新企业集群式发展。加深金融与科技不断结合，完善数字金融监督体系，优化银行的贷款方式，创新知识产权质押融资方式及科技贷款产品，大力发展专业性服务平台，打通各类专利、知识产权抵押融资的瓶颈，为专精特新企业提供资金支持。探索政府基金和市场基金合作形成“优先＋劣后”分级产品，建立各取所需的风险收益分担模式。建立综合性全方位的人才库和画像体系，精准识别各类人才的能力、优势和特点，形成人才资源对专精特新企业的高效供需匹配机制。

（六）形成高水平立体式的优质制度供给

强化统筹协调，提升服务层级，建立专精特新企业联席会议制度，推动各部门之间的政策协同，有效衔接“减负”和“给予”方面的政策，在市场准入、要素支持、产权保护、信息化服务等方面，做到同频共振。重点加强对专精特新企业知识产权、商业秘密的管理和保护，增强法律保护的有效性。鼓励和支持专精特新企业通过法律手段维护自身的合法权益，严厉打击侵犯专精特新企业知识产权的违法犯罪活动。谨慎处理专精特新企业之间的法律纠纷，设置容错空间。做好对专精特新企业的“免检”工作，除法定检查外，免除日常检查。

参考文献

[1] 刘志彪.产业政策转型与专精特新中小企业成长环境优化[J].人民论坛，2022(3)：40-43.

[2] 刘志彪，徐天舒.培育“专精特新”中小企业：补链强链的专项行动[J].福建论坛(人文社会科学版)，2022(1)：23-32.

[3] 曹虹剑，张帅，欧阳晓，李科.创新政策与“专精特新”中小企业创新质量[J].中国工业经济，2022(11)：135-154.

[4] 韩晶.推动“专精特新”中小企业持续健康发展[J].人民论坛，2022(7)：90-93.

[5] 陈东.着力激发民营企业创新活力[N].安徽日报，2023-01-10(6).

[6] 陈东.优化安徽专精特新企业成长生态[N].安徽日报，2023-02-14(6).

作者简介

陈东，博士，安徽工业大学商学院教授、博士生导师，安徽省重点培育智库安徽创新驱动发展研究院副院长，南京大学长江产业经济研究院特聘研究员，安徽省学术和技术带头人后备人选，安徽工业大学“三全育人”先进个人、安徽工业大学“优秀共产党员”。在《管理世界》《中国工业经济》《经济日报》等报纸期刊上发表文章70多篇，多篇咨政报告获得国家级和省部级领导批示，主持国家级和省部级纵向课题近20项。

创新管理

技术孵化器如何做好被孵企业知识共享治理?①

杨德林

摘要:促进被孵企业间的知识共享有利于技术孵化器形成良好创业生态,但现有研究忽视了孵化器对知识共享进行治理的孵化机制。本文针对技术创业孵化领域知识共享过程提出了索引匹配、外化与内化、应用共赢三阶段模型,在三阶段模型的基础上提炼了知识共享治理机制。该研究对提升孵化器的知识共享治理水平具有参考价值。

关键词:技术孵化;知识共享;知识治理孵化;孵化器

孵化器是扶持被孵企业早期生存和成长的重要助推器[1]。以往关于创业孵化的研究主要基于资源角度[2][3]、核心能力角度[4]、社会网络角度[5]、信息技术角度等[6],少有学者从知识的角度探讨创业孵化。在现代经济背景下,知识作为组织创造和保持可持续竞争优势的异质化资源[7],对企业,尤其是知识密集型技术企业的发展具有重要意义[8]。知识成为企业提升竞争能力关键要素之一。

近年来,企业知识管理实践的成效并不尽如人意。随着企业对知识特性认知的深入,知识治理开始被提出并受到广泛关注。针对无法依靠知识管理实现预期效果的现状,知识治理被认为能够通过总体治理架构和运行机制的系统安排最大化知识创造、转移和共享的净收益。[9,10]在创业孵化领域,孵化器对被孵企业虽然往往有一定的投资,但通常是小股东,难以直接进行管理,更需要结合知识的独特性质设计相应的治理机制以提升创业成功率[11]。知识共享作为知识治理的关键[12],除需要关注对知识共享过程的优化以外,也应着重考虑如何影响、刺激知识主体本身的共享意愿。

为了探讨技术孵化器对被孵企业知识共享的治理,本文运用 Gioia 的案例研究方法来进行探索性研究。我们选择了智能制造领域的优秀孵化器洪泰智造信息技术有限公司(洪泰智造)进行深度调查。智能制造作为一种由信息技术、智能技术与制造技术深度融合而形成的新型生产方式,具有技术高度复杂交叉、制造过程繁杂难表等特点,这使得该领域内的知识非常密集。洪泰智造自 2015 年创办以来一直聚焦智能制造领域,服务企业超过 3000 家,深度孵化企业 300 余家。洪泰智造非常注重通过各类方式促进被孵企业之间的合作,强调内部竞合。

---

① 基金项目:国家社会科学基金重大项目(项目批准号:17ZDA051)和国家重点研发计划课题(课题编号:2017YFB1402001)成果。

我们的数据收集主要包含一手数据与二手数据两个方面。一手数据主要来源于对案例研究对象进行的实地考察与访谈。访谈对象合计 23 人，其包含两部分：一是孵化器方的访谈对象，包括洪泰智造孵化器的高管团队、中层管理者及一线员工；二是被孵企业方的访谈对象，包括被孵企业高层管理者、中层管理者及一线员工。

二手数据来源主要包括洪泰智造提供的内部资料与研究团队获取的外部资料两个部分。为确保外部信息的真实可信，我们先进行了广泛的信息检索，同时对已有的数据进行了编码与阐释，并与从内部人员处收集到的数据和访谈内容逐个对比，将趋同的部分用于三角验证，将相悖或无交叉的部分交由洪泰智造内部工作人员进行核对修正，确认无误后再加入案例数据库。

一、数据归纳分析过程

我们的数据归纳分析包含一阶编码（受访者语言提炼）、二阶编码（主题）、三阶编码（总类属）三个阶段。我们对智能制造领域被孵企业间知识共享过程模型、智能制造领域孵化器针对被孵企业间知识共享过程进行治理的机制进行了提炼。

初始阶段的一阶编码来源于对现场笔记、访谈和文件中数据的反复查看、选择、分类和归纳。我们通过范畴化的方式提炼出了前一阶段数据中发现和形成的最突出的类属。从原始材料到一阶编码是一个访谈与分析交互迭代的过程，[13,14]是基于预选理论展开的推论性归纳。我们会考虑原始材料中所有可能的解释并加以提炼，在与受访者反复动态对比确认的过程中，一方面确保类属兼具突出性和相互无交叉，另一方面也校核归纳的准确性。

之后，我们形成了二阶编码和三阶编码。[15]二阶编码借鉴了轴向编码的过程，[16]将各个一阶编码进一步地提炼以期形成更简练的分类，能够用其他编码进行整合和解释说明的升格为二阶编码。三阶编码则是对二阶编码进行进一步串联，围绕所要研究的核心问题，将所有编码进行整合以得到一个初步的模型框架。承前文所述，针对被孵企业间显性知识共享所得到的知识应用共赢阶段的治理方式“预分”，与针对被孵企业间隐性知识共享所得到的知识应用共赢阶段的治理方式“保障”，通过绩效分配的核心逻辑进行整合，形成了“绩效分配治理”这一三阶编码，用以更进一步地囊括孵化器针对被孵企业间显性、隐性知识的共享治理。通过这种方式，我们初步建构起了范畴间的逻辑关系，新的见解可能产生于上述两个环节或其中的任意一个。在引入了所要研究理论的同时，我们一方面不断考察这些二阶编码是否涌现了新的构念，并对现有文献中没有足够的理论参考的新生概念进行了重点关注；[17]另一方面也关注新数据结构的产生，通过跟踪二阶编码及三阶编码之间的顺序和交互关系，将以前的静态的、分散的编码转化为一个动态的、集成的、理论化的过程模型。

本文的研究问题是“孵化器如何针对被孵企业间的知识共享进行治理”。以下主要包含三方面内容：一是被孵企业间知识共享的过程；二是孵化器针对被孵企业间知识共享的分阶段治理；三是孵化器知识共享治理的成效。

二、被孵企业间的知识共享过程

洪泰智造内部的被孵企业主要聚焦于智能制造领域，其知识共享活动包含知识索引匹配阶段的“需求分析”“存量分析”“供需匹配”，知识外化与内化阶段的“知识外化”“知识内化”，以及知识应用共赢阶段的“成果产生”“绩效分配”。

（一）知识索引匹配阶段的活动

1. 需求分析

被孵企业在创业过程中面临着各类型的问题，但对于导致问题的根源及解决问题的思路的认知并不一定准确。需求分析包含两个方面：一是需求引导，需要借助交流、培训等方式，建立通过学习知识的方式解决现实经营过程中所遇到的问题的思维；二是对企业当下所面临的问题或困难进行深入剖析，从而找到问题或困难的关键，分清主要次要矛盾，并进一步在这个基础上分析解决主要矛盾所需的知识是什么，从而使得被孵企业产生明确、清晰的共享知识需求。

2. 存量分析

被孵企业知识共享是一个双向的过程。被孵企业除了需要认知自身的知识需求以外，还需要对被孵企业自身的存量知识进行分析。知识的存量分析包括知识浮现与知识探听，知识浮现主要针对隐性知识，强调事件导向；知识探听主要针对显性知识。

3. 供需匹配

被孵企业经过知识需求分析和存量分析以后，对孵化器内被孵企业群体的知识分布情况有了一定的认识，下一步则需要进行供需匹配。一方面，被孵企业会与其他企业或者孵化器的项目经理、投资人及其他投后孵化工作者沟通，交流彼此所了解到的知识需求或知识存量，寻找与自己的情况相匹配的企业；另一方面，被孵企业如果有希望遇到与之进行知识共享的目标企业，同样会借助孵化器工作人员或其他关系与之建立联系，随后与具备目标共享知识的企业进行广泛交流，从而找到最有共享价值的目标被孵企业。

（二）知识外化与内化阶段的活动

1. 知识外化

知识外化与内化是相辅相成、相互迭代的过程。知识外化是知识共享者通过一定方式将需要共享的知识转化为高效、准确的表达形式的过程，分为两个部分：一是表述，即被孵企业通过语言、图表、模型等方式对共享知识进行表达；二是演示，通过对例如产品设计、小试等过程中关键活动的演示，让自身的知识能够明晰化，从而完成外化的过程。

2. 知识内化

被孵企业除需要通过外化过程来对知识进行表述和演示外，还需要通过内化过程来吸收知识。内化过程指的是被孵企业通过一定方式完成目标知识的吸收与反馈的过程，包含总结学习和实践模仿两个方面。总结学习主要是对外化的知识进行提炼，结合自身的认知，形成一套局部的知识体系；实践模仿指的是将外化的知识进行应用，在应用过程中反复揣摩，又不断对比、寻求指导，形成一个往复迭代的过程。通过内化过程，被孵企业得以将共享的知识融入自身的知识体系中。

（三）知识应用共赢阶段的活动

1. 成果产生

完成知识外化与内化过程后，被孵企业需要确保共享的知识能够在企业的实际生产经营过程中产生成果。被孵企业往往兼具不同组成技术的特点，对工程经验的依赖性较强，过程不可控因素较多。这就需要被孵企业间共享的知识能够在企业的生产经营过程中被落实和充分利用。

2. 绩效分配

产生了实际成果以后，被孵企业需要进行共享知识的绩效分配。智能制造领域的隐性知识本就相对更加普遍，进行知识共享的被孵企业双方的投入也相对较多，显性知识又存在表述偏差、难以指导实践过程等问题，因此让共享的知识产生实质绩效是难能可贵的。共享的被孵企业双方会进行绩效的分配，也以此为契机建立长期、稳定、深入的交流指导关系，让双方之间坦诚交流合作，尽可能促成更进一步、更加深入的知识共享。

三、孵化器的知识共享治理

承接上述研究，我们进一步剖析了孵化器针对共享过程的知识治理机制，其主要包括三个部分，分别是辅助匹配治理、行为优化治理、绩效分配公平化治理。

（一）辅助匹配治理

在知识索引匹配阶段，被孵企业的知识共享活动主要面临基于显性知识的价值与场景缺失问题和基于隐性知识的目标导向缺失问题。一方面，知识的价值与场景缺失是共享者对于自身知识应用认知的不足所造成的；另一方面，隐性知识难以被从具体的实践过程中归因、提炼出来，导致难以被精准定位，这一问题被称为目标导向缺失。针对上述问题，洪泰智造构建了辅助匹配治理机制，主要包括建立标准知识库、启发性思考、典型案例推介和聚类交流等。

（二）行为优化治理

洪泰智造的被孵企业主要集中于智能制造领域，大多数的创业者通常是技术人员出身，在某个领域拥有了一定的技术积累以后，不断对技术进行优化、调整，在了解市场的基础上进行技术选型、产品设计，通过在智造工场进行中试以定型相应的产品设计和生产方式。因此，在被孵企业共享双方找到匹配的共享知识后，既需要将知识外化表达，又需要将知识内化吸收，在这个阶段，被孵企业主要面对的是基于显性知识的实践困难与基于隐性知识的表述困难。针对上述问题，洪泰智造对共享行为进行了优化，这种行为优化治理主要包括：协同交流、辅助表达、场景化学习和定期跟踪反馈。

（三）绩效分配公平化治理

从创业孵化角度看，不同于一般发生在企业内部员工之间的知识共享，孵化器内部被孵企业聚集，新产品、新技术、新设备和新样品往往刚刚得以运用，被孵企业也尚未构建出一定的竞争优势，很容易被同领域竞争者通过简单仿制、逆向工程等手段挤占市场[18]。此外，“搭便车”“偷艺”、技术模仿、剽窃侵权等机会主义行为的发生，使得被孵企业本身对知识共享存在一定的戒备心理，导致知识共享对象的寻觅、共享绩效的分配存在挑战。被孵企业在知识应用共赢阶段面临的主要是基于显性知识的成果产出低的问题与基于隐性知识的绩效分配不合理的问题。针对上述问题，洪泰智造的绩效分配公平化治理机制主要包括：事先分配、利益绑定、信任背书和仲裁介入。

总的来说，洪泰智造的知识共享治理主要包含了三个部分的内容，即辅助匹配治理、行为优化治理和绩效分配公平化治理。通过上述方式，洪泰智造实现了对被孵企业间知识共享的治理，使得被孵企业间的知识共享活动变得活跃、有序，改善了创业企业的生产经营状况，提升了创业企业的孵化成功率。

四、孵化器知识共享治理的成效

孵化器针对被孵企业间知识共享进行治理的成效主要表现在如下：

一是被孵企业之间的知识共享有了良好的基础。知识共享首先需要厘清被孵企业间有哪些知识存量，有什么样的知识需求，这是推动被孵企业间知识共享活动更加频繁、主动的基础条件。经过洪泰智造的知识共享治理，被孵企业能够对知识存量与知识需求有清晰明确的认知，也逐渐认识到了知识共享的重要性，整个被孵企业群体在孵化器内部的知识共享活动明显变得更加高频活跃。

二是被孵企业间的知识共享有了顺畅的过程。顺畅的知识共享过程有赖于被孵企业间知识外化与内化的准确、有序和低成本。对被孵企业知识外化与内化行为的优化，促成了知识的精准实践，使得双方的共享不再是流于表面，而是更具深刻的内涵。在知识共享治理体系下，被孵企业间的知识共享不再是为了应付某些分享会、交流会而做，企业各方都开始有针对性、有目标地去寻找真正能够促进企业生产经营的知识，并在洪泰智造的保障下展开更深层次的知识共享。

三是被孵企业之间的知识共享有了一个双方比较满意的结果。洪泰智造合理的知识成果保障与绩效分配，促成了良好的知识共享氛围与正反馈。共享成为了合作共赢的代名词，被孵企业对于知识共享的结果逐渐变得乐观、积极。从总体上看，被孵企业间的知识共享在洪泰智造的治理下，取得了良好的效果，被孵企业共享双方都得到了相对满意的结果。

总的来说，洪泰智造针对被孵企业间知识共享的治理，为被孵企业间的知识共享活动提供了良好的共享基础、顺畅的共享过程和满意的共享结果，使得知识共享活动更加活跃和深入。正如EC2所言：“在洪泰智造，我们逐渐变得乐于共享，在相互交流的过程中解决问题、获得启示、总结经验，这对于我们被孵企业而言，对于洪泰智造孵化器而言，都是很好的事情。”

本文以知识共享活动密集的智能制造孵化服务平台洪泰智造为对象，探讨了孵化器对被孵企业知识共享过程的治理。首先，针对创业孵化领域知识共享过程，我们提出了索引匹配、外化与内化、应用共赢三阶段模型；其次，在三个阶段模型的基础上提炼了知识共享治理机制，包括辅助匹配治理机制、行为优化治理机制和绩效分配公平化治理机制；最后，从显性知识与隐性知识的层面，结合知识的复杂性和经济性，剖析了孵化器知识治理如何通过针对性的设计来系统地影响被孵企业的知识共享意愿。论文成果对提升孵化器的知识共享治理水平具有参考价值。

参考文献

[1] Scillitoe J L, Chakrabarti A K. The Role of Incubator Interactions in Assisting New Ventures[J]. Technovation, 2010, 30(3): 155-167.

[2] 李赋薇，李振华，杨俊，等. 共享认知、无形资源获取与在孵企业创新绩效[J]. 科学学研究，2020(8): 1489-1497.

[3] 李振华，刘迟，吴文清. 孵化网络结构社会资本、资源整合能力与孵化绩效[J]. 科研管理，2019, 40(9): 190-198.

[4] Kim D, Kim Y, Song C. A Study on the Core Management Competencies of Ventures Formed by Entrepreneur's Incubator Organizations and Startup Experience: Focusing on the Biomedical Industry in Korea[J]. Asia-Pacific Journal of Business Venturing and Entrepreneurship, 2020, 15(1): 269-284.

[5] 王凤彬，王骁鹏，张驰. 超模块平台组织结构与客制化创业支持：基于海尔向平台组织转型的嵌入式案例研究[J]. 管理世界，2019, 35(2): 121-150,199-200.

[6] 刘刚，张泠然，梁晗，等[J]. 互联网创业的信息分享机制研究：一个整合网络众筹与社交数据的双阶段模型[J]. 管理世界，2021, 37(2): 107-125+9.

[7] Asrarul H M, Anwar S. A Systematic Review of Knowledge Management and Knowledge Sharing: Trends, Issues, and Challenges [J]. Cogent Business & Management, 2016, 3(1): 1127744.

[8] Latilla V M, Frattini F, Petruzzelli A M, et al. Knowledge Management, Knowledge Transfer and Organizational Performance in the Arts and Crafts Industry: A Literature Review[J]. Journal of Knowledge Management, 2018, 22(4): 1367-3270.

[9] Borzillo S. Balancing Control and Autonomy in Communities of Practice: Governance Patterns and Knowledge in Nine Multinationals[J]. Journal of Business Strategy, 2017, 38(3): 10-20.

[10] Liu Y, Li Y, Shi L H, et al. Knowledge Transfer in Buyer-supplier Relationships: The Role of Transactional and Relational Governance Mechanisms[M]. Journal of Business Research, 2017, 78(9): 285-293.

[11] 于淼，朱方伟，张杰，等. 知识治理：源起、前沿研究与理论框架[J]. 科研管理，2021, 42(4): 65-72.

[12] Tubigi M, Alshawi S. The Impact of Knowledge Management Processes on Organisational Performance: The Case of the Airline Industry[J]. Journal of Enterprise Information Management, 2015, 28(2): 167-185.

[13] Spradley J P. The Ethnographic Interview[M]. Long Grove: Waveland Press, 2016: 78-92.

[14] Langley A. Strategies for Theorizing from Process Data[J]. Academy of Management Review, 1999, 24(4): 691-710.

[15] Gioia D A. Systematic Methodology for Doing Qualitative Research[J]. The Journal of Applied Behavioral Science, 2021, 57(1), 20-29.

[16] Lincoln Y S. Naturalistic Inquiry[M]// Ritzer G. The Blackwell Encyclopedia of Sociology New Jersey: Blackwell Publishing, 2007: 32-38.

[17] Gioia D A, Thomas J B, Clark S M, et al. Symbolism and Strategic Change in Academia: The Dynamics of Sensemaking and Influence[J]. Organization science, 1994, 5(3): 363-383.

[18] Pratt M G. Fitting Oval Pegs into Round Holes: Tensions in Evaluating and Publishing Qualitative Research in Top-tier North American Journals[J]. Organizational Research Methods, 2008, 11(3): 481-509.

作者简介

杨德林，清华大学经济管理学院创新创业与战略系教授，中国技术经济学会副理事长，中国企业管理研究会副会长。他的研究方向为制度变革与创新/创业，基于技术的创新/创业，技术孵化与创新生态等；主要成果发表在《Organization Science》《Strategic Entrepreneurship Journal》《Journal of Engineering and Technology Management》《International Journal of Technology Management》等英文期刊和《管理世界》《中国软科学》《科研管理》《科学学研究》《管理科学》等中文期刊。作为负责人正在研究和已完成的课题包括国家重点研发计划课题、国家社科基金重大项目、国家社科基金重点项目、国家自然科学基金项目和国际合作项目。

中国创新管理理论的演变过程、主要内容与未来展望[①]

胡海波

摘要：我国正处于创新驱动战略实施的关键时期，需要在系统梳理中国创新管理理论体系的基础上，指出我国创新发展的未来方向。在时代背景驱动下，中国创新管理理论的历史过程经历了引进消化、本土化和再创新三个阶段，形成了全面创新、二次创新、非对称创新、整合式创新、场景驱动创新等具有中国本土特色的创新管理理论。这些管理理论的战略重点从关注技术层面的创新演变为关注综合层面的创新，始终强调中国企业创新追赶与引领的问题。未来，中国本土的创新管理理论还需紧密结合中国创新实践，朝着数字中国与共同富裕的方向贡献中国智慧。

关键词：中国创新管理理论；演变过程；主要内容；未来展望

创新是谋求高质量发展、构建新发展格局的现实要求。改革开放以来，中国学者和企业家们结合国家创新战略需要，提出和践行了诸多具有中国创新实践特色的创新管理理论，推动了中国创新水平的提升，更为世界创新管理理论贡献了中国方案。2022 年政府工作报告、《中华人民共和国国民经济和社会发展第十四个五年规划和 2035 年远景目标纲要》、党的十九届五中全会等党中央大会与政策文件均提及了深入实施创新驱动发展战略，中国也正处于创新驱动战略实施的关键时期。在这一特殊时代背景下，中国创新管理领域的学者需要以国家创新战略为牵引，在理解前人学术贡献的基础上，主动探索中国创新管理的未来方向，从而为当下我国加快建设创新强国的奋斗目标提供理论指导与实践启示。

一、中国创新管理理论的演变过程

受时代发展影响，中国创新管理理论的起源晚于西方，且从引进消化西方创新管理理论为起端，经过本土化后结合中国创新管理实践形成了具有中国本土特色的创新管理理论。因此，中国创新管理理论经历了三个阶段，如图 1 所示。

（一）引进消化阶段（1978—1992 年）

改革开放不仅推动了中国经济从计划经济下的被动创新向以企业为核心主体的创

① 基金项目：国家社科基金一般项目（15BGL033）；江西省社会科学基金重点项目（21GL03）。

新发展转变，还促使中国学者积极走出国门，开始学习西方创新管理理论。同时，在市场经济的推动下，中国迫切需要合适的创新管理理论指导创新实践。此阶段，服务于“市场换技术”、打造“经济特区”、发展民营企业和外资企业等战略的需要，中国学者和企业家们直接运用西方创新管理理论，如模仿式创新、商业模式创新等，推动了中国经济的快速发展，为后续创新管理理论的本土化运用和经济的进一步发展奠定了坚实的基础。

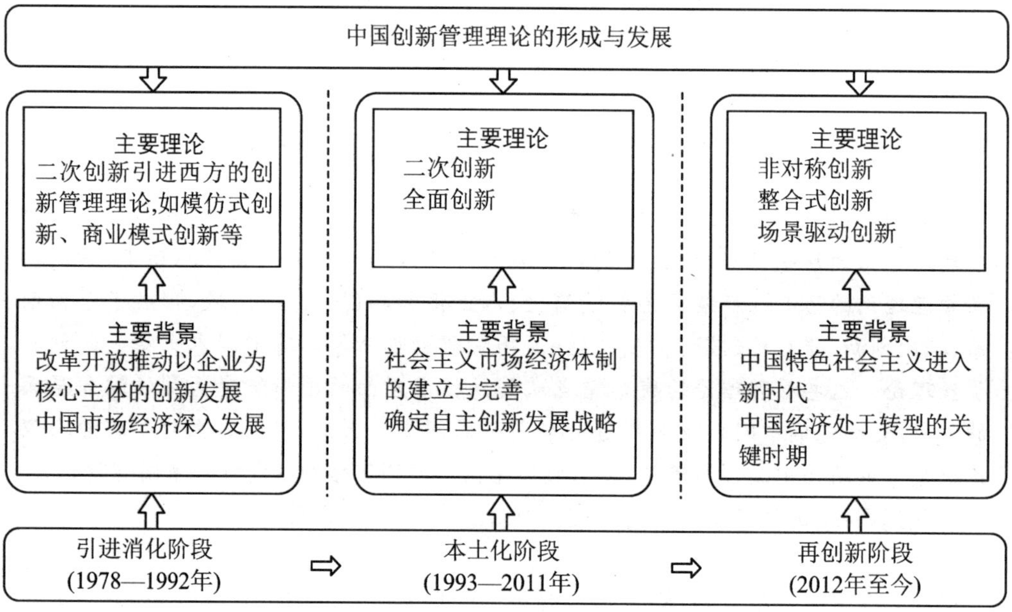

图 1　中国创新管理理论的演变过程

（二）本土化阶段（1993—2011 年）

1993 年，中共十四届三中全会通过《关于建立社会主义市场经济体制若干问题的决定》，确定了社会主义市场经济体制的基本框架。此后，社会主义市场经济和现代化企业在中国蓬勃发展。2006 年，国家确立了自主创新的发展战略，提出“自主创新、重点跨越、支撑发展、引领未来”的指导方针。而西方的创新管理理论建立在资本主义经济体制下，已不再符合中国的经济发展规律，简单地引进消化西方创新管理理论的道路已行不通。在此背景下，中国创新管理领域的学者结合中国经济发展的需要，在借鉴西方技术创新理论的基础上适当延伸了具有中国创新实践特色的创新管理理论，如吴晓波(1995)提出了二次创新理论、许庆瑞等(2003)提出了全面创新理论等。

（三）再创新阶段（2012 年至今）

党的十八大以来，中国特色社会主义进入新时代，也进入经济增速换挡期、结构调整阵痛期和前期刺激政策消化期的“三期叠加”特定阶段。2012 年以来，创新驱动、科技强国、数字中国等逐渐成为中国国家层面的重要战略。因此，中国创新管理必须解决中国经济的转型难题。为满足国家创新战略、行业创新发展、企业转型变革的需要，中国学者立足中国的创新管理实践，提出并发展了具有中国特色的创新管理理论，实现了对世界创新管理理论的再创新，如魏江和刘洋(2017)提出了非对称创新理论、陈劲等(2017)提出了整合式创新理论、尹西明等(2022)提出了场景驱动创新理论等。这些创新管理理论将推动中国实现从创新追赶到创新引领的转变。

二、中国创新管理理论的主要内容

在时代背景的驱动下，中国初步构建了二次创新、全面创新、非对称创新、整合式创新、场景驱动创新等具有中国实践特色的创新管理理论，如表1所示。

表1 中国的创新管理理论

创新管理理论	提出时间	代表性学者	产生背景	核心关注点
二次创新(Secondary Innovation)	1995年	吴晓波	· 改革开放深入发展，中国经济快速崛起 · 中国技术创新的综合实力相对于发达国家有较大的差距	技术层面的创新
全面创新(Total Innovation)	2003年	许庆瑞	· 经济全球化及信息技术的飞速发展 · 中国企业面临着难以协调技术创新与企业管理的难题	技术与非技术(如组织、市场、战略、管理、文化、制度等)层面的创新
非对称创新(Asymmetric Innovation)	2017年	魏江	· 以韩国和新加坡等为代表的新兴国家实现了创新追赶 · 中国企业步入“创新走上去”的阶段	技术、市场与制度层面的创新
整合式创新(Holistic Innovation)	2017年	陈劲	· 中国深入实施“创新驱动发展战略” · 现有的创新理论与范式难以用全局视角来解决创新难题	不同创新全主体和全时空领域的创新要素配置
场景驱动创新(Context-Driven Innovation)	2022年	尹西明	· 新冠疫情与逆全球化使得科技创新复杂多变 · 数字中国、科技强国等战略的提出与实施	以重大需求和重大使命为牵引

(一) 中国创新管理理论的重点差异

由于产生背景不同，中国不同创新管理理论的战略重点从关注技术层面的创新演变为关注综合层面的创新。一是早期的中国创新管理理论关注技术层面的创新。例如，二次创新突破了传统的“引进、消化吸收、自主创新”的封闭式线性观点和西方技术创新理论束缚，强调在技术层面实现引进、升级与超越(吴晓波，1995)。二是现阶段的中国创新管理理论开始关注技术以及其他层面的创新。如全面创新不仅关注技术层面的创新，还要求技术、市场文化、制度、组织等要素的全面协同(许庆瑞等，2003)；非对称创新则具体强调从技术体制、市场形态和制度形态等方面实现快速发展(魏江和刘洋,2017);整合式创新借鉴了全面创新的思想,基于总体战略的需要,综合运用自主创新、开放式创新、全面创新和协同创新等(陈劲等,2017);场景驱动创新则以重大需求和重大使命为牵引,强调通过场景任务设计,构建协同共生的创新生态系统(尹西明等,2022)。

(二)中国创新管理理论的永恒话题

虽然不同中国创新管理理论的重点存在一定的差异,但从创新的主要目的来看,这些创新管理理论的永恒话题为创新追赶与创新引领。相较于西方创新管理实践,中国创新实践起步较晚,与发达国家的创新水平存在一定的差距。中国创新管理理论结合对中国后发国家的判断,从不同层面关注后发追赶的问题。如二次创新立足中国与发达国家的技术差距,鼓励发挥中国企业的后发优势,实现比技术输出国更快的技术追赶速度(吴晓波,1995);全面创新立足全球化及信息技术的整体环境,有意在技术与非技术层面实现后发追赶(许庆瑞等,2003);非对称创新综合考虑中国企业在追赶过程中的市场地位、制度优势和技术实力等问题(魏江和刘洋,2017)。随着中国创新实力的提升,结合国家创新驱动发展战略的实施,整合式创新和场景驱动创新从国家战略需要的角度分析了中国如何通过总体战略设计和数字场景规划实现创新引领(陈劲等,2017;尹西明等,2022)。

三、中国创新管理理论的未来展望

在人类历史发展的长河中,一批批创新管理理论学者站在时代前沿,提出了符合时代发展的创新管理命题,极大地推动了创新管理的理论与实践发展,借鉴这些创新管理理论可以服务于国家创新驱动发展战略的需要。中国经济已进入快速发展的阶段,各种新模式、新业态层出不穷,这也为中国本土创新管理理论的构建提供了新的机遇。未来,中国本土的创新管理理论需更加紧密结合中国实践,提炼出更符合中国情境的创新管理原创理论。

(一)数字中国与创新管理

中国的数字经济正处于蓬勃发展的时期,在多个数字创新领域处于全球领先地位。《中共中央关于制定国民经济和社会发展第十四个五年规划和二〇三五年远景目标的建议》(简称《建议》),明确提出要"加快数字化发展",加快建设数字经济、数字社会、数字政府,以数字化转型整体驱动生产方式、生活方式和治理方式变革。

一是制造企业数字化转型中的创新管理。制造业是国民经济的主体,是立国之本、强国之基,是国家经济命脉所系。《建议》明确提出,要坚持把发展经济的着力点放在实体经济上,坚定不移建设制造强国、数字中国等,推动制造业高质量发展。作为制造强国与数字中国建设任务的核心交汇,制造企业数字化转型是顺应时代浪潮的必然选择,将会给创新管理理论发展带来新的研究议题。

二是政策对企业数字化转型的影响研究。一方面,可以通过识别环境对数字化转型过程的影响机制进而对数字商业战略的研究有所贡献,更能对制度视角下的战略研究有一般性贡献;另一方面,可以探讨独特的中国市场、技术、制度、组织情境是如何驱动数字创新以及如何影响企业从数字创新中获益。未来能进一步以中国企业的数字创新实践为基础，深化和拓展这一方向上的研究。

三是数字基础设施的构建与治理。探究具有中国特色的技术、市场、制度体制下数字基础设施的构建与治理问题，不仅能在相关理论方面有所贡献，还能为中国情境下的管理实践发展提供指导。

四是数字平台及生态系统的构建、演化、治理问题。一方面，由于中国的市场环境、制度环境极具复杂性与特殊性；另一方面，中国的数字平台及生态系统出现与消亡的速度较快。通过探究在中国情境下对数字平台及生态系统的构建和演化治理，不仅能在相关理论方面有所贡献，更能为中国情境下的管理实践发展提供指导。

（二）共同富裕与创新管理

共同富裕是全体人民通过辛勤劳动和相互帮助最终达到丰衣足食的生活水平，也就是消除两极分化和贫穷基础上的普遍富裕。在从脱贫攻坚到乡村振兴的有效衔接过程中，各类利益相关者通过实施各种创新举措，共同推动共同富裕的实现。

一是农村电商中的创新发展。中国的脱贫攻坚战已取得全面胜利，中华民族在几千年发展历史上首次整体消除了绝对贫困。在中国减贫、脱贫以及乡村振兴的过程中，农村电商平台、淘宝电商、短视频、电商直播等多种电商创新方式发挥了关键作用。农民不再仅仅作为消费者，而开始作为合作伙伴甚至创业者。未来对乡村振兴中的创新管理研究，可关注社会创新与数字创新的交叉研究，从创新管理的角度探讨贫困地区如何通过电商实现富裕的发展路径。

二是产业发展中的创新发展。产业振兴是乡村振兴的关键，是乡村经济社会发展的根基。但大部分农村地区发展受限，存在资源多却无法发挥其作用、无资源且无法开发产业等矛盾。未来，基于中国农村地区的产业振兴实践问题，在包容性创新、反贫困创新、朴素式创新等理论的基础上，探讨中国农村在资源受限与资源饱和等多种情境下实现共同富裕的关键与路径，构建符合中国乡村产业振兴的创新管理之路。

展望未来，全球经济政治和创新格局进入大调整时期，这也是中国比较优势转换期，更是中国崛起的关键期。扎根中国创新实践、面向全球科技前沿、面向经济社会发展主战场、面向科技创新强国战略目标，通过理论创新加快完善中国特色创新理论体系，是未来中国超越追赶、实现创新引领发展的重要战略支撑。

中国创新学派和创新研究学者需要以新时代科技创新思想为指导，在深入研究创新一般规律的基础上，以面向“科技创新 2035”和“中国 2049 战略”为着眼点，以推动中国和全球可持续发展为使命，加快推动中国创新学派崛起和创新理论体系建设。在这一过程中，中国创新研究学者既要扎根中国特色社会主义改革发展和企业创新实践，也要积极吸收和借鉴国外学者对中国创新的研究和批判性思考。这不但能够推动东西方创新理论对话和整合突破，也将加快推动创新型国家建设从创新驱动迈向创新引领，加速培育世界一流企业，建设面向未来的科技创新强国，并最终为推动全球可持续发展和建设人类命运共同体贡献更多的中国智慧、中国方案和中国力量。

参考文献

[1] 吴晓波.二次创新的进化过程[J].科研管理,1995(2):27-35.

[2] 许庆瑞,郑刚,喻子达,等.全面创新管理(TIM):企业创新管理的新趋势:基于海尔集团的案例研究[J].科研管理,2003(5):1-7.

[3] 魏江,刘洋.中国企业的非对称创新战略[J].清华管理评论,2017(10):20-26.

[4] 陈劲,尹西明,梅亮.整合式创新:基于东方智慧的新兴创新范式[J].技术经济,2017,36(12):1-10,29.

[5] 尹西明,苏雅欣,陈劲,等.场景驱动的创新:内涵特征、理论逻辑与实践进路[J].科技进步与对策,2022,39(15):1-10.

作者简介

胡海波,博士、教授、博导,井冈学者特聘教授、江西省百千万人才工程人选,教育部学位中心首批优秀案例教师。现任江西财经大学工商管理学院院长、专精特新企业研究中心主任。兼任中国企业管理研究会副理事长及企业文化专业委员会副秘书长、中国管理现代化研究会管理案例研究专业委员会委员、国际案例研究协会(ICRA)顾问委员会成员等。近年公开发表 CSSCI、SSCI 论文 30 余篇,主持国家社科基金等省级以上课题 16 项。出版中文著作、教材 9 部(其中 1 部著作获国家出版基金项目资助)和英文著作 2 部,全球信息系统协会影响力大奖(AIS Impact Award)首届得主,获全国百篇优秀管理案例奖 12 次、江西省教学成果奖一等奖 3 次和二等奖 1 次、江西省社科优秀成果二等奖 2 次和三等奖 2 次等。

中国创意管理学发展十年探索

杨永忠

摘要：正像第一次文艺复兴促进了文学、美术等人文学科的发展，始于1998年的第二次文艺复兴，在艺术与商业结合的广阔而深远的创意发展背景下，无疑为管理学，特别是创意管理学的诞生提供了丰厚的土壤，催生着创意管理学的发展。创意管理学试图从微观管理视角，为一个新兴产业梳理与之匹配的微观管理理论体系。作为一门正在迅速成长的、充满勃勃生机的新兴学科，创意管理学亟待海内外学者特别是管理学者的研究和探索。

关键词：中国创意管理学；发展；探索

1978年，改革开放催生了创新管理的学术研究；大众创业、万众创新，迎来了创业管理的研究浪潮，拓展了创新的后端研究。但作为创新的模糊前端，创意的管理学研究仍有待开启。

2010年，四川大学商学院率先在国内成立了四川大学创意管理研究所，拉开了中国创意管理的学术研究序幕。10年来，中国创意管理学研究取得了开创性进展。

一、创意管理学术推进

一是开创文化创意管理博士点。围绕新兴学科建设，在四川大学的支持下，2014年川大在国内工商管理学科率先开辟了文化创意管理这一新的博士招收专业(方向)。截至2022年，文化创意管理学位点已经培养13名博士(其中海外4名)，出站2名博士后，承接4名访问学者。华西都市报2016年7月5日在“封面人物”栏目以“川大教授学术创业，文创管理招来海外学子”的专题进行了报道。2016年《高等学校文科学术文摘》第5期“高端访谈”栏目专题介绍了中国创意管理学的形成与发展情况。目前，正在开展的专题研究包括创意的生成研究、创意产品开发模式、创意产品价值评估、创意产品运营模式、创意产品合作创造以及文化企业家行为等。

二是推出《中国创意管理前沿研究系列》丛书。丛书自2014年推出后，已出版6部著作，在国内引起较大反响。其中，专著《创意产品开发模式：以文化创意助推中国创造》荣获全国“文化产业研究学术成果一等奖”；编著《文化经济学：理论前沿与中国实践》荣获四川省哲学社会科学优秀成果三等奖；《互联网创意产品运营模式》荣获天府新区文化产业协会优秀论著一等奖。丛书主要从微观管理视角出发，探讨文化创意的发生与发展规律，探寻文化与技术、经济的融合机理，探求文化的产业化与产业的文化化路径，力求为“中国制造”向“中国创造”转变提供理论支持。清华大学博士后董鸿英认为，“丛书的推出拉开了从微观管理视角出发系统研究文化创意的大幕”。中新网、凤凰网等主流媒体先后进行了专题报道。随着丛书的陆续出版，中国创意管理相关问题的前沿性研究将被不断深化。

三是创刊《创意管理评论》学术集刊。由杨永忠教授担任主编的《创意管理评论》定位为推动创意管理学形成和发展的专业性学术集刊，由国内外相关领域知名学者担纲顾问和联合主编，于 2016 年 10 月正式出版，已出版 6 卷。期刊主要刊登从企业管理视角、应用管理学研究方法探讨创意管理的高水平学术论文和探索性实践文章，为中国创意管理学的兴起提供一个专业、规范、雅俗共赏的思想分享平台。顾问之一复旦大学东方管理研究院院长、著名管理学家苏勇教授认为，“《创意管理评论》的出版是中国管理学创新发展的幸事”。

四是出版中国第一部创意管理学著作。2018 年，《创意管理学导论》由经济管理出版社出版。该书以管理学为基础，以创意的价值及其商业化实现为核心，围绕计划、组织、领导和控制这一经典的管理职能，搭建了创意管理学的基本研究体系：由创意的价值管理，引出创意的组织管理、创意的资源管理、创意的决策管理、创意的运营管理、创意的营销管理、创意的融资管理等七大基本管理。该书不仅涵盖了管理学的普适性理论，而且根据“创意经济”的特殊性，发展新的知识增长点，从而全新构建了创意管理的理论体系。对外经贸大厦吴承忠教授发表书评，认为本书填补了创意管理研究的国内空白，在国际上也处于研究前沿。

二、创意管理教学探索

2012 年以来，四川大学将陆续取得的创意管理学术研究成果迅速进行教学转化，率先在本科教学环节开设了专业课程“创意与创新管理”，在 MBA 创设了“文化创意产品开发”课程，在博士阶段开设了“中国创意管理学的理论与实践”，建立了从本科到博士相互衔接的创意管理课程体系。

在过去的教学中，我们发现纯粹的课堂教学难以有效激发学生的创意潜力，传统的授课方式更难以促进学生的创意转化能力。课程创造性地建立了“共创式设计（Co-creative design）＋情景式学习（Situated learning）＋沉浸式体验（Immersive Experience）＋创造性转化（Creative Transformation）”的 CSIC 全过程创意教学模式，以帮助学生更好地将所学、所思转化为所做、所能。

首先，“共创式设计”强调与创意产业从业人员构成的导师团队共同设计课程内容。从课程准备环节就充分将实践内容纳入其中，提高实践在课程中的重要性，增强了课程设置的合理性。

其次，“情景式学习”打破生硬乏味的传统课堂导入方式。在多媒体教学资源的辅助下，吸引学生进入生动的情景之中，以感性思维撬动理性思考。情景式的学习能够让学生成为课堂学习的主体，教师成为课堂学习的引导者和启发者，更加充分地调动学生的积极性和创造力，有效提高课堂学习效率。

再次，“沉浸式体验”实现了本课程以实践为主的课程转化。在不同的文化创意场景中参观、体验、探索、思考与交流，能够最大化地营造学习氛围，让学生最直观地体会创意实践，充分感受到理论与实践相互作用的过程，深化了学生对文化创意、创意价值、创意组织、创意运营等方面的理论认知。

最后,“创造性转化”引导学生将有潜力的创意想法进行商业转化,推动创意项目落地。“创造性转化”延长了课程教学链条,最大化发挥课程的带动效应,将更多优秀的学习成果转化为实践成果,达成创新型人才的培养目标。

CSIC 全过程创意教学实际上是同时完成了知识水平、能力水平、人文素养三个层次的教学目标和人才培养目标,实现了教学与思政的有机融合(图 1)。

第一层次,知识水平教学目标——创意管理的学习。表现在:

(1) 了解创意管理学的内涵,掌握创意管理的理论演进及主要思想。

(2) 了解创意管理学的研究方法,掌握创意的价值模型。

(3) 了解创意的组织特征,掌握创意的源泉、决策与运营原理。

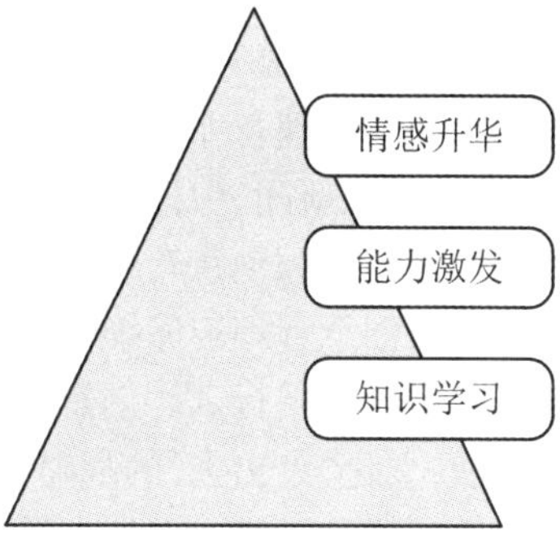

图 1　全过程创意教学目标三层次

第二层次,能力水平教学目标——创造能力的激发。表现在:

(1) 从创意源泉的角度,激发学生的创意思维。

(2) 从创意实践的角度,激发学生的创新能力。

(3) 从创意组织的角度,激发学生的管理能力。

第三层次,人文素养教学目标——价值情感的升华。表现在:

(1) 通过课程学习,培养具有深厚人文底蕴的专业人才。

(2) 通过社会实践,培养担当中华文化复兴的国家栋梁。

(3) 通过创意创新,学生学会用积极的态度对待学习、看待生活、服务社会。

通过区别于传统的创新型教学模式探索,课程辅导学生将专业知识转化为实际产品和可行的商业概念,以提升学生的创意管理能力,实现创意创业的同步推进,促进创新型人才的培养。2016 年四川大学本科生代表队(Uto 文创乐活项目),荣获第二届全国文化创意创业大赛总决赛二等奖;论文《以学术创业为核心,开创文化创意管理人才培养新模式》获全国高等学校创业教育优秀论文二等奖;课程《创意与创新管理》2020 年荣获首批国家级社会实践一流本科课程。课程关注知识的创造性转化,具有启发人心、开拓思维、有效转化以及融入社会的特点,起到了示范效果,引起社会及同行的关注。凤凰网、腾讯网、中新网、《成都日报》等媒体先后对文化创意课程的创新型教学模式和创造型成果转化进行报道。

三、创意管理社会服务

2017 年 11 月 24 日,为提升中华文化自信、促进中国文创产业的深度合作,四川大学创意管理研究所、四川省文化产业促进中心、许燎源现代设计艺术博物馆联合东华大学、对外经贸大学、复旦大学、中国科技大学、南开大学、暨南大学、海南热带海洋学院、台湾实践大学等知名高校,台湾苏荷、泸州老窖、成都星娱等知名企业,中新社、英中贸易协会、四川文化创意产业研究院等知名组织,在四川大学宣告成立中国创意管理成都联盟。

2019 年 11 月 2 日，在上海东华大学举行的第三届中国创意管理高峰论坛上，民建中央副主席、上海市政协副主席周汉民先生做了重要讲话，并对联盟今后的发展提出了期望。他讲道，中国创意管理联盟不仅是成都的，更是中国的，未来还应是走向世界的。中国创意管理成都联盟更名为中国创意管理联盟。

2021 年 11 月，为更好地服务国家、服务民众，发挥社会智库作用，中国创意管理联盟更名为中国创意管理智库(联盟)。

智库成立以来，以“平台共建，专业推动，合作创造，创新发展，价值提升”为宗旨，以成为“政府、企业、学校三方的纽带”为导向，以建立“文化创意与商业管理之间的桥梁”为目标，致力于建设成为一个国际化、多元化、特色化的创意管理知名社会组织。

中国创意管理智库以其务实态度、合作精神、卓越推动，先后被中央电视台、中国社会科学报、凤凰新闻、中国侨网等海内外媒体报道，引起社会广泛关注，为推动中国创意管理探索性实践和创意管理学的开创性建设做出了重要贡献。

在中国创意管理智库推动下，四届中国创意管理论坛成功召开。首届中国创意管理论坛在四川大学举行，以“创意管理之道”为主题，围绕创意管理的产业视角、创意的产业化与管理、文化“走出去”的战略创新、传统师徒制的当代传承与创新、传统文化的创造性转化等话题展开了深入讨论。第二届中国创意管理论坛在成都会展中心举行，围绕“创意管理，生活之道”这一主题展开了广泛探讨，涉及文化创意产业发展中的商业模式、文化企业家培育、营销策略、品牌建构、国际化、艺术与商业平衡等热点话题，促进了成都创意设计的产业深化和中国创意产业的合作创造。第三届论坛在上海东华大学召开，以“创意中国：新时代、新思维、新发展”为主题，从多维度聚焦创意产业流行趋势，探析创意产业跨界可能。第四届在北京对外经贸大学举行，以“文化治理和创意管理”为主题，从国际文明互鉴、国家文化发展到文化产业转型，多元化探讨了文旅融合发展态势。

《中国社会科学报》2017 年发表专题报道：“依托四川大学创意管理研究所，首届中国创意管理成都论坛的举办和中国创意管理成都联盟的成立，是一种基于工商管理学科特色，助力文化创意产业研究的新思路，体现了理论演进的国际转化路径；也是一种打破产学研藩篱，推动文化创意产业合作创造的新尝试；更是一种以学术创业成果，推进现实问题解决的创造性转化实践。”

四、进一步的发展与展望

十年来，通过在创意管理学领域的辛勤耕耘，我们发现，创意对人的成长、对组织的发展，十分重要。没有创意，哪有创新呢？没有卓越的创意，哪有划时代的创造呢？创意是一个人成长的开启。从“钱学森之问”，我们发现，中国之所以缺乏伟大的创新，很大程度上是因为缺乏创意。创意需要激发，创意需要转化，创意需要管理。但创意怎么管，管的边界、管的思维、管的方法、管的技术、管的规律，需要通过教学普及，需要通过教学深化。但国内乃至国际，有关创意管理的教材却少之又少，更缺乏系列。面向高校的专业教材，面向产业人士的培训教材，面向政府部门的管理教材，甚至面向中小学生的启蒙教材，都是空白。

清华大学出版社富有远见卓识，2019 年 12 月 28 日，在中国技术经济学会指导下，清华大学成立了国际创意管理专委会，雷家骕教授、熊澄宇教授、葛宝山教授等担任顾问。

专委会的第一个成果，就是与清华大学出版社达成国际创意管理前沿系列教材出版战略合作。在专委会的组织和专委会委员的参与下，《人文品牌创意管理》《文化遗产的创意管理》《乡村旅游创意管理》《区块链创意管理》《新媒体内容创意与营销》《创意消费市场调研》《品牌创意传播策划》《现代文化经济学》等申报教材陆续立项，2022 年将拉开中国创意管理教材系列出版的序幕。

与此同时，创意管理的学科建设又迎来新的发展。在四川大学商学院对口支援下，西北民族大学于 2020 年 12 月组建了“创意管理研究中心”，2021 年召开了文化创意与管理创新国际学术研讨会，成功获批创意管理相关的国家社科基金等科研项目，为创意管理学科建设奠定了良好的基础。2021 年 12 月，根据国家发改委、教育部、财政部《关于加强经济社会发展重点领域急需学科专业建设和人才培养的指导意见》及国务院学位办关于学位点设置的相关规定，西北民族大学管理学院在工商管理一级学科下自主设置的“创意管理二级学科”通过教育部平台公示，已正式批准设立。据悉，这是国内第一个以“创意管理”命名的学术型硕士点，目前下设“创意管理理论”“旅游创意管理”“数智创意管理”等三个研究方向。创意管理从硕士培养到博士招生，意味着创意管理的学科建设不断健全，人才培养梯队更加完善，将为我国经济的高质量发展提供更加多层次、更加有力的创意人才支撑。

正像第一次文艺复兴促进了文学、美术等人文学科的发展，始于 1998 年的第二次文艺复兴，在艺术与商业结合的广阔而深远的创意发展背景下，无疑为管理学，特别是创意管理的诞生提供了丰厚的土壤，催生着创意管理学的发展。创意管理学试图从微观管理视角，为一个新兴产业梳理与之匹配的微观管理理论体系。作为一门正在迅速成长的、充满勃勃生机的新兴学科，创意管理学亟待海内外学者特别是管理学者的研究和探索。

参 考 文 献

[1] 杨永忠.创意管理学导论[M].北京：经济管理出版社，2018.

[2] 杨永忠.创意管理评论[M].厦门：厦门大学出版社，2020.

作者简介

杨永忠，四川大学商学院教授，四川大学创意管理研究所所长，博士生导师；创意管理学教授，中国创意管理学开创者；教育部新世纪优秀人才，四川省有突出贡献的优秀专家，首批国家级社会实践一流课程《创意与创新管理》负责人，《中国创意理前沿研究系列丛书》主编，《创意管理评论》主编，《创意管理前沿教材系列》主编；国际创意管理专委会主任，中国创意管理智库联合主席，中国技术经济学会技术创新创业分会副理事长；铜钱模型(CCM)和泛泛文化阶层(PPCC)提出者。

开源创新的内涵、特征及激励对策研究①

陶爱萍

摘要:以用户驱动为重要驱动力的开源创新是创新2.0时代的一种重要创新方式。开源创新依托互联网把大量分散的用户和开发者聚集起来进行共同创新,综合个人创新与集体创新的优势,形成强大的创新合力和创新能力。促进开源创新可从设计差异化激励机制、联合个人创新与集体创新、优化开源创新组织模式、推进全流程开源创新等方面提出相应的激励对策。

关键词:开源;开源创新;对策建议

一、开源创新的内涵和特征

不同于工业经济中以生产者为中心的封闭创新1.0时代,信息经济和互联网经济中由信息技术发展、互联网所引导的创新2.0时代,开源思维和开源文化盛行,以用户驱动为重要驱动力的开源创新成为创新2.0时代的一种重要创新方式。开源一词最早由Eric Raymond提出,狭义上的开源是指开放软件的源代码,以此保证源代码的公开性、易获得性及易修改性,伴随着互联网技术的发展和互联网经济的深化,开源不再局限于开放源代码。开源的内涵不断拓展并逐渐演变为一种思想和文化,即广义上的开源,包括开源知识、开源技术、开源架构等更为广泛的内涵。开源的精髓是开放、自由、分享、协同、民主、绿色等(王宇,2013)[1],开源成就了Apache、Linux、Android等市场领导者和行业标准。开源亦随之由最初主要运用于软件开发领域而拓展到硬件设计等更为广泛的领域,Linux、MySQL、Apache等开源软件在技术及市场上的成功吸引了大量学者对开源进行研究。

开源创新是基于开源而衍生出的一种新型创新方式,学者们对其的界定是见仁见智。Lerner和Tirole(2002)将开源创新定义为通过互联网把地域空间分散、知识密集度高、交流互动频繁的技术人员和用户聚集起来进行的共同创新[2];Hippel和krogh(2003)指出开源创新不同于个体创新和联合创新,开源创新是一种用户驱动的个体创新和集体创新相结合的创新模式,即个体—集体联合创新模式[3]。Simon和Georg提出开源创新是将个体层面和集体层面的创新知识组合起来,将单个开发者以及不同部门、企业乃至不同国界的开发者组合起来去共同创造一种公共产品[4]。我国学者王宇(2013)

---

① 基金项目:国家社科基金项目“网络社会中的开源创新及其激励机制研究”(18BJY029)。

对开源创新做出类似的界定，他认为开源创新是在开放的创新环境下，通过授权机制设计等方法鼓励参与、协作和创新，推动创新成果自由传播与公开共享的创新模式，基于开源创新成果的开放、共享属性，开源创新本质上就是由私人组成的互联网社区来供给知识这种信息化的公共产品[1]。闫俊周(2016)指出开源创新是以非传统的方法，将个体和集体层面的创新知识和资源有机结合起来的个体-集体创新模式，具有既不同于个体创新(Private Innovation)模式也不同于集体创新(Collective Innovation)模式的特性[5]。

综上所述，开源创新是以互联网为创新平台，民主化开源社区为创新组织，以独立分散个体为创新主体，多元化创新激励为助推力，通过整合个体层面与集体层面的知识与资源，共同创造新产品、新技术的新型创新模式。开源创新主要表现出如下四个方面的特征：① 创新主体分散性(多元化)。互联网的信息技术属性突破传统创新的地域限制，使得开源创新的参与主体能够跨区域、跨行业协作、协同创新；② 激励机制多元化。基于开源创新参与者的多样化参与动机，设计多元化的激励机制；③ 创新过程开放性。开源创新是创新资源和创新过程均具有较高开放度的开放创新；④ 创新成果共享性。共享既是开源创新的理念，又是开源创新区别于其他创新模式的重要特点，共享不仅避免重复开发导致的资源浪费，而且最大化创新成果的经济价值和社会价值。

二、促进开源创新的对策建议

促进开源创新可从设计差异化激励机制、联合个人创新与集体创新、优化开源创新组织模式、推进全流程开源创新等方面提出相应的对策建议。

(一) 设计差异化激励机制，激发创新主体积极性

激励机制设计的目标是最大限度激发相关主体参与开源创新的积极性和创造性，提高其参与开源创新的动力和活力，为此必须遵循参与者收益最大化原则，构建差异化的激励机制。总体上，开源创新参与者的动机和激励因素具有多元化特征，激励机制的设计要结合内生激励和外生激励、精神激励和物质激励、过程激励和结果激励、经济性激励和非经济性激励等。多元化激励措施要协同并重、多措并举。但由于不同类型参与主体参与开源创新的动机及追求的利益不尽相同，激励机制的设计要针对不同的参与主体，各有侧重。

针对个人参与者，除物质性的外生激励(主要是经济性激励)外，心理满足、获得声望与认可等精神性的内生激励(主要是非经济性激励)更为重要。因此个人用户参与开源创新，主要是寄期望于开源创新的技术及产品更能契合其个性化、多样化的需求，从而增加其消费时的满足程度；专业人员参与开源创新，则主要是期望其能够在相关领域获得较高声望或者得到更大认可，进而凭借良好声誉和广泛认可度获得高收益。对高校和科研机构来说，除了注重过程激励外，更要加大结果激励力度，要把开源创新的成果转化率及其所实现的社会价值纳入考核、评聘指标体系，因此绩效考核、职业晋升、职称评聘等是高校和科研机构主要的激励机制。对于企业来说，其追求的是市场势力及基于其上的利润最大化，还可通过选择性政府采购、阶段性政府采购、制定相关法律法规等促进参与开源创新，因此物质性的经济性激励对企业来说是主要的激励机制。其中获得最大化利润是直接的经济性激励，市场势力扩大和政府采购等是间接的经济性激励，相关法律法

规则是约束性的辅助性的非经济性激励机制。对于公共机构来说，其一方面是激励机制的设计者、激励措施的制定者；另一方面，其自身也需要被激励，可通过薪酬激励、职位晋升等促使其营造开源文化、优化开源环境和做好其他的开源创新服务工作。

（二）联合个人与集体创新，增强创新过程协同度

开源创新既是以相互协作为特征的集体创新，又是以满足自身需求为目的的个人创新，是将个体和集体的创新资源、创新能力联合起来的个体-集体创新模式，因此开源创新综合了个人创新和集体创新的优势。联合个人创新与集体创新，不仅有利于增强开源创新过程中个人资源与集体资源、内部资源与外部资源、创新成果供给及其需求之间的协同，而且能够大幅缓解技术研发者研制整套技术的经济压力，降低技术创新的成本。

联合个人创新与集体创新可分别从个人创新和集体创新入手：一是从个人创新入手，通过减少“搭便车”行为，增强个体创新者参与集体创新活动的意愿。个人在集体中做贡献时，期待他人也同样付出努力，“搭便车”行为会弱化个体主动参与创新和联合集体创新的积极性；二是从集体创新入手，通过扩大资源共享，增强集体创新合力以吸引个人创新者。个人是否愿意参与到集体创新之中，将自身的创新资源、创新成果等公开共享，与集体内部资源与成果的公开共享程度密切相关。集体要积极解决内部资源与成果的公开共享问题，构建和完善公开共享的环境与生态，具体可通过协同社会性偏好、解决搭便车、确定合适集群规模等建立资源及成果公开共享条件；通过降低开源创新成果的竞争性与排他性、制定开源创新相关法律规范等营造公开共享的生态。

在开源创新的“个人—集体”联合中，集体中的个人创新者具有需求侧和供给侧双重特性。个人创新者基于自己的社会性偏好决定贡献的方向和程度，即从需求出发决定供给，这会带来整个开源创新过程中协同度的提高，具体可以从供给侧和需求侧两个方面得以体现：在供给侧方面，集体中所有他人的创新资源和创新成果都是向个人开放的，个人可以共享使用，个人资源以及其基于集体资源和成果而创新的新成果亦会被共享到集体中，从而实现集体内资源的协同共享，创新成果不断地更新迭代；在需求侧方面，集体中每个个体的需求和偏好都能被充分反映在集体创新中，集体根据个人需求整合个人偏好引领，决定创新的方向和主要领域，且个体需求和偏好的变化会实时地被反馈到集体创新过程中，从而在较大程度上保障开源创新过程中供给侧与需求侧的协同，增强开源创新成果的用户认同感和满意度。

（三）优化开源创新组织模式，提高开源创新效率

与基于市场或基于层级的传统创新组织模式不同，基于公共产品的同行组织模式是开源创新的主要组织模式（Lerner & Tirole，2004）[6]。依托虚拟互联网而形成的开源创新组织模式具有虚拟性、临时松散性等特征，以至于开源创新效率会受到参与人员对组织管理者的信任、任务分配、模块化程度、复杂化程度等多因素的影响（Midha & Palvia，2012）[7]。优化和完善开源创新组织模式关系到开源参与者能否充分利用开源组织内的资源，发挥开源创新的优势，提高开源创新的效率。优化和完善开源创新组织模式通常从建立组织信任与控制机制、完善模块分发和任务分配、简化组织复杂度等方面入手，以增强开源创新过程中的协调和沟通，使参与者之间实现良性协作，促进创新效率提升。

优化和完善开源创新组织模式，一是要建立组织参与者之间的信任与控制机制。开源创新组织中的信任主要指组织管理者与创新实际贡献者之间，以及创新实际贡献者之间的信任。组织管理者对创新实际贡献者的信任基于组织管理者对创新实际贡献者是最终成果用户的认知，进而相信创新实际贡献者会做出最大的创新努力以保障创新质量、提升创新效率，而创新实际贡献者之间的信任来源于开源创新的开放共享授权机制。开源创新组织中的控制机制主要包括组织管理、民主监督、激励约束、组织文化以及个人声誉等管控和约束机制。控制与信任是相互配合、互相补充的，二者合力保障开源创新决策的科学性和合理性，提高组织凝聚力和创新协同度，进而提高开源创新效率。具体可以从以下几个方面构建和完善信任与控制机制：① 以创新实际贡献者为中心，以创新实际贡献者需求为创新风向标；② 加强对组织管理者监管与民主选举，保证组织管理者能力与声望；③ 提供契约保障，完善开源创新授权机制，确保创新实际贡献者对创新成果的开放共享；④ 增强社区信息透明度，确保沟通协调公开有效。二是要做好开源创新中的创新模块分发安排、组织管理者与实际贡献者之间的任务分配。创新模块分发要做好个体与整体的协调统一，避免“木桶效应”，保证单个模块相对独立、易于操作，各模块结合时能彼此兼容、相互补充，利用模块的并行开发有效缩短创新的时间，提高创新的效率。对各模块、各参与人的任务分配应以创新贡献者实力为导向，避免提出与能力不相匹配的任务要求进而影响整个创新活动的进程。三是要降低组织复杂度，可通过简化组织层级，建立去中心化的交流沟通机制，减少代际传递，避免传递过程中的信息遗漏与偏移。

（四）推进创新全流程开源，保障创新成果质量

关于开源创新流程，目前主要有两类划分：其一是参照开源创新成果层次划分为想法提出、实践创新想法、初步创新成果、成熟创新成果及成果发布（王宇，2013）[1]；其二是参照社区创新模式分为想法与概念、设计与工程、检测与发布三个阶段（Fuller et al.，2006）[8]。两类划分均能在一定程度上体现开源创新流程的独特性，即开源创新流程具有很高的非线性和迭代性，各流程间的界限更为模糊。这种独特性使得开源创新能够全流程整合和利用内外部创新资源，发挥迭代创新优势，改进甚至是创造新技术。推进创新全流程开源可从各流程阶段入手，在第一类划分的想法提出阶段，应设计良好的沟通交流机制，树立基于需求的开源理念；在实践创新想法阶段，应通过“干中学”、开放式讲座等提高参与人员的专业技术水平并吸引专业人员参与；在初步创新成果与成熟创新成果阶段，应做好信息反馈与改进方案的收集和论证，增加迭代次数以提高创新成果质量；在成果发布阶段，构建开放的、多元化授权机制，以利于创新成果推广应用。在第二类划分的想法与概念阶段，要设计良好的征集和沟通机制，以更开放包容的理念征集开源创新的想法与概念，并通过沟通交流，碰撞出理想的创意；在设计与工程阶段，要保持和提高开源创新组织的开放性，使组织内的创新能够根据内外部需求实时调整创新方向、改进创新方法等，同时便于吸收和整合内外部创新资源，优化工程阶段的资源配置、提高资源利用效率；在检测与发布阶段，要根据内外部信息反馈进行动态检测，保障创新成果质量，选择好恰当的成果发布时机和发布方式。

推进创新全流程开源可从如下方面保障创新成果质量：一是实现创新资源共享。开

源不仅仅意味着开放源代码，更包括开源知识、开源技术等开源资源，全流程开源能够保障内外部创新资源的共享和整合高效利用，提高创新效率；二是各创新流程界限的模糊，这给非线性、迭代性创新等提供了有利条件，创新成果质量在专业技术人员和用户不断贡献和迭代创新中连续提升；三是非线性、迭代性创新流程增加了创新过程的信息反馈，基于信息反馈对创新成果进行反复的、精准的改进与完善，创新成果的稳定性和成熟度不断提高，创新成果质量得到了保障；四是开源创新贡献者随着开源创新流程的推进，其角色不断转换，从而可以有效规避创新理念固化、创新行为僵化等倾向，使创新流程更具效率。鉴于全流程开源的上述优势，有必要推进全流程开源，以保障开源创新的成果质量。

参考文献

[1] 王宇. 开放与共享：开源创新的经济学思考[M]. 南京：南京大学出版社，2013，1-5.

[2] Lerner J，Tirole J. Some Simple Economics of Open Source[J]. Journal of Industrial Economics，2002，50(2)：197-234.

[3] Hippel V，Krogh V. The Private-collective Innovation Model in Open Source Softw-are Development：Issues for Organization Science[J]. Organization Science，2003，14(2)：209-223.

[4] Grand S，Krogh G v，Leonard D，et al. Resource Allocation beyond Firm Boundaries[J]. Long Range Planning，2004，37(6).

[5] 闫俊周. 开源式创新研究综述与展望[J]. 技术经济与管理研究，2016(12)：41-45.

[6] Lerner J，Tirole J. The Economics of Technology Sharing：Open Source and Beyond[C]. NBER Working Papers，2004.

[7] Midha V，Palvia P. Factors Affecting the Success of Open Source Software[J]. Journal of Systems & Software，2012，85(4)：895-905.

[8] Fuller J，Bartl M，et al. Community-based Innovation：How Tointegrate Members of Virtual Communities into New Product Development[J]. Electronic Commerce Research，2006(1)：57-73.

作者简介

陶爱萍，合肥工业大学教授，经济学博士，硕士研究生导师，产业经济研究所所长。长期从事产业经济学、网络经济学、技术标准锁定等相关领域的研究，先后主持国家哲学社会科学基金项目2项，省部级以上课题10余项。出版学术专著2部；在《中国软科学》《经济理论与经济管理》《世界经济研究》《科学学研究》《国际贸易问题》等CSSCI期刊上发表学术论文40余篇，其中有1篇论文被《新华文摘》全文转载。

基于自主创新溢价的技术经济评价与决策①

廖望科

摘要：本文提出自主创新溢价这一描述自主创新经济价值的概念，并构建自主创新溢价的主要领域、测度维度、测度方式和可用指标，尤其指出自主创新溢价的市场规模弹性、技术难度弹性、产业瓶颈弹性和产业关联弹性等测度特征以及这些特征对于从技术供给侧角度考察和评价强化国内大循环的鲁棒性与可持续性的意义。类似自主创新溢价这样的概念是在我国政治与经济发展的背景下针对科技创新领域进行技术经济评价时无法回避的一类基础性概念。

关键词：自主创新溢价；创新溢价测度；创新溢价弹性

人类创新活动中最核心、最关键的知识恰恰是那些无法以论文或专利等标准化语言形式表达的一系列缄默知识，而这些知识只能通过自主创新实践被掌握。对于社会认可度较低的组织来说，相对于平均认可组织，接受更少危机责任的响应策略将比接受相同或更多危机责任的响应策略产生更低的社会认可损失均值和方差。自主创新活动是充满不确定性的经济活动，一定需要足够的创新资源投入，也期望带来相当的创新产出回报。经济资源稀缺性约束下，哪些产业领域、生产部门或技术链条最值得自主创新，如何对不同领域、部门或链条的自主创新需求进行排序与优选，这些投入产出决策是发起自主创新活动的最基本技术经济决策。从历次工业革命的产业发展历程来看，对于特定领域的创新资源投入而言，其创新产出回报往往更加具有不确定性。因此自主创新活动的产出回报估计或预测就成为今天我们必须回答的一个理论与现实问题。本文试图提出自主创新溢价这一概念及其量化方式，从而有助于探讨特定自主创新活动的经济价值的定义、测度与比较，帮助解决自主创新投入与产出的技术经济评价等决策问题，为将有限资源投入到"最值得"自主创新的技术和产业领域提供一个选择筛查的标准。

宋河发等(2006)的文章是试图界定"自主创新"概念的早期国内文献之一："自主创新是指创新主体通过主动努力获得主导性创新产权，并获得主要创新收益而进行的能形成长期竞争优势的创新活动。"其主要特征就"在于其自主性，一是通过主动努力获取创新产权和主要创新收益的主动性，二是对创新产权获取与创新收益分配进行控制的主导性，两者相互结合，缺一不可"。此定义下的"创新收益自主性"是指通过创新所形成的新产品收益的自主性，该收益包括技术收入和新产品利润以及长期竞争优势。创新收益的自主性可用对外技术转移收入和新产品利润中己方分得的比例表示。这样的创新收益

---

① 基金项目：云南省高等学校滇西地区乡村振兴与农业现代化研究创新团队项目成果。

当然属于自主创新溢价的一部分，但主要是生产者剩余而不包括消费者或购买者剩余，因此并不完整。创新收益自主性与自主创新收益性（即自主创新溢价）还是内涵不同的概念。支军等（2007）提出了自主创新能力的测度与指标建议，却对自主创新收益的测度与指标没有明确的建议。后续一系列有关自主创新的测度与分析的国内文献，也都聚焦于自主创新能力方面的定义与测度（如江蕾等，2010；杨庆育等，2011；朱卫东等，2012），而对自主创新收益的定义与测度的研究确实不多，这也从一个侧面反映了定义与测度自主创新收益的难度。

事实上根据西方有关科技情报机构自己的分析，相比改革开放之前和冷战时期，自中国加入世贸组织的20年来，来自西方（尤其是所谓"五眼联盟"国家）对中国的科学技术封锁和研发合作限制其实并未稍减，目前能够测度的中国参与国际科研合作的程度也基本持平，但以美国为首的英语系发达国家在许多前沿领域的科研产出占比仍然一直在下降，而中国和欧盟的占比一直在上升。而且，即便抛开国际政治与西方霸权下的"长臂管辖""政治制裁""瓦森纳协定"等违反国际贸易准则的政治性和战略性技术封锁措施，WTO框架下针对中国的技术性贸易壁垒一直存在（王冠宇等，2021）。换句话说，虽然科技和产业领域与中国所谓"脱钩"的论调在西方有一定市场，但是这20多年中国的产业技术进步其实一直坚持着"自主创新"的基调（Flagg etc.，2021），只不过现在需要拓宽领域、增加强度。

一、自主创新溢价的内涵与外延

本文所讨论的自主创新溢价，是在国家产业这一主体层次考虑其整个产业、国家和国民的收益。主要针对自主创新含义和指向比较明确的实体经济领域，重点是制造业和生产性服务业，尤其是我国制造业领域的自主创新。自主创新溢价的作用机制包括两个方向：第一个方向的机制是支出节约型的——由自主创新带来的额外生产者剩余和额外消费者剩余。这里的生产者剩余是指国内企业生产经营的各类成本（设备、技术、专利）由于摆脱外部垄断所带来的大幅降低或节约，这里的消费者剩余是由于拥有国内知识产权和生产能力的替代品的出现所带来的消费商品或服务的大幅降价或支出节约。第二个方向的机制是价格增进型的——由自主创新带来的产品与服务质量提升导致国内企业品牌溢价。这里的品牌溢价是指国内企业生产经营者摆脱代工、模仿、廉价、低质、山寨、组装的地位，通过自主创新所掌握的创新链、产业链和价值链所带来的额外品牌价值。以上两个方向，通俗地说，就是自主创新带来两类溢价：买别人的东西可以更便宜、卖别人的东西可以更昂贵。在偶尔出现的新闻报道中，它主要是指由于上市企业追求自主创新所带来的技术能力提升、盈利前景提高和财务指标改善，从而带来企业市场估值的溢价潜力或现象。

需要特别指出的是，即便通过自主创新活动所得到的某个产业领域的某项技术突破既非原创性的，也非能够工程化量产的（即国外已有，只是"填补国内空白"），它也可能带来巨额的自主创新溢价：仅仅因为国内产业拥有相关技术并可能量产，就会使外部技术拥有者与产品生产者大幅降低其产品的市场价格或使用成本，以阻挠可能的国产化进程。这部分收益确确实实是自主创新活动所带来的。

二、自主创新溢价的决定因素

结合前期文献线索和中国产业实际，自主创新溢价的程度或者说自主创新的经济价值，主要受到下列四个因素的影响：相关技术创新的价值与所涉及技术或产品市场规模的对比、取得相关技术创新成果（即技术工艺突破）的研发难度、外部技术壁垒对自身产业发展的约束程度（即产业技术瓶颈或卡脖子程度）以及相关技术创新所辐射或关联的产业范围与程度（即相关技术的通用共性程度）。有理由认为，上述四个方面的程度越高，自主创新溢价也就越高。

自主创新领域的市场规模越大，自主创新成果的经济价值也就越大。这应该是显而易见的，也是强调自主创新的第一位经济逻辑。不太那么明显的是，自主创新投入规模与自主创新成果应用规模的对比，更能说明自主创新的市场规模价值：以较小的研发投入获得一个应用市场规模相对较大的产品优势，肯定是极其划算的。

自主创新领域的研发难度越大，而且一旦这些难度是市场广泛认可的，技术领先者或垄断者及其产品与服务肯定将因此获得更大的额外技术租金或垄断红利。显然，突破这些技术或工艺垄断的自主创新成果必然带来外部租金或红利的减少与消失，但做大难事必有大收益。不过问题在于，所谓技术研发难度是一个极具主观或者说难以定量测度的定性概念，将其转化为可以量化的测度并不容易。

某类产业创新面临的技术进入壁垒越大，其他条件相同情况下，在全球市场竞争和国际产业竞争中，自主创新突破的价值也越大。这个技术壁垒可以称为产业技术瓶颈，它是阻碍产品生产整体目标实现的众多约束中，从技术角度看影响最大的那个约束，是生产产品的技术集成“木桶”中最短的那一块。

一个产业技术创新突破所涉及的产业门类越多，其他条件相同情况下，该项技术的自主创新溢价就越大。描述一项技术创新所涉及的产业应用广泛程度，其核心是对产业间共性技术的识别与测度。在诸多共性技术的识别与测度方法和指标中，技术共类率是与技术创新关系最密切、也相对最易量化的指标方法。

以上四个因素，既是我们追求自主创新的主要理由，也是自主创新收益的主要来源，自然也应当成为自主创新溢价的测度指标的组成部分。

三、自主创新溢价的统计测度

自主创新程度本身（无论是体现在投入端，还是体现在产出端）的高低并不能直接或完全决定一项技术领域自主创新的经济价值——即自主创新溢价的高低。换句话说，在有些技术领域提高和追求更高的自主创新程度比其他领域追求自主创新更加划算、更有效益，而这也是本文在引文部分所表达的引入和测度自主创新溢价这一概念和变量的初衷——识别如何将有限的创新资源投入最具价值的创新领域中。自主创新程度告诉我们做了多少或得到多少，自主创新溢价帮助我们判断值不值得做。因此，这一溢价的定义应该是个相对于创新投入或产出的比例关系，而且这一比例关系受到我们前面所分析的市场规模、技术难度、产业瓶颈、产业关联等四个主要因素的影响。

首先，一项技术创新所涉及的产品全球市场规模相比于国内企业和产业所占的市场规模(Market Size)越大,在这一领域实现自主技术的突破对我国产业发展就越有价值。我们称之为自有知识产权的产品市场占比:MS/MSI,其中 MS 是该产品全球市场规模,MSI 是国内企业市场占有规模,所以该数值一般大于 1。该比值越大,我国企业取得技术突破的直接、显性和长期价值就越高。

其次,一项自主技术创新的研发难度也明确影响着其自主创新价值。就自主创新而言,这一难度一定是相对性的,也就是说它是在国外已经掌握相关领域技术的前提下,我们自己掌握相关技术的难度,而不是指国内外都还没有掌握的真正原创性技术。我们可以采用相关技术领域的专利或知识产权的数量或价值占比来表示自主技术创新的研发难度:IP/IPI。它反映了中国在全球市场竞争与国际产业竞争形成的相关领域知识产权逆差程度,因此一般而言大于 1。逆差越大,相关技术领域追赶的难度自然越大。该比值越大,我国企业取得自主技术创新的直接、显性和长期价值就越大。

再次,同样的市场规模下,某个产业的行业集中度越高,中国企业进入的产业瓶颈就越窄,在这一产业领域获得自主技术创新突破的价值也越大(产品降价幅度会越高),其直接和短期收益都更高。CR_m 表示以前 m 个最大规模企业所测度的行业集中度,一般取 $m=5$。我们以 CRI 表示所有国内企业加总的行业占比,则产业瓶颈测度可以表示为:CR_m/CRI。

一个行业的集中度越是以非中国企业为代表,我国企业取得自主技术创新突破的间接、隐性和长期价值就越大。最后,如前文所述,某个产业领域一项关键技术适用的关联产业越多越大,其技术创新突破带来的间接、隐性和长期收益也越大。参考栾春娟等(2013)的研究,我们用技术共类率(Technology Generality)来测度某个技术领域的产业关联范围和程度,TE/TEI。

总结以上分析,我们可以定义自主创新溢价 $I_{premium}$ 的测度公式为:

$$I_{premium} = \left(\frac{MS}{MS_I}\right)^{\alpha} \cdot \left(\frac{IP}{IP_I}\right)^{\beta} \cdot \left(\frac{CR_m}{CR_I}\right)^{\gamma} \cdot \left(\frac{TE}{TE_I}\right)^{\theta}$$

其中,α、β、γ、θ 分别代表自主创新溢价 $I_{premium}$ 的市场规模弹性、技术难度弹性、产业瓶颈弹性和产业关联弹性等测度特征。由于都采用的是比例值,且各个比例值都大于 1,所有弹性特征也都可以在固定其他比值不变的情况下观察某一比值随时间变化而做出标定,因此这一自主创新溢价是可以在不同技术间进行无量纲比较的,而且 4 个比值也可以单独考察其创新溢价效应。自主创新溢价测度中也可以在各变量中加入时间下标,从而考察自主创新经济效益的时间演化特征,比如比照前例而引入"当期创新溢价"与"累积创新溢价"等概念,并将技术经济项目评价中的时间价值分析框架结合进来,进一步助力国家自主创新的投资决策。

上述研究具有以下意义。第一,区别于一般意义上的创新,我国自主创新的学术讨论意义主要是在国家产业层次而非个别企业或区域层次,其中的自主创新溢价也是在国家产业这一主体层次考虑其整个产业、国家和国民的收益。因此,所有研究指标和统计单位应该是国家产业层次上的加总与比较(比如,中国精密机床产业的全部专利与全球或日美德同类产业的全部专利对比,或中国存储芯片产业的全部增加值与全球该产业增加值的对比)。当然,这不排斥个体企业层次和个别单项技术的案例研究与分析,但是单独某个企业公司或某个省市区域的自主创新的学术意义并不成立。第二,我们上述建议的测度公式和指标，都可以也应当加上时间下标以体现其演进动态，从而考察自主创新程度与自主创新溢价在不同因素作用下于产业间、国家间、时期间的演化动态。这应该是对中国、对广大发展中国家、对“一带一路”倡议、对人类命运共同体发展来说极具意义的研究方向。

参考文献

[1] 宋河发，穆荣平，任中保. 自主创新及创新自主性测度研究[J]. 中国软科学，2006(6)：60-66.

[2] 支军，王忠辉. 自主创新能力测度理论与评估指标体系构建[J]. 管理世界，2007(5)：168-169.

[3] 江蕾，李小娟. 我国区自主创新能力的评价体系构建与实际测度研究[J]. 自然辩证法通讯，2010,32(3)：70-80.

[4] 杨庆育，李明. 基于灰色关联分析法的区域自主创新能力实证测度：以重庆市为例[J]. 软科学，2011,25(1)：91-94.

[5] 朱卫东，薛豪娜，钟俊杰，等. 企业自主创新能力的内涵与构成维度解析[J]. 科技管理研究，2012,32(7)：4-8.

[6] 关峻，许小煜，邢李志. 投入产出网络中产业部门竞争关系形成的产业生态位测度研究[J]. 中国人口·资源与环境，2017,27(5)：161-164.

[7] 杨肃志，路世昌. 高新技术产业创新生态位测度研究[J]. 资源开发与市场，2015,31(4)：419-422,430.

[8] 栾春娟，王贤文. 全球太阳能产业共性技术测度[J]. 技术与创新管理，2013,34(6)：554-558.

[9] 王冠宇，张庆彩，郭伟. 技术性贸易壁垒与异质性企业出口行为：退出还是升级？[J]. 技术经济，2021,40(1)：118-127.

[10] Flagg M, Toney A, Harris P. Research Security, Collaboration, and the Changing Map of Global R&D[C]. Center for Security and Emerging Technology, Working Paper, 2021.

作者简介

廖望科，四川大学工程力学学士、斯坦福大学石油工程专业理学硕士、中国社会科学院技术经济及管理专业博士。中国区域经济学会常务理事、中国技术经济学会常务理事、中国技术经济学会边疆生态与资源技术经济专业委员会理事长、中国区域经济学会少数民族地区经济专委会常务理事、中国少数民族经济研究会理事、云南省经济学会常务理事、云南省生态经济学会常务理事，云南省高级经济师职称评审委员会委员、正高级经济师职称评审委员会委员，云南省高等学校经济学类专业教指委副主任委员、工商管理类专业教指委委员，政协大理州十三届委员、大理市第九届人大代表、人大财经委会委员。

创新科衡:一种企业技术适用性评价的方法和思维

汪严磊

摘要:在一次服务交付中,德勤中国创新部门为了满足客户需求开发了一种具有技术普适和运用定制双重属性的技术适用性评价方法和思维。最终通过该评价方法和思维,完成了该客户对某项全球热门技术的企业适用性评价。同时,该方法还将在未来进一步用于德勤中国创新部门客户服务当中对更广泛技术的适用性评价和研究。在方法的研究和开发过程当中,德勤中国创新部门得到了国际欧亚科学院院士、浙江大学管理学院马庆国教授的亲自指导、审阅和修正。同时,由马庆国院士最先提出和建立的价值系统金字塔模型在本方法的构建中具有十分重要的启示作用。

关键词:技术适用性;技术成熟度;价值系统金字塔模型

2022年,德勤中国创新部门接到一家全球500强跨国企业在华创新和研发中心的需求委托,希望我们针对某项全球热门的关键技术领域进行具体的技术研究和技术适用性评价。显然,在这项课题委托任务当中,对技术适用性评价的方法将成为价值核心。为此,德勤中国创新部门开展了一系列与学术科研及产业应用领域专家的互动,探讨学术和行业领域既存或常用的技术适用性评价思路,以期获得借鉴。

一、关于技术适用性评价的过往经验

技术适用性(Technology Usability)从字面上看是指某种具体的技术或发明在某一特定资源环境下能够发挥特定功用的程度。同时,在真正的企业经营实践当中,这种字面解释背后还必须有另外一个属性的加权,即实用性。如果说一个具体的技术或发明在某家企业当中具有完全的技术功能发挥效用,但与整个企业的价值环节不兼容,那么这种技术在实践中也是不具备适用性的。

一个简单的例子,一家先进的消费级智能手机制造厂商在对一项关于新型芯片发明专利进行适用性评估。这种芯片虽然工艺更领先,但是在联动性能和整体功能上与现有芯片却没有太大区别。在进行适用性评价时,专业人员发现该项技术无论在所需装配人才、还是制造设备和物料以及必备的管理制度和能力上,该企业都完全符合要求,因此在理论上该发明专利是“技术适用”的。但是考虑到企业的实际情况是该技术对产品并不适用,因为并没有带来新的产品优势或差异化,所以最终该技术的整体适用性被判定为“不建议适用”。

可见,对技术适用性评价的第一条原则是不能脱离企业实际经营的价值所需。但由于企业经营具有个体差异性，我们是否能够拥有一套标准化、普适性的方法和思维，它在对广泛的技术通用的同时又能够针对企业的个性化进行定制呢？我们没有答案，并且决定尝试按着这个目标进行深入的研究和可能的构建。

于是，我们通过科学网核心文献数据集（WoSCC）以及中国知网（CNKI）进行了文献主题关键词搜索，最终一共获得不到20000篇相关文献。对这些文献进行统计分析后，我们发现：

在全球视角下，有关技术适用性的研究几乎一致地指向计算机系统的用户体验、效能和满意度等的评估方面，原因是国际标准组织（ISO）很早就颁布了关于人机交互系统适用性的评价标准ISO9241-11号文件；

在国内视角下，有关技术适用性的研究不存在标准、普适的应用方法，并且国内学界和产业界对于技术适用的分析和判断较为一致地聚焦在技术性能参数的供需耦合方面的研究。

综上所述，要满足技术普适和用户定制两个特征的技术适用性全面评价，只能通过借鉴过往的经验思路来重新构建了。

在上述案例中我们也提到，一项技术对于某家特定企业的适用性主要是看这项技术本身的成熟度是否达到了可产业化以发挥特定功用的阶段。同时，企业所能够配置到的各项资源是否能够承接技术的应用落地也至关重要。基于这个思路，“技术成熟度”和“资源齐备度”两个概念成了我们深入研究的关键词。

二、关于技术适用性评价维度的思考

如上文所提到的，评价技术的适用性需要从技术的客观成熟度和企业在技术适用过程中所需要的各项资源的齐备度进行考量。其中技术成熟度模型是有业内标准和共性做法的，而对资源齐备度的方面的评价体系则需要我们进行充分的研究和排摸来得以确定。

（一）技术成熟度评价

技术成熟度评价的概念最早起源于美国宇航局在太空和航空技术研制任务中的应用。20世纪80年代末，为了满足之后及21世纪新型航空器及航天器的研制任务，美国宇航局总结了过往在技术应用评价方面的经验和理解，最终形成了如今在技术管理领域为我们所熟知的技术成熟度评价等级（Technology Readiness Levels，TRL）（图1）。时至今日，美国宇航局已经将该评价体系作为技术创新管理和应用过程中的成熟工具广泛使用。与此同时，美国国防部（Department of Defence，DoD）在此基础上也于2005年发布了《技术成熟度等级手册》以及于2009年沿用技术成熟度评价等级的开发思想设计并发布了《制造成熟度等级手册》。如今，包括美国宇航局、美国国防部高级研究计划局（Defence Advanced Research Projects Agency，DARPA）、日本宇宙航空开发机构（Japan Aerospace Exploration Agency，JAXA）以及中国工程院、中国航天系统等在内的国际航空、航天、武器及工程领域顶尖机构都已经在研究并使用技术成熟度评价等级进行新技术的应用评判。

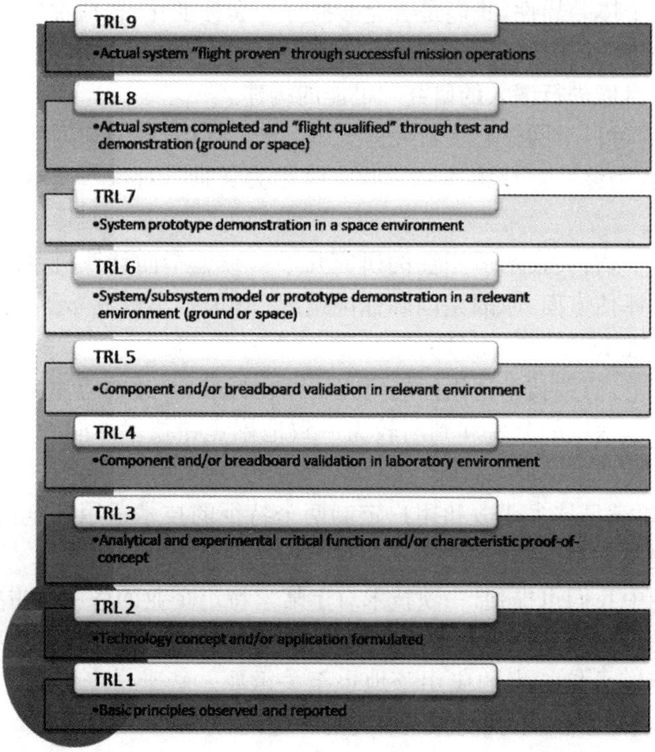

图 1　技术成熟度评级等级(Technology Readiness Levels, TRL)(来源:NASA)

由于目前已经形成标准的 TRL 主要针对航空航天领域的技术评价,所以对相应评价等级的具体情景描述需要进行部分措辞的比对和修正。同时,为便于评价人员对于每个成熟度等级内涵的理解,我们也对每一个等级做了通俗解释(如表 1 和图 2 所示)。

表 1　技术成熟度普适评价等级(来源:德勤中国创新部门)

等级	等级简述	等级标准
1	基本原理被发现和阐述	通过基础性观察活动确定潜在应用,但尚未形成技术/功能单元的概念
2	形成技术概念或应用方案阶段	形成潜在应用和初步的技术/功能单元概念,但尚未验证
3	应用分析与实验室研究,关键功能实验室验证阶段	详细描述技术/功能单元概念,通过由实验数据特性支撑的分析模型演示预期性能
4	实验室原理样机组件或实验板在实验环境中验证	通过实验室环境下的原理样件试验验证技术/功能单元的功能性
5	完整的实验室样机,组件或实验板在相关环境中验证	识别技术单元的关键功能,定义与之相关的相关环境,建造用于在相关环境下验证性能的原理样件(非全尺寸)受制于尺寸效应
6	模拟环境下的系统演示	验证技术单元的关键功能
7	真实环境下的系统演示	在真实环境下演示使用环境下的性能。建造并试验能够反映技术/功能组件所有因素的典型模型,为在使用环境中演示性能留足余量

续表

等级	等级简述	等级标准
8	定型试验	原型机通过鉴定，并集成到整装待运作的最终系统中
9	运行与评估	技术成熟了，技术单元成功开始服役，在实际使用环境中执行运转任务

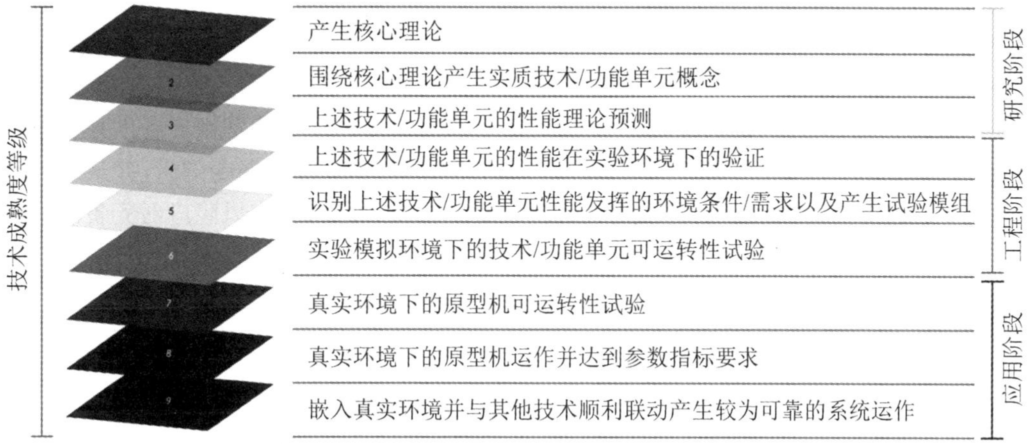

图 2　技术成熟度普适评价等级解释(来源:德勤中国创新部门)

(二) 技术适用所需资源维度识别-价值系统金字塔模型

在技术适用性评价方法开发过程中，另一个具有挑战性的是对资源齐备度评价维度和领域的识别。为此，我们在国际欧亚科学院院士、中国技术经济学会神经经济管理专委会副主任委员马庆国教授的价值系统金字塔模型(图 3)中得到了启示。

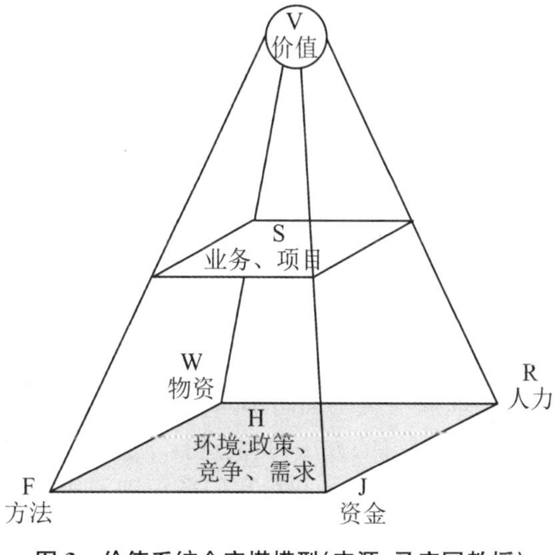

图 3　价值系统金字塔模型(来源:马庆国教授)

价值系统金字塔模型是由马庆国院士最先提出的。该模型的内涵是以价值为导向，综合分析组织/生态运作过程中相关业务或项目的资源情况和环境情况，从而判断其优势和差异竞争要素，明确一项技术性业务/项目是否具有价值的战略层思维/底层逻辑模型。该模型是充分综合了SWOT优劣势分析模型、PEST环境分析模型、波士顿矩阵以及战略地图等诸多经济管理学的成熟工具而形成的。同时，该模型肯定了技术应用的最终导向是关联项目/工程在经济和社会价值的上下耦合，这让技术评价人员更好地理解了一个具体的技术在业务战略、企业战略和社会宏观战略中的层层递进关系。

对技术适用性评价的资源齐备度领域识别是通过对价值系统金字塔模型的底层资源端点和环境平面之间的动态关系理解上得以确立的。其中，我们识别出在狭义资源领域下，人才资源齐备度、设备资源齐备度、数字资源齐备度以及物资资源齐备度是技术适用的关键和核心。而在广义资源领域角度，我们对环境平面做了深度剖析，并最终识别出技术安全风险应对齐备度、环境污染风险应对齐备度和原料供应风险应对齐备度为技术适用的另外3大关键和核心（表2）。

表2　技术适用性狭义及广义资源齐备性评估维度及解释（来源：德勤中国创新部门）

维度大类	维度小类	维度解释
资源配置齐备度（狭义资源）	人才	具备技术适用所需能力、资质和学识要求的人才
	设施	具备技术适用所需的核心设备/设施及运维保障能力
	数字	具备技术适用所需信息化和数字化资源及运行能力
	物资	具备技术适用所需辅料物资及能源的稳定获取能力
风险应对齐备度（广义资源）	技安风险应对	具备技术适用所需的技安风险应对制度和保障机制
	环保风险应对	具备技术适用所需的环保风险应对制度和保障机制
	供应风险应对	具备技术适用所需的原料供应风险应对机制和备案

三、技术适用性评价等级构建及评分的集成

（一）领域评价等级构建

至此，我们已经全面识别了一项技术在企业适用过程当中的3个评估维度大类，分别是：创新技术成熟度（TRL）、资源配置齐备度（ZRL）、风险应对齐备度（FRL）。下一步要对后两个齐备度进行等级划分和各级别标准描述的制订。

为了实现本次评价方法开发的最终目标，我们首先从适用便捷性和可操作性角度进行了研究。通过回顾美国宇航局与美国国防部当年在技术成熟度评价等级（TRL）和制造成熟度评价等级（MRL）进行制订的方法，我们进行了分析、研究和实用改进，最终将各维度和领域的等级数量均设定为9级。同时，我们还识别了相关领域的核心情景以形成最终的等级描述。比如在人才方面，我们认为随着技术的成熟演进和适用的程度变强，核心的情景（横向视角）包括：① 人才素质能力的具备情况；② 经验和知识固化的情况；③ 培养和内部供给情况。对这3个场景进行程度划分，还能分出纵向视角的差异。最终

我们对横向加纵向的情景根据实际经验逻辑进行组合形成了人才领域的 9 个等级描述。并且基于这个方法，我们完成了所有领域的等级描述，并且在设计和撰写这些描述时尽可能地让每一个情景具有技术普适性。

（二）等级评定视角

对于技术的适用性评价是在对特定企业当前资源盘点的基础上进行的。比如对人才资源齐备度的评价，我们应该基于技术适用性评价所对应的企业在人才储备方面的现状进行等级评定。如此才能将最终集成分值所映射的技术适用情况适配在特定企业上，否则就失去了为特定企业进行技术适用性评价的意义了。

根据以上的等级评价规则，当我们在为多家企业联合体进行技术适用性评价时就应当对这群企业资源的最佳状态进行等级适配，也就是说当涉及多家企业进行技术联合应用的时候，我们应当以所有企业中相应领域情况最好的那一家为依据进行评价。

（三）分值集成

在完成了等级描述后，我们根据委托企业对技术适用过程中的最低资源容忍度进行了适用和不适用边界等级的划定，同时也开始着手于不同领域分值的一系列集成算法。

技术适用性评价分值集成如图 4 所示。

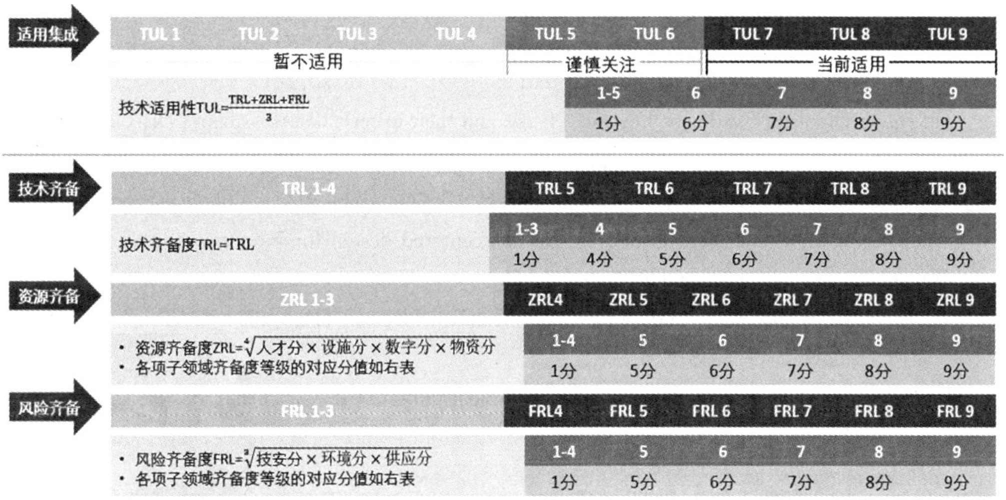

图 4　技术适用性评价分值集成（来源：德勤中国创新部门）

从图 4 可以看到，我们界定技术齐备度（即技术成熟度评价等级）在 5 级及以上才能够被产业化，5 级以下不建议企业产业化投入。这也是目前业内的普遍标准。在资源配置齐备度和风险应对齐备度方面，我们设定 4 级及以上才有适用考量，低于 4 级均不予适用考虑。同时，为了能够实现不适用情景下的维度一票否定制度，我们采用了几何平均数的集成计算方法，即

$$\text{资源配置齐备度(ZRL)} = \sqrt[4]{\text{人才分} \times \text{设施分} \times \text{数字分} \times \text{物资分}}$$

$$风险应对齐备度(FRL) = \sqrt[3]{技安分 \times 环境分 \times 供应分}$$

然而，在最后进行技术适用性评价分值集成时我们采用了算术平均数以允许通过分值差异进行平均值的稀释。

最终，我们得到的集成分就是技术适用性评价等级分 TUL。从图 4 可以看到，针对本次企业的技术，我们划定合成分 TUL 在 0～4 分之间的技术被认为是不推荐该企业当前投入的，4～6 之间的技术被认为是要谨慎考虑投入的，而 6～9 分是推荐考虑投入的。在 6～9 之间的分值又可以划分为基本适用、较为适用和推荐适用 3 档。

至此，针对该企业的技术适用性评价模型的构建就完成了。细心的读者也许已经意识到该模型的核心在于方法框架、底层逻辑和集成思路，而具体的分值划定甚至等级描述都能根据不同企业的需求进行微调。这也就实现了我们开发技术适用性等级评价模型在底层逻辑和方法思路上是对所有技术和企业普适的目标，而在具体应用过程中通过最小方面内容的调整和适应就能用于差异化企业的各类技术适用评价当中。

技术适用性评价方法是一种思维和工具交叠的方法论。我们这种思路和逻辑能够为科研和技术管理工作者们对于创新驱动下的技术应用评价任务提供新的思路，更希望能够在这样的思路上形成技术管理在中国乃至全球标准方法以保障创新技术在区域经济建设中的最优效能。

参考文献

[1] International Organization for Standardization (ISO). ISO 16290:2013 Space systems—Definition of the Technology Readiness Levels (TRLs) and their criteria of assessment [DB/OL]. https://www.iso.org/standard/56064.html.

[2] International Organization for Standardization (ISO). ISO 9241—210: 2010 Ergonomics of human-system interaction—Part 210: Human-centered design for interactive systems[DB/OL]. https://www..iso.org/standard/52075.html

[3] Department of Defense (DoD). Technology Readiness Level (TRL)[DB/OL], https://api.army.mil/e2/c/downloads/404585.pdf.

[4] The National Aeronautics and Space Administration (NASA). Technology Readiness Level (TRL) [DB/OL]. https://www.nasa.gov/directorates/heo/scan/engineering/technology/technology_readiness_level.

[5] 产业成熟度编研组. 产业成熟度评价方法与应用[M]. 北京：宇航出版社，2017.

[6] 马庆国. 价值系统与价值系统方法-价值系统金字塔模型 [R]. 杭州：中国技术经济研究会价值工程专业委员会，2010.

[7] 王礼恒，屠海令，等. 产业成熟度评价方法研究与实践[J]. 中国工程科学，2016，18(4)：9-17.

[8] 邢晓昭，李善青，等. 技成果转化成熟度评价研究进展[J]. 科技管理研究，2018(13)：71-76.

[9] 邢晨光，程文渊，等. 国内外技术成熟度评价相关标准规范对比分析研究[J]. 军事运筹与系统工程，2020，34(1)：74-80.

[10] 李跃生，胡云，等. 航天工程技术成熟度评价指南：GB/T 40518—2021 [S]. 中国北京：国家市场监督管理总局；国家标准化管理委员会，2021.

作者简介

汪严磊，德勤中国创新部门高级经理，中国技术经济学会神经经济管理专业委员会副秘书长；硕士毕业于马里兰大学帕克分校行为与社会科学学院犯罪学与刑事司法学专业，获文学硕士学位；本科毕业于上海师范大学商学院资产评估专业和教育学院应用心理学专业，获管理学学士和理学学士学位。

中国企业服务化实践框架①

计国君

摘要：顾客体验价值共创的理想状态是满足所有顾客的个性化需求，这彻底改变传统制造商与顾客间的价值割裂模式，另外，鉴于服务需求的增加，制造商正在进一步向下游移动，以便更有效地促进相互合作和满足客户的需求。因此，显然需要一个可视化和结构化的流程来帮助管理人员接近服务化部署，形成以顾客体验为中心，中国企业服务化与顾客体验价值深度融合的新型价值共创模式。我们提出了一个CIT（顾客共创、战略意图和技术映射）服务化框架，以指导中国制造商进入高附加值服务价值链。

关键词：服务化；客户共创；技术映射

一、前言

顾客体验价值共创的理想状态是满足所有顾客的个性化需求。为此，必须颠覆传统工业时代B2C模式，基于互联网重构整个价值链，从传统的供应链管理转向构建顾客体验价值共创的网络协同服务化管理模式（制造商按顾客的需求提供个性化产品和服务）。事实上，顾客体验价值共创对制造商和顾客都具有重要的现实意义，不仅有助于企业提高产品/服务质量、降低成本以提升竞争优势，还能让顾客获得满意的产品、成就感、奖励甚至交互式超然体验等。这彻底改变传统制造商与顾客间的价值割裂模式，形成以顾客体验为中心，中国企业服务化与顾客体验价值深度融合的新型价值共创模式。

实际中，从顾客视角看，顾客参与体验价值共创的方式主要包括：借助互联网已有的相关平台、企业建立交流社区、企业搭建平台、第三方应用软件提供交互服务甚至是员工对到店顾客深度访谈等。从供应链视角看，不同于以往供应链专注提供有形产品与售后服务，制造商需要通过供应链服务化向顾客提供超越产品以及售后服务的全生命周期体验价值。这需要制造商将拥有的战略资源转化为供应链可持续服务化能力。此外，传统的运营管理（特别是收益管理和定价策略）多关注基于价格和产品的差异化战略，从新零售环境变化看，更需要关注企业服务的差异性。特别地，推动中国经济“双循环”格局发展，一方面传统服务业需要向内共创价值，激活国内经济循环的需求动力；另一方面新兴服务行业需要向外共创价值，在主动参与全球价值链重塑的同时，夯实国内、国际两大循

① 本文第二作者为陈金华。

环的纽带。我国供应链服务化“走出去”，以及全球供应链服务化模式的本地化“引进来”，这将促使国内外服务需求分别内化与外化特别是需要对供应链服务化的重构，面临着如何构建我国企业服务化并提供“双向(向内与向外)共创价值”相关的一系列运作管理问题。以“一带一路”倡议为例，“一带一路”成为服务贸易合作新亮点，中国与共建“一带一路”国家和地区服务贸易增长明显。2019 年，中国与共建“一带一路”国家和地区的服务贸易达到 1178.8 亿美元，占中国服务贸易总额的 15.0%，比 2015 年提高 2.8 个百分点。特别地，全球政治环境、经济环境、市场环境等组合因素对服务化带来一系列挑战，其中包括：以美国为首的西方堂而皇之的遏制，不择手段的绞杀；全球化、逆全球化、“一带一路”等对中国企业的新要求；碳排放带来的可持续发展与环保的新要求；“互联网＋”驱动企业创新何处去？国际企业合作的新要求(包括改变产品、改变生产过程、改变销售方式、改变运作流程、改变企业组织与形态等)。服务消费需求能力和供给能力受到严重冲击。一方面新冠疫情冲击全球经济，全球范围内的服务需求持续低迷和萎缩；另一方面人员出入境、跨境物流、检验检疫等管控升级也冲击服务供给能力，尤其是商品服务、批发零售等面临生产停摆、物流停滞等多重不确定性风险。其中传统服务贸易成为疫情影响下双边合作的重灾区。随着疫情在全球范围内的蔓延，各国纷纷加强出入境管制措施，从单独的国家和地区之间“双向防范”发展成为“全方位防范”。但同时，疫情也为“一带一路”服务贸易提质增效创造机遇。对于传统服务贸易、与制造业密切相关的服务贸易而言，新冠疫情加速了双边合作由线下经营向“互联网＋”线上模式的转变，将显著降低跨境服务贸易成本；对于新兴服务贸易而言，新冠疫情的发生为诸如线上办公、线上教育等电信计算机和信息服务贸易领域创造新的发展契机，并促进数字技术在新兴服务贸易领域的应用，实现新兴服务贸易的技术化与智能化。事实上，数字经济的发展为“一带一路”服务贸易合作提供了发展的黄金机遇期，主要体现在：一方面数字经济发展增强了服务的可贸易性，增加了服务供给，促进共享经济、平台经济等新产业新模式加快发展；另一方面数字经济的发展蕴含着巨大的市场空间，为双边合作创造了巨大的市场需求，双边可以加强在电信、计算机和信息服务等领域基础设施建设方面的合作，还可以加强在电子商务、互联网金融等领域的合作。作为高端知识密集型服务的一部分，数字经济将为中国与“一带一路”双边服务贸易高质量发展注入强大动力。我国应依托数字经济和新技术，不断发展知识密集型服务贸易，促进传统服务贸易的数字化转型，提高服务贸易整体竞争力，助推服务贸易强国建设。总体上，随着科技的发展、顾客对互联网依赖的增强以及“双向共创价值”的驱动力，制造商可以利用大数据精准洞悉顾客需求，为客户提供更精细化顾问服务，这反过来又会吸引更多顾客加入工业互联网平台，最终形成价值共创联合生态体。然而，相关理论与方法几乎没有什么可以指导制造商在实践中集成他们的产品和服务。现有的模式在实施细节上往往含糊不清，所提供的成功例子主要是基于发达国家的跨国公司。

本文提出了一个 CIT(顾客共创、战略意图和技术映射)框架，以指导中国制造商进入高附加值服务价值链。

二、CIT 服务化框架

服务化的概念是在 20 世纪 80 年代后期提出，Vandermerwe 和 Rada(1988)强调了服务作为增加公司核心产品价值的一种方式。基于价值由客户驱动的理念,服务化为制造商提供了更多销售产品的机会,通过增加服务来满足买方的需求。过去 30 年来,许多学者(Baines et al.,2009;Schenkl et al.,2014;Vasantha et al.,2013;Kuije et al.,2016;Wiesne et al.,2018)提出了各种概念框架,使研究人员和从业人员能够更好地了解服务化进程和挑战。为了找出现代服务化概念框架,作者使用了发表或灭亡软件(Publish or Perish software)(Harsing,2007),该软件依赖于谷歌学者的数据库,使用关键词"服务化"对被引用最多的论文进行排名。在已有文献基础上,本文确定了那些提出服务化框架的人,并根据基本概念的特点对其进行分类。我们确定一系列具有类似基本特征的服务化框架。调查结果显示了五类服务化框架和产品服务系统(表 1)。

表 1　已有研究相关的服务化框架识别

服务化框架	特　　性	相关文献
Capability-based	Focus on identifying the gap between current status of product, service offering, and customer needs before creating a new or re-designed product and service-integrated solution.	Vasantha et al., 2013; Coreynen et al.,2018
Value-based	A product-service 2×2 matrix is used to represent the continuous degrees of tangibility and interaction. The primary principle is that "product and services differ with regard to the value that is created by the tangible elements and the interaction moments between manufacturers and customers".	Kuije et al.,2016
Technology-centred	Emphasizing that integrated system technology is a major drive force for PSS or an enabler of PSS from the technology-push and market-pull concepts.	Schenkl et al.,2014
Customer-oriented	Proposing an interlinked three layer models i. e. customer layer, barrier layer, and solution layer. The key is to reduce customer barriers and gain more customer acceptance.	Schmidt et al., 2015; Shimomura et al.,2018
Production-centric	A framework to enable managers to consider the scope of service delivery system, characteristic of value to be offered, and the structural and infrastructural of operation decisions.	Baines et al., 2009; Wiesne et al.,2018

上面描述的通用框架有助于向经理提供在考虑产品一服务集成时,需要考虑的概念和障碍的概述。提供了一种确定挑战范围和确定相关问题的方法。考虑到通用的目的,因此它们不一定是针对服务计划任务进行优化的。例如,基于价值的框架可能会导致过于复杂的解决方案,因为必须允许开发多个服务价值;而面向客户的,对于明确界限的特定客户来说,可能过于简单化,缺乏如何确定所需功能和技术的细节。因此,显然需要一个可视化和结构化的流程来帮助管理人员接近服务化部署。

进一步审查表明，这五个共同框架可根据其主要特点进一步归类。以客户为导向和基于价值的框架是以“客户共创”概念为基础的；而基于能力和以生产为中心的框架表示共享类似于“战略意图”基础；以技术为中心的框架强调技术映射。分组并不是相互排斥的，这三个概念上也有一些重叠。图1显示了一个基于三个关键概念化（客户共创、战略意图、技术映射）的服务化框架。

Tan等人（2015年）最近调查了某些公司如何能够确定客户的需求，然后进行创新以满足这些需求。这些公司被认为比其他公司的利润要高得多（Wong，2017）。这些公司能够将他们的志向和关键能力与他们的客户结合起来。因此，强有力的市场导向和管理人员获得客户需求的能力被视为开发新服务的重要步骤（Chuang，Lin，2015）。显然，客户共创应该是服务化过程中的一个关键步骤。

为了开发一个可行的产品－服务化供给，制造商必须使服务创新与他们的制造能力和公司能力相匹配。因此，需要利用供应链伙伴的知识和资源以及各种外部利益相关者（Craighead et al.，2009）。此外，客户可以共享信息，并进一步深入了解他们的需要和需求。因此，制造商应积极与客户接触，以更好地了解产品－服务化供给。换句话说，客户可以通过贡献基本知识成为“联合生产者”，这样制造商就可以开发新的解决方案来满足他们的需求（Zhang，Chen，2008）。Zhang等（2016）指出，制造商通常共创解决方案，特别是提供客户的无形服务。

共创的定义是客户通过应用他们的专业知识和技能，通过信息共享和共同生产，直接参与定制解决方案的设计、开发和交付（Zhan et al.，2017）。管理研究人员经常提倡客户参与，认为这是加强投入和生产周期之间的反馈循环的一种方法（Urban and Hauser，2004）。这些观点，有一种假设，即顾客是重要的信息和知识来源（Zhan et al.，2017）。人们认识到，客户参与可以改进服务创新（Tan，Zhan，2016）。图2显示了在服务化中顾客共创的关键元素。

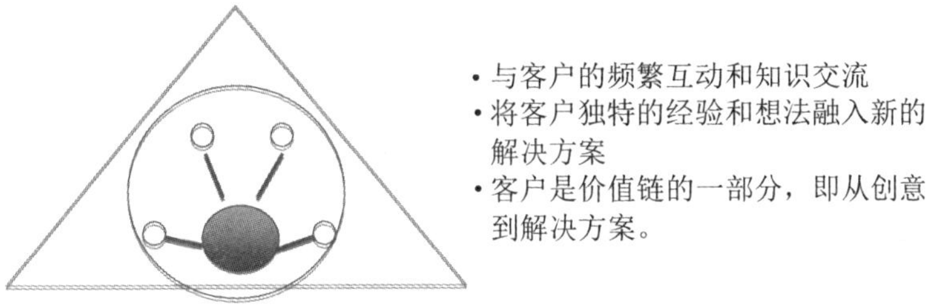

图2　客户互动模型

在“一带一路”倡议指导下，中国制造业的卓越地位将扩大到中国以外的国家，同时也将经受考验。要吸引更成熟的消费者，应对多个国家的宏观经济现实，以及中国劳动力成本的上升，就意味着传统的制造供应链方法可能不再足够好（Eloot et al.，2013）。无论是中小企业、国有企业还是合资企业，那些能够控制供应链复杂性、抓住供应链创新能力、降低制造成本、完善分销渠道的企业都将具有领先的竞争优势。

因此，战略意图将在从制造业向服务业转变过程中发挥关键作用。战略意图强调制造商在现有能力基础上扩大产品-服务供给的范围。管理人员不仅要管理现有资源与现有机会之间的契合，而是需要在利用有限的资源方面更具创新性。他们必须挑战组织，在资源和抱负之间创造不匹配的方面(Prahalad & Hamel,1990)。Prahalad(1998)指出,我们的目标不是在现有的行业空间中找到一个利基,而是创造出适合公司自身优势的新空间——这一空间可能不在我们已知的地图上。

显然,"一带一路"对中国/全球制造业的长期影响是巨大的。随着其影响企业的各种发展业务,企业需要探讨一带一路和新兴趋势的综合影响是否正在彻底改变全球供应链结构,企业如何更好地适应这些变化,以及提供新的服务机会。

在"一带一路"浪潮下,中国制造业的特点将发生根本性转变,特别是企业如何设置制造设施,如何提供综合产品/服务解决方案,以及如何配置其供应网络和分销渠道。为了赶上"一带一路"的浪潮,企业需要仔细地重新识别他们目前的地区足迹。工厂选址需要中期和长期规划、资源和关注点,由此对企业的供应链、业务战略、分销渠道、服务化和底线产生重大影响(Tonbyet al.,2014)。

因此,企业不仅需要确保其现有的工厂和供应商是敏捷的,而且有能力重新配置现有的供应网络,并在市场需求迅速响应。为广大市场服务实时建立完善的生产计划,并能够应对国际市场的突然变化。他们需要精细确定各种产品的订单分离点,并相应地配置供应网络和基础设施,以便更好地支持他们的服务运作。图 3 显示了服务化战略意图的关键要素。

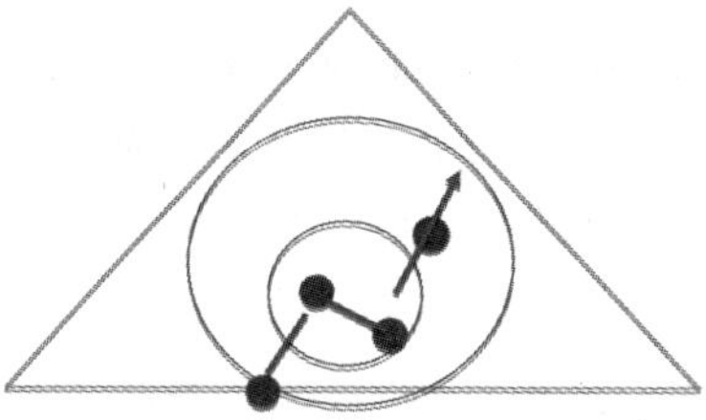

图 3　战略意图

特别地,技术和大数据正在改变企业的运作方式。许多研究人员认为,通过收集大数据的技术可以获得许多优势,例如改善客户服务、提高运营效率以及增加新服务和新产品的创意 (Wong,2012)。特别是,大数据分析已经产生了智能制造,它可以帮助改善服务运作的许多方面。零售商和制造商从他们的供应链中获取数据(Zhan & Tan,2017)。包括从不同来源收集的数据,例如,RFID 标签、全球定位系统、会员卡、POS、社交媒体社区和传感器发出的数据(Gandomi & Haider,2015)。

例如,沃尔玛最早采用技术驱动的供应链,从整个供应链一从自动采购到库存跟踪和客户实现一为其日常决策提供信息(Waller & Fawcett,2013)。此外,新技术使企业能够提高效益和效率、增加增值服务和生产高质量产品获得竞争优势(Coussement et al.,2015)。因此,为了在当今技术驱动的市场中进行有效的竞争,制造商需要对其当前和未来的技术有一个很好的洞察,这些技术应该是其服务运作的基础。

管理者需要解决的关键问题是支持其产品一服务供给的关键资源技术。新技术和最新的管理趋势最终必将挑战了当前的商业范式。制造服务化、云制造、物联网、跨界制造、工业 4.0、基于大规模定制的新商业模式等将日益增加可持续和社会责任的供应链的兴趣(Song et al.,2018),正在为制造商创造令人振奋的机遇和挑战。因此,制造商需要考虑更广泛更全面的工业生态系统，以更好地应对这些挑战，并采用新技术保持领先地位。

在“一带一路”倡议下，持续跟踪不同地区的客户是帮助制造商为供应链不确定性做好准备和更好地开展定制服务以满足当地需求的关键。因此，制造商需要更精准的信息收集和分析能力。随着市场（和供应链）变得越来越分散，更好地跟踪客户信息和运营成本将是制造商面临的主要挑战。Geum 等 2011 年指出了 PSS 中的三类技术：① “使能技术”——能够直接集成产品和服务，该技术可以是独立的，也可以是（嵌入到）产品中的一部分；② “中介技术”——存在于现有产品或服务中，用于服务化；③ “促进者技术”——以促进产品服务化而增加的。鉴于技术是产品服务提供的关键推动因素之一，了解其相关内容是很重要的。图 4 显示了服务化中技术映射的关键元素。

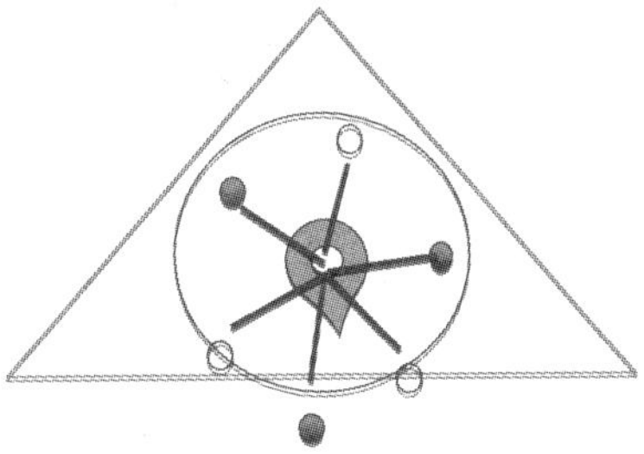

- 数字技术加强连接性和实时交互性；
- 人工智能(增强现实)增强客户的体验；
- 更广泛的工业生态系统和网络能力，以获取知识、客户和资源

图 4　技术映射

上述提出的框架是基于这样一种信念，即客户是决定产品价值的人（Ford，1922）。因此，理解客户、增强能力和利用技术是建议框架的主要原则。该框架的目标是通过服务化为管理者提供指导，使客户满意度最大化。这三项原则将作为一套连贯的任务加以整合，可以指导管理人员完成服务化进程。公司和相关研究人员可以结合行动研究，结合公司实际运营能够针对性地向管理人员提供如何应用该框架的详细说明以及持续改进思路。

三、讨论

（1）拟议的框架要求提供关于其当前客户以及未来潜在客户群的详细信息。客户共创的关键步骤是与客户进行互动交流，因此，对不同市场的客户有一个良好的了解是至关重要的。例如，了解客户信息涉及由于隐私问题和最近的数据保密规则，收集大量客户信息或建立大型数据库并非易事。

（2）如何更好地接触和理解客户时，留住现有客户应该是企业关注的重点之一，因为与寻找新客户相比，保留现有客户对中国来说更有利可图。一个良好的个性化服务（解决方案）可以有助于增加现有客户的未来重复购买。此外，现有客户与公司有良好的关系，可以为新的解决方案提供详细的信息和想法。然而，公司要尽可能多地了解他们的客户，即个性化是基于客户的个人信息，面临着提供不影响客户隐私的个性化服务的难题。

（3）随着“互联网＋”对商家的吸引力，很多公司的管理人员强调整合客户作为服务解决方案开发提升价值链的一部分的重要性。加之，中国经济增长受到中等收入人口增

长和高购买力的支撑，同时随着中国走向两个一百年战略梦想的推进，客户消费能力及水平攀升，对快速时尚的需求正在迅速增长，在当前的新一代中，从以需求为基础的购买向追求时尚购买的转变。因此，可持续制造和细分市场需求类型是支持 CIT 框架下的服务化战略的关键。

(4) 实施 CIT 框架还强调了企业如何把握自身瓶颈，即提供正确市场智能的技术，特别是当下个性化需求带来各种方式定制需要。简而言之，市场正在快速变化，我们应该使用什么技术来保持市场趋势的领先地位？事实上，市场信息可以作为更好的决策投入，如进入新市场、围绕客户需求开发新的解决方案或服务以及制定应对贸易壁垒的战略等。

(5) 从供应链视角，客户共创、战略意图、技术映射相互之间参加错综复杂的交互关系，站在服务化角度，供应链链条中是客户与客户的关系，共创中的主从关系、竞争关系、游离关系等等决定了服务化模式的创新方式不同；战略意图的推进，受制于单个企业的分散决策、多个企业集中决策或者分散与集中并行的决策机制的影响；技术映射决定于技术使能的节点或者环节。

总的来说，CIT 框架是有价值的，但这是一个耗时的过程，需要企业实践时深入分析。该框架使他们能够更好地理解服务流程和客户、技术和战略之间的相互作用。事实上，服务化将带来企业结构和文化的变化(Brax，2005)。为了应用服务化概念，他们的业务战略和目标需要调整，因为“服务”组件被添加到现有产品中。诚然，企业必须改进其运作流程，引进新技术，并建立一支做好服务化的员工队伍，以支持服务化的实施(从以产品为导向以服务为导向的战略过渡)。

参考文献

[1] Vandermerwe S, Rada J. Servitization of Business: Adding Value by Adding Srrvices[J]. Eur. Manag. J., 1988, 6(4): 314-324.

[2] Baines T, Lightfoot H, Peppard J, et al. Towards an Operations Strategy for Product-centric Servitization[J]. Int. J. Oper. Prod. Manag, 2009, 29(5): 494-519.

[3] Schenkl S A, Sauer R M, Mortl M. A Technology-centered Framework for Product-service Systems[C]. Procedia CIRP16, 2014: 295-300.

[4] Vansantha G V, Annamalai, Komoto, et al. A Manufacturing Framework for Capability-based Product Service Systems Design[J]. J. Remanuf, 2013, 3(1): 8.

[5] Kuijken B, Gemser G, Wijnberg N M. Effective Product-service Systems: A Value-based Framework[J]. Ind. Market. Manag, 2017, 60: 33-41.

[6] Wiesner S, Thoben K D. Requirements for Models, Methods and Tools Supporting Servitization of Products in Manufacturing Service Ecosystems[J]. Int. J. Comput. Integrated Manuf, 2017, 30(1): 191-201.

[7] Harzing A W. Publish o Rperish. [EB/OL]. https://harzing.com/resources/publish-or-perish.

[8] Schmidt D M, Malaschewski O, Fluhr D, et al. Customer-oriented Framework for Product-service Systems[C]. Procedia CIRP 30, 2015: 287-292.

[9] Shimomura Y, Nemoto Y, Ishii T, et al. A Method for Identifying Customer Orientations and Requirements for Product-service Systems Design[J]. Int. J. Prod. Res., 2018, 56(7): 2585-2595.

[10] Tan K H, Zhan Y, Ji G, et al. Harvesting Big Data to Enhance Supply Chain Innovation Capabilities: An Analytic Infrastructure Based on Deduction Graph[J]. Int. J. Prod. Econ., 2015, 165: 223-233.
[11] Wong B. China's Middle-Class Consumers: Online Shopping Habits. HKTDC Research[EB/OL]. [2017-08-02]. http://economists-pick-research.hktdc.com/business-news/article/Research-Articles/China-s-Middle-Class-Consumers-Online-Shopping-Habits/rp/en/1/1X000000/1X0AAU8A.htm.
[12] Chuang S H, Lin H N. Co-creatinge-service Innovations: Theory, Practice, and Impact on Firm Performance[J]. Int. J. Inf. Manag., 2015, 35(3): 277-291.
[13] Craighead W, Hult G T M. The Effects of Innovation-cost Strategy, Knowledge, and Action in the Supply Chain on Firm Performance[J]. J. Oper. Manag., 2009, 27(5): 405-421.
[14] Zhang X, Chen R. Examining the Mechanism of the Value Co-creation with Customers[J]. Int. J. Prod. Econ., 2008, 116(2): 242-250.
[16] Zhang M, Zhao X, Voss C., et al. Innovating through Services, Co-creation and Supplier Integration: Cases from China[J]. Int. J. Prod. Econ., 2016, 171: 289-300.
[17] Zhan Y Z, Tan K H, Tse Y K, Li Y. Unlocking the Power of Bbig Data in New Product Development[C]. Ann. Oper. Res., 2017: 1-9.
[18] Urban G, Hauser J R. Listening in to Find and Explore New Combinations of Customer Needs [J]. J. Market, 2004, 68(4): 72-87.
[19] Tan K H, Zhan Y. Improving New Product Development Using Big Data: A Case Study of an Electronics Company[C]. R and D Management, 2016: 1-13.
[20] Eloot K, Huang A, Lehnich M. A New Era for Manufacturing in China[C]. McKinsey, 2013.
[21] Prahalad C, Hamel G. The Core Competence of the Corporation[J]. Harv. Bus. Rev., 1990(5/6): 79-91.
[22] Prahalad C. Managing Discontinuities: The Emerging Challenges[J]. Res. T echnol. Manag, 1998, 41(3): 14-22.
[23] Tonby O, Ng J, Mancini M. Understanding ASEAN: the Manufacturing Opportunity[M]. Singapore: McKinsey&Company, 2014.
[24] Wong D. Data Is the Next Frontier, Analytics the New Tool: Five Trends in Big Data and Analytics, and Their Implications for Innovation and Organisations[C]. London: Big Innovation Centre, 2012.
[25] Gandomi A, Haider M. Beyond the Hype: Big Data Concepts, Methods, and Analytics[J]. Int. J. Inf. Manag., 2015, 35: 137-144.
[26] Waller M A, Fawcett S E. Click Here for A Data Scientist: Big Data, Predictive Analytics, and Theory Development in the Era of A Maker Movement Supply Chain[J]. J. Bus. Logist., 2013, 34(4): 249-252.
[27] Coussement K, Benoit D F, Antioco M. A Bayesian Approach for Incorporating Expert Opinions into Decision Support Systems: A Case Study of Online Consumer satisfaction Detection[J]. Decis. SupportSyst, 2015, 79: 24-32.
[28] Song M, Wang S. Effects of Outward Migration of Factory for the Beijing-Tianjin-Hebei City Circle[J]. Int. J. Comput. Integrated Manuf, 2018, 31(6): 513-522.
[30] Geum Y, Lee S, Kang D, Park Y. Technology Road Mapping for Technology Sased Product-service Integration: A Case Study[J]. J. Eng. Technol. Manag., 2011, 28: 128-146.

[31] Ford H. My Life and Work[M]. Whitefish:Kessinger Publishing,1922.
[32] Brax S. A Manufacturer becoming Service Provider Challenges and A Paradox[J]. Manuf. Serv. Qual.,2005,15(2):142-156.

作者简介

计国君，厦门大学管理学院教授、博士生导师，厦门大学国家教师发展中心主任、厦门大学管理科学与工程学科带头人、英国赫尔大学-厦门大学联合物流研究所所长，2006年至今兼任马萨诸塞大学商学院创新研究中心国际学术顾问，主要从事供应链管理、生态产品创新、系统工程、顾客行为等领域研究。兼任教育部物流教学指导委员会委员、中国技术经济学会理事、中国自动化学会经济与管理系统专业委员会副主任、中国高等教育学会理科教育专业委员会常务理事、教育部教育教学评估专家、国家自然科学基金项目和国家社科项目评审专家。在国内外学术刊物上发表论文300多篇，150多篇被SCI、EI数据库收录，出版专著6部，出版教材7部，主持国家自然科学基金、教育部哲学社会科学重大攻关项目以及省部级以上课题20多项，获国家级教学成果二等奖2项、福建省教学成果特等奖2项、福建省社会科学优秀成果三等奖2项。

企业创新成长的反撕裂五力模型

蔺 雷

摘要：企业创新的目的是推动发展、实现增长。然而，创新成长是一个复杂过程，在从创意到实现商业化的全链条中，我们之前太过关注技术试错、模式验证、小试中试迭代等“技术因素”，却忽略了来自团队价值观、利益冲突、能力不足和沟通不畅等“非技术因素”的影响，这就是对创新越来越重要的内部撕裂。通过对大量企业的观察和调研我们发现，很多企业的创新成长不是败在了技术和试错层面，而是败在了后续的各种内部撕裂上。所以，这篇文章另辟蹊径，从企业创新成长力公式出发，剖析了企业创新成长过程中面临的四类撕裂，提出了“反撕裂五力模型”，以期给企业的创新成长管理提供新的启发。

关键词：创新成长；企业内耗；反撕裂；五力模型

一、企业创新成长力公式

任何企业都是不断成长的生命体。然而，究竟什么因素决定了一个企业的生与死？在我看来，企业生死只取决于一个东西：企业创新成长力。

什么是企业创新成长力？企业创新成长力就是一个企业创新成长的能力和潜力，其中创新能力决定了一个企业能达到的高度，创新潜力则决定了一个企业成长的持久度。影响企业创新成长的因素纷繁复杂，在一个开放和生态主导的时代，企业创新成长力取决于两个方面：一是内部撕裂度，二是外部生态圈。企业在一个生态圈中发展，自身生态构建是否到位，与外部生态的互动和链接是否有效，都深刻影响着企业成长。组织内部撕裂和外部链接断裂，让无数企业栽了跟头。说到底，一“内”一“外”决定了企业成长，综合起来就是企业创新成长力。于是，可以总结出一个企业成长公式，如下所示：

企业创新成长力＝外部生态/内部撕裂度

企业创新成长与外部生态成正比，与内部撕裂度成反比。也就是说，企业的外部生态链接越有效、内部撕裂度越低，企业的创新成长能力越强、潜力越大。如果外部生态力不足，内部撕裂度很大，企业的创新发展就一定磕磕绊绊。

运用这个公式，我们可以很好地解释有些企业在创新成长中碰到的困惑。

我认识一位创业20余年、当年跟刘强东属于同一批的科技创业者。时至今日，刘强东已功成名就，他却仍然在创业的路上艰辛前行。这位创业者一共创立了四家企业，每家企业的成长轨迹出奇地相似：到了一定阶段就停滞不前。究其原因，他与合伙人的内部撕裂是最大问题：不管是承诺的股权没有兑现，还是任用亲戚担任高管引发众怒，抑或是格局太小不愿分利……这位创业者每次都会跟合伙人闹到反目的境地，甚至数次撕破脸皮告到法庭。企业的成长也在愈演愈烈的内部宫斗中戛然而止，臭鸡蛋也每次都会扔到他的办公室门上。

用企业成长力公式分析，这位创业者有能力把企业带到一定高度，却无法突破自己的天花板，进而引发公司内部的激烈冲突，企业成长也因此受阻。所以经常有人说，企业能达到的高度，就是企业家自己的高度。综上所述，内部撕裂度与企业创新成长之间有两个特点：

第一，内部撕裂度越大，企业创新成长越受阻。当企业的创新成长停滞不前时，企业家应该思考的第一个问题就是内部撕裂。内部撕裂大，再好的技术战略、再强的外部生态也白搭。

第二，克服内部撕裂是企业创新成长的底层逻辑。在高度不确定性的条件下，内部撕裂度会决定企业的战略落地和生态构建，进而影响企业的创新成长。所以，反撕裂是企业创新管理的基本逻辑——攘外必先安内。构建外部生态的先决条件是有一个良好的内部环境，如果内部撕裂巨大，外部生态也注定是一盘散沙。

二、企业创新成长要克服四类撕裂

阻碍企业创新成长的各种撕裂层出不穷，但总结下来最常见也最让人头疼的撕裂有四种，它们是：利益撕裂、价值观撕裂、能力撕裂、沟通撕裂。任何企业的创新成长都会碰到其中的一种或几种撕裂。看透这四种撕裂，是每个创业者和创新企业家绕不开的必修课（图1）。

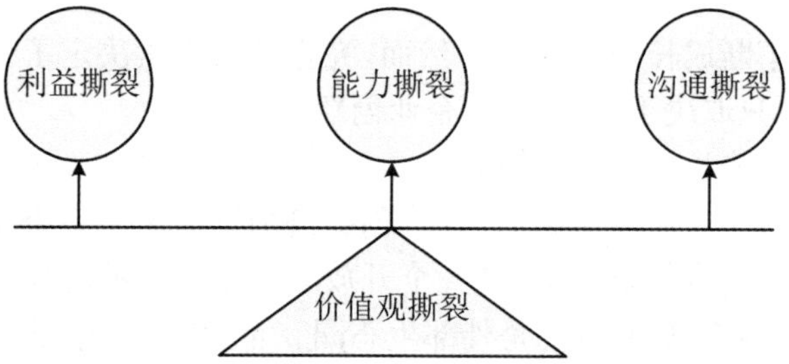

图1　四种创新成长过程中的撕裂

（一）利益撕裂

简单说，利益撕裂就是“分配不均”。企业创新最终是为了获利，而各方的利益争夺每天都在上演，只是撕裂的版本不同而已。王石经历了创始人与野蛮人的股权利益争斗后，黯然出局；李国庆经历了与结发妻子的印章争夺和互撕大战后，另起炉灶；真功夫蔡达标经历了亲人间最残酷的股权之争后，锒铛入狱……更不用说企业内部某些人因一己私利对创新造成的重创，以及合伙人没有下限的内斗。

当失控的利益之争左右了人性，企业就会出现各种失控，走向初心的反面和毁灭的边缘。利益绝不该成为企业家创新追逐的终点，利益只是一种实现目标的方式，人一旦把目标和手段搞混淆，只会扭曲人性、自食恶果。所以，通过机制设计和管理技巧来抵抗利益撕裂，是企业家创新的一门必修课。

（二）价值观撕裂

一位知名企业家说，价值观是平常看上去最没用但一旦出事就会令人后悔不已的“无形杀手”。价值观的撕裂，就是底层认知偏差导致对同一问题的看法和做法截然不同。

无数企业崩盘背后的行为偏差，都源于底层的认知偏差。这是一条普遍铁律，却最容易被企业，尤其是顺境中的企业所忽略。一旦价值观出现撕裂，基本是无解的。

2016 年 8 月，微信公众号“铅笔道”曝出一则关于校园洗衣创业公司“宅代洗”的消息，本是一则普通报道，但创业团队的一个做法引发了轩然大波。2016 年 4 月 18 日，“宅代洗”上线，选择某市的 6 所高校进行体验式营销，首单免费，但 4 天过去了团队只接到一份订单。“同学们都不相信，万一衣服丢了，洗得不干净，洗坏了怎么办?”

于是，团队有人出了个馊主意。他们选择了一所男生偏多的高校，剪断宿舍所有自助洗衣机电源线。“四天在宿舍楼没法洗衣，逼着他们用一下‘宅代洗’。”这次强制试用让平台订单量迅速上升，一天最高订单 1100 份，首月盈利 60 万元，范围也扩大到周边 5 所高校。

消息一经爆出，社会各界便对“宅代洗”进行铺天盖地的批评，很快这家诞生不久的创业企业便销声匿迹。无独有偶，曾经的明星创业企业“快播”因涉黄而被查封，公司倒台，其创始人王欣也锒铛入狱。当一家企业因为追求利益或流量而没守住底线时，带来的一定是灭顶之灾。2021 年岁末，直播带货头部主播薇娅因为偷税漏税数亿元而被税务部门追缴税金和罚款，这亦是价值观撕裂的恶果……

一旦价值观被击穿，没守住底线，企业的创新必然走向毁灭。三观要正、三观要合，是找伙伴和做创新的基本准则。能始终坚持正确价值观的企业，尤其是在困境下还坚持的创新企业，才是一家伟大的企业，而不只是看它的规模和体量有多大。

（三）能力撕裂

对创新企业来说，说到和做到之间经常错位，一面有心、一面无力，一边眼高、一边手低，这背后反映出的撕裂就是能力撕裂。尤其当企业处在顺境时经常会“野心膨胀”，导致“说得太高、做得太低”，能力配备跟不上自己的野心。无限远大的抱负、无比宏大的战略，都需要有相应的能力来支撑和驱动，能力跟不上是不行的。然而，能力必然是有限的，不可能在一瞬间随着抱负而提升。就像约翰·刘易斯·加迪斯在《论大战略》中提到的，真正能落地的战略，是无限远大的抱负和当前有限的能力之间的完美结合。

想想看，多少急于扩张版图的企业，就是在能力不具备的时候提出了看上去激动人心的远大战略，媒体追捧、自身加码，结果是能力不堪战略重负，企业快速坠落，不管是当年的巨人、乐视，还是如今的恒大，不外乎如此。

对个体来说，能力的撕裂最让人无奈。因为能力是时间的函数，必须有试错的机会、反复的学习和猛然的顿悟，以及提升能力的坚强意志，才可能改变能力。对一个组织来说，看上去有一些方法可以在短期内快速解决能力的不足，比如人员的更替、引入稀缺人才等，但最终仍要靠内生能力的成长来解决问题。因为拿来主义、外生能力的植入都非长久之计，最终能力没有长在企业身上。美国敢拿芯片卡中国企业的脖子，就是认为中国企业长期以来依赖国外企业提供的芯片，不具备底层核心技术和创新能力。

这两年“内卷”一词流行。在我看来，所谓“内卷”就是投入的边际产出持续递减或者没有产出，甚至出现负产出的“停滞”情况。造成停滞的原因有多种，能力提高缓慢、组织惰性变强、技术到达极限、模式陈旧、意识落伍等，都会让组织投入无法再产生额外的正向产出。

（四）沟通撕裂

创新是一件高度不确定的事，沟通撕裂更会经常发生。一家企业在创新中如果出现沟通撕裂，必定导致内部信息流运行不畅、上传下达失灵，企业会莫名其妙地“脱轨”——你以为沟通很顺畅、大家理解很到位，但执行起来完全不是那回事。沟通的撕裂还会造成恶性循环：越沟通不畅，越不愿沟通。一位 SAAS 公司的创始人很早就发现了沟通撕裂这个问题，于是采用了一种方法，每个月初他都要跟自己的合伙人和骨干员工深谈一次，不限时。不聊不知道，一聊吓一跳，用他的话说：“他们至少有 60%的想法跟我以为的那样不同，这让我终于明白了执行过程中为什么有那么多问题。”

沟通撕裂的真相是什么？很多人说企业内部沟通撕裂的本质是信息不对称。一定不是。在我看来，沟通撕裂的核心症结并不在于信息不对称，沟通撕裂的实质是认知不对称。信息再丰富、再对称，只要认知不对称，就会让沟通瞬间“死亡”。打破这种不对称性需要合理的方法：把话说透了才能“撕而不裂”，同时对员工输入正向信息，对高管坦诚沟通。

任何企业都难以逃脱上面这四种撕裂，利益撕裂是问题的表象，价值观撕裂是核心，能力撕裂是由于存在短板，沟通撕裂则是缺乏技巧。虽然撕裂是一种程度较高的冲突，但它并非不受控，而是可干预和可管理的。反撕裂的核心价值就在于从冲突中受益，助力企业逆势成长。

三、反撕裂五力模型

究竟怎样化解我们所面对的撕裂？通过总结国内外诸多典型企业案例，实地走访调研 60 余家企业，访谈超过 100 人次的企业家和创业者，我们总结提炼出了反撕裂五力模型(图 2)。

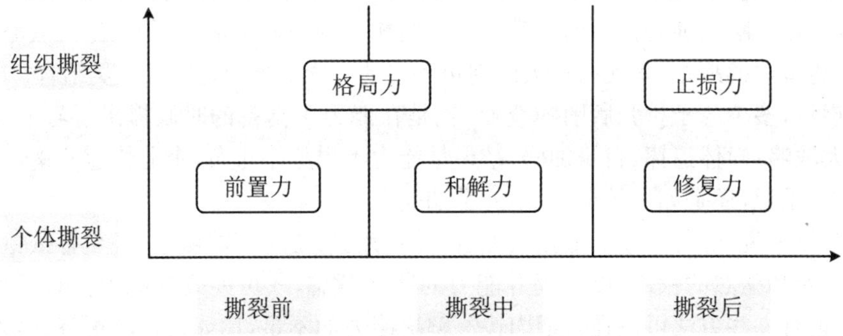

图 2 反撕裂五力模型

反撕裂五力模型的核心观点是:通过提前刻意培育五种能力,可以在很大程度上规避撕裂,化解冲突,甚至修复裂痕。这五力分别是:格局力、前置力、和解力、止损力和修复力。这五种力从不同角度告诉我们该如何面对撕裂:企业不同程度的撕裂、企业发展不同阶段的撕裂,以及不论是个体撕裂还是组织的撕裂,都可以从这五力中找到解决的“法”和“术”。

反撕裂五力模型在企业中有三种应用场景。

应用场景一:针对企业撕裂的不同阶段。前置力就是在撕裂尚未真正发生(撕裂前)时的一种预防方法,通过提前的资源投入和冗余管理“对冲”未来可能出现的撕裂。和解力与格局力则是在撕裂发生(撕裂中)时的一种姿态和方法——万般撕裂以和解为上,千种撕裂用格局制胜。当然,一旦撕裂发生到不可收拾的地步(撕裂后),就要用止损力来遏制撕裂的继续,用修复力来最大程度弥合伤口。

应用场景二:针对企业不同的撕裂程度。撕裂的程度有浅有深,模型中的不同力也用来解决不同程度的撕裂:小的撕裂,用和解力面对它;大的撕裂,必须先止损后修复;暂时无解的撕裂,用大格局来解决;对可预期的潜在撕裂,则用前置力来化解。

应用场景三:针对企业不同的撕裂层次。撕裂的最坏结果,就是“内卷”,不只是个体内卷,还有组织内卷。要防止内卷,必须从反撕裂入手,在个体和组织两个层次进行反撕裂。当然,不管是个体反撕裂,还是组织反撕裂,都可以从五力模型中找到解决问题的线索。

(一) 格局力

许多企业之所以出现撕裂,其原因很大程度上与管理者格局小密切相关,这种“格局小”在企业中主要表现为战略上的机会主义、管理上的效率主义、工作上的本位主义、利益上的独享主义。格局力是用站高一格的心态和不同于常人的格局来面对冲突,化解撕裂的能力。要想拥有格局力,具体有三个方法:具备洞察未来的战略远见、敢于真正让利于他人以及善于用价值观聚人。

【华为的格局力:战略远见】

华为是一个善于居安思危的企业。首先是坚定不移地走国际化战略。20 多年前,华为就开始了全球化布局。任正非在 2001 年欢送海外将士出征大会上发表了名为《雄赳赳　气昂昂　跨过太平洋》的一篇讲话,在这篇讲话中,他提到:“在这样的时代,一个企业需要拥有全球性的战略眼光才能发奋图强;一个民族需要汲取全球性的精髓才能繁荣昌盛;一个公司需要建立全球性的商业系统才能生生不息”。华为国际化采取的是引进来和走出去相结合的策略。引进来,即引进先进管理经验、国际人才、世界先进技术;走出去,即参加各种大型展览,在海外设立研发基地、办事处,开拓海外市场等。

其次是始终专注于技术研发。华为从几百人开始就专注于移动通信的研发,对准一个“城墙口”冲锋,到几千人、几万人、十几万人的时候,还是对着同一个“城墙口”冲锋。华为每年研发经费投入达到 150 亿～200 亿美元,华为 2021 年研发费用支出为 1427 亿元人民币,约占全年收入的 22.4%。在 19.5 万名全球员工中,从事研究与开发的人员约为 10.7 万人,占员工总数的 54.8%。

最后是强烈的危机意识。2000 年,华为跃居全国电子百强首位之时,任正非在内部发表了一篇文章《华为的冬天》，大谈危机和失败，他写道："公司所有员工是否考虑过，如果有一天，公司销售额下滑、利润下滑甚至会破产，我们怎么办？我们公司的太平时间太长了，在和平时期升的官太多了，这也许就是我们的灾难。泰坦尼克号也是在一片欢呼声中出的海，而且我相信，这一天一定会到来。"2012 年，华为做出了极限生存的假设。在这年的一次内部讲话中，任正非表示："我们现在做终端操作系统是出于未来战略的考虑，如果安卓系统不给我们用了，我们是不是就傻了？同样的，我们在做高端芯片的时候，并没有反对要买美国的高端芯片，只是他们不卖给我们的时候，我们的东西稍微差一点，也要凑合能用上。我们不能有狭隘的自豪感，这种自豪感会害死我们。"2019 年，华为被美国列入了实体清单名录，不管是华为海思芯片的一夜转正，还是呼之欲出的华为鸿蒙操作系统，都是任正非提出的"唯有惶者能生存"的最好例证。华为正是依靠这样的战略远见，引导员工面对困难和打压空前团结、毫不屈服、不懈奋斗。

（二）前置力

这是一种用提前量思维法则和逆向管理方法来"对冲"撕裂的能力，也就是"未雨绸缪"的能力。看上去前置力很容易操作，实际它需要智慧、长远眼光和大量投入看上去"无用"的资源。从人性和管理逻辑来说，企业家会反感"冗余"这个词，因为"精兵简政""降本"和"裁员"等才是企业面对危机时经常采用的管理手段，"冗余"恰恰是与企业家常规思维相悖的方法。然而，对于处在创新时代的企业来说，"冗余"是一种创新思维，通过适度"浪费"为企业提供底线生存能力，通过适度"浪费"鼓励内部竞争和试错，反倒是必需品。所以，冗余但不多余，冗余并不是浪费，而是企业对冲撕裂的一个妙招，让自己活下去的一个良策。那么，企业有哪些冗余管理方式？

前置力不只是一种提前量思维，更有具体落地的方法。前期大量企业调研发现，企业家们在实践中通常会用三种前置方法：一是防微杜渐式前置，二是冗余式前置，三是价值观前置，见图 3。

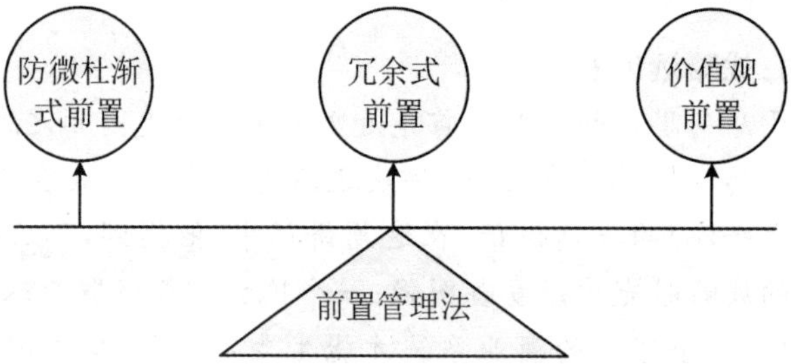

图 3　对冲撕裂的三种前置管理方法

下面以冗余式前置管理中的能力冗余为例，讲述创新中的前置管理方法。

所谓能力冗余，是指培育超过当下需求的能力，以便在未来急需时或者需要转型时迅速发挥作用。谁需要进行创新的冗余管理？通常来说有三类组织：第一类是需要极限生存的组织；第二类是需要激发内部活力、推行内部赛马制的组织；第三类是有梦想、以创新为使命的组织。当然，冗余管理不只是大型企业的特权，中小型企业同样可以这么做，只是在体量和规模上适当缩减。谷歌 X 实验室就是一个为未来培育全新能力和航道的独特场所。

【谷歌的前置力:能力冗余管理】

谷歌本就以15%时间的员工创业制度闻名于世,但随着15%时间制度逐渐遇到各种问题和实际上的衰落,为了寻找全世界最不可思议和超乎想象的高科技产品,也为了给企业储备“未来”,更为了让员工有充足的自由度发挥创造性,谷歌创立了GOOGLE X实验室。

在这个谷歌内部最核心的前沿技术实验室,数位顶级专家致力于研发“科幻级”硬件,比如太空电梯、瞬间移动、移动住房单元、冷核聚变、海水燃料等。虽然这些项目有些并没有真正执行,有些至今仍未研究出结果,但GOOGLE X实验室鼓励这样的“荒唐”想法,并且给予资金和技术支持。事实上,从主营业务的角度来说,这种能力的培养并不能直接支持主营业务的现金流,但能带来企业持续发展的可能性。

下一个问题,企业如何进行冗余管理?我们可以采用如下“三步法”:

第一步,提前判断自己的安全底线和最大威胁,也就是进行风险扫描;

第二步,反推出冗余管理要达到的最低目标,如新品研发目标、人员配备目标等;

第三步,确定采取哪种冗余管理方法,掌控冗余管理节奏。

(三)和解力

和解力是一种与自己和解、与他人和解、与社会和解的意愿和能力。世界上最难的事之一,就是与自己和解;世界上最不该做的事,就是与自己为敌。当一个人、一家企业愿意用和解之心去对待自己和周围,撕裂也就无处遁形。说得更高大上一点,和解力是用一种化撕裂为无形的方式来“反撕裂”。让和解力落地的具体方法有:承认撕裂、容忍度管理,以及妥协法则。

企业家、创业者经常是处于一种高度撕裂的状态,如果短期内也找不到一条出路,说不定哪天就会弦断琴崩。因此,学会如何与自我进行和解就显得尤为重要。当然,自我和解不是最终目的,而是一个不断与自己对话,不断审视自己,不断纠正自己的过程,是勇于面对各种撕裂的方法论。在经过与很多创业者的访谈后,我们认为自我和解至少有“三把钥匙”:第一把钥匙,接纳自我;第二把钥匙,生命价值高于一切;第三把钥匙,视撕裂为成长机会。

【自我和解:李开复与郭家学案例】

自我和解,最重要的是相信生命价值永远高于创业价值,坚守创业的基本底线是不侵害自己的身体和生命。2013年,创新工场CEO李开复罹患淋巴癌。在经历了17个月的痛苦治疗后,李开复写下《向死而生》一书,他在书中这样说道:“如果不是癌症,我可能会循着过去的惯性继续走下去,也许我可以获取更优渥的名利地位,创造更多成功的故事。如今,癌症把我硬生生推倒,这场生死大病开启了我的智慧,我依旧会尽力投身工作,让世界更好,但我也更真切地知道,生命该怎么过才是最圆满的。”2021年8月13日,优客工场创始人毛大庆想起六年多来创业的不易,写了一篇文章,也叫《向死而生》,认为包含了三重含义:第一,向死就是注定了、抱定了死的结果;第二,生就是永远不会向死神低头,永远不会屈从于命运的把戏,命不由天;第三,向死而生就是要以最坏的打算、最差的运气去搏击最好的结果。向死而生另一种比较直观的表达，就是永远保持生生不息的心态与状态。

西安东盛集团董事长郭家学就是一个典型的例子。他曾经是陕西辞去公职下海的第一人，当过教师，养过猪，种过中草药，用170元创业，33岁成为中国最年轻的上市公司董事长，一心想做成一家世界500强企业。他带领团队疯狂收购，横扫资本市场，最终因担保的两家国有企业破产，资金链断裂，背负了48亿元巨额债务。他想过无数次怎么才能死得好看一点：跳楼、割腕……最后他放弃了自杀，用8年偿还了所有债务，并重新规划事业。"能成为世界500强固然值得骄傲，做不成世界500强，做个'精而美'的、对历史有价值的小企业，将这种'精美'发挥到极致，何尝不是更有意义的事情？"他将全部精力都集中到了新公司的发展上，让这个比北京同仁堂还早128年的老字号中药企业再延续500年，而今上市公司"广誉远"市值超过130亿元。

（四）止损力

止损力的实质是给撕裂设限，而不是任由其恶化下去。永远记住，及时止损是没有办法时的最好办法，当然设置止损点既是一项技术也是一门艺术。企业撕裂时的止损决策是一件逆向而为的事，也是一件相机抉择的事。也就是说，你在做止损决策时要把事情反着来想、提前来想，而不是到了跟前再抱佛脚；同时还要具备快速决策的能力而不是拖泥带水。所以止损点的选择不同于企业的其他决策，既讲究技术性又强调艺术性，无定势定法。以下是我们通过实地调研发现的企业经常采用的六种止损方法：方法一，个人直觉法；方法二，简单指标法；方法三，时间节点法；方法四，逆向判断法；方法五，预估时间法；方法六，S曲线指标判断法。

下面以时间节点法为例，说明如何用止损力来给撕裂设限。时间节点止损法是一种通过设立关键时间节点考核指标来判断是否止损的方法。比如按3个月节点或按18个月创新周期法则设置不同阶段，检查每个阶段是否达到标准。如果上一个阶段没有达标，就要谨慎决策是否往下继续。具体的指标由企业家根据实际情况选定，如用户月活量或客户规模到多少，销售收入到多少，影响力怎么样……必须有明确的标准，达到目标了就继续投入，并确定下一个止损点，达不到目标就要考虑止损。

【时间节点止损：大唐网络案例】

大唐网络在推动内部孵化创业团队时，就采用过"369"模式。凡是在大唐网络云孵化平台上的内创业团队要做到3个月产品上线，6个月完成试点，9个月完成融资。达不到这些时间点硬性要求的团队就要考虑退出云孵化平台。9个月后如果创业项目落地了，则前期投入资源折算成创业公司所占股份。这种方式让大唐网络本身具有的丰富的技术资源快速转化为产业化成果走向市场，内创业项目团队拿到A轮融资的比例较高。

不论企业遇到什么样的撕裂，都可以通过设立阶段考核节点，把撕裂控制在一定程度之内，而不是任由其发展下去。

（五）修复力

修复力是企业在面对激烈冲突时的一种应急性进化能力，是企业创始人必须掌握的方法。具备修复力的具体方法有：用空降兵修复、内创业修复、团队成员替代修复、自我颠覆式修复，以及回归初心式修复。

【回归初心修复：老干妈案例】

在全球华人圈享有盛誉的“老干妈”辣酱在2017年遭遇了滑坡，这一年创始人陶华碧正好70岁。2016年，公司销售业绩创历史新高，达45.49亿元人民币，陶华碧本人也以75亿元财富位列胡润百富榜的473位。此时，年逾古稀的她选择了隐退江湖，将企业交给了两个儿子。然而，看似顺利的家族企业接班，却因为两个儿子的一项贸然改变而陷入困境。出于节约成本的考虑，李妙行和李贵山哥俩将原来一直用的贵州辣椒改成了更便宜的河南辣椒，随之老干妈辣酱的口味也发生了变化，消费者开始不买账。陶华碧时代强调的是“产品为王”，只有好的产品才能让消费者不论在世界哪个角落都不忘带上一瓶老干妈。口味的变化、品质的下降，让社会上的各种负面舆论开始发酵。

同时，2017年公司内部管理出现了问题。离职员工泄漏了老干妈原始配方，企业损失1000多万元。2019年老厂区的一场大火又让老干妈损失了1/3的产能。趁此机会，大批竞争对手出现，饭爷、虎邦等新生品牌对老干妈形成巨大冲击。偏离初心的后果直接反映在业绩上：2017年老干妈销售收入下滑为44.47亿元，2018年收入再次下滑至43.89亿元，市场占有率仅为3.6％，低于海天和李锦记。

面对内外交困情景，老干妈不得不重出江湖，而她的根本措施就是回归初心——让老干妈回到它该有的样子。什么是本来的样子？“好吃”是老干妈的第一竞争力，老干妈辣酱本身的品质是俘获大众最强的“撒手锏”。

事实就是这样，然而不少企业在赚了些钱、有了一定品牌影响力后却忘了这个最朴素的道理。这不禁让我想起，2014年前后曾流行过一阵互联网餐饮概念，企业顶着新概念到处拿融资、做宣传……但餐饮行业最重要的是什么？“好吃”永远都是第一位的。多少曾靠炒作概念辉煌一时的互联网餐饮品牌如今已荡然无存，就是明证。

陶华碧干的第一件也是最重要的一件事，便是将老干妈的原料重新换回贵州辣椒，同时重新研发调配老干妈辣酱的配方。此外，陶华碧还顺应时代发展和消费者心理，开始投放广告和跨界营销。2019年9月，陶华碧表示将加强老干妈品牌文化建设，并不断加大产品研发力度。一系列组合拳下来，老干妈成功止损，重新赢回消费者的心，这直接体现在业绩中：2019年老干妈销售收入达50.23亿元，同比增长14.43％；2020年销售收入达54.00亿元，同比增长7％，创历史新高，国内市场覆盖率超过96％。

所以，通过回归初心修复企业撕裂的第一条，便是创始人回归。创始人的初心，就是企业的初心。只有回归了初心，才能达成共识，才能统一思想，才能实现上下同欲。

四、管理启示

疫情反复和环境动荡，让中国企业每天都在负重成长、逆境生存，企业家和员工压力重重。如何做到困局突围，在当下显得尤为重要。然而，我们始终缺乏一套思维和方法去面对逆境、反败为胜。在传统商学教育中，企业家和创业者们接受了太多关于战略、创新、人力资源、组织行为、融资上市、财务会计等方面的理念灌输和方法培训，然而“撕裂”这一贯穿企业所有经营职能的现象却容易被企业家和创业者所忽略。本文提出的反撕裂五力模型，是一种新的管理思维和视角，可以在企业中跨部门、跨职能去实施落地。

(一) 将撕裂视为成长机会，并培育反撕裂意识

对企业来说，反撕裂至少会带来三个方面的好处：加速组织进化，提高组织韧性，推动创新落地。首先，适度撕裂会让企业在组织架构、组织资源和组织运行模式等方面进行优化，从而实现自身的进化。其次，组织韧性是指企业在危机中重构组织资源、流程和关系，从撕裂中快速复原，并利用危机实现逆势增长的能力。具备组织韧性的企业，不但能够让自己走出困境，更能推动企业在撕裂和危机中实现增长。最后，当旧的技术、管理方法和运行机制不再能给企业带来创新和增长时，就会出现发展愿景与现实制约之间的撕裂。此时反撕裂可以让企业必须寻找新的创新方法实现增长。

既然撕裂对企业的影响如此之大，为什么企业里没有一个单独的反撕裂部门？或者说，企业有没有必要单独设立一个“反撕裂部门”？答案是没有必要。原因很简单，撕裂源于企业的各个部门和各种职能，战略有撕裂，方向有撕裂，落地有撕裂，文化有撕裂，创新有撕裂，人才有撕裂，投资有撕裂……撕裂是不可回避的一个共性问题。所以，反撕裂不对应于任何单独的企业部门或企业职能，而是一种共性的思维方法和策略，适用于企业所有部门。

(二) 撕裂可管理，反撕裂需要掌握一系列方法

撕裂是一种可干预的冲突，但要聪明地去管理撕裂又不是每个企业家都能做到的，方法得当才有可能解决内耗与内乱。“反撕裂五力模型”为企业家提供了全生命周期管理撕裂的框架，这五力贯穿了企业生命周期的各个阶段，既有防患于未然的“前置力”，又有从战略出发化解撕裂的“格局力”，既有直面撕裂、放低心态的“和解力”，又有给撕裂设限的“止损力”，更有撕裂发生后实现弥合的“修复力”。通过提前刻意培育五种能力，可以在很大程度上规避撕裂、化解冲突，甚至修复裂痕。每种力都有相应的方法和操作技巧，企业家、管理者要根据自身特点去选择，而非简单照搬。

一个具备五力的企业家，必定是一个反撕裂高手：这样的企业家不仅能聪明地应对创新中的各种撕裂，而且能智慧地预见潜在冲突，从而避免撕裂。

反撕裂，让我们清醒，更让我们兴奋。

参考文献

[1] 彼得·德鲁克. 管理的实践[M]. 北京：机械工业出版社，2018.

[2] 约翰·刘易斯·加迪斯. 论大战略[M]. 臧博，崔传刚，译. 北京：中信出版社，2019.

[3] 托马斯·皮凯蒂. 21世纪资本论[M]. 巴曙松等译. 北京：中信出版社，2014.

[4] 李志刚. 创京东：刘强东亲述创业之路[M]. 北京：中信出版社，2015.

[5] 蔺雷，吴家喜. 反败资本[M]. 北京：机械工业出版社，2020.

[6] 周兼明. 观念撕裂是严重的社会问题[J]. 领导决策信息，2017(2).

[7] 中国发展观察杂志社、南方农村报社联合调研组，张倪. 温氏“教科书”：股份合作、利益纽带和共富理想：一个农牧业公司的领军之路[J]. 中国发展观察，2019(7).

[8] 胡海波，吴照云. 基于君子文化的中国式管理模式：德胜洋楼的案例研究[J]. 当代财经，2015(4).

[9] 呈祥.经济K型复苏成因及影响探析[J].经济界,2021(5).
[10] 王桂花.简析沃尔玛与宝洁公司的商业关系从破裂到实现共赢的实例及启示[J].对外经贸实务,2014(12).
[11] 筱珠.融合文化 探索创新 致力公益:阳光保险集团企业文化发展纪实[J].上海保险,2013(2).
[12] 王钦,贺俊.我国企业成长力分析的理论基础和指标体系构建[J].经济管理,2008(10).
[13] 苗兆光.小米生态链布局及其模式价值[J].中国工业和信息,2019(4).
[14] 王书灵,季翔宇.柯达破产对企业战略转型带来的启示[J].管理观察,2012(15).
[15] 吕一博,韩少杰,苏敬勤.企业组织惯性的表现架构:来源、维度与显现路径[J].中国工业经济,2016(10).
[16] 彭剑锋.组织无变革不成长[J].企业文化(上旬刊),2021(8).
[17] 张长征,李怀祖.组织冗余对企业知识管理能力的影响研究[J].科学学与科学技术管理,2008(10).
[18] 冯仑.民营企业如何与社会和解?[J].才富,2011(5).
[19] 苏西.阿拉善SEE生态协会荒漠里的慈善实验[J].绿色中国A版,2009(11).
[20] 杨有振,油晓峰.企业考核莫以成败论英雄:止损及时也是成功[J].中国外汇,2006(4).
[21] 段海艳,李一凡,康淑娟."紧缩"还是"复苏"?衰退企业业绩逆转的战略选择?[J].科学学与科学技术管理,2020(9).

作者简介

蔺雷,清华大学博士、博士后,美国加州大学伯克利分校博士后,中国科技战略咨询研究院副研究员,研究领域为服务创新、技术创新与创业管理,著有《服务创新》《内创业革命》《反败资本》等21部著作,在国内外学术期刊上发表论文50余篇,为国内多家企业提供过创新创业方面的咨询和落地方案。

技术经济

关于统筹和加强我国电力能源安全保供的对策[①]

牛东晓

摘要：本文基于当前我国出现的电力能源供应安全问题，分析了问题现状，提出了完善我国电力能源安全保供体制机制的对策建议，包括大力推进煤电联营体制改革，降低燃煤发电成本；理顺电力能源价格机制，加强煤电联动价格变化研究与调整；完善电力能源市场监管体系，严格掌控能源价格；增加能源调节裕度，完善能源多元供应体系等内容。通过一系列对策建议，为我国加强电力能源安全保供提供参考。

关键词：电力能源；安全保供；对策建议；机制创新

在当前经济发展形势下，我国电力能源的供应出现了短缺问题，统筹与加强电力能源安全保供管理、保障经济社会发展，是电力能源事业发展的首要任务。目前，在煤炭、天然气等用于发电的可调峰能源供不应求，能源价格持续高位，新能源出力不足，经济发展快速增长的背景下，我国电力供应缺口进一步扩大，生产生活用电难以得到充分保障，企业生产经营受到限制，我国电力能源供应面临着严峻的挑战。现对我国电力能源供应问题现状进行深入剖析，并针对如何统筹和加强我国电力能源安全保供相关工作提出建议。

一、我国能源供应问题现状

（一）我国煤炭供需紧张，电煤价格全面上涨

受国内严格安全生产，减煤、控煤、淘汰落后产能等政策影响，当前国内动力煤、炼焦煤产能明显收缩。依据国家统计局数据，2021 年 1～8 月我国生产原煤 26.0 亿吨，同比增长 4.4%，远不及国家能源局发布的我国 1～8 月全社会用电量的平均增速，这一时期的用电量累计 54704 亿千瓦时，累计同比增长了 13.8%；与此同时，煤炭进口量减少，蒙煤通关量偏低。根据中国海关总署数据，2021 年 1～7 月份，我国累计煤炭进口量约为 1.7 亿吨，同比下降 15%。电煤供给的明显短缺和电力需求量的超预期增长导致发电厂面临着巨大困难。

伴随煤炭供需紧张，煤炭价格全面上涨。依据中电联数据，自 2021 年以来全国燃煤

---

① 基金项目：教育部哲学社会科学重大课题攻关项目（18JZD032）资助成果。本文的写作得到了余敏博士生的帮助，在此表示感谢。

价格持续高位运行，6 月、7 月煤炭价格同比增长 56.9%、65.3%，8 月煤炭价格继续快速增长。电煤价格上涨致使发电成本增加，但煤电联动机制不顺，价格无法传导，需求侧响应不足，风险只能由电厂承担。据大唐等 11 家燃煤发电企业联名请示的《关于重新签约北京地区电力直接交易 2021 年 10～12 月年度长协合同的请示》称，现电煤成本与基础电价严重倒挂，导致燃煤电厂亏损面达到 100%。目前，我国东北地区，浙江、宁夏、广西、江苏、广东、福建等多地采用拉闸限电措施，使得很多企业断电停产，居民生活和经济发展受到限电的严重影响。

（二）我国天然气供不应求，价格暴涨

受到能耗双控政策的影响，国内天然气市场供应量减少。但“煤改气”政策加速及电煤供应不足，导致国内天然气求大于供。依据国家统计局数据，2021 年上半年，我国天然气生产量、表观消费量分别为 1045 亿立方米、1827 亿立方米，天然气生产量增长率为 10.9%，远不及消费量增长率 17.4%。与此同时，全球范围的库存低位带来的补库需求增加，使得全球天然气供应紧张。由于供需紧张，天然气价格暴涨，用气成本增加。根据海关总署全球贸易监测分析中心和上海石油天然气交易中心联合发布的中国 LNG 综合进口到岸价格指数，我国天然气价格自 3 月以来一路走高；依据光大证券研究所提供信息，截至 2021 年 9 月 17 日，LNG 到岸价达到 25.08 美元/百万英热，同比上涨 422%，国际天然气价格也快速增长。虽然当下天然气供需紧张及价格上涨，但天然气作为推动能源绿色低碳转型的过渡能源，未来需求量必然持续增加。如何保障天然气的有效供应，保障电力生产用气和居民生产生活用气将是我国面临的新的重大问题。

二、我国电力能源安全保供体制机制完善对策

（一）大力推进煤电联营体制改革，降低燃煤发电成本

一是大力推进煤电联营体制机制改革，通过组织变革，减少博弈，整合资源，降低成本，保障煤炭、燃气供应。二是广泛开展煤炭、电力企业联合运营合并的具体落实工作，从优惠政策上鼓励煤电联营。三是优先保障煤电联营项目的煤炭输送。加快推进整合煤电联营机制，实行发电与煤炭企业紧密联合，通过煤电联营破解煤电博弈，理顺发电用煤价格。从而降低煤炭价格，降低燃煤发电成本。

（二）理顺电力能源价格机制，加强煤电联动价格变化研究与调整

一是加强煤电联动价格变化研究，完善煤电价格传导机制，实行发电与煤炭价格联动，合理体现发电、用电的成本，降低市场风险。二是继续改革绿色电价、峰谷分时电价、居民阶梯电价、高耗能电价等定价和变动机制；通过价格机制平衡电力生产和消费，通过电价传导市场波动，用经济性和市场化手段限制高峰用电，鼓励错峰用电。

（三）完善电力能源市场监管体系，强化能源价格掌控

一是完善煤、气、电力能源供应市场监管体系。建立能源供应市场监管中心，提高快速感知能力和预警能力，加大发电用煤、用气的生产监管和价格监管力度，有效控制价格

不合理变动行为,引导相关企业努力承担社会责任。二是理顺电煤市场机制,落实发电用煤中长期合同,落实中长期合同履约,加大中长期电煤合同签订力度,抑制煤价上升。三是通过引导和监控煤、气、电企业签订中长期稳定的购销合同,保障价格和供应的相对稳定。

(四) 增加能源调节裕度,完善能源多元供应体系

一是进一步完善煤炭、天然气供应体系,增加能源调节裕度。国内应适当鼓励煤炭优质产能的建设和释放,加大天然气勘测开发力度,推进天然气持续稳步增产。加强运力建设,提高能源调节效率。落实储气责任,加快储气能力建设,增强天然气调峰和保供能力。二是完善电力调峰辅助服务市场机制,鼓励探索构建各省或区域间气电联调、风光水火储联保的协同机制。

(五) 优化电炭协调调度,进行煤炭合理供应

一是建立全国和区域性的电煤供应调度管理体系,对电煤的存量实时调度,尤其在旺季对电煤进行快速优化调度,提高电煤的利用效率。二是实现煤炭调度精细化管理,不仅要区分淡旺季,建立分时段存煤制度,还需要依据不同燃煤电厂特点进行差异化存煤管理。不仅需建立淡旺季差别化存煤机制,减短旺季存煤周期,同时还要保证不发生供应和生产风险。三是建立电煤供应风险管理机制,建立能源安全预测评价体系,加强对能源供需动态预测与能源安全状态综合评估。合理规避可控风险,加快能源系统响应速度。构建电力能源供应的应急方案,对存煤低于安全生产线的企业启用保煤保供机制,加大紧急用煤调度力度,让电厂买得起煤、用得到煤。

(六) 大力推进数字电网和智慧电厂改进建设,努力降低能耗,提高能效

一是通过加快数字电网建设,运用数据空间的大数据技术精准分析新形势的电力负荷特性、判断负荷需求,进一步提高科学精准的新能源功率预测、电力负荷预测和电网调度运行技术水平,减少限电范围和限电时间。通过电力能源智能管理,努力降低能耗,提高能效,提升发、供用电数字化转型水平。二是大力推进智慧电厂改进建设,构建电煤智能供应链,进行电煤全过程的数字化管理;打破相关数据源壁垒,依托全过程大数据进行煤耗分析,探究供电煤耗影响规律,挖掘节煤降耗潜力,降低发电单位煤耗,实现电煤燃烧的数字化精细化管理;采用大数据、云计算、物联网、5G、区块链、人工智能等技术,以智慧化手段提高工作效率,降低发电成本。三是大力提高基于数据空间大数据分析的电力装备智能制造水平,从而提高电厂、电网装备的先进水平,降低损耗,助力提高安全运行水平、节电水平和电力设备抢修能力。

(七) 抓紧构建以新能源为主体的新型电力系统建设

一是加快发展风电和光伏电站,考虑整体能源供应安全,从大局出发,实现新能源的有序快速发展。二是大规模进行储能技术攻关,建立大规模储能技术的技术攻关清单,加大科研经费投入力度,完善激励制度,激发研发活力。三是抓紧推进以新能源为主体的新型电力系统建设,不断提高可再生能源上网比例,充分利用光伏、风电等可再生能源,逐步减少燃煤和燃气发电的上网比例,从而不断减少发电用煤和用气,提高能源供应

安全和低碳水平。

（八）努力提高全社会节电意识，加强电力需求侧管理

在日常生产生活中，通过教育和奖惩提高全社会的节电意识，重视能源资源的宝贵价值，鼓励主动节电，减少能源浪费。努力提高电力需求侧管理水平，以教育和经济等多种方法鼓励用户自主节电。鼓励供电公司、用户、政府有关部门签订需求侧管理合同或协议，按照约定的合同限电，确保用户对可中断负荷的了解。

（九）优化有序供电，力保基本的生产和民生稳定

进一步研究优化有序的供电方案，优先保证对国计民生有重大影响的生产与生活用电，例如：照明、取暖、电梯、医疗、供水等电力需求，保证社会的稳定和必需的基本保障。限制不必要的城市亮化工程、旅游景区用电、浪费性用电等对生产和生活没有实质性影响的用电。

（十）充分利用国际资源，大力开展供电国际合作和国际联网

根据当地能源条件，大力开展国际合作和国际联网，积极推进国际能源互联网建设，开展进一步的国际联网，加大从国外合理购电、购煤、购气的力度。

（十一）金融机构力保供电必要的资金需求

建议国家要求银行等金融机构积极筹措资金，全力保障发电企业为保供电而需要的资金需求，力保电煤供应链的持续安全，为保供电做出各自的贡献。

作者简介

牛东晓，华北电力大学经济与管理学院教授，博士生导师，国际欧亚科学院院士，2012 年度长江学者特聘教授，新世纪百千万人才工程国家级人选，国务院政府特殊津贴，教育部新世纪优秀人才，中国管理科学学会管理科学奖获得者，华北电力大学校学术委员会副主任，华北电力大学中国能源经济管理研究中心主任，校学术领军人才，中国绿色电力发展研究国家学科创新引智基地主任等。主要研究方向：电力能源预测与决策、电力技术经济、电力运营管理、能源绿色发展、数字经济等。兼任中国技术经济学会副理事长、中国双法研究会统筹分会理事长、中国技术经济学会电力技术经济分会理事长、中国科学技术协会十大代表和全委会委员。先后主持项目 120 余项，获得 16 项省部级成果奖。发表被 SCI、SSCI 检索的期刊论文 126 篇，出版著作 21 部。

冬奥背景下国内体育产业发展策略探究

肖淑红

摘要：在北京 2022 年冬奥会有力带动下，中国体育产业迎来了黄金机遇期，如何以此为契机，加速推动中国体育产业发展，是一个重大理论和实践命题。本文通过对北京 2022 年冬奥会为中国体育产业带来的发展机遇和中国体育产业发展进程中的制约因素等的分析，提出相关对策建议，以期为提升中国体育产业在全球体育产业价值链中的核心地位、助力中国经济发展提供参考。

关键词：冬奥会；体育产业；发展策略；价值创新

一、北京 2022 冬奥会为体育产业发展带来重大机遇

冬奥会的举办为体育产业发展带来机遇，为满足大众的美好生活需求，提供了很好的契机。充分利用冬奥关联的营销资源，是中国体育市场中每个企业千载难逢的机会。具体表现为：

(1) 从政策层面看，在筹办北京冬奥会期间，国家先后出台了多项体育领域的政策和改革文件，如《关于加快发展健身休闲产业的指导意见》《体育强国建设纲要》《全民健身计划(2021—2025 年)》《冰雪运动发展规划(2016—2025 年)》《"带动三亿人参与冰雪运动"实施纲要(2018—2022 年)》等。这些政策和改革释放出巨大的红利，为体育产业提供源源不断的发展动力，引发国际社会的高度关注，促进了体育科技创新力度加大，极大地改善了体育产业发展环境，助推了体育产业发展。

(2) 从体育产业运营、体育产品价值创造以及大型赛事组织与风险管理等视角来看，2022 年北京冬奥会的举办，对体育产业商业模式创新有直接的示范引领作用，体育市场主体快速成长，不断缩小与国际品牌间的差距，表现出了强大的可持续发展能力。2022 年冬奥会的举办，造就了一批冰雪类明星运动员的诞生，丰富了我国体育中介市场的资源构成，体育各种业态在冬奥周期以及后奥运时期将呈现巨大的市场潜力。

(3) 2022 年北京冬奥会的举办也是一个很好的催化剂，冬奥热情带动全民健身迎来井喷，激发了投资人的投资热情以及大众参与运动的热情，有助于各类体育市场的培育，拉动了体育消费升级。同时 2020 年我国人均国内生产总值已经超过 10000 美元，我国体育产业顺利进入飞速发展期。2020 年，国内新增的 8 座滑雪场中，就包括 5 座室内滑雪场。截至 2020 年底，我国室内滑雪场已经达到 36 座，是全球拥有室内滑雪场最多的国家。除了雪场，室内滑雪人次也有明显增长。2020 年，在室内滑雪场滑雪的人次有 269 万，约占全年 1288 万滑雪人次的 20%，相比 2019 年的 235 万人次，同比增长

14.47%。国内每年开展超过 3000 场群众性冰雪活动，参与冰雪运动人口占比已超过 15%。

(4) 2022 年北京冬奥会的举办，展示了中国和世界的合作发展，也展示了中华文化的价值。本次奥运会的办赛理念、品牌形象、场馆建设与运营等，不仅展示了冬奥会产品和服务与中华文化精神以及人类共同精神的深度融合，也是体育与文化、旅游融合发展的典型案例，为未来体育产业产品研发提供参照范式。

(5) 北京 2022 冬奥会的举办，将为举办地整体发展提供机遇。北京即将成为世界上首座"双奥之城"。河北张家口紧抓冬奥机遇，大力发展冰雪运动的同时发展冰雪装备制造产业，延伸冰雪产业链条，依托园区建设，着力打造冰雪装备制造基地和冰雪运动体验基地，开展"产业＋运动""体育＋教育"模式，吸引更多的人参与冰雪运动，为举办城市的整体发展提供了前所未有的机遇。

二、中国体育产业发展的制约因素和主攻方向

综上所述，中国体育产业政策持续利好，市场主体积极性高，投资活跃，市场需求也很旺盛，体育产业规模及产值不断创造新高。但是，与欧美发达国家体育产业相比，还存在一定差距，尤其是作为核心产业的体育服务业，相比欧美发达国家占比较低。我们需要对存在的发展中的问题进行分析，深度认识后，找到针对性解决模式，才能更好地借力冬奥机遇，实现我国体育产业的高质量发展。

(一) 根本问题——价值创新有待提升

第一，体育全产业链的价值创新不足。一种倾向值得高度重视，即重物化管理，轻价值管理。从竞赛表演业到健身休闲业，再到体育用品行业，综观全体育产业链来看，事情虽然做了，但价值挖掘不够。例如大型体育赛事运营，从赛事的整体运营方案到工作流程的每一个细节，价值创新不足，资源价值都存在极大上升空间。再例如一些体育产业园区规划、体育小镇规划、全民健身中心建设、体育公园建设及各种体育产品研发，也都存在重物化管理、轻价值管理问题，导致持续发展动力不足。再如，体育产业的价值核心——体育赛事版权等体育无形资产的开发利用及价值挖掘均有待深入，导致与欧美发达国家相比，我国体育产业还存在规模小、体育服务业与体育用品制造业的产业结构不均衡的问题。

第二，产业低端化有待突破。无论是竞赛表演业还是娱乐健身业，都与国际先进水平有较大差距，在赛事产品的研发、健身俱乐部的商业模式、体育园区建设等方面都存在重复投资低端产品，以及低端领域恶性竞争等问题。

第三，领军及"专精特新"类体育企业有待培育。自 46 号文件发布以来，市场中大批企业兴起，但是几年过去了，第一批所谓的领军企业 80%已经开始转产、资产重组或是淘汰出局，他们都或多或少地体现出竞争力缺乏、价值创新能力缺乏等问题。

第四，体育产品研发同质化现象仍严重，定位不清晰，面向细分顾客群的研发产品不充足，体育资源的价值深度挖掘不够；依托本地优质体育消费资源，形成独特的体育商品和品牌供给的能力不足；特别是特色体育产业、知名品牌、独特的体育文化资源等优质商品和服务供给能力亟待提升。

（二）主攻方向——全方位实施价值创新战略

习近平总书记特别强调："举办北京冬奥会、冬残奥会不是一锤子买卖，不能办过之后就成了'寂静的山林'。要积极谋划冬奥场馆赛后利用，将举办重大赛事同服务全民健身结合起来，带动首钢、延庆、张家口等重点区域转型发展、高质量发展，加快建设京张体育文化旅游带。"总书记这段话为中国体育产业发展，做出了重要战略部署，为推动体育产业高质量发展指明了主攻方向。

同时，中共中央办公厅、国务院办公厅于 2021 年 4 月 26 日印发了《关于建立健全生态产品价值实现机制的意见》(以下简称《意见》)，特别强调了价值创新的重要性。这对于切实推动绿水青山向金山银山转化无疑是引领性的关键文件，也为市场主体进行价值创新提供了方向。《意见》提出，推进生态产业化和产业生态化，加快完善政府主导、企业和社会各界参与、市场化运作、可持续的生态产品价值实现路径，着力构建绿水青山转化为金山银山的政策制度体系，推动形成具有中国特色的生态文明建设新模式。

显然，无论是如何实现双循环、高质量发展和供给侧结构性改革，还是如何贯彻绿色、共享、开放、简洁办奥理念，或以"冬奥＋"推动京津冀高质量一体化发展、促进冰雪产业发展、推动文体旅产业繁荣发展以及前沿科技如何赋能北京冬奥等问题，其核心都是如何构建体育产业生态系统、实现价值创新的问题。因此，面对北京冬奥会带来的机遇，我国体育产业链上的所有利益主体需协同做好一件事：价值创新，方能发展壮大体育产业，推动我国经济发展。

三、对策建议

面对冬奥机遇，我国体育市场主体要积极面向新一轮产业革命，深刻理解全球价值链重构背景下"赶超发展"的条件、机制与方式，突破发达国家主导的全球体育产业价值链利益分配格局，最终实现我国体育产业的结构调整与全面升级，创建"价值发现＋价值创造＋价值实现"的体育产业发展模式。

（一）建立长效价值实现机制，稳步提升体育市场化治理水平

宏观层面：建立好国家体育产业生态系统顶层价值实现机制，通过政策及制度创新促进市场良性运转。建立体育产品的调查监测机制、价值评价机制、价值实现推进机制，健全体育产品的经营开发机制、保护补偿机制、价值实现保障机制。加快完善政府主导、企业和社会各界参与、市场化运作、可持续的体育生态产品价值实现路径。

中观层面：坚持以人为本，坚持市场主导，坚持价值创新，坚持因地制宜的指导思想。借助冬奥会契机，稳步提升体育市场化治理水平。使用价值工程技术对体育产业的功能定位、人才储备、业态布局、基础设施建设等进行系统综合规划，实现京张体育文化旅游带持续健康发展；高效配置社会资源，提升体育市场监管能力和水平，避免机会主义和风口主义的盛行。

（二）顺应数字化趋势，布局新型产业生态

北京 2022 年冬奥会对中国体育产业供应链创新提出了新的要求。要借力冬奥会，

围绕京张体育文化旅游带的供应链、产业链的创新，实施整体营销战略，提升京张体育文化旅游带整体品牌价值，推动体育产业全面转型升级，拓展延伸体育产业链；加快发展新型体育企业、体育业态、体育消费模式，打造基于新技术的冬奥及体育产业的价值链，通过整合全球资源以及技术创新，实现“弯道超车”。

（三）强化品牌建设，培育领军体育企业

中国体育企业要重视品牌建设，遵守产品研发和推广双管齐下、产品质量和形象建设并驾齐驱的原则，从体育企业文化、产品研发、营销等角度，经过精心策划和系统的、长年不懈的努力，在消费者心中定格为值得信赖的品牌。与此同时，要以北京 2022 年冬奥会为契机，充分将奥运精神与产品品牌策略相融合，创新商业模式和产品品类，推动品牌走出国门、走向世界。

（四）做好宣传推广，创新品牌营销渠道

体育内容传播的技术和方式在不断变革和演化，为品牌营销拓展了新渠道。新冠疫情加速推动了数字经济和社交媒体与体育产业的深度融合，使之成为体育消费者获取内容的重要渠道。数字化、智能化等新技术的发展已经改变了人们的互动方式，体育赛事、场馆运营等产品的运营方式要注重新营销渠道，特别要注重新社交媒体的沟通价值。体育品牌可以通过建立高效的数字生态系统、消费者社群和信息数据库，从而让品牌直击消费者的核心层；加大品牌价值开发力度，创造更多的商业机会，引导产品开发和创新，让体育赛事、体育场馆、精英运动员等体育资源释放更大的商业价值。

（五）借助科技赋能，推进产业转型升级

促进体育经济与相关产业深度融合发展，加快产业链数字化转型，为体育企业提供选择价值更广阔的空间；充分发挥行业协会、教育和科研机构等的服务协调作用，为体育产业转型升级助力。通过云计算、大数据、人工智能等技术为企业赋能，为产业价值链增创价值；将区块链等数字化技术集成在一起，探讨应用、构建新的数字体育经济，创新出有更高价值的商业模式，重组或创新生产关系，从而打通线上体育消费和线下体育体验。

（六）聚焦发展需求，培养新型体育人才

面对新时代、新技术及新发展格局，专业人才作为推动体育产业发展的重中之重，数量和质量都亟待提升。结合中国体育产业发展需求，加速特殊技能的复合型人才、数字体育经济管理人才和价值创新专业人才培养，打造新型体育人才队伍。

（七）重视新媒体技术产生的体育无形资产的开发和利用

随着短视频内容形式愈发融入大众日常，以及短视频平台的入局，东京奥运会期间各大平台也纷纷发力策划更为短平快、易于传播的内容。经不完全统计，2020 年东京奥运会期间，包括央视、腾讯、咪咕、快手和头条系在内的五大视频内容平台，共计策划相关栏目（含竞猜、直播等）多达 50 余档，其中短视频内容栏目超过半数，并且各平台针对不同栏目的招商工作也更加细分。进入新时代，体育产业的政策和举措都需要能够反映当

下的市场现实。传统经济的理念已经难以适应数字经济，比如数字经济的生产要素和成本理念已经大相径庭，更多的是与知识产权紧密结合，要重视这些特征。

从历届奥运会的全球顶尖企业争先入围赞助商行列，到各大版权方的内容之争，再到营销战局，我们感受到了奥运赛事强大的品牌力量。每一个奥运周期内，全球赞助商和举办地赞助商都会付出巨大的赞助费用，并期待在影响力推广、销售转换、品牌建设等不同方面实现预期的回报。因此，各市场主体要抓住机遇，以顾客为核心，以价值为导向，降低成本，提升功能，围绕客户需求，实施价值创新策略，促进我国体育产业迈向全球价值链中高端。

参考文献

[1] 肖淑红.新发展格局下如何做强我国体育产业[J].国家治理周刊，2021(12)：45-48.
[2] 肖淑红.体育产业迎来冬奥机遇期[J].中国名牌，2021(3-4)：116-117.
[3] 新华网.北京冬奥会带动中国体育产业迎来黄金机遇期[EB/OL].[2021-10-20].新华网.

作者简介

肖淑红，北京体育大学体育商学院院长，教授、博士生导师；教育部工商管理类教育指导委员会委员；国际价值工程学会注册价值管理专家；中国技术经济学会理事；中国技术经济学会体育经济与价值管理分会长理事长；北京价值工程学会副会长；体育价值指数研究中心主任；美国俄亥俄大学高级访问学者；德国美因茨大学高级访问学者。长期致力于工商管理类教学及研究、体育产业管理理论和实践的教学及研究工作，特别是体育中介市场、体育组织的核心竞争力、商业模式以及价值链管理等方面的研究。

加快草业科技进步　推进现代草业发展①

钱贵霞

摘要：草产业科技进步与创新是草业经济增长的原动力，是草业经济保持稳定发展的必要条件。近几年来我国草产业发展迅猛，草业科技作为草产业可持续发展的关键因素，取得了一定的成效，但仍存在草业科技投入不足、科技贡献率低、技术在实践中应用不足、草业科技人才需求缺口大、关键技术对外依存度大等问题，使现代草业发展受到严重制约。基于草业科技发展现状及面临的问题，从草业科技投入、科技创新、推广体系以及科研队伍建设等方面，提出了加快草业科技进步、提高现代草业综合生产能力支撑水平的对策建议。

关键词：草业；科技进步；发展现状；问题；政策建议

中国幅员辽阔，拥有丰富的草原资源。目前，我国各类草原面积 3.928 亿公顷，约占国土面积的 40.9%，是森林面积的 2.5 倍、耕地面积的 3.2 倍，是世界上草原面积最大的国家之一。同时，我国复杂的地形条件和气候条件孕育了丰富的植被类型和草原景观类型，如北方温带草原类型、南方草山草坡类型以及全世界最为独特的青藏高寒草原类型。作为我国占地面积最大的可更新资源，草原不仅是畜牧业发展的基础，而且对维护国家边疆安全、生态安全、粮食安全、促进国民经济与社会协调可持续发展都具有非常重要的意义。但长期以来，草原附属于传统农业之中，只作为一种土地资源被动地用于粗放型的畜牧业生产，人们对立草为业、科学管理和经营草原资源、充分开发和利用草原草地的生态、经济和社会价值，使之发展成为一个相对独立的大产业，还没有足够的认识。

当前，草产业发展迎来了难得的机遇期。党中央、国务院和各级党委政府高度重视草业发展，先后出台了一系列相关政策，如《草原法》《全国草原保护建设利用总体规划》以及党的十九大报告、政府工作报告中多次提及草业资源利用与保护相关内容，为草原生态安全以及草业发展提供了有力保证；经济高质量发展、乡村振兴战略的提出，为草产业开辟了新的发展路径和广阔的发展空间。草业逐步转变生产方式和生产结构，由追求产量转向追求质量、由粗放式生产转向集约化生产、由不可持续发展转向可持续发展。近年来，草业发展呈迅猛之势，而草业科技发展却存在诸多问题。科学技术是第一生产力，草业科学技术水平关乎草业发展的质量，草业科技对草业支撑力弱，将严重制约草业的发展。因此，本文在正确认识和了解我国草业科技发展现状的基础上，指出现阶段草业科技发展存在的问题，并提出相关建议以提高草业科技水平，推动现代草业发展。

---

① 基金项目：内蒙古自治区自然科学基金项目(2021MS07013)。

一、草业科技发展现状

（一）草业学科建设取得初步成效

草业学科建设是推动草业可持续发展的重要基础。加强草业学科建设，一方面可以为草业科学提供大量人力资源，有助于草业科技队伍建设；另一方面则有利于推动草种业、牧草种植业、草原畜牧业、草畜产品加工业以及草坪学快速发展，不断提高草业发展整体科技水平。中国作为一个草原大国，充分重视草业学科发展，现已形成集专科、本科、硕士、博士、博士后于一体的高等教育层次，学科领域延伸涉及农学、园林学、资源环境科学等多个一级学科，同时，为适应生态环境保护和经济高质量发展要求，又进一步在草业一级学科下增设二级专业。至此，我国成为世界上草业学科培育层次最完整、学科数量最多的国家之一，初步建立起以草种业、牧草种植业、草原畜牧业、草畜产品加工业、草坪学以及草原生态工程建设为主的现代草业研究体系，在牧草生产加工、草原畜牧业、种子培育、草原生态环境保护和修复方面取得一系列重要成果。

（二）草业生产方式取得重大转变

近年来，中共中央及地方政府积极以科技推动草业生产方式转型，以实现生态、经济和社会效益的有机统一。大力推广先进的饲草种植技术以及牲畜饲养管理技术，改良家畜品种，调整畜群结构，提高农牧民生产效率；实行禁牧、休牧、划区轮牧制度，保护草原生态环境，维护草畜平衡；积极推行牲畜舍饲半舍饲圈养，合理利用草资源，促进草原畜牧业向规模化、现代化、产业化发展；积极促进种植业和畜牧业有机结合，通过退耕还草、引草入田、草田轮作等措施，发展粮、经、饲三元种植结构。

（三）草业科学技术取得进一步发展

目前，在科研院校、技术推广单位、草业企业以及农牧民的共同努力下，我国草业科学技术得到进一步发展，生物技术、化学技术、信息技术等高新技术与草业科技融合加深，草业先进实用技术在草原生态保护建设、草原畜牧业发展、牧草育种、草产品加工等方面开始应用，并不断取得进展。如内蒙古锡林郭勒盟草原利用围栏封育、松土、施肥、补播等退化草原修复技术，埋置机械沙障、生物沙障、铺设枯草和覆盖固沙网、人工混播草籽、围栏封育等沙化草原修复技术，以及沙压碱、施石膏、种植盐碱植物等盐碱化草原修复技术，结合当地实际情况，有效治理了草原退化、沙化、盐碱化等问题，进一步保障了内蒙古草原生态安全。在牧草育种方面，截至 2018 年，中国农业科学院草原研究所已引种驯化野生牧草及国内外牧草、饲料作物达 378 种份，经品种审定委员会审定等级、注册野生栽培牧草品种及引进品种共 10 个，为我国牧草种植品种的改善做出重要贡献。

（四）草业产业化经营提高了草业科技利用率

经过几十年的发展，我国草产业已具备相当规模，培育壮大了一批龙头企业，如伊利、蒙牛、伊泰生物高科、草原兴发、亿利资源集团等，带动了草业及相关产业的发展，促使草业向规模化、机械化发展，提高了草业科技的利用率。草业龙头企业也在不断进行技术创新，以提高企业市场竞争力。目前，草业企业在牧草遗传改良与新品种培育，新型牧草资源的开发和利用，草原生态信息网络体系建设，优质牧草栽培、加工以及可持续经营，荒漠化预防与综合治理，草原生态工程建设等方面做出了突出贡献，为草产业的进一步发展奠定了良好基础。

二、草业科技发展面临的问题

（一）草业科技投入不足

现阶段，草业科技创新投入水平整体较低，草业科技创新投入在农业科技投入中占比不足 1%。草业科研投入的不足，大大限制草业基础科学、应用科学的发展，使许多科研项目后续发展难以为继。对已有的草业科技成果，由于资金、人力等因素的限制，科技成果的示范推广力度不足，农牧民对先进草业技术知之甚少，使草业科技实践中应用不足，影响发展后劲。同时，草业科技投入的不足，导致草业科研经费紧张，草业科技人才薪资较低，流失严重。

（二）草业科技贡献率低

草业科学研究与教育起步较晚，研究基础较为薄弱。虽然我国已经开展了部分草业相关的科研项目，积累了一定的技术储备，但在国内外有影响的重大科技成果不多，尚未形成可综合解决重大技术问题的创新研究体系。草业基础研究、应用研究以及产业化方面的研究成果较少，草业核心技术缺乏或受制于人，90%以上的草种、草产品添加剂、草业机械等关键技术和装备均来自发达国家。且由于缺乏草业科技支撑，导致草业科技贡献率较低，2020 年南志标院士在《中国绿色时报》上谈及草业科技贡献率时，引用了张守攻院士的一个统计结果，认为中国草业科技对产业的贡献率仅为 20%，而发达国家的草业科技贡献率已达 70%以上。

（三）草业科技在实践中运用不足

虽然我国草业科技已经取得了一定进展，但由于科研投入较低，相关体制机制不完善，严重影响了草业技术的推广和普及。一方面，农牧民对优质牧草品种、种植技术、储藏技术以及加工技术等不甚了解，导致草产品生产效率低下，产品质量无法保证，市场竞争力弱，经济效益不高，农牧民生产积极性不高。另一方面，草业科技推广力度不足，造成草业相关企业缺乏创新能力，草业生产长期处于产业价值链的低端，草产品形式单一，草畜一体化程度不高，缺链缺环、草地生态退化现象严重。

（四）草业科技人才需求缺口大

草业作为“知识密集型”产业，科学技术是草业经济发展的重要因素之一。而科学技术的研究与利用离不开科技队伍的支持。现阶段，草业科技研究主要集中在农业科研院所和高等院校两个系统。虽然这些机构对我国草业进行了大量的研究，培养了一定数量的人才，但与其他专业相比，草业研究人员仍较少，高级人才普遍缺乏。同时，面对新时期生态环境保护和经济高质量发展的双重要求，草业科技人才缺口进一步扩大，草业科技队伍规模急需壮大。

（五）草种等关键技术对外依存度高

草种是推进草原生态建设与可持续发展的重要载体。当前长期大量进口草种不仅持续加剧国产草种业自主创新的压力，也为草种国产化发展和产业体系完善升级带来巨大障碍。且国内草种质资源收集与评价水平有限，优良草种质资源挖掘创新不够，科技创新能力建设薄弱，良种标准化繁育基地建设规模小，草种生产认证与质量监管制度和体系尚不健全，导致流入市场、投入生产的草种质量低；草产品添加剂、草业机械等关键技术和装备的对外依存度也很高，导致优质草产品匮乏、草业精深加工不足，产业附加值低，饲草产值低，这些问题均迫切需要加强科技支撑。

三、加快草业科技进步的政策建议

（一）加大草业科技投入力度，补齐草业研究短板

长期以来，草业科技投入薄弱是制约草业经济发展的重要因素，草业科研成果、科研成果的转化以及推广都需要大量的资金作为支持。我国草原面积广阔，草业经济发展和草原生态环境都需要草业科技作为保障，因此，推动草业科技发展，首先应加大草业科技投入力度。一是要拓宽草业科技研发投资渠道。建立以国家和政府投入为主，企业和个人积极参与的草业科技投入机制，改变长期以来科研经费来源单一化的局面，通过专项计划或专项基金对草业科研活动予以支持。二是成立草业科研专项资金，对以牧草生产为主的草业现代化产业体系建设给予帮助和支持，同时，草原生态保护成果是直接影响草产业发展的基础，因此，草原生态相关产业也应加以重视。三是设立草原、草业专项转移支付以及科技成果转化资金，提高具有自主知识产权的草业先进技术转化效率，提升我国的草业科技创新能力，改善草原科技创新条件，推动草原科技成果转移转化，进一步增强草业综合竞争力。四是加大外资企业、区外大型企业投资的政策倾斜和资金支持力度，分析并梳理现有科技和产业工作面临的技术瓶颈与存在短板的基础上，引导多元投资全面流向草业发展的短板环节，推进草业与草原发展实现现代化。

（二）加强草业科技创新，提高草业科技贡献率

面对新一轮的科技革命与产业变革，草业科技成为草业结构转换，突破草业技术发展瓶颈的关键要素。加强草业科技创新，一是应把握好产业发展和草原发展方向。随着大数据、互联网技术以及北斗导航系统的快速发展，草业生产逐渐向绿色化、数字化、智能化发展。因此，草业科技创新也应遵循这一方向，对草业核心技术和机械装备制造技术进行攻关突破，为草业可持续发展提供科技支撑。二是应加强产学研合作，形成以市场为导向，以高校和科研院科研优势为技术依托，企业为技术实践主体的产学研合作体系，运用市场机制高效配置产、学、研、金融等资源，对草业关键技术和重大科研难题进行联合攻关，突破草业发展瓶颈，促进草业生产方式由粗放型向集约型转变，由要素驱动型向创新驱动型转变。三是加强与国际相关领域的科技合作与交流，坚持“引进来，走出去”相结合，加强与草业科技发达国家的交流学习，引进其先进技术，继而再进行技术创

新，以此提高我国草业核心竞争力。四是加强草业科研基地建设。基地建设是科学研究的基础条件。完善草原科技创新体系，创建以草原资源与生态保护为重点的实验室、数据共享中心、野外观测站和以草业产业化发展为重点的高新技术产业园区，促进草业科技多维度发展。

（三）完善草业科技推广体系，充分利用草业技术

草业科技研究的最终目的是将先进的草业技术运用于实践之中，但由于长期以来草业科技投入不足以及推广人员的缺乏，草业科技在实际中应用不足，草业科技的利用率不高。完善草业科技推广体系，一方面应健全草业推广制度，重视基层草业科技推广机构的建设，改善推广部门的条件，增加基层草业技术推广人员，提高基层技术推广人员素质；另一方面，推广工作应具有长期性，而不是仅仅局限于某个阶段，因此，有必要制订长期的推广工作计划，实施跟踪指导，确保每项技术能够发挥长期效益，并及时进行改进。最后，应有针对性地选择推广方式、推广对象以及推广内容。目前草业技术推广存在方式单一，各地区推广内容雷同等问题，牧民学习积极性不高。因此，在进行草业技术推广时，应讲究方式方法，避免太过抽象枯燥。同时，也应根据地区特点，推广符合地区实际的技术，或是根据生产季节、生产周期以及当地农牧民的生活特点，对生产中的具体问题以及使用技术进行系统的培训。

（四）加快草业科研队伍建设，缩小草业科技人才缺口

人才是科技研发水平提高的关键因素，草业人才的短缺在极大程度上限制了草业科技发展。现阶段，我国草业科研单位普遍存在人才短缺、激励机制不完善、人才结构配置不合理等问题。加快草业科学研究队伍建设，一是要优化草业人才队伍结构。明确草业现在以及未来的研究重点，评估当前草业人才队伍结构，制订合理的人才队伍建设、引进以及培育计划，为今后草业科技发展奠定人力基础。二是改善草业科技人员薪酬待遇。由于草业科技投入的不足，草业科技人员薪酬较低，导致草业科技人员流失严重。健全科研人员薪酬体系，增加绩效工资比例，有助于提高草业科研人员研究积极性，使更多的人才投入草业科研中，从而扩大草业科研队伍。三是通过重点专项计划或聘请客座教授的形式，集聚国内外知名草业专家参与到草业科学研究中，为我国草业科研工作提供指导和建议，培育具有世界一流科研水平的草业研究队伍。四是扩大草业学科建设，扩大招生规模，鼓励更多的青年人接受草业科学教育，参与到草业科学研究工作中，为草业科技发展提供源源不断的动力与活力。

参考文献

［1］ 洪绂曾．做好草原大文章是时代赋予的使命[J]．中国草地学报，2009，31(1)：1-3.

［2］ 钱学森．关于草业的论述[J]．草业科学，1992，9(4)：11-13.

［3］ 王顺彦，李晓峰．聚合林草产业优势　推进乡村振兴战略[J]．甘肃林业，2021(3)：13-14.

［4］ 胡自治．中国高等草业教育的历史、现状与发展[J]．草原与草坪，2002(4)：57-61.

［5］ 刘兴元，郭正刚，尚占环，龙瑞军．学科建设是推动草业可持续发展的基础[J]．草业科学，2010，27

(8):155-160.

[6] 刘永志，邢旗，常秉文.内蒙古草业可持续发展战略研究[C].中国草学会、农业部草原监理中心.2006中国草业发展论坛论文集.中国草学会、农业部草原监理中心：中国草学会，2006:199-203.

[7] 陶克.保护草原生态促进农牧民增收(二)：在全区草原工作会议上的讲话[J].现代农业，2009(8):1.

[8] 刘亚玲，邢旗，王瑞珍，陈翔，闫晓红，张健，包乌云，程磊.锡林郭勒草原生态修复技术体系探讨[J].草原与草业，2018,30(4):13-19.

[9] 佟海彪.内蒙古牧区草业产业化及其经营模式研究[D].呼和浩特：内蒙古大学，2007.

[10] 叶志华，侯向阳.我国草业发展的现状、问题及科技对策[J].中国农业科技导报，2002(2):69-73.

[11] 南志标.认识草原爱护草原 全面发挥草原的功能[N].中国绿色时报，2020-6-17(2).

[12] 胡继平，高建利，张现武，李林华，王瑊.论林草部门助力乡村振兴的路径和方向[J].林业资源管理，2019(6):23-27,48.

作者简介

钱贵霞，中国农业科学院管理学博士，内蒙古大学经济管理学院三级教授、博士生导师，主要从事农业经济、技术经济、生态经济等方向的研究，承担国家自然科学基金项目、国家重点研发计划项目子课题、农业农村部软科学项目等省部级以上课题20余项。出版专著3部，发表论文70余篇。获内蒙古自治区哲学社会科学优秀成果政府奖二等奖1项和三等奖2项，农业农村部软科学项目优秀成果奖三等奖1项。为内蒙古自治区突出贡献专家，“草原英才”工程创新团队负责人，入选全国教育扶贫和乡村振兴专家人才库。

以智慧养老应对江苏人口老龄化的对策建议[①]

白俊红

摘要：江苏正处于老龄社会和数字社会同步发展的交汇时期，养老的数字化、智慧化需求凸显，亟须通过技术变革以应对人口结构的老龄化，促进经济社会可持续高质量发展。调研发现目前江苏智慧养老发展成效显著，制度基础不断夯实、资源体系基本建成、服务效果逐渐显现，但也存在信息互联互通难、服务集成度低，智慧养老产业多元化、标准化和品牌化有待提升，需求评估不足、"数字鸿沟"阻碍智慧养老发展等不足。下一步应从科学规划引领、加强政策扶持、深化产业融合、构建大智慧养老体系、赋能老年需求端、助力跨越"数字鸿沟"等方面持续改进。

关键词：智慧养老；人口老龄化；数字化

国家《"十四五"老龄事业发展和养老服务体系规划》明确提出，推进"互联网＋医疗健康""互联网＋护理服务""互联网＋康复服务"，开展智慧健康养老应用试点示范建设，推动智慧健康养老规范化、标准化发展。人口老龄化和信息化是现代社会发展的两大趋势，江苏正处于老龄社会和数字社会同步发展的交汇时期，养老的数字化、智慧化需求凸显。

人均预期寿命不断延长叠加出生率阶梯式下降，导致江苏人口老龄化趋势难以在短期内迅速扭转。根据预测，2035 年江苏 60 岁以上人口占比将达 30.7％，较 2020 年提高 8.86％，高出国际平均水平约 5.46％。新一轮科技变革为养老发展赋能，数字化、信息化、智能化等科技要素支撑能力大幅提升，有利于养老服务业的加快发展和质量水平的整体提高。江苏如何运用技术变革带来的社会数字化以应对人口结构的老龄化，已成为事关未来发展和民生福祉的重大问题。

一、江苏智慧养老发展现状分析

（一）制度基础不断夯实

政策扶持是智慧养老产业发展的主要驱动力。江苏根据国家《智慧健康养老产业发展行动计划》等系列文件精神，先后出台了一系列相应的配套方案并积极推广实施，如发布实施全国第一个智慧养老地方标准《智慧养老建设规范》，规定了智慧养老建设的概念

① 本文第二作者为陈燕儿。

模型、系统架构、技术要求等内容，从应用、安全、监管等八个方面进行了具体要求。

（二）资源体系基本建成

在“互联网＋”快速发展的新形势下，江苏将智慧养老纳入“智慧江苏”和“智慧城市”的规划之中，对城市的传统养老模式进行改革；建设、运营江苏省民政系统养老服务信息平台，初步实现“一个平台、服务全省”，全省智慧养老服务平台实现县域范围全覆盖；稳步推进以“虚拟养老院”为载体的智慧居家社区养老服务信息平台建设，通过互联网、物联网技术，实现居家和社区养老服务信息的多级互通互联和全天候、全方位的覆盖。2021年智慧养老企业地域分布中，江苏位列全国前三位，总数363家，其中南京70家、苏州69家、无锡34家。2021年智慧健康养老应用试点示范名单中，全国共有17家智慧健康养老示范基地获批，江苏独占3席。

（三）服务成效逐渐显现

以家庭医生签约为抓手，医疗服务向居家社区延伸，省及13个设区市和各县（市、区）均已初步建立了区域健康信息平台基本架构，为老年人的医护服务提供信息化支持；不断拓展线上线下养老服务内容，通过政府购买方式，积极为刚需老人提供“九助”等多样化、个性化养老服务；引导产业发展，扶持智慧养老企业和社会组织，努力培育医养融合的智慧化服务产业。南京与连锁餐饮品牌合作，开展人脸识别“银发助餐”项目，自2019年启动已注册老人8492人，精准发放财政补贴约300万元。无锡推进“线上＋线下”相结合的“大健康＋大平台＋大数据＋大服务”智慧健康养老系统，养老服务机构通过智慧养老系统和手机移动端，实时对老人动态信息进行监测和分析。

二、江苏智慧养老发展面临的主要问题

（一）信息互联互通难、服务集成度低

虽然江苏已经实现政府智慧养老服务信息平台的全覆盖，但公安部门的基本人口信息、卫生部门的健康信息、民政部门的养老信息、住建部门的住房信息等数据共享和信息利用还是各自为政的“孤岛”，平台服务依然以民政部门的养老服务为主，健康保健、交通、社会保障等基本公共服务和市场化服务尚未实现同一平台的服务集成，实时信息的采集也有待加强，与实现充分的“互联互通”集成服务尚有较大的距离。

（二）产业发展的多元化、标准化和品牌化有待提升

目前信息化平台以完成政府免费基本养老公共服务为主，市场化和社会化服务未能融入，事业发展对产业发展的带动不足。江苏尚未出台统一的标准体系，致使智慧养老产品省内市场标准不统一，各类设备端口不兼容，不利于数据的收集、处理和应用，阻碍了大数据集成平台的建设，也浪费了大量的社会资源。与此同时，截至2022年初，我省仅有38款产品和服务入选工信部的《智慧健康养老产品及服务推广目录》，6家企业被评为智慧健康养老示范企业，10家街道被评为智慧健康养老示范街道，但总体上市场份额占比不高，智慧养老产品与服务的品牌化发展态势还没有形成，尚未切实起到助力积极

应对人口老龄化的创新效能。

（三）需求评估不足、“数字鸿沟”阻碍智慧养老发展

智慧养老相关规划重点在供给产品与服务的具体规划，较少对老年用户的需求进行识别、评估和应用提出具体要求或予以方向性引导；家庭病床采取打包式，直接根据老人健康状态评估来确定服务内容和服务等级，没有结合家庭具体主客观需求提供精准化菜单式服务；信息平台研发和运营主要关注政府供给端，老年用户端仅仅是收集基本个人信息用于服务管理，部分产品存在后续服务不足、服务体系专业化程度不高、信任度缺失等问题。针对智慧养老产业政策的研究也发现，当前国家更加注重智慧养老产业的发展推力和环境改善，但是需求型政策工具存在缺失，这容易导致智慧养老产业的拉力不足，难以驱动产业的整体性。另外，现有智慧健康产品、服务和平台均忽视了老年人被动性、隐匿性、不确定性和复杂性的智慧养老需求特征，叠加老年人了解不足、数字排斥等问题，导致出现适老化不足和供需偏差的“数字鸿沟”，阻碍智慧养老事业与产业发展。

三、以智慧养老应对人口老龄化的建议

（一）科学规划引领，加强政策扶持

借鉴美欧、日韩等发达国家和我国北京、上海、广东等地区的经验，建议省发展和改革委员会、卫计部门牵头，围绕《国家积极应对人口老龄化中长期规划》的新要求，系统编制江苏“十四五”时期智慧养老发展规划纲要，并将智慧养老纳入江苏省“十四五”高质量发展战略布局。建议省民政、卫计、经信等部门统筹协调工作，共同出台智慧养老服务与产品的规范标准，促进信息化平台与市场化和社会化服务的融合，合理引导企业的产品设计和制造，以事业发展带动产业发展；试点创建行政大数据信息平台，推动涉及老龄的人口、保障、服务、信用、财产等基础信息分类分级互联共享，消除信息孤岛；深化体制机制改革，建立智慧养老“政产学研”合作机制，优化联席会议制度和联络员制度，建立智慧养老产学研协调创新中心，引导企业创新、园区创新和国家创新高效联动与有机统一。

（二）深化产业融合，构建大智慧养老体系

智慧养老通过信息化改变传统的养老产业运营模式，实现整体产业发展联动，提升整个产业链的运作效能，从而提高资源的利用效率。智慧养老产业链涵盖医疗健康、文化旅游、金融保险以及物联网、AI等技术和机器人、监护监测等设备，具有带动整个国民经济增长的强大动力。建议借助我省知识产权大数据平台，深入开展专利导航评议，大力推动集“医、游、金、技、设”于一体的大智慧养老产业，推动养老服务业与制造业高度融合、大智慧养老产业各领域有机融合、大智慧养老产业与智慧城市深度融合，形成我省大智慧养老产业发展的规模优势。围绕全球智慧养老产业前沿，科学定位、产业融合，形成江苏智慧养老产业发展的新格局；充分发挥江苏先进制造业集群发展优势，提高老年用品产业创新能力，提升质量保障水平，推动智能产品智能应用，培育一批具有江苏特色的老年用品产业品牌企业。

（三）赋能老年需求端，助力跨越"数字鸿沟"

智慧产品的感知有用性和信任感是影响老年人需求表达的重要因素，建议省发改、卫健部门牵头，建立智慧养老需求评估促进和引导机制，加强事业产业融合，促进事业和产业界对多样化、多层次智慧养老服务需求的评估；建议省统计、民政部门建立智慧养老需求信息发布定期机制，通过公开招标方式，组织开展课题研究，定期收集与分析智慧养老的需求信息；建议省教育、民政部门实施老年智慧健康养老教育创新发展行动计划，针对不同老年群体、老年人子女及其他主要照料者，开展个性化的智慧养老宣传活动。

参考文献

[1] 吴雪."十四五"我国智慧养老发展的态势分析与实现路径[J].经济体制改革，2022(3)：33-39.

[2] 魏蒙.中国智慧养老的定位、不足与发展对策[J].理论学刊，2021(3)：143-149.

[3] 黄剑锋，章晓懿.中国智慧养老产业政策研究：基于政策工具与技术路线图模型[J].中国科技论坛，2020(1)：69-79.

[4] 廖喜生，李扬萩，李彦章.基于产业链整合理论的智慧养老产业优化路径研究[J].中国软科学，2019(4)：50-56.

作者简介

白俊红，博士毕业于南京航空航天大学管理科学与工程专业专业，南京师范大学商学院院长、教授、博士生导师。兼任江苏省外国经济学说研究会副会长、江苏省宏观经济学会副会长、中国软科学研究会常务理事、中国数量经济学会理事、江苏省市场经济研究会常务理事及南京市经济社会发展咨询委员会委员等。

“元宇宙”的核心文化构成要素拆解与案例研究

杜 雨

摘要：本文从“元宇宙”的构成要素出发，拆解了“元宇宙”的核心要素，并从当下的网络游戏产业出发，针对“元宇宙”概念相关的公司进行了案例研究。本文旨在帮助“元宇宙”相关产业从业者和学术界在对新概念形成完全共识之前，梳理“元宇宙”概念的核心要点，并尝试推演其发展方向。

关键词：元宇宙；核心要素；案例研究

元宇宙(Metaverse)的概念最早来源于尼尔·斯蒂芬森(Neal Stephenson)的著作《雪崩》(《Snow Crash》)，该书首先描述并创造了“元宇宙”的概念和描述。事实上，自20世纪70年代末和80年代初以来，在科技领域中，很多人都设想过这种属于未来的状态。Metaverse这个词是由Meta和Verse组成，Meta表示超越，verse的意思是宇宙universe，合起来通常表示“超越宇宙”的概念。

虽然元宇宙(Metaverse)概念的提出很早，但从学术和产业研究角度对其概念进行展开探讨的文章还不多。越来越多学术界人士开始关注和研究这个概念。东京大学伊波研究所(物理信息学)与京都大学神谷研究所(神经科学)合作成立了“元宇宙研究所”。《清华大学：元宇宙发展研究报告2021》认为“元宇宙”是现实世界与虚拟世界的密切融合、互动、交织。用户的统一身份是“元宇宙”的特征之一，用户可以以统一化身份在各项服务中进行社交、消费、娱乐、工作。而天风证券冯翠婷的《Metaverse元宇宙：游戏系通往虚拟现实的方舟》研究报告则强调了Metaverse元宇宙旨在创造独立于现实世界的虚拟数字第二世界，并认为元宇宙的核心在于永续性、实时性、无准入限制(多终端)、经济功能(拥有自有闭环经济体)、可连接性(通过终端连接现实世界)、可创造性(PGC&UGC)。关于元宇宙概念的产业应用与展望，文浩认为VR、AR、AI作为Metaverse的技术基础将迎来高速增长期。智通财经的作者文文认为符合Metaverse最初定义的产品已经在互联网上存在过了，是豆瓣的阿尔法城。每个用户都可以在阿尔法城里用虚拟货币“小豆”选个街道，租个房子。在阿尔法城里，每个街道的名字都是由居民共同商讨投票决定的，但大家都可以决定自己租的房子用来干什么，有些用来贩卖理想，有的是在宣传专辑或者歌曲，最终赚取的也是小豆，小豆用来付租金。从现实来看，游戏所建构的虚拟空间可能是最快通往Metaverse的入口。受疫情的影响，游戏与生活的边界正在消弭。如美国著名歌手Travis Scott在游戏《堡垒之夜》中举办虚拟演唱会，全球1230万游戏玩家成为虚拟演唱会观众；加州大学伯克利分校在《Minecraft》重现校园，毕业生以虚拟形象线上场景参加毕业典礼；顶级AI学术会议ACAI在任天堂《动物森友会》上举行研讨会，演讲者在游戏中播放 PPT 发表讲话。

一、“元宇宙”的关键要素

Roblox 提出 Metaverse 的八大元素如表 1 所示。总结来看，我们发现：

(1) 元宇宙必须很大。一方面指用户数量很多，以在线用户居多；另一方面指游戏内容很丰富，具备广阔的可探索/可开拓空间以及多种多样的玩法。

元宇宙必须有较强的社交性。因为人类是现实生活中的社交动物；作为现实世界的替代品，元宇宙也必须以社交为一个核心功能。

(2) 元宇宙必须具有沉浸感，具备对现实世界的替代性。随着技术进步，沉浸感可以通过 VR/AR 乃至脑机互联达到。

(3) 元宇宙必须是持续存在的。作为一个平台，它的运营没有间断；作为玩家，无论在线还是离线，元宇宙内部的事物仍然在发生、发展，并且对玩家操纵的角色产生影响。

(4) 元宇宙必须是开放的。一方面允许各类玩家加入并自由活动；另一方面向第三方开放技术接口，可以由他们自由地添加内容。

表 1　Metaverse 八要素

要素	解释
身份	你拥有一个虚拟身份，无论与现实身份有没有相关性
朋友	你在元宇宙当中拥有朋友，可以社交，无论在现实中是否认识
多元化	元宇宙提供多种丰富内容，包括玩法、道具、美术素材等
沉浸感	你能够沉浸在元宇宙的体验当中，忽略其他的一切
低延迟	元宇宙中的一切都是同步发生的，没有异步性或延迟性
随地	你可以使用任何设备登录元宇宙，随时随地沉浸其中
经济系统	与任何复杂的大型游戏一样，元宇宙应该有自己的经济系统
文明	元宇宙应该是一种虚拟的文明

结合 Roblox 对 Metaverse 的八要素，我们将 Metaverse 的核心构成要素及其要素的未来展望总结为三个方面：交互与反馈、内容与社交、交易与经济。

（一）交互与反馈

我们预测，随着 VR 硬件渗透率的提升、显示技术算力的不断优化、云游戏解放硬件性能的瓶颈，未来用户与内容的交互与反馈机制将带来革命性的突破。

首先，第一代传统头显 VR 的缺点是高头显成本、高电脑成本、高延迟，限制了 VR 的大规模普及。画面越清晰，需要的计算和传输性能就越高。第二代一体机 VR 因低头显成本、无电脑成本、网络技术进步带来低延迟，为 VR 大规模普及奠定基础。截至目前，Quest 2 的测算数据显示，Quest 2 在短短 6 个月内的出货量已达 500 万台，而上一代拥有最佳销量的 VR 头显 PlayStation VR 耗时 5 年才达到 500 万台的里程碑。同时，大部分的 VR 开发人员开始专注于开发 Quest 游戏，趋势可见。Quest 2 有望带动 2021 年

VR 头显出货量在下半年达到 1000 万台，奇点将至。所以说，未来元宇宙交互载体很有可能是基于更先进的显示硬件，VR 是潜在的载体之一。

其次，算力提升及画质革新让数字世界真假难辨。在人类不断用数字模拟真实世界的过程中，游戏引擎更加真实的光线追踪算法及物理效果不断挑战硬件性能的极限，从 2D 到 3D，从像素风到写实风，摩尔定律像上天赐予的礼物，不断提高人类仿真虚拟世界的水平。摩尔定律告诉我们，集成电路芯片上所集成的电路的数目每隔 18 个月就翻一番。而我们相信摩尔定律带来的显示硬件芯片的革新，会实现时光追技术让虚拟世界变得真假难辨。

最后，云游戏解放硬件性能瓶颈，加速 Metaverse 大规模铺开。云游戏是以云计算为基础的游戏方式，本质上为交互性在线视频流。2019 年是中国 5G 商用元年，2020 年 5G 建设进程大幅提升，仅中国全年新建开通 5G 基站超 60 万个，伴随 5G 逐渐成熟，5G 杀手级应用——云游戏不断升温。与本地游戏不同，在云游戏的场景下，游戏在服务器端运行，并将渲染完毕后的游戏画面压缩后通过网络传送给用户。用户所使用的设备终端，只需具有基本的视频解码能力和网络连接功能即可体验云游戏。云游戏和用户数据存储在服务器上，可以实现多端存档和数据共享，本地终端无须下载、安装游戏和存储用户数据。对于内容创作者而言：① 提升游戏画面质量：由于不必再受终端硬件能力限制，开发者在开发云游戏时将能够解开束缚，实现更精细的画面；② 节省开发者时间成本：免于不同终端硬件的适配工作，也可以控制外挂；③ 优质游戏将更容易实现商业价值：当硬件不再成为阻碍触达用户的障碍时，人们对精品游戏内容的需求也会提高。对玩家而言：① 减少购买硬件成本：减少了购买高昂的硬件终端的成本，也不再需要高频率和高成本地更换硬件设备；② 更公平的游戏体验：云游戏由于其云计算特性，不再依赖本地计算数据回传，可以有效抵制外挂等破坏游戏体验的情况出现；③ 更加高质量的游戏作品：云游戏可以降低 3A 游戏等高品质游戏的体验门槛，使得 3A 游戏覆盖到更广的用户。当内容创作者可以不遗余力地开发高质量互动体验，且所有用户都拥有足够的硬件设备来完整享受体验时，Metaverse 的沉浸性将大幅提升。

（二）内容与社交

首先，内容的极大丰富是 Metaverse 沉浸式体验的前提。游戏有对现实的模拟、抽象的规则，人与人之间的互动，并且是被技术所驱动的人类表达方式的体现。伴随着技术的演进，以数字化形态呈现的电子游戏正在成为一个"超级数字场景"，成为元宇宙最主要的内容和内容载体。元宇宙包罗万象，离不开大量用户的创新创作。如此庞大的内容工程，需要以开放式的用户创作（UGC）为主导。与传统的以公司为单位，数年为开发周期生产互动体验的模式不同，新兴 Metaverse 大多有着方便普通玩家创建独特的互动体验的体验编辑器。这种模式极大地解放了普通玩家的创造力，让整个 Metaverse 世界的有趣内容极大丰富。游戏引擎是指一些已编写好的可编辑电脑游戏系统或者一些交互式实时图像应用程序的核心组件。这些系统为游戏设计者提供编写游戏所需的各种工具。游戏引擎包含：渲染引擎、物理引擎、碰撞检测系统、音效、脚本引擎、电脑动画、人工智能、网络引擎以及场景管理。随着 AI 技术的发展，互动体验的内容生成逐渐可以被智能化、自动化生成。国内也涌现了一批利用 AI 自动生产具备复杂环境感知、博弈与决策、合作与竞争、生存与进化、理解与创造等多方位能力 NPC 的企业。

其次，元宇宙的出现可能改变人类社会对“自身存在”的主流认知，向虚拟时空的迁跃是信息技术和人类文明发展的必然趋势。在元宇宙中的虚拟身份具备一致性、代入感强等特点，用户在元宇宙以虚拟身份进行虚拟活动。一般依靠定制化的虚拟形象、形象皮肤、形象独有的特点让用户产生独特感与代入感。人对自身是非常熟悉的，不论是皮肤质感、眼球反光，甚至睫毛等细节，只要其中一点与日常经验不同，就很容易陷入恐怖谷效应。所以，高保证的虚拟形象，首先需要在人物上做到真实，甚至还原到毛孔级别的渲染和光照。在现实世界中，人会有表情和肢体语言，只有当虚拟形象动起来之后，大家才会相信这是一个很鲜活、很真实的人，而不是一张照片。嘴型、面部肌肉的运动如何做到很好的匹配以及虚拟形象的肢体语言如何表达情绪，都需要相关技术的支持，包括动作捕捉、脸部捕捉、还原、重建等。未来任何需要真实人物的场景，都可以用一个虚拟人来呈现。虚拟人有很多真人不具备的特性，比如说 TA 可以在任何环境中存在、可以有无数分身。如果要办一场演唱会，TA 可以同时出现在上海和东京，而现实中的歌星是需要排档期的。虚拟人还可以快速转换不同的装扮、发型、妆容。

最后，Metaverse 重新定义了社交形式和社交对象。人类生来就有社交天性，从我们诞生后的咿呀学语，到复杂的加密通信，我们无不在利用自身和周边的工具对其他个体传达信息。随着网络带宽和硬件性能的演进，远程社交信息的丰富程度大大提高，由无法感知表情、动作、语气的文字交互逐渐向信息更丰富的二维视频流图像交互演进。随着 AI 技术的逐步演进，人类逐渐开发出了可以以假乱真的人工智能，并且在智能客服、智能销售、智能导购、智能家居等领域广泛应用。未来人工智能将不仅能成为我们完成工作的助手，更能在 Metaverse 的世界里成为人类的精神伙伴。在现今的商业社会中，社交有举足轻重的地位，基于社交，各类业务得以自然生长，诞生了腾讯这样的互联网巨头。以文字、语音、视频交互为主的腾讯看到了 Metaverse 对社交体系带来的变革，决定进军“全真互联网”，提前布局未来的社交赛道。

（三）交易与经济

区块链技术能为元宇宙提供价值传递的解决方案。用户在传统互联网平台中的虚拟资产和虚拟身份存在以下问题，这些问题阻碍了元宇宙的到来与发展。传统互联网虚拟资产的解释权往往在平台机构，其资产属性并不明确，中心化的平台可以通过对规则的非对称优势损害用户利益。虚拟世界的经济系统完全依赖运营者的运营水平，难以做到自发调整平衡。用户的身份信息以及衍生的相关数据被完全掌握在平台机构手中，缺乏私密性。区块链项目的发展提出了一种全新的可能性：用户资产与用户信息可以不记录在提供内容的平台上，而是加密记录在区块链底层平台、区块链能通过去中心化的权益记录，保障用户的虚拟资产权益不被单一机构所掌控。这种权益记录方式使得虚拟资产近似于物理世界的真实资产，用户可以随意地处置、流通、交易，不受中心化机构的限制。

区块链发展成熟的 DeFi 生态，能够为元宇宙提供一整套高效的金融系统。从虚拟资产的抵押借贷、证券化、保险等各个方面，为用户提供低成本、低门槛、高效率的金融服务。用户的虚拟资产如同现实资产一般，享受金融服务，从而进一步强化了虚拟物品的资产属性。通过虚拟产权的稳定和丰富的金融生态，元宇宙经济系统将具备如现实世界中的调节功能，用户的劳动创作的虚拟价值将会由市场决定。

NFT 的出现，实现了虚拟物品的资产化。NFT 是非同质化代币，是一种非同质化资产，不可分割且独一无二。非同质化资产的特点在于不能进行分割，且并不是完全相同的，恰恰现实世界和虚拟世界中的大部分资产是非同质化的。NFT 能够映射虚拟物品，从而使虚拟物品资产化。可以把任意的数据内容通过链接进行链上映射，使 NFT 成为数据内容的资产性“实体”，从而实现数据内容的价值流转。通过映射数字资产，从此装备、装饰、土地产权都有了可交易的实体。

二、“元宇宙”相关游戏案例研究

（一）Roblox

《罗布乐思 Roblox》发布于 2006 年，是一款兼容了虚拟世界、休闲游戏和自建内容的游戏，游戏中的大多数作品是用户自行建立的。从 FPS、RPG 到竞速、解谜，全由玩家操控这些圆柱和方块形状组成的小人们参与和完成。截至 2021 年 11 月 15 日，Roblox 总市值达到 448.56 亿美元。2019 年 6 月，Roblox 宣布将与腾讯合作，组建合资公司，专注于教育，并会对“编程、游戏设计、数字化进程和创业技能”等内容进行教学。美国时间 3 月 10 日，Roblox 宣布在纽交所通直接上市，发行价 45 美元。Roblox 生态的基础货币是 Robux，玩家可以通过直接购买或订阅服务定期领取获得。

（二）RecRoom

Rec Room 是一个 F2P 社交游戏平台，最初的目标受众是 VR 用户，自 2016 年问世以来登陆了所有主流 VR 平台，包括 Quest、Quest 2 和 PSVR 等。除了 VR 之外，如今 Rec Room 还登陆了包括 PC、Xbox、PS4 和移动设备在内的其他平台，拥有规模庞大的潜在用户人群。目前公司有 90 多名员工，计划到明年将达到 150 余人。公司在 2021 年 3 月获得由红杉资本和 Index Ventures 领投，Madrona Venture Group 参投的 1 亿美元的 D 轮融资，历史投资人包括 First Round，Madrona Venture 等，已累计获得 1.49 亿美元融资。其目标客户是 13～16 岁的青少年。Rec Room 用户能够创建其他用户可以访问的体验或“房间”。他们不需要任何编码知识来构建这些空间，因为创建都发生在游戏中并且可以由多个用户同时完成，Rec Room 的创作者工具也不需要任何计算机代码知识。Rec Room 和 Roblox 共享一种商业模式：用户支付现实世界的钱来购买虚拟货币在游戏中消费，随着营收进程的推进，2020 年的营收增长达到 566%。

（三）Minecraft

Minecraft 是一款沙盒建造游戏，玩家可以在一个三维世界里用各种方块建造或者破坏方块。于 2009 年正式推出，现在已经成为有史以来销量最好的游戏。截至 2020 年底，Minecraft 总共售出 2 亿份，MAU 达到 1.31 亿人。2014 年 11 月，微软以 25 亿美元收购了瑞典沙盒游戏《我的世界》游戏开发商——Mojang Studios，而 Mojang Studios 的业务也已经正式转移至微软 Xbox 部门。2016 年，微软、Mojang Studios 和网易联合宣布,Mojang Studios 将《我的世界》中国大陆地区的独家运营权正式授予网易公司。得益于其自由度极高的游戏模式,大量创作者在 Minecraft 中搭建特殊服务器,建造壮观的房屋,以及利用红石电路实现游戏中的"自动化"。Minecraft 成为了实质上强大的娱乐内容生产工具。2020 年,Minecraft 相关的视频内容共计在 Youtube 中被打开了 2000 亿次。

（四）Manticore

2016 年,Manticore Games 的成立,其总部位于加州,是一家专注于研发高质量多人 PC 和主机游戏及相关服务的独立开发商。此前他们开发的太空动作类游戏《浴火银河》在苹果 iOS 动作射击类游戏排行中取得过第一位的好成绩。Core 是基于虚幻 4 引擎的低代码游戏开发工具,向用户提供包括游戏框架、资源、场景、物品等在内的免费工具。Core 还附带了即时可用的高端多人游戏代码、动态可扩展服务器、创作者仪表板和集成支付功能。它既是一套游戏制作工具包,同时也是一个游戏分发平台。Core 的创作者经济是围绕着 Perks 系统建立起来的,Perks 系统赋予了创作者完全掌控游戏盈利方式(包括游戏内装饰、应用内购买、通行证、会员资格、订阅或付费模式)的权利。Core 向创作者支付其 Perks 收入的 50%。其编辑器提供了大逃杀、死亡竞赛、夺旗、占领点位、强攻等多种游戏模式,玩家可以任意选择最适合自己游戏的模式。

基于本文的研究,我们认为走进 Metaverse,需要三个维度的新基建准备。

1. 数字世界的新基建:数据不分虚实

数据不分虚实,意味着来自现实层的部分数据能在虚拟层中保持连贯性和一致性。例如物理数据、社会数据。同时也意味着虚拟层中产生的部分数据(虚拟社会数据和物理仿真数据等),将能以某种形式作用/投射回现实层。

针对个人数据存储与安全的解决方案,将成为几十亿人的刚需型个人消费产品。由于个人数据颗粒度越来越低,个人数据对人的描述和还原能力将越来越高,数据泄露的后果也会越来越严重,目前公有云的中心化特点使它天然容易被集火攻击和单点控制,私有云或某种完全由用户控制的分布云,例如基于区块链密钥的分布式加密存储服务,将成为所有人的标配。

2. 物理世界的基建:世界不分虚实

实现数据不分虚实,需要数据采集、计算、同步、存储等方面的大量硬件基建和服务基建。对贴身传感器、贴身计算、贴身防火墙、私有云的需求将持续增长多年。

电子器官/智能饰品与人类的伴生关系将愈发紧密。因为人类只能忍受最多一个设备对身体的劫持式占用(例如手机占用了手),其他的设备必须尽可能按需出现、尽量不占用身体并消失在感觉中。设备要隐退到饰品乃至器官范畴,才能更多地挂载到人身体上。从智能手表到智能手镯,从智能眼镜到智能人工眼,从智能指环到智能贴片,从体外到皮下,电子器官/智能饰品将像今天的服饰一样,成为日常穿戴必需品。

3. 心智世界的新基建:感受不分虚实

第一,视觉不分虚实。与光传感、光成像相关的技术研究与生产;与物理仿真、图形渲染相关的引擎技术研究与开发,与内容设计、内容生成相关的产品与产业是实现视觉

不分虚实的三大基石

第二，运动不分虚实。解决姿态同步、运动同步、本体感受同步等一系列问题。基于皮肤生物电感应的动作控制器、基于电子布料的智能服饰、基于某种外骨骼的运动空间映射系统是有竞争力的方向。

参考文献

[1] Jeon H J ,Youn H C, Ko S M , et al. Blockchain and AI Meet in the Metaverse[M]. 2021.

[2] Kim T. 游戏罗布乐思爆红后力求 IPO[J]. 丁虹，译. 商业周刊(中文版)，2020(21):2.

[3] 范铁明，苗慧. 探索更好的学习方式：游戏：以电子沙盒游戏《我的世界》为例[J]. 西部皮革，2020，42(6):1.

[4] Zagalo N, Morgado L, Boaventura A , et al. Virtual Worlds and Metaverse Platforms[J]. 2012.

[5] Prisco G . Living forever in the Metaverse.

[6] 钱德君. Defi：一场针对传统金融的革新[J]. 数据(7):3.

[7] 秦蕊，李娟娟，王晓，等. NFT：基于区块链的非同质化通证及其应用[J]. 智能科学与技术学报，3(2):9.

[8] 冯翠婷，文浩. Metaverse 元宇宙深度报告：创造独立于现实世界的虚拟数字世界[R]. 2021.

[9] 王儒西，向安玲. 元宇宙发展研究报告[R]. 2021.

作者简介

杜雨，中国社会科学院大学技术经济学博士研究生，数字经济领域畅销书作家。主要研究方向为数字经济、科技创新与经济增长。担任中关村元宇宙教育实验室专家委员、G20 青年企业家联盟中国理事会青年委员。出版专著《WEB3.0：赋能数字经济新时代》《AIGC：智能创作时代》《元宇宙基础设施治理》《元宇宙地产》。

国家“十四五”生态环境政策改革与创新重点方向[1]

董战峰

摘要:“十四五”时期,我国需要继续深化生态环境保护政策改革与创新,推进生态环境治理体系和能力现代化。本文研究提出了“十四五”生态环境政策改革与创新的思路与重点方向,建议要着眼于强化结构调整政策激励、完善生态环境责任政策机制、加强生态环境市场经济政策运用、创新社会动员生态环境政策、推进重点领域生态环境政策创新等,并做好政策改革的配套支撑能力建设。

关键词:“十四五”;生态环境政策;改革;思路;重点方向

党的十九届五中全会《中共中央关于制定国民经济和社会发展第十四个五年规划和二〇三五年远景目标的建议》明确提出 2035 年“美丽中国建设目标基本实现”的远景目标和“十四五”时期“生态文明建设实现新进步”的新目标和新任务,并就“推动绿色发展,促进人与自然和谐共生”做出具体部署,这为“十四五”生态环境政策改革与创新提供了根本遵循。生态环境政策是生态环境保护的动力系统,“十四五”时期的生态环境政策改革要坚持目标导向与问题导向,贯彻落实新发展理念,充分考虑新发展阶段的形势要求,科学谋划新思路,充分支撑生态文明和美丽中国建设。

一、生态环境政策改革与创新的思路

“十四五”政策创新不仅要为深入打好污染防治攻坚战、持续推进生态环境质量改善提供保障,更要为服务支撑高质量发展提供新动能,这对我国当前生态文明建设依然处于“三期叠加”阶段的关键时期尤为重要。生态环境政策改革需要做前瞻性谋划新思路,为协同推进高水平保护和高质量发展提供新动能。

政策目标要科学。习近平生态文明思想既是价值观,又是方法论,集中体现了新时代我国生态文明建设的新理念、新思想、新战略,为政策制定与实践指明了方向与路径,生态环境政策改革与创新要全面贯彻落实习近平生态文明思想和新发展理念。党的十八大以来,自然资源资产产权、资源有偿使用和补偿、绩效考核和责任追究等生态文明制度正在稳步推进,但大多政策还处于试点或者逐步健全阶段,需要着力完善政策体系和提升政策效能。“十四五”生态环境保护需要牢牢把握住持续推进生态环境质量改善这

---

① 国家社会科学基金重大项目(20&ZD092)“加快推进生态环境治理体系和治理能力现代化研究”。

一主线，继续深入打好污染防治攻坚战，这需要通过政策创新提供驱动力。

政策功能要拓展。生态环境体制改革逐步到位，政策创新需要适应新的体制改革形势，首要是政策范围进一步扩大，气候变化、生态监管、海洋、农村生态环境保护等需要纳入政策调控范围。生态环境质量改善政策依然存在短板和弱项，应对气候变化和生态环境保护的协同还不足。随着生态环境风险问题日益突出，风险防控需要摆在更加突出的重要位置，要更加体现预防优先思维，牢牢守住底线，这些均需要生态环境政策的作用和靶位有新变化。

政策重心要调整。从“十三五”开始，生态环境保护工作更加重视从根源性角度去谋划解决，突出产业、能源和交通运输结构等调整，通过生态环境保护倒逼结构调整不断深入推进，但是相关政策供给不足，政策实施效果不佳，也存在政策效应滞后等问题。“十四五”生态环境保护工作更需要从生态环境保护和经济发展的融合部去切入，深入推进结构性调整。生态环境政策要为经济高质量发展和生态环境高水平保护齐头并进提供助力。

政策体系要优化。生态环境政策依然存在需要优化体系问题，行政政策运用多，在推进压实党委政府和相关部门以及企业的生态环境责任方面十分重要，但政策实施边际成本快速增加。市场经济政策运用不到位，政策潜力有待进一步挖掘。社会政策手段较为弱化，主要是宣教、信访和信息公开等政策。政策体系建设需要加快解决行政、市场和社会政策的角色分工和合理功能定位问题。随着我国在国际生态环境治理中的作用日益加强，国际生态环境合作政策需要跟上新形势。习近平总书记提出“逐步形成以国内大循环为主体、国内国际双循环相互促进的新发展格局”，生态环境政策要主动适应构建双循环的发展新格局，积极主动应对世界百年未有之大变局，参与推进国际生态环境治理体系建设，为共建清洁美丽世界做出中国贡献。此外，政策创新存在的系统统筹不足、配套保障力度不大、科学精细水平不够突出等问题也需要通过改革进一步解决。

二、生态环境政策改革与创新的重点方向

强化结构调整政策激励。以财政奖补、差异价格、税收优惠等政策为主要“抓手”，深入推进产业、交通和能源结构调整优化，促进生态产品价值实现，打通“两山”转化通道。一是完善高耗能、高污染、产能严重过剩行业差别（阶梯）电价、水价政策，发挥价格政策工具在结构调整和产业布局中的多种作用。通过补贴激励非电行业实施超低排放，实施降碳减污协同控制。继续推进绿色税制改革，研究将 VOCs、碳排放纳入环境保护税范围，将在使用过程中产生严重生态环境污染的产品纳入消费税征税范围。健全节能环保企业的增值税、企业所得税税收优惠政策。二是加强补贴与天然气价格、电价等政策之间的协调。吸引民间资本支持清洁供暖项目建设运营。继续通过税收优惠和减免等措施鼓励煤炭等清洁和高效利用。完善促进新能源开发利用的价格、补贴政策。三是加大新能源货车财税支持力度，拉开汽油和柴油的消费税税率差距。完善“公转铁”市场机制，鼓励社会资本设立多式联运产业基金，支持保险资金通过债权、股权等多种方式参与重大交通基础设施建设。推动港口岸电执行大工业电价政策，建立与岸电设施使用效益相挂钩的财政资金奖励机制。四是建立生态产品价值核算体系，健全生态产品市场经营开发制度，构建统一规范的生态产品交易市场，健全生态产品价值实现政策体系。

完善生态环境责任政策机制。以深入落实“党政同责、一岗双责”为总基调，充分发挥党委领导、政府主导、企业主体、社会公众能动性，构建责权匹配、责任落实、多方协作、主动作为的生态环保新格局。一是完善责权相匹配的政府责任体系。健全重大决策造成环境损害的终身责任追究制度。完善生态环境保护督察制度，增强人大、政协、中纪委（国家监察委）在中央生态环境保护督察中的作用。完善生态环境目标责任评价考核制度，把海洋生态环境目标责任考核等纳入考核体系，把公众满意度作为重要的考评指标。二是推动以排污许可为核心的点源管理制度建设，打通排污许可、环境准入、总量控制、环境保护税等企业点源管理政策，构建完整的企业治污主体责任落实政策链。在环境高风险领域建立环境污染强制责任保险制度，推动增设气候变化相关的巨灾保险、船舶污染损害责任保险等险种。健全推行绿色设计政策，加强绿色标准体系建设，推进绿色供应链环境管理试点，制定实施《环境保护综合名录》。

加强生态环境市场经济政策运用。原则上对于市场主体的生态环境行为交由市场手段来调节，充分发挥市场体系优化配置生态环境资源的重要作用，推进将生态环境成本纳入经济体系，建立生态环境保护利益导向机制。一是调整优化财政支出结构，加大对绿色产业和生态环境保护的财政支持力度。完善中央生态环境保护资金项目储备库制度。制定中长期生态环境保护预算，保障环境财政支出政策效益的连贯性。二是鼓励有条件的地方政府和社会资本共同发起区域性绿色发展子基金，探索通过发行绿色金融债、绿色资产证券化等措施，加大对绿色发展项目的信贷投放力度，健全上市公司环境信息强制性披露、定期报告披露机制。三是深入推进排污权交易制度，激活二级交易市场。扩大碳交易行业范围，在全国范围内推广碳交易市场。四是强化中央财政在重要生态保护区域的生态补偿事权，建立长江、黄河重点流域横向生态补偿机制。推进探索海洋与大气环境生态补偿制度，推进地方实施多要素生态综合补偿。

创新社会动员生态环境政策。生态环境政策改革与创新要以人民为中心，既要服务好人民群众、提升人民群众的幸福感，又要充分调动和依靠人民群众的力量，形成全社会动员能力，引导激励社会各方践行绿色生活和消费。一是实施补助补贴、名誉认证等激励政策，推进建立民间生态环境保护监督员、生态环境保护网格员、民间河长、环保志愿者等制度。健全信访举报反馈机制，完善信访举报信息的应用政策，实施有奖举报激励，构建生态环境损害赔偿诉讼与环境公益诉讼的衔接机制。二是鼓励探索建立志愿者机制，把非政府组织的功能充分发挥出来，把基层社区的能动性充分发挥出来。加强生态文明建设的教育和宣贯，形成有效的机制，提升全社会生态环境保护认知和行为能力。加强生态环境领域社会风险防控能力建设，完善多方利益主体的平等协商机制，健全“邻避效应”的防范应对机制。三是强化政策对全民生态环境保护共同行动的激励与引导。完善节约型机关、绿色家庭、绿色学校等绿色生活创建与评选政策。鼓励企业积极履行生态环境社会责任。完善环境保护信用制度，推进多部门环境失信联合惩戒和环境守信联合激励政策落地。对实施成效良好的企业适当降低监管频率。

推进重点领域生态环境政策创新。一是生态环境空间管控政策重点是推进建立生态环境空间前置政策机制，完善“三线一单”政策，推进以生态保护红线和自然保护地为重点的重要生态空间常态化生态监管，形成生态、大气、水、土壤、海洋等要素分区管控，为项目环评和战略环评提供支撑，为结构调整和优化布局提供保障。二是低碳发展政策的重点是建立城市碳达峰的考核引导和激励政策体系，实施二氧化碳排放总量和强度双控，鼓励开展形式多样的碳中和模式探索，积极推进碳金融创新，助力减碳融资，着力推动城市梯度实现碳达峰。三是生态保护政策需要进一步建立健全自然保护地管理体系，加强生态保护红线监管，实施自然保护地分类分级监管，建立生态修复绩效监管和生态遥感监测制度，强化生物多样性保护政策制定与实施，推进环境污染与生态保护协同政策。四是生态环境风险政策重点是构建源头预防优先、过程严管、事后严惩、追责赔偿的生态环境管理体系，全面提升生态环境风险预警和防控能力。主要包括探索建立环境风险容量准入制度及其与许可证、总量控制等制度的衔接机制，在沿长江、珠三角、环渤海等区域开展化工园区突发环境事件应急预案编制和环境健康风险管理试点等。五是健全国际生态环境合作政策，深入推进国际生态环境合作、环境与贸易、对外投资政策等，统筹好国内结构性调整与国际贸易形势新变化，加强对"一带一路"倡议沿线地区绿色发展的政策引导，全面提升国际生态环境合作的政策水平和能力，推动打造"人类命运共同体"。

三、夯实生态环境政策实施支撑

生态环境政策的有效性包括政策本身以及实施的有效性两个方面。光有好的生态环境政策还不行，关键是要同步做好政策改革的配套支撑体系，为这些好的政策实施后产生预期的好效果做好保障。

研究编制"十四五"生态环境政策规划。考虑到"十四五"生态环境政策工作的重要性、复杂性、系统性，可由生态环境部牵头研究编制国家"十四五"生态环境政策规划，为生态环境政策改革提供科学的蓝图和施工安排，通过规划，统筹内部生态环境政策制定和实施，也增进社会各方对生态环境政策的可预期性。

健全双政策评估机制。推进建立生态环境政策的社会经济影响评估机制以及重大社会经济与技术政策的生态环境影响评估机制。前者是增进社会各方对生态环境政策的认同感和可执行性，避免政策实施后可能产生的社会风险。后者是从政策源头上预防出现生态环境风险的重要手段。建立政策评估的专家技术能力库，研究生态环境政策评估结果反馈机制与重大政策适时修订机制。探索第三方评估机制，提高生态环境决策的科学化和民主化。

强化统一生态环境监管。生态环境监管是生态环境政策科学精准实施的基础能力支撑。完善区域流域海域、自然保护地、海洋、排污口等生态环境监管体系，推进实现统一的生态环境保护执法，强化区域生态环境执法协同，强化基层生态环境执法能力建设，探索"智慧执法"新模式，综合应用无人机、卫星遥感、航空遥感、全球定位系统等科技监测手段，构建动态、立体、全方位、多层次、全覆盖的智能环境监测网络体系。创新"互联网＋监管"应用模式，构建生态环境监管大数据平台。

加强生态环境政策的协同与统筹实施。协同推进污染防治与生态保护政策、减污与减碳政策制定与实施。由于生态环境政策涉及多个部门，特别是涉及发展部门的政策，需要强化政策统筹机制建设，为统筹推进政策制定和实施提供保障。要在明确各相关部门和各层级地方权责清单基础上，建立有效的协调机制。

继续推进生态环境政策法制化。进一步完善生态环境法律法规标准体系，更加强调区域流域特征性，更加强调地方差异性。制定和完善排污许可、生态保护红线、气候保护等方面的法律法规，研究开展排污许可证、环境应急管理、环境污染责任保险、环境规划等法规。加强对地方环境法律法规标准的指导。完善行政执法和环境司法的衔接机制，完善公民生态环境诉权的司法保障。

参考文献

[1] 董战峰，陈金晓，葛察忠，等. 国家“十四五”环境经济政策改革路线图[J]. 中国环境管理，2020，12(1)：5-13.

[2] 张修玉. 科学编制“十四五”生态环境保护规划[J]. 中国生态文明，2019(6)：75-78.

[3] 高吉喜，李广宇，张怡，等. “十四五”生态环境保护目标、任务与实现路径分析[J]. 环境保护，2021，49(2)：45-51.

[4] 董战峰，葛察忠，贾真，等. 国家“十四五”生态环境政策改革重点与创新路径研究[J]. 生态经济，2020，36(8)：13-19.

[5] 董战峰，龙凤，毕粉粉，袁子林. 国家“十四五”绿色财税政策改革思路与重点[J]. 环境保护，2020，48(18)：42-45.

[6] 郇庆治. “十四五”时期生态文明建设的新使命[J]. 人民论坛，2020(31)：42-45.

[7] 刘峥延，毛显强，江河. “十四五”时期生态环境保护重点方向和任务研究[J]. 中国环境管理，2019，11(3)：40-45.

[8] 高晓路，廖柳文，吴丹贤，秋婕. “十四五”生态环境分区管治的战略方向[J]. 环境保护，2019，47(10)：27-32.

[9] 黄润秋. 深入贯彻落实党的十九届五中全会精神　协同推进生态环境高水平保护和经济高质量发展[J]. 环境保护，2021，49(Z1)：13-21.

[10] 石磊，秋婕. “十四五”时期生态环境重大制度政策创新的思考[J]. 中国环境管理，2019，11(3)：57-59.

作者简介

董战峰，研究员，博士生导师，现任生态环境部环境规划院副所长，兼任环境审计中心主任、黄河生态文明中心副主任等，主要从事生态环境规划与政策研究，担任中国环境科学学会环境经济学分会副主任、中国技术经济学会环境技术经济分会副理事长等国内外多个学术团体的(常务)理事、《环境经济研究进展》主编以及《生态经济》副主编等学术期刊编委，是UNEP、UNDP等多个国际机构的高级环境政策咨询专家，以及国合会、中国-印度、中国-挪威等多个国际项目环境政策专家。先后主持了30余项国家科技重大专项、国家科技支撑计划等科研项目，联合国环境规划署、全球环境基金等国际合作项目10余项。获得国家环境保护科技奖一等奖等10余项省部级奖励。在国内外期刊发表有关学术论文200余篇，主编著作20余部。

“两山理论”：中国林草建设的理论基石

陈建成

摘要：中国林草事业事关大局，必须有理论支撑。习近平总书记提出的“绿水青山就是金山银山”（简称“两山理论”）就是最好的理论基石。中国林草为美丽中国奠定了绿色空间，为健康中国提供了绿色基地，为富强中国增加了绿色财富，为乡村振兴铺就了绿色通道，为“双碳”目标创造了绿色引擎。中国林草建设不仅为中国高质量发展做出贡献，也为世界林草建设提供了经验。在新发展阶段，必须以“两山理论”为指导才能保持加强生态文明建设的战略定力，牢固树立生态优先、绿色发展导向，构建林草事业新格局，扎实推进林草事业的高质量发展。

关键词：“两山理论”；林草建设

时至今日，“绿水青山就是金山银山”理念已经成为全党全社会思维共识和行动，成为新发展理念和推动绿色高质量发展的重要组成部分。

工业革命以来，在全球快速工业化进程不断加剧、社会财富大量积累的同时，诸如资源约束趋紧、生态系统退化、环境污染严重等问题也日益显现，基于工业文明生产特点所衍生的“人类中心思想”“征服自然”等理念已经难以适应时代发展需求。如何将生态保护融入政治、经济、文化、社会建设的各方面与全过程中，重塑价值体系，实现绿色转型与生态化改造，从而开创一条人与自然和谐共生的可持续发展之路，成为关乎中国特色社会主义事业的重大国家战略需求。并且，随着“两山理论”的不断延展，人们逐渐认识到，建设生态文明并不是单纯地强调生态保护，忽略自然资源的经济属性。以各种自然资源为支撑的生态系统本身也是一种“资本”，暗含巨大的经济效益。绿水青山不仅为我们提供优质生态产品，更重要的是为我们构造了绿水青山就是金山银山的基本框架，为源源不断产出金山银山，提供了物质保障，其价值巨大无比。

“两山理论”中的绿水青山就是指良好的生态环境，金山银山实际是指经济发展，同时，绿水青山还可以表示为我们可以直接消耗的物质资源，也可以表示为我们间接消费的精神层面的环境；金山银山也可以有两层意思：一层是直接的财富，更高一层可以代表值得我们珍惜的健康以及审美等。

“两山理论”的核心思想就是良好的生态环境是最普惠的民生福祉，维护生态环境就是维护生产力，以系统工程思路抓生态建设，实行最严格的生态环境维护制度。“两山理论”是一种思想意识，一种发展理念，可持续的发展方式，一种制度安排和发展的肯定结果。

“两山理论”生动形象地阐明了经济发展和生态环境保护之间的辩证关系，不仅揭示了生态环境与生产力之间的关系，创新性地提出保护生态环境就是保护生产力，生态本身就是经济，保护生态就是发展生产力的观点，而且揭示了生态保护和经济发展之间的关系，创新性地提出保护生态就是保护自然价值和增值自然资本的过程，保护环境就是保护经济社会发展潜力和后劲的过程，把生态环境优势转化成经济社会发展优势，绿水青山就可以源源不断地带来金山银山。更重要的是彰显了理念、理论和方法的有机统一，实现了科学方法的通俗表达。

我国当前仍然面临经济下行压力加大、资源环境威胁加剧、不确定性因素增多等各种问题，经济发展与环境保护仍然是其中的一个基础性问题。特别是发展不平衡、不均衡的问题，始终是制约我国高质量可持续发展的重要因素。有些地方，至今还把生态环境保护和经济发展二者对立起来，认为只要搞经济建设，就一定会破坏生态环境；只要抓生态环境建设，经济发展就应当束之高阁。要么重利用轻保护，要么重保护轻利用，可以说这是为懒政、庸政、惰政找借口，都是对"两山理论"本质的认识不到位。大量实践已经证明，"两山理论"是统筹推进"五位一体"总体布局的"压秤砣"，是推进高质量绿色发展和乡村振兴的智慧选择，是实现中华民族永续发展的根本遵循。

把绿水青山建得更美，把金山银山做得更大，中国林草事业责无旁贷。中国林草建设的基石，应该是习近平总书记提出的"两山理论"。

要坚持以人民为中心的发展思想，保持加强生态文明建设的战略定力，牢固树立生态优先、绿色发展导向，构建林草事业新格局，扎实推进林草事业的高质量发展，为努力建设美丽中国、健康中国和富强中国，为全面落实乡村振兴战略和实现"双碳"战略的绿色转型提供绿色保障。

林草建设关乎生物多样性和人类可持续发展。仅森林而言，森林拥有地球上最丰富的陆生生物多样性。2020 年 5 月 22 日发布的最新版《世界森林状况》报告指出，森林蕴有 6 万个不同树种、80％的两栖物种、75％的禽类和 68％的哺乳动物物种；世界上有千百万人民的粮食安全和生计依靠森林。森林向人类提供了超过 8600 万个绿色工作岗位。超过 90％的极端贫困人口在森林中采撷食物、收集柴火、解决部分谋生问题。仅在拉丁美洲地区就有 800 万依赖森林维生的极端贫困人口。

中国林草为美丽中国奠定了绿色空间，为健康中国提供了绿色基地，为富强中国增加了绿色财富，为乡村振兴铺就了绿色通道，为"双碳"目标创造了绿色引擎。中国林草建设不仅为高质量发展做出贡献，还为世界林草建设提供了经验。特别是在全球每年仍有约 1000 万公顷森林被开垦为农业用地或转换为其他用途的状态下，中国的森林实现了双增长。

林地与草地是我国最主要的自然资源与生态系统，同时也是我国生态安全的重要绿色屏障。林地与草地在物质流与能量流的生态过程中形成并维系的人类生存所依赖的自然环境与效用，不仅为社会经济系统输入有用的物质及能量，还为人类生存提供必需的环境条件。

我国森林面积为 31.2 亿亩，天然草原面积近 60 亿亩。以草原为例，草地在我国水源涵养功能区中的面积占比接近 40％，草地涵养水源的能力是耕地的 40～100 倍，草地拦蓄径流的能力比林地高出 58.5％，减少含沙量的能力比林地高出 88.5％。林地与草地的生态功能、经济功能、社会功能和文化功能越来越显著，其生物多样性和多功能越来越被人们所认识。脱贫攻坚、乡村振兴、美丽中国、“双碳”目标、共同富裕等事关人民美好生活的重大事项都与林草建设越来越密切。

中国林草建设必须以“两山理论”为根本遵循。“没有理论的建设走不稳、行不远”。当前我国已经进入生态文明建设的新时代，步入了生态文明建设的快车道。要全面贯彻“两山理论”，系统梳理新时代中国林草建设的战略布局，对接国家战略，夯实发展基础，为中华民族的永续发展做出应有贡献。

“两山理论”为生态优先、绿色发展提供了现实路径选择，是中国林草建设的理论基石。

“两山理论”创新性地提出，不仅丰富了生产力理论，诸如保护生态环境就是保护生产力、生态本身就是经济、保护生态就是发展生产力等，而且深刻揭示了生态保护和经济发展之间的关系，是对财富增长理论的重大发展。“两山理论”充分体现了发展合一，一条大道奔永续；天人合一，一体均衡知敬畏；三图（生命地图、生态地图和经济地图）合一，一张蓝图绘到底等生命至上、人民至上和发展至上的新理念。绿水青山就是金山银山，既是林草建设的目标，又是林草建设的使命。“两山理论”为林草建设奠定了理论基础，应该成为林草建设的根本遵循。

绿水青山既是林草建设的出发点，又是落脚点，要把绿水青山保护得更美；金山银山既是林草建设的条件，又是必要的保障。只有使绿水青山源源不断地产生金山银山，才能把金山银山做得更大。顺应自然，前途无量；违背自然，后患无穷。

要守住绿水青山，赢得金山银山。构建“五位一体”的林草建设新格局，站在新时代的新高度，重新审视林草建设新布局。当前，林草建设应当紧紧围绕西部大开发、长江经济带发展、黄河流域生态保护和高质量发展等国家重大战略，突出抓好长江、秦岭、黄河等重点区域生态系统保护和修复，坚决守住底线、不碰红线。要积极开展和全力推进野生动物保护管理、国家公园体制试点、自然保护地整合优化、森林草原防火和林草有害生物防控等重点工作，切实提升林草质量和应对发展中短板的能力，切实提升林草从业者的生计能力，更好为脱贫攻坚、乡村振兴、民生福祉提供重要保障。

林草建设应当在保障国家生态安全的同时，探索绿水青山提质增效的新路径，为构建绿色高质量发展体系和增加绿色财富，建设美丽中国、健康中国和富强中国做出积极贡献。

林草建设应当秉持以人民为中心的发展思想和着眼全局的博大胸怀和良好心态，提升林草治理体系和治理能力的现代化。进一步增强“四个意识”、坚定“四个自信”、做到“两个维护”，扎实做好“六稳”“六保”工作，把思想和行动统一到习近平总书记重要讲话精神和“两山理论”上来，贯彻落实全国两会精神和政府工作报告确定的有关林草的目标任务，以两山理论为指导，完善林草政策措施，集中力量攻坚克难，力求保护与利用双赢，高质量完成各项重点任务，为合力推进林草建设可持续发展和中华民族永续发展再立新功。

参考文献

[1] 陈建成，等. 推进绿色发展实现全面小康：绿水青山就是金山银山理论研究与实践探索[M]. 北

京：中国林业出版社，2018.

［2］ 陈建成，等. 推进绿色发展实现全面小康：绿水青山就是金山银山理论研究与实践探索［M］. 2版. 北京：中国林业出版社，2019.

作者简介

陈建成，北京林业大学教授、博士生导师，享受国务院政府特殊津贴专家；入选国家级哲学社会科学领军人物，文化名家暨“四个一批”人才培养工程；是国务院第七届农林经济管理学科评议组成员，现担任教育部农业经济管理类专业教学指导委员会委员；曾担任北京林业大学经济管理学院院长、中国林牧渔业经济学会副会长、中国企业管理研究会副理事长等；现兼任中国林业经济学会副理事长、中国技术经济学会林业技术经济专业委员会主任等。主要研究领域：农林经济管理、绿色技术经济与管理。

后　　记

《中国创新50人笔谈》前三辑的出版，得到了中国技术经济学会理事会会长、副会长、常务理事和理事们的一致点赞，受到了各级政府部门的好评，每辑专家的智库建议，有战略高度，有视野宽度，有调研深度，有建议新度，有落地实度，从多角度、多层面、多领域为党和政府重大决策起到智库支撑作用。

在中国技术经济学会理事长李平研究员领导下，在理事会全体理事支持下，由中国科学技术大学管理学院创新研究中心主任刘志迎教授具体组织，面向全体理事征集的智库建议，汇编成《中国创新50人笔谈(第4辑)》，即将付梓。本辑分为创新驱动、产业创新、区域创新、创新管理和技术经济五大板块，面向新形势下党和政府的重点工作，提出了具有针对性、决策参考性的智库建议，整体建议水平高，实践指导价值大，决策智库作用明显。

图书虽以"50人笔谈"命名，但参与笔谈的专家不是固定为50个人，50仅仅是一个概数，具体参与者也不是固定的专家学者，遵循"以开放心态、办开放平台、做开放智库、汇开放力量、重建议质量"总原则，为党和政府献智献力。今后，有好的智库报告或决策建议，可以继续投稿，进行集中汇编。中国技术经济学会汇聚了一大批全国技术经济和创新管理研究领域的专家，始终围绕着国家重大需求或地方经济发展需要开展研究，有大量的研究成果，急需要转化为智库建议，为中国式现代化建设重大决策提出有价值的对策建议，充分发挥好智库作用。

该书的出版得到了中国技术经济学会领导的大力支持和宏观指导，得到了理事们的积极响应并贡献了优质的智库建议，还得到了学会黄检良秘书长具体指导和协调。中国科学技术大学管理学院、科技商学院执行院长叶强教授，管理学院党委书记古继宝教授、副院长吴杰教授给予了大力支持和指导，学院还给予了出版经费支持。本书的出版得到了国家社会科学基金重大项目(22&ZD094)支持，也是该基金的阶段性研究成果。中国技术经济学会李平理事长为本书作序。在此，向以上各位领导专家表示衷心的感谢！

本书的出版还得到了中国科学技术大学案例中心王宁老师和EMBA中心张文君老师的大力帮助，中国科学技术大学工商管理创新研究中心的博士生和硕士生做了几轮校对工作，在此深表感谢。尤其要感谢中国科学技术大学出版社求真务实、精益求精的编辑作风，对该书的最终出版做出了重要贡献。

在本书的编辑过程中，由于往来邮件较多，作者多次修改稿件（专家们严谨认真），多次电子邮件传送，有时回复邮件不及时，难免有疏忽或者遗漏，如有不当之处，敬请各位专家谅解。由于编者水平所限，时间仓促，本书难免在综述各位观点和编辑校对过程中有粗糙处理之处，敬请宽谅。欢迎全国各领域专家围绕“中国创新”主题撰写对策建议，投稿《中国创新 50 人笔谈》，继续汇编成册。来稿请发到电子邮箱：techwushiren@163.com。上一年度没有收到书的作者，估计地址有误，请将正确的“地址、邮编、姓名、电话”发至以上信箱，我们安排补寄，也确保今年书籍邮寄。

刘志迎

2023 年 7 月 2 日于中国科学技术大学